13 黑龙江法院审判参考丛书

总主编 石时态

保险合同案件审判参考

BAO XIAN HE TONG AN JIAN SHEN PAN CAN KAO

孙明 王雪杉/编著

梳理疑难问题
提炼审判经验
阐明裁判思路
规范法律适用
统一裁判尺度

人民法院出版社

图书在版编目（CIP）数据

保险合同案件审判参考 / 孙明，王雪杉编著.—北京：人民法院出版社，2018.5

（黑龙江法院审判参考丛书 / 石时态总主编）

ISBN 978-7-5109-2068-4

Ⅰ.①保… Ⅱ.①孙…②王… Ⅲ.①保险合同—合同法—审判—案例—中国 Ⅳ.①D923.65

中国版本图书馆CIP数据核字（2018）第031016号

保险合同案件审判参考

孙 明 王雪杉 编著

责任编辑 韦钦平 李安尼 **执行编辑** 张 怡
出版发行 人民法院出版社
地　　址 北京市东城区东交民巷27号（100745）
电　　话 （010）67550579（责任编辑） 67550558（发行部查询）
65223677（读者服务部）
客服QQ 2092078039
网　　址 http：//www.courtbook.com.cn
E- mail courtpress@sohu.com
印　　刷 保定市中画美凯印刷有限公司
经　　销 新华书店

开　　本 787×1092毫米 1/16
字　　数 406千字
印　　张 23
版　　次 2018年5月第1版 2018年5月第1次印刷
书　　号 ISBN 978-7-5109-2068-4
定　　价 65.00元

黑龙江法院审判参考丛书
编辑委员会

编辑部

总 序

伴随信息时代的到来和经济社会的快速发展，新类型案件不断涌现，司法案件法律关系和表现形态日趋多元复杂，对法官法律适用能力提出了新的更高要求。为更好适应司法办案需要，我们编撰了《黑龙江法院审判参考丛书》，针对同类案件司法实践中的常见、疑难、新型问题，致力于提炼裁判规则、研究裁判方法、梳理裁判经验，以指导类似待决案件的裁判。

组织一线法官编撰类案审判参考丛书，在黑龙江法院尚属首次。为保证丛书编写质量，增强丛书的针对性、指导性和权威性，我们整合全省三级法院审判力量，挖掘全国法院案例资源，深入调查研究，逐个观点研讨论证，每个分册都经最高人民法院专家型法官把关，历经多次修改完善。

我们希望丛书能对法官、检察官、律师等司法实务人员和教学科研机构司法办案、法学教学研究有所裨益，也能为社会大众学法用法提供一些参考。

囿于水平和时间，本书难免有粗陋和有待商榷之处，望读者不吝析疑匡谬、补偏救弊。

《黑龙江法院审判参考丛书》编辑委员会

2018 年 2 月

前 言

人类社会从开始就面临着自然灾害和意外事故的侵扰，在与大自然抗争的过程中，古代人们就萌生了应对灾害事故的保险思想和原始形态的保险方法，人类迄今为止发现最早、保存最完整的《汉谟拉比法典》中就已对分摊补偿损失原则进行规定。保险作为人类互助共同转移和分散风险的方法而迅速地发展起来。十九世纪三十年代，现代商业保险进入中国，伴随着中国近现代多舛命运，保险业沉沦起伏，随后借助中国改革开放之势复兴发展。

近年来，保险业服务经济社会的领域越来越广，承担的社会责任越来越重，要让中国保险市场稳定、可持续地发展，实现国务院“新国十条”所提出的到2020年由“保险大国”逐步转入“保险强国”的目标需要诸多因素的作用。其中，良好的法律环境是至关重要的条件。虽然《中华人民共和国保险法》自1995年制定颁布后，先后于2002年、2009年、2014年和2015年进行了修正或修订，最高人民法院也先后颁布了三部司法解释，但是保险纠纷案件仍然是民商事审判实践中的热点和难点。大量的保险纠纷案件成为司法裁判尺度差别最大的类案之一，无论是法官还是律师，不仅要能够运用一般的民事法律的规则和理念，更应当善于运用保险法的思维模式和法律规则来厘清案件法律关系，为当事人提供法律救济，维持保险市场所需要的良好秩序。

因此，正确理解和适用《保险法》是一项现实和艰巨的任务。编者作为长期从事民商事审判实践的法官，通过梳理多年来收集的保险审判实务中的经典案例，包括自己主审的某些案例，发现涉及保险法适用中的具体问题，结合大陆法系与英美法系的有关理论学说、判例以及我国各地法院的审判指南，归纳总结保险类案件纠纷的裁判规则，有助于读者加深对法律的理解，通过向法官提供审理疑难案件和新类型案件的经验，可以启迪和开拓法官的办案思路，为进一步审理好相关保险法案件提供一定的帮助。

本书由黑龙江省高级人民法院审判委员会委员、立案二庭庭长孙明，四级高级法官王雪杉共同编写。囿于编者水平和写作时间所限，书中内容仍然会有诸多不足，有些观点尚值进一步探讨商榷，编者殷切恳请广大读者能够客观审慎参考，并提出修改意见，我们将不断修正改进，以使本书通过不断打磨，臻于完善。

编者
2018年3月

凡 例

全 称	简 称
《中华人民共和国保险法》	《保险法》
《中华人民共和国合同法》	《合同法》
《中华人民共和国民事诉讼法》	《民事诉讼法》
《中华人民共和国收养法》	《收养法》
《中华人民共和国民法通则》	《民法通则》
《中华人民共和国继承法 》	《继承法》
《中华人民共和国道路交通安全法》	《道路交通安全法》
《中华人民共和国公路法》	《公路法》
《中华人民共和国海商法》	《海商法》
《中华人民共和国侵权责任法》	《侵权责任法》
《最高人民法院关于适用〈中华人民共和国保险法〉若干问题的解释（一）》	《保险法司法解释（一）》
《最高人民法院关于适用〈中华人民共和国保险法〉若干问题的解释（二）》	《保险法司法解释（二）》
《最高人民法院关于适用〈中华人民共和国保险法〉若干问题的解释（三）》	《保险法司法解释（三）》
《最高人民法院关于审理道路交通事故损害赔偿案件适用法律若干问题的解释》	《道路交通司法解释》

全　称	简　称
《最高人民法院关于贯彻执行〈中华人民共和国继承法〉若干问题的意见》	《继承法司法解释》
《最高人民法院关于民事诉讼证据的若干规定》	《民事诉讼证据规定》
《机动车交通事故责任强制保险条例》	《交强险条例》
《最高人民法院关于审理人身损害赔偿案件适用法律若干问题的解释》	《人身损害赔偿司法解释》

目 录

第一章 保险合同的成立与生效

第二章 保险合同条款的规制

第三章 保险利益的理解与适用

第四章 投保人的告知义务

第五章 保险理赔

第六章　人身保险合同

第七章 机动车辆保险

附 录

第一章　保险合同的成立与生效

第一节 保险合同的订立

导 读

在合同体系中，保险合同属于典型合同，即法律所明文规定和调整的合同类型。尽管保险合同被规定在《保险法》中，但作为合同这一抽象概念的具体表达，它必须遵循《合同法》中总则的规定，也即合同的订立、生效等一般规则能适用于保险合同。

《合同法》第4条规定了合同订立的基本原则，即“当事人依法享有自愿订立合同的权利，任何单位和个人不得非法干预”。《保险法》第11条则规定了订立保险合同应遵循的基本原则，即“订立保险合同，应当协商一致，遵循公平原则确定各方的权利和义务。除法律、行政法规规定必须保险的外，保险合同自愿订立”。

《保险法》第13条对保险合同的订立与生效作出了规定。该条第1款规定：“投保人提出保险要求，经保险人同意承保，保险合同成立。保险人应当及时向投保人签发保险单或者其他保险凭证。”《海商法》第221条也规定了海上保险合同的订立：“被保险人提出保险要求，经保险人同意承保，并就海上保险合同的条款达成协议后，合同成立。保险人应当及时向被保险人签发保险单或者其他保险单证，并在保险单或者其他保险单证中载明当事人双方约定的合同内容。”其中，投保人提出的投保要求即为要约，保险人同意承保就是承诺；前者可称为投保，后者亦可称为承保。

一、投保

投保是指投保人向保险人提出的确定的、明确的订立保险合同的意思表示，即提出保险要求。公民、法人或其他组织具有投保自由：一是投保人有决定投保的自由；二是投保人有选择保险人的自由；三是有协商合同内容的自由。投保是保险合同成立的先决条件，应具备以下几个条件：第一，投保人要有缔约能力。一般来说，法人具有完全的缔结保险合同的能力。对于自然人来说，无民事行为能力人或者限制行为能力人不具有投保能力，其提出的保险要求不产生要约的效力。第二，投保人或者被保险人对保险标的应当具有保险利益。第三，要履行如实告知义务。

从合同订立程序来说，投保是一种要约。投保可以由投保人本人向保险人提出，也可以由投保人的代理人向保险人提出。在保险实务上，投保体现为投保人向保险人索取投保单并依其所列事项逐一填写，如实回答保险人所需了解的重要情况，并认可保险人规定的保险费率和保险条款，最后将投保单交付保险人。投保要约应自到达保险人时生效。对于投保要约的具体有效期限，我国《保险法》没有作出规定。若投保要约约定了承诺的期限，则投保要约在要约确定的期间内有效。若投保要约未约定承诺的期限，则投保要约的期限应是合理的期限。但何为“合理期限”，要根据每个要约的具体情况来认定。对此，国外保险立法的规定值得我们借鉴。《意大利民法典》第1887条规定：“直接给保险人的书面要约，在15日或在需要医生诊断时的30日期间内保持效力。期间自交付时起或要约发出时起算。”

对于以他人名义保险的问题，所谓以他人名义保险，是指投保人未经授权，以他人名义缔结保险合同。对于以他人名义的保险，有利害关系的本人具有追认权。如果本人予以追认，则缔结的保险合同视为自始有效。如果本人拒绝追认，则缔结的保险合同自始无效。《保险法司法解释（三）》第1条第1款对此作出了明确规定：“当事人订立以死亡为给付保险金条件的合同，根据保险法第三十四条的规定，‘被保险人同意并认可保险金额’可以采取书面形式、口头形式或者其他形式；可以在合同订立时作出，也可以在合同订立后追认。”

二、承保

承保是保险人完全同意投保人提出的保险要约的行为。承保为保险人的单方法律行为，构成保险合同成立的要件。在保险实务上，保险人收到投保人填写的投保单后，经过审查认为符合承保条件，在投保单上签字、盖章并通知投保人的，构成承诺。保险人承诺保险要约，不得附加任何条件或对要约进行变更。保险人在承诺保险要约时，附加任何条件或对要约进行变更，不发生承诺的效力，构成反要约。也就是说，保险合同的成立，不总是表现为投保人投保和保险人承诺的简单过程，有时要经过要约、反要约和承诺这样一个反复协商的过程。承诺生效时保险合同成立，保险人应当及时向投保人签发保险单或者其他保险凭证，并在保险单或者其他保险凭证上加盖保险公司公章、经授权出单的分支机构公章或上述两者的合同专用章，不能只盖法定代表人、负责人名章或内部职能部门印章。但若没有签字、盖章，当事人一方已经履行主要义务，对方接受的，该保险合同也应视为成立。因为签字、盖章表明当事人对合同的内容达成协议。当事人没有签字、盖章，一般说明订约过程未完成，合同不成立。但若当事人一方已经履行主要义务，对方接受的，事实上证明当事人认可了合同的内容，合同成立。应当引起注意的是，签发保险单不是保险合同成立的要件，而是保险人的合同义务。在保险实务中，保险公司在签发保险单之前，往往不发承诺通知，而是把保险单既作为承保的凭证，也作为承诺的通知。

我国《保险法》对保险人收到投保人提出的投保要约后，应在多长时间内作出承诺没有作出规定，对保险人不接受投保要求是否必须通知投保人也没有作出规定。根据我国《合同法》的有关规定，保险人的承诺应在合理的期限内送达投保人。否则，投保人提出的投保要约失效，除投保人通知保险人逾期承诺有效以外，该逾期承诺为新要约。对此，有些国家和地区的保险立法的规定与我国法律的规定不尽一致，但比较具体和明确，值得我们借鉴。例如，《韩国商法》第638条之2规定："若无其他约定，保险人应自接到保险合同人填写的保险合同的要约及支付全部或一部分保险费时，应于30日内向对方发送承诺与否的通知。但是，人寿保险合同的被保险人应当接受体检时，该期间应从接受体检之日起计算。保险人在依第1款规定的期间内，怠于发出承诺与否的通知，视为已予以承诺。"我国《澳门商法典》第960条第3款也有类似的规定，"在投保人为自然人之个人保险中，保险人于收到保险要约15日后，或于倘有约定之其他期限后，如不向要约人通知拒绝要约或须搜集为评估风险所需之说明，包括医疗报告、风险或受保物之实地调查，则合同视为按要约之条件订立"。

第二节　保险合同的成立与生效

导　读

在保险活动中，保险合同当事人对保险合同的成立、生效与保险责任开始存在模糊的认识，甚至错误地把保险合同的成立、生效与保险责任开始混为一谈，如把未成立的保险合同当成已经成立的保险合同处理，把已经成立但未生效的保险合同当成生效的保险合同处理，把已经成立并生效但保险责任未开始的保险合同当成保险责任开始的保险合同处理，导致保险合同纠纷频繁发生。司法审判人员对这个问题也是众说纷纭，给保险合同纠纷案件的审理增加了难度。因此，有必要从理论上科学界定保险合同的成立、生效与保险责任开始的不同含义，正确认识三者之间的联系与区别，澄清模糊和错误认识，以正确指导保险实践活动，保证保险业的持续、健康发展。

01. 认定保险合同成立与生效是处理保险合同纠纷的关键所在

【典型案例】

某财产保险公司与马某峰、马某的保险合同纠纷案①

［案号］

（2014）徐商终字第 00569 号

［案情］

2013 年 8 月，马某峰因办理交强险所需，委托案外人杨某在海南省为其所有的号牌为苏 03639×× 的变型拖拉机（登记车主为马某峰）投保交强险，并向杨某提交了车辆行驶证、身份证复印件等资料。此后，杨某为在某财产保险公司处办理上述车辆的交强险，即以其名义投保，并隐瞒了车辆的真实信息，向某财产保险公司提交了车牌号为琼 01693××、登记车主为马某峰、发动机号与实际发动机号一致的行驶证复印件。某财产保险公司经审查后同意承保，并于当月 23 日向杨某签发了"机动车交通事故责任强制保险运输型拖拉机定额保险单"，保险单载明被保险人为杨某，保险期间自 2013 年 8 月 24 日至 2014 年 8 月 23 日，之后，杨某将收取的保险单寄送给马某峰。

2013 年 12 月 19 日 15 时许，马某峰驾驶上述车辆由西向东行驶至泗阳县青杨镇团结河路某小区南门处，与石某（1940 年 1 月 27 日生）驾驶的由北向南进入车道的自行车相撞，造成石某受伤、两车损坏。石某受伤后，于当日被送至泗洪县人民医院抢救，后因抢救无效于 2013 年 12 月 21 日死亡，医疗费支出共计 15 721 元。该事故经泗洪县公安局交通巡逻警察大队认定，马某峰与石某分别承担该事故的同等责任。此后，在泗洪县公安局交通巡逻警察大队的协调下，马某峰与石某的亲属沈某等人达成赔偿协议，由马某峰向石

① 本书案例除黑龙江省案例及特别标注外，均来源于中国裁判文书网：http://wenshu.court.gov.cn。

某亲属赔偿医疗费、死亡赔偿金、丧葬费、交通费、被抚养人生活费、精神抚慰金等损失共计24万元。马某峰已于2014年1月10日前赔付上述损失。

马某峰起诉要求某财产保险公司赔付交强险限额内各项损失共计12万元（其中，医疗费1万元，死亡伤残赔偿金11万元），并承担本案的诉讼费用。

［法院认为］

一审法院认为：马某峰的车辆在某财产保险公司投保交强险，某财产保险公司同意承保，由此成立的保险合同不违反法律、行政法规的强制性规定，为合法有效合同，依法应予保护。在保险期间内，某财产保险公司应对被保险机动车发生道路交通事故造成本车人员、被保险人以外的受害人的人身伤亡、财产损失，在责任限额内予以赔偿。关于某财产保险公司辩称本案车辆投保时提交的行驶证虚假、投保人未履行告知义务，故不应承担保险责任的抗辩理由，对此不予支持。理由在于杨某向某财产保险公司投保时，未就保险车辆的牌照号码等重要事项履行如实告知义务，在此情况下，某财产保险公司有权解除合同，但本案保险事故发生于2013年12月19日，马某峰及时向某财产保险公司报告出险情况及车辆信息之后，马某峰于2014年2月向提起诉讼，当月向某财产保险公司送达了诉讼文书，据此，某财产保险公司最迟应于2014年2月就应当知道有解除事由，但从其知道有解除事由之日起未在法定的期间内行使解除权，故其解除权已消灭；本案保险合同在未解除的情况下，对双方当事人仍有约束力，某财产保险公司应当按照保险合同的约定承担给付保险金的义务。

二审法院认为：马某峰与某财产保险公司之间是否存在保险合同有关系。“被保险人”与“保险标的”系保险合同关系是否成立的核心要件。具体到本案，其一，关于涉案保险业务“被保险人”的认定。本案中，马某峰主要系依据编号为AHANDZHCTP13 80034×××的保险单主张保险权益，但是，从该保险单载明的内容看，被保险人记载为杨某，而非马某峰，同时投保人栏签字亦签署为杨某字样。由上述事实可知，虽然马某峰委托杨某为其办理交强险业务，但是杨某并未以委托人马某峰的名义向某财产保险公司投保，而是以其自身名义进行投保，且杨某所投保车辆信息与马某峰所有车辆信息存在显著差异，故不能认定马某蜂系涉案保险单编号AHANDZHCTP13 80034×××的交强险的被保险人。其二，关于涉案保险合同“保险标的”的认定。我国实行机动车实名登记制度，车牌号是识别车辆身份的主要标志之一，由国家公安机关或其他相关行政管理部门予以核发，具有法律强制效力，且未经相关法律程序，不得擅自更改。而发动机为机动车辆的核心组件之一，发动机号码亦是识别车辆身份的标志内容，若更换发动机，则依法应当向车辆主管部门登记备案。在本案中，编号为 AHANDZH-CTP13 80034×××的保险单记载承保的车辆信息为车牌号琼 01639××，发动机号码 0031×××9，而发生涉案交通事故的马某峰的车辆车牌号为苏 03639××、发动机号码为 0031×××7，二者车牌号、发动机号均不一致，诉讼中马某峰、马某均不能提供证据证明二者指向系同一台车辆，对于车牌号、发动机号不一致亦不能作出合理解释，故据此无法认定马某峰的发生涉案交通事故的车辆为保险单编号 AHANDZHCTP13 80034×××的交强险承保的保险标的。综合上述两点可知，马某峰非保险单编号 AHANDZHCTP13 80034×××的交强险的被保险人，其车牌号为苏 03639××，发动机号码为 0031×××7 的车辆亦非保险单编号 AHANDZHCTP13 80034×××的交强险的保险标的，无法认定马某峰与某财产保险公司存在保险合同关系。

［**裁判结果**］

一审法院判决：某财产保险公司赔偿马某峰交强险保险金 12 万元。

二审法院判决：撤销一审判决，驳回马某峰、马某的诉讼请求。

［**裁判思路**］

本案的主要问题在于对保险合同是否成立这一事实判断之上。审理本案的一审、二审法院之所以作出截然不同的判决，也是因为对于这一事实的认定存在不同意见。判断合同是否成立，是一个理论问题，同时也具有突出实践性的现实意义。保险合同的成立是保险合同生效的前提条件。如果保险合同没有成立，也就不存在合同有效无效的问题，合同的履行、变更、转让、解除等一系列问题也同样无从谈起。

审理本案的二审法院，主要是从保险合同的主体和客体两个方面，对于保险合同是否成立进行的分析。从保险主体而言，主要是对被保险人进行的认定，就马某峰提供的编号为 AHANDZHCTP1380034×××的保险单内容来看，被保险人记载为杨某，而非马某峰，同时投保人栏签字亦签署为杨某字样，对于这一问题，马某峰也不能作出合理性的解释，因此，不能认定其为上述保单中的被保险人；就保险客体而言，编号为 AHANDZHCTP1380034×××的保险单记载承保的车辆信息为车牌号琼 01639××、发动机号码 0031×××9，而发生涉案交通事故的马某峰的车辆车牌号为苏 03639××、发动机号码为 0031×××7，二者车牌号、发动机号均不一致，对此马某峰亦不能作出合理性的解释，故据此无法认定马某峰的发生涉案交通事故的车辆为保险单编号 AHANDZHCTP13 80034×××的交强险承保的保险标的。

二审法院认定马某峰和保险公司保险合同关系不成立，具有充分的事实基础，据此判决驳回马某峰一方的诉讼请求，不仅于法有据，更是把握住处理保险合同纠纷的关键环节，对于合理合法地解决保险合同纠纷，公平地维护各方当事人的合法利益意义重大。

［法律法规链接］

《保险法》第10条、第14条

《保险法司法解释（二）》第8条

02. 死亡险中被保险人同意的认定

【典型案例】

李某与某人寿保险公司保险合同纠纷案①

［案情］

2000年9月8日，某人寿保险公司营销员王某到李某家，动员李某购买人寿保险。李某听了王某的介绍后，替妻子吴某购买了保险金额为100 000元的人寿保险，李某在投保单上代其妻子签字，并指定自己为受益人。李某投保当天向营销员交付了首期保费，营销员王某为其出具了收据。几天后，王某将保险公司签发的保险单交给了李某。2000年10月12日晚，李某妻子吴某在回家途中突遇交通事故，当场死亡。事发后，李某向保险公司报案，要求保险公司给付死亡保险金100 000元。保险公司以李某的投保单未经被保险人书面同意认可为由拒绝给付保险金。李某向法院起诉，要求保险公司依约承担保险责任。

［法院认为］

一审法院认为：以死亡为给付保险金条件的合同，未经被保险人书面同意并认可保险金额的，保险合同无效。保险公司与李某签订保险合同时，明知李某代其妻子吴某签名，仍收取李某的保险费，并且在出具保险单给李某时，也没有要求提供吴某同意的书面意见，存在过错。

二审法院认为：双方签订的保险合同以被保险人死亡为给付条件，由于未经被保险人吴某书面同意并认可保险金额，因此无效。

---

① 案例来源参见王林清：《新保险法裁判佰例精析》，人民法院出版社2009年版，第185页。

［裁判结果］

一审法院判决：保险公司退还李某保险费，并承担因保险合同无效而造成李某的保险金损失 70%的主要责任，赔偿李某 70 000 元。

二审法院判决：撤销原判，驳回李某的诉讼请求。

［裁判思路］

根据保险责任的不同，人身保险可以分为人寿保险、健康保险和意外伤害保险。所谓人寿保险，是指以人的寿命为保险标的，保险人对被保险人死亡或前者约定的期限届满时给付保险金的保险。人寿保险是人身保险中产生最早的一个品种，并且直到现在仍然是人身保险中最主要的险种，在全部保险业务以至整个经济生活中具有举足轻重的地位，是人身保险理念的核心和保险公司保险费的主要来源。

人寿保险具体又分为死亡保险、生存保险和生死两全保险。死亡保险是以被保险人的死亡作为给付保险金条件的保险。死亡保险有助于避免因被保险人死亡而使其家属或者依其抚养的人生活陷入困境。生存保险是以被保险人在一定期间届满时继续生存为给付保险金条件的保险。生存保险可以使被保险人到了一定如为期限后领取一定数额的保险金，以满足其生活上的需要，如为养老所需而投生存保险。生死两全保险是由死亡保险和生存保险结合而成的保险，是指被保险人不论在保险期内死亡，或者生存到保险期届满时，均可领取约定保险金的保险。

死亡保险的宗旨是避免因被保险人死亡而使其家属或者依其抚养的人生活陷入困境。该种保险区别于生存保险的核心特征是以被保险人的死亡为保险金给付条件和受益人是被保险人以外的第三人。死亡保险的该种特征在为受益人提供生活保障的同时，也加剧了投保人和受益人的道德风险。尽管保险利益原则就是对防范被保险人生命而言的，但该种保障并不充分，因为投保人对与其有特定关系的人员（如配偶、子女、父母等）享有法定的保险利益，无须被保险人同意即可以其生命和身体为保险标的投保。虽然《保险法》进一步规定投保人指定受益人时须经被保险人同意，但是在巨额保险金的诱惑下，投保人和受益人等仍可能铤而走险，故意危害被保险人。如果被保险人在根本不知情的情况下就成了投保人和保险人寿险合同的保险标的，则无异于拿被保险人的生命做赌注，极易诱发道德风险，使被保险人自保单生效之日起在整个保险期间内都处于被他人谋杀的危险之中，完全违背了法律宗旨。[①] 人的生命是最重要的法益，应当得到法律的充分而有效的保障。因此，我国修订前后的《保险法》均规定，以死亡为给付保险金条件的合同，必须经被保险人同意并认可保险金额，否则合同无效。

在本案中，李先生未经其妻子吴某同意即以吴某为被保险人投保死亡保险，根据2002年《保险法》第56条第1款规定“以死亡为给付保险金条件的合同，未经保险人书面同意并认可保险金额的，合同无效”，李先生与保险公司订立的保险合同无效，即使根据修订后《保险法》第34条第1款“以死亡为给付保险金条件的合同，未经保险人同意并认可保险金额的，合同无效”，本案保险合同仍无效。《保险法司法解释（三）》第1条第1款规定：“当事人订立以死亡为给付保险金条件的合同，根据保险法第三十四条的规定，‘被保险人同意并认可保险金额’可以采取书面形式、口头形式或者其他形式；可以在合同订立时作出，也可以在合同订立后追认。”死亡保险中的被保险人同意规则存在一定例外，父母为其未成年子女投保的人身保险不受该规则限制。该种例外主要是基于父母与子女存在割舍不断的血缘关系，通常不会以子女的生命代价去换取经济利益，并且未成年子女不具有完全民事行为能力无法作出同意的意思表示。当然，血缘关系并不能彻底消除道德风险，因此该种例外仍然要接受一定限制，即保险金额不得超过国务院保险监督管理机构规定的限额。

[法律法规链接]

《保险法》第34条

《保险法司法解释（三）》第1条

① 张秀全:《人身保险合同的成立与生效》，载北大法律信息网：http://article.chinalawinfo.com/ArticleHtml/Article_41177.shtml，最后访问日期:2017年12月10日。

03. 保险代理人代签字而订立的人身保险合同，投保人缴纳保费的，应承认其效力

【典型案例】

某保险公司支公司与袁某人身保险合同纠纷案

[案号]

（2014）铜中民二终字第74号

[案情]

袁某作为德江县青龙镇××小学学生，2012年9月24日，德江县青龙镇××小学以袁某及肖某某等408名学生为投保人，每人缴纳保费40元，在被告处投了“大地状元乐学生、幼儿意外伤害保险”，保险单号为PEGD2012201××××××××××。合同约定学生、幼儿意外伤害保险条款的保险责任意外伤害（含烧伤烫伤）保额每人20 000元，附加突发性疾病身故保险条款的保险责任突发急性病身故每人保额20 000元，附加意外伤害医疗保险条款保险责任意外医疗保额每人10 000元，附加住院医疗保险条款保险责任住院医疗保额每人60 000元；保险期间自2012年9月1日起至2013年8月31日止。袁某因病于2013年4月8日及2013年5月6日在北京国济中医医院检查治疗，入院诊断为轻微脑功能失调综合症（多动症、抽动症），治疗后诊断为轻微脑功能失调综合症（抽动症、注意力缺陷），共花检查治疗费20 738元，该费用一审法院以（2013）德民商初字第2号民事判决书判决由某保险公司赔偿袁某医疗费20 738元。判决生效后，双方达成和解协议，由某保险公司赔偿袁某医疗费16 000元（已兑现）。后袁某以其于2013年8月3日在云南公安边防总队检查治疗，入院诊断为抽动秽语综合症，共花检查治疗费33 000元，要求某保险公司赔付。2014年1月13日，某保险公司根据《某财产保险股份有限公司大地状元乐学生、幼儿住院医疗保险条款》责任免除条款规定住院是指被保险人因疾病而入住本公司指定或认可医疗机构的正式病房，并正式办理入、出院手续，但不包括门（急）诊观察室诊疗、其他非正式的病床或挂床住院，以袁某治疗中没有住院为由拒绝赔偿。为此，袁某诉至法院。

[法院认为]

一审法院认为：袁某作为投保人，向某保险公司保险人交纳保险费用后签订了《大地状元乐学生、幼儿意外伤害保险》合同，根据《保险法》第10

条第 1 款“保险合同是投保人与保险人约定保险权利义务关系的协议”，第 13 条第 1 款“投保人提出保险要求，经保险人同意承保，保险合同成立。保险人应当及时向投保人签发保险单或者其他保险凭证”，第 3 款“依法成立的保险合同，自成立时生效。投保人和保险人可以对合同的效力约定附条件或者附期限”，第 14 条“保险合同成立后，投保人按照约定交付保险费，保险人按照约定的时间开始承担保险责任”的规定，所订立的保险合同依法成立并生效。按照合同约定的四类保险险种即大地状元乐学生、幼儿意外伤害保险条款，大地附加突发性疾病身故保险条款，大地附加状元乐学生、幼儿意外伤害医疗保险条款，大地附加状元乐学生、幼儿住院医疗保险条款，其中前三项险种为主险合同，后一项为附加险合同。本案中，袁某因抽动秽语综合症而到云南省公安边防总队医院门诊医治，其属于合同约定的附加险合同大地附加状元乐学生、幼儿住院医疗保险条款的险种范围。对某保险公司提出因袁某没有“住院治疗”而拒绝赔偿的主张，因某保险公司未对《某财产保险股份有限公司大地附加状元乐学生、幼儿医疗保险条款》中的责任免除条款作特别说明，也没有向投保人原告的近亲属作口头说明和书面告知免除其责任的条款，根据《保险法》第 17 条“订立保险合同，采用保险人提供的格式条款的，保险人向投保人提供的投保单应当附格式条款，保险人应当向投保人说明合同的内容。对保险合同中免除保险人责任的条款，保险人在订立合同时应当在投保单、保险单或者其他保险凭证上作出足以引起投保人注意的提示，并对该条款的内容以书面或者口头形式向投保人作出明确的说明；未作提示或者明确说明的，该条款不产生效力”之规定，某保险公司提出袁某没有住院治疗其不予赔偿的主张，一审法院不予支持，某保险公司应承担保险责任。袁某在保险期内先后到北京国济中医院和云南省公安边防总队医院治疗的费用共计金额为 53 860.6 元，还在附加住院医疗保险条款保险责任住院医疗保额 60 000 元内，故袁某在云南省公安边防总队医院治疗产生的费用 33 000 元，某保险公司应予全额给付。

二审法院认为：某保险公司称，《某财产保险股份有限公司大地附加状元乐学生、幼儿住院治疗保险条款》第 10 条规定：“住院：指被保险人入住保险人指定或认可的医疗机构的正式病房，并办理入出院手续、不包括门（急）诊观察室诊疗、家庭病床、挂床住院、其他非正式的病床住院及不合理住院。”其上诉认为袁某系门诊治疗，不属住院。根据该条规定，其公司不承担保险责任。该《保险条款》中责任免除部分第 4 条第（三）项规定的保险人免责情形是被保险人发生医疗费用时，被保险人一般性身体检查、疗养、静养、健康护理等非治疗性行为或以家庭病床、挂床、压床等方式进行的治疗。

因此，该条款属于保险合同中免责条款。对于免责条款，《保险法》第 17 条规定："订立保险合同，采用保险人提供的格式条款的，保险人向投保人提供的投保单应当附格式条款，保险人应当向投保人说明合同的内容。对保险合同中免除保险责任的条款，保险人在订立合同时应当在投保单、保险单或者其他保险凭证上作出足以引起投保人注意的提示，并对该条款的内容以书面或者口头形式向投保人作出明确说明；未作提示或者明确说明的，该条款不产生效力。"本案中，虽然某保险公司与袁某等人订立的保险合同上载明了被保险人有上述规定情形的，保险人将予以免责。且袁某在本案中也确有门诊治疗情形。但是，根据上述法律及司法解释的规定，某保险公司必须对以规定情形作为免责事由的格式条款进行提示和说明。虽然上诉人提供的保险条款上载明了上述免责情形，但载明了文义明确、易于理解的免责规定并不等于就免除了某保险公司的提示和说明义务。某保险公司不仅要通过字体、符号等特别标识对免除保险人责任的条款作出标识，还应主动向投保人出示该条款，并提醒投保人注意到，保险条款中存在着规定情形导致保险人责任免除的条款，即提示投保人责任条款的概念、内容及其法律后果。《保险法司法解释（二）》第 11 条规定："保险合同订立时，保险人在投保单或者保险单等其他保险凭证上，对保险合同中免除保险人责任的条款，以足以引起投保人注意的文字、字体、符号或者其他明显标志作出提示的，人民法院应当认定其履行了保险法第十七条第二款规定的提示义务。保险人对保险合同中有关免除保险人责任条款的概念、内容及其法律后果以书面或者口头形式向投保人作出常人能够理解的解释说明的，人民法院应当认定保险人履行了保险法第十七条第二款规定的明确说明义务。"第 13 条规定："保险人对其履行了明确说明义务负举证责任。投保人对保险人履行了符合本解释第十一条第二款要求的明确说明义务在相关文书上签字、盖章或者以其他形式予以确认的，应当认定保险人履行了该项义务。但另有证据证明保险人未履行明确说明义务的除外。"但根据二审查明的事实，该保险合同系由袁某所在学校青龙镇××小学签订。一、二审中，某保险公司均未提供证据予以证实其就已向袁某及其监护人履行了说明义务，故一审对某保险公司不应承担保险责任的主张不予支持正确。《保险法司法解释（二）》第 3 条第 1 款规定："投保人或者投保人的代理人订立保险合同时没有亲自签字或者盖章，而由保险人或者保险人的代理人代为签字或者盖章的，对投保人不生效。但投保人已经交纳保险费的，视为其对代签字或者盖章行为的追认。"某保险公司认为，根据该规定，投保人袁某已经向其公司交纳了保险费，视为其对保险责任和责任免除的认可。二审法院认为，该条系关于保险合同代签名、代填保险单证的法律后果的规定，本案中双方当事人对保险合同成立并无争议，本案不适用该条规定。某保险公司该上诉理由不能成立。至于某保险公司主张袁某的监护人支付 33 568.32 元医疗费用不属于保险责任的问题。二审法院认为：首先，本案中袁某虽提供的是门诊发票，但云南省公安边防总队医院诊断证明书记载其系入院治疗，该诊断证明书也证明是袁某自己要求办理出院的手续。从医院治疗的实际情况看，门诊也包括将病人收入住院病房的情况。《合同法》第 41 条规定，对格式条款的理解发生争议的，应当按照通常理解予以解释。对格式条款有两种以上解释的，应当作出不利于提供格式条款一方的解释。格式条款和非格式条款不一致的，应当采用非格式条款。某保险公司提供的《保险条款》第 10 条虽对“住院”进行了解释，并不能完全排除医院门急诊办理病人入住院的情况。因此，对在门诊办理住院治疗也应解释为属住院治疗。故二审法院对某保险公司有关袁某发生的 33 568.32 元医疗费用不属于保险责任，其不应承担保险责任的上诉理由亦不予采纳。综上，某保险公司支公司的上诉理由因无相应的事实和法律依据，二审法院不予采纳。一审判决认定事实清楚，适用法律正确，实体处理并无不当。

[裁判结果]

一审法院判决：由某保险公司支公司赔偿袁某医疗费人民币 33 000 元。该款限本判决生效之日起 10 内一次性给付。案件受理费 626.00 元，减半收取 313.00 元，由被告某保险公司支公司负担。

二审法院判决：驳回上诉，维持原判。

[裁判思路]

根据《保险法司法解释（二）》第 3 条“投保人或者投保人的代理人订立保险合同时没有亲自签字或者盖章的，而由保险人或者保险代理人代为签字或者盖章的，对投保人不生效。但保险人已经交纳保险费的，视为其对代签字或者盖章行为的追认。”本案中双方当事人对保险合同成立并无争议，双方的保险合同关系于订立时成立，对双方均具有约束力。

《保险法》第 17 条“订立保险合同，采用保险人提供的格式条款的，保险人向投保人提供的投保单应当附格式条款，保险人应当向投保人说明合同的内容。对保险合同中免除保险人责任的条款，保险人在订立合同时应当在投保单、保险单或者其他保险凭证上作出足以引起投保人注意的提示，并对该条款的内容以书面或者口头形式向投保人作出明确的说明；未作提示或者明确说明的，该条款不产生效力。”《保险法解释（二）》第 11 条：“保险合同订立时，保险人在投保单或者保险单等其他保险凭证上，对保险合同中免除保险人责任的条款，以足以引起投保人注意的文字、字体、符号或者其他明显标志作出提示的，人民法院应当认定其履行了保险法第十七条第二款规定的提示义务。保险人对保险合同中有关免除保险人责任条款的概念、内容及其法律后果以书面或者口头形式向投保人作出常人能够理解的解释说明的，人民法院应当认定保险人履行了保险法第十七条第二款规定的明确说明义务。”该保险合同系由袁某所在学校青龙镇 ×× 小学签订。某保险公司未提供证据予以证实其就已向袁某及其监护人履行了说明义务，某保险公司应当承担保险责任。《保险条款》第 10 条虽对“住院”进行了解释，并不能完全排除医院门急诊办理病人入住院的情况。对格式条款有两种以上解释的，应当作出不利于提供格式条款一方的解释。因此，对在门诊办理住院治疗也应解释为属住院治疗，某保险公司应当就此承担保险责任。

[法律法规链接]

《保险法》第 17 条

《保险法司法解释（二）》第 3 条、第 11 条

04. 已收取保险费但未作出承保意思表示的情形下，责任如何承担

【典型案例】

A 人寿保险公司与 B 建筑工程有限公司、王某人身保险合同案

[案号]

（2014）锦民二终字第 00200 号

[案情]

2013 年 8 月 12 日，B 建筑工程有限公司因承建 ×× 家园工程到办证大厅建委窗口办理安全施工措施备案手续，因安全施工措施备案要求必须上建筑工程保险，经建委窗口工作人员介绍，该建筑工程有限公司联系了 A 人寿保险公司团险部经理王某，王某主张到 B 建筑工程有限公司的工地具体查看，并要求 B 建筑工程有限公司提交委托书、投保单、投保保证计划明细表、组织代码证、施工合同。查看后王某认为符合承保条件，遂要求 B 建筑工程有限公司交纳 12 800 元保险费，王某给 B 建筑工程有限公司出具了“收条”，载明“今收到 B 建筑工程有限公司缴纳 ×× 家园工程保险费 12 800 元（壹万贰仟捌佰元整）特此证明。注：在公司收到正式合同及发票时，请将本收

条退回。A人寿保险公司团险部王某，2013.8.12”。王某同时在B建筑工程有限公司单位填写了“A人寿保险股份有限公司团体保险投保单”，该投保单载明投保人为B建筑工程有限公司，保险期间为2013年8月13日至2014年8月12日，被保险人数为1000人，暂交费合计12 800元，投保险种为建筑工程团体意外险180 000元，意外医疗险20 000元。B建筑工程有限公司在“A人寿保险股份有限公司团体保险投保单”及“投保保障计划明细表”上加盖了单位公章。王某将B建筑工程有限公司的投保材料报到A人寿保险股份有限公司辽宁分公司后，在2013年8月22日休假期间接到辽宁分公司的电话，说明需要B建筑工程有限公司在“特别约定”及“投保保障计划明细表”上加盖公章，而王某在B建筑工程有限公司投保时并未说明要求在“特别约定”加盖公章；B建筑工程有限公司应王某要求在提交投保材料时已在“投保保障计划明细表”上加盖了公章，王某并未将该“投保保障计划明细表”提交给辽宁分公司审批。王某于2013年8月22日委托单位同事通知B建筑工程有限公司要求在“特别约定”加盖公章，后王某于8月27日又与B建筑工程有限公司联系要求加盖公章，B建筑工程有限公司以投保时未要求而未同意。之后二被告均未给B建筑工程有限公司退回投保资料及保险费。2013年9月8日，B建筑工程有限公司因工地出现伤亡事故，向A人寿保险公司书面报案，A人寿保险公司陈某在该书面报案材料上签名并注明日期。

2013年9月8日，王某将B建筑工程有限公司交纳的12 800元保费交到A人寿保险公司，2013年9月26日，A人寿保险公司通过中国工商银行锦州市凌河支行将B建筑工程有限公司交纳的12 800元保费退回B建筑工程有限公司。

2013年9月10日，王某给B建筑工程有限公司出具“承担书”，载明：“B建筑工程有限公司向A人寿保险公司投保的××家园建筑工程保险，投保单、施工合同、组织代码证书已送达A人寿辽宁分公司团险部，保单一直在受理过程中，因缺少投保约定书的单位公章，一直没有承保，保费无法缴纳。我认为公司在未承保状态应该退回客户提供资料声明。所以公司有90%的责任对该业务承担责任，我因没有及时告诉客户的保单状态，对该业务付有10%的责任。”

2013年9月8日，B建筑工程有限公司单位项目负责人代某某与张某某家属签订“关于××家园张某某高空坠落死亡一次性解决协议”，载明2013年9月8日早6：30分，张某某工作中在6层上料平台不慎坠落到车库顶部当场死亡，甲方一次性给家属补助70万元。

［法院认为］

一审法院认为：B建筑工程有限公司欲投保建筑工程保险，按要求给A人寿保险公司公司团险部经理王某提供相关资料并交纳保费的事实存在。王某基于本单位的利益与办证大厅窗口单位建立信息联系，要求B建筑工程有限公司提供相关的保险材料、收取了保险费，并在填写的投保单上明确了具体的保险内容，B建筑工程有限公司有理由相信保险条件已经成就；按相关法律规定，保险合同成立后投保人按约定交付保险费，保险人按约定的时间开始承担保险责任，王某的承保行为，符合保险合同成立的要件。王某在要求B建筑工程有限公司提供保险材料及收取保费时，并未主张B建筑工程有限公司提供加盖公章的特别约定。在B建筑工程有限公司明确表示不提交特别约定保险材料时，被告如认为B建筑工程有限公司提供的资料不符合承保条件，应及时退回B建筑工程有限公司提供的保险材料及保险费，不退还B建筑工程有限公司提供的保险材料及保险费，应视为同意B建筑工程有限公司的投保条件。对于被告A人寿保险公司锦州中心支公司主张B建筑工程有限公司未提交加盖公章的投保保障计划明细表，故保险合同不能成立的请求，因诉讼中王某承认B建筑工程有限公司加盖公章的投保保障计划明细表，并未送交A人寿保险公司辽宁分公司，故不能将因此合同不能成立的原因归责于B建筑工程有限公司。王某系A人寿保险公司公司团险部经理，其办理B建筑工程有限公司投保工作系职务行为，故应由被告A人寿保险公司锦州中心支公司承担理赔责任。B建筑工程有限公司投保的险种为建筑工程团体意外险和意外医疗险，B建筑工程有限公司提交证据载明死亡人员张某某系当场死亡，B建筑工程有限公司未能提交张某某的医疗费支出证据，故对B建筑工程有限公司主张被告给付2万元意外医疗险理赔款的请求不予支持，被告已退还B建筑工程有限公司的保险费应予扣除。

二审法院认为：本案双方当事人争议的焦点是A人寿保险公司支公司与B建筑工程有限公司之间的保险合同是否成立；B建筑工程有限公司在本案中是否具备诉讼主体资格。关于A人寿保险公司支公司与B建筑工程有限公司之间的保险合同是否成立问题，依照《保险法司法解释（二）》第4条“保险人接受了投保人提交的投保单并收取了保险费，尚未作出是否承保的意思表示，发生保险事故，被保险人或者受益人请求保险人按照保险合同承担赔偿或者给付保险金责任，符合承保条件的，人民法院应予支持；不符合承保条件的，保险人不承担保险责任，但应当退还已经收取的保险费。保险人主张不符合承保条件的，应承担举证责任”的规定处理。本案A人寿保险公司支公司的团险部经理王某经过到B建筑工程有限公司的工地具体查看，后在B

建筑工程有限公司单位填写了团体保险投保单，该投保单明确载明保险期间、被保险人数，并收取了保费。王某作为A人寿保险公司支公司团险部的经理，属承办建筑工程保险中团体险的专业人员，应完全具备履职的工作经验，其所做的上述工作能够充分证明，B建筑工程有限公司的投保是符合承保条件的。王某的行为应当认定为职务行为，代表着A人寿保险公司支公司。B建筑工程有限公司作为投保人投保，A人寿保险公司支公司作为保险人承保的意思表示真实，该保险合同成立。一审判决由A人寿保险公司支公司承担理赔责任正确。故对此项上诉主张，二审法院不予支持。

关于B建筑工程有限公司是否具备诉讼主体资格的问题，一审法院鉴于B建筑工程有限公司对死者已经进行了一次性解决完毕的事实，判决由A人寿保险公司支公司对B建筑工程有限公司进行理赔并无不当。且在二审法院庭审中B建筑工程有限公司提供声明，死者家属已明确对B建筑工程有限公司的请求权进行了授权，故对此项上诉主张，二审法院不予支持。

[裁判结果]

一审法院判决：一、A人寿保险公司于本判决生效后给付B建筑工程有限公司投保的意外保险金167 200元。二、驳回B建筑工程有限公司其余之诉讼请求。

二审法院判决：驳回上诉，维持原判。

[裁判思路]

在保险人已收取保险费但尚未作出承保意思表示的情形下发生保险事故，保险人应否承担保险责任，《保险法司法解释（二）》第4条第1款规定："保险人接受了投保人提交的投保单并收取了保险费，尚未作出是否承保的意思表示，发生保险事故，被保险人或受益人请求保险人按照保险合同承担赔偿或者给付保险金责任，符合承保条件的，人民法院应予支持；不符合承保条件的，保险人不承担保险责任，但应当退还已经收取的保险费。"

在具体适用该条规定时，需要注意两个问题，一是在举证责任的分配上应当实行举证责任倒置，《保险法司法解释（二）》第4条第2款规定："保险人主张不符合承保条件的，应承担举证责任。"二是在不符合"承保条件"的认定上应当采用客观标准，而不是采用保险人的主观判断标准，以防止保险人动辄以不符合承保条件为由不承担保险给付责任。

[法律法规链接]

《保险法》第13条、第14条、第17条

《保险法司法解释（二）》第4条、第13条

05. 保险责任期间条款的效力

【典型案例】

周某与杨某、某财产保险公司保险合同纠纷案

［案号］

（2013）常商终字第 531 号

［案情］

杨某与某财产保险公司于 2012 年 2 月 27 日签订机动车辆交强险保险合同一份，约定杨某为其所有的苏 D×××37 号轿车在某财产保险公司投保交强险，其中，死亡伤残赔偿限额为 11 万元，医疗费用赔偿限额 1 万元，保险期限自 2012 年 2 月 28 日零时起至 2013 年 2 月 27 日二十四时止。2012 年 2 月 27 日 17 时 40 分左右，周某未依法取得机动车驾驶证，驾驶未经公安机关交通管理部门登记的普通二轮摩托车沿本市武南路由东向西至武南路（310 县道 11KM）坂上菜场十字交叉路口左转弯向南行驶时，与孙某（被保险人侄子）持证驾驶苏 D×××99 号小型普通客车沿武南路由西向东行驶至该处发生相撞，造成周某受伤、两车不同程度损坏的交通事故。武进交巡警大队作出道路交通事故认定书，认定周某承担该起事故的主要责任，孙某承担该起事故的次要责任。事故发生当日周某到常州市第一人民医院就医，至同年 3 月 14 日出院，花费医药费 32 067.8 元。周某委托乐天所律师岳某某作为道赔案件的代理人向常州市武进区人民法院起诉，要求孙某、杨某赔偿其因道路交通事故所受损失。乐天所委托苏州大学司法鉴定所对周某的伤残等级、误工时限、营养时限、护理时限及人数进行鉴定，苏州大学司法鉴定所于 2013 年 3 月 15 日出具法医临床学鉴定意见书，鉴定意见为周某此次交通事故致右下肢功能障碍已构成十级伤残；伤后 90 日内应给予营养支持；伤后 150 日内予以一人护理；伤后 270 日内的误工时限应视为合理范围。宝荃经营部出具的工作收入情况证明周某在该单位工作，每月 2700 元。该案经常州市武进区人民法院调解，确认周某的损失有：医疗费 32 067.8 元、营养费 1080 元、伙食补助费 270 元、护理费 9000 元、残疾赔偿金 53 418.6 元、误工费 15 000 元、交通费 500 元，合计 111 336.4 元。按事故责任，孙某应赔偿周某 94 943 元，扣除事故发生后孙某已给付周某 17 000 元后双方自愿达成协议如下：由孙某、杨某赔偿周某 77 943 元，款于 2013 年 6 月 30 日前给付 25 000 元，同年 7 月 30 日前给付 25 000 元，同年 8 月 30 日给付 27 943 元。款项付清后，

周某的其余损失由其自负。案件受理费1221元，鉴定费2520元，合计3741元，由孙某、杨某承担1122元。后杨某、孙某向常州市武进区人民法院赔付了周某的损失25 000元及案件受理费、鉴定费1122元。杨某向某财产保险公司理赔未果，诉至一审法院并提出前列诉讼请求。另查明，交强险保单载明支付确认时间是2012年2月27日10时57分02秒，同一时间保单生成，保单打印时间是同日11时0分48秒。

［法院认为］

一审法院认为，杨某在某财产保险公司处投保的交强险保险合同合法有效。投保车辆发生交通事故后，保险公司应按照保险合同约定予以赔偿。本案的争议焦点为：事故发生不在合同约定的保险期间内，保险公司应否承担保险责任。一审法院认为：首先，交强险保单载明支付确认时间是2012年2月27日10时57分02秒，同一时间保单生成，杨某也陈述交保费的时间为支付确认时间，当时就拿到保单了。某财产保险公司签发保单行为表明其认可杨某的投保车辆符合承保条件并作出同意承保的意思表示，保险责任开始时间应当从某财产保险公司签发保单的时间起算。其次，某财产保险公司保单上印制保险期间从2012年2月28日零时起至2013年2月27日24时止，系预先拟定的格式条款，该条款实际上是免除了其从签发保单到2012年2月28日零时的保险责任，加重了投保人、被保险人责任，排除了投保人、被保险人依法享有的权利，该条款应属无效。最后，我国《交强险条例》第20条规定了交强险的保险期间为1年（法定情形除外），但没有规定保险期间的起始时间，某财产保险公司保单上约定保险期间从2012年2月28日零时起，也就是以投保次日零时作为保险期间的起始时间，系保险公司的习惯操作方式，但该惯例无法律依据，将会置投保人于投保后至保险单约定的保险期间起始时间前的期限内得不到交强险保障的不利境地，不能达到交强险有效保障交通事故受害人利益和促进道路交通安全的功能和作用。综上，保险责任开始时间应当从某财产保险公司签发保单的时间起算，事故发生应认定在保险期间内，某财产保险公司应当承担保险责任。关于周某因事故所受损失，医药费金额32 067.8元，伙食补助费270元，某财产保险公司无异议，营养费某财产保险公司虽不认可，但医药费及伙食补助费金额已超过交强险医疗费用赔偿限额，某财产保险公司应当在交强险医疗费用赔偿限额内赔付10 000元；营养费、护理费、残疾赔偿金、误工费的认定，由苏州大学司法鉴定所出具法医临床学鉴定意见书，鉴定意见为“周某此次交通事故致目前右下肢功能障碍已构成十级伤残；伤后90日内应给予营养支持；伤后150日内予以一人护理；伤后270日内的误工时限”应视为合理范围，一审法院对鉴定意见确认的伤残等级、营养期、护理期、误工期予以确认。对于某财产保险公司所提司法鉴定属于单方委托，对鉴定意见不予认可的抗辩意见，一审法院认为，某财产保险公司未提供证据证明该项司法鉴定违反法定程序，仅凭单方委托否定鉴定意见的抗辩理由不能成立，对该项司法鉴定形成的鉴定意见予以认可。残疾赔偿金确定为 53 418.6 元，计算方式为 29 677 元／年 ×18 年 ×0.1；护理费为 150 天 ×60 元，即 9000 元；误工费有宝荃经营部出具的工作收入情况证明，为每月 2700 元，2700 元 ×9 个月（270 天），即 24 300 元，杨某主张为调解确认的 15 000 元，未超出合理范围，一审法院予以确认。杨某撤回交通费 500 元及诉讼费 1122 元的诉讼请求系其对自身权利的处分，不违反法律法规强制性规定，予以准许。综上，对周某的损失，某财产保险公司应当在交强险医疗费用赔偿限额内赔付 10 000 元，在交强险死亡伤残赔偿限额内赔付 9000 元＋ 53 418.6 元＋ 15 000 元 =77 418.6 元，共计赔付 87 418.6 元，该款不超过调解确认的杨某应当赔偿周某的损失，一审法院予以认定。对于周某的损失，由于杨某已给付周某 17 000 元，后又向常州市武进区人民法院赔付了 25 000 元，共计赔付 42 000 元，可视为杨某在相当于交强险限额内先行垫付的费用，该款应当由某财产保险公司支付给杨某；扣除周某已实际获得的赔偿 42 000 元，剩余 45 418.6 元某财产保险公司应当直接赔付给周某。综上，对杨某的诉讼请求予以支持。

二审法院认为：1. 本案所涉合同的保险期间条款不是格式条款或免责条款。根据《合同法》第 12 条第（五）、（六）项的规定，由当事人约定的合同内容一般包括价款、履行期限等条款。机动车交通事故责任强制保险合同中的保险期间条款与保险费等构成保险合同的主要内容，属当事人约定的合同基本条款，其未规定保险公司的免责情形，故非免责条款；而格式条款则是当事人为了重复使用而预先拟定的并在订立合同时未与对方协商的条款，保险期间起止的时点一单一订不具有重复性，并非条款重复使用而预先拟定的情形，故保险期间条款亦非格式条款。本案中，所涉强制保险合同中的保险费、保险期间等基本条款是合同相对方——某财产保险公司和孙某（被保险人杨某侄子且实际驾驶车辆）首先关注的内容，其中载明“2012 年 2 月 28 日至 2013 年 2 月 27 日”的保险期间，虽保险单显示其与被保险人姓名等同属某财产保险公司打印的内容，但在由孙某签字确认的投保单上为手写填入，应当认为属合同双方就保险期间起始、终止时间达成合意的结果，并非保险合同的格式条款或免责条款。因保险人对保险期间条款并无法定的针对格式条款或免责条款的提示、告知义务，故被上诉人杨某提出本案所涉合同的保险期间条款未经其同意、某财产保险公司未以书面或口头形式作出明确说明的二审抗辩理由，不能成立。

2. 本案所涉合同的保险期间条款有效。首先，本案所涉合同的保险期间条款与法定的无效情形不符。《合同法》第52条规定的无效情形包括：“（一）一方以欺诈、胁迫的手段订立合同，损害国家利益；（二）恶意串通，损害国家、集体或者第三人利益；（三）以合法形式掩盖非法目的；（四）损害社会公共利益；（五）违反法律、行政法规的强制性规定。”本案所涉保险合同中的保险期间条款并未损害他方利益，亦未违反法律、行政法规的强制性规定。其次，本案所涉保险合同中的保险期间条款符合公平原则。根据《交强险条例》第20条的规定，机动车交通事故责任强制保险的保险期间为1年，遇法定情形只可缩短。本案所涉保险合同中的保险期间条款与法定期限相符，且经投保人孙某签字确认，并未加重或减轻相对方的合同义务，符合公平原则。如将保险期间提前至交费、出单的时点，则1年保险期间的届满时点也应相应提前；相反，仅将期限届至期提前而届满时点不变，则保险期间超出了1年的法定期限，而加重保险人的保险责任并无法律依据。再次，保险期间“次日零时生效”的约定不直接导致投保人、被保险人权益的损害。保险期间“次日零时生效”系保险业的行业惯例。针对投保人从交费、出单时点到次日零时机动车事故的风险，中国保险业监督管理委员会于2009年两次发函，明确可以在投保人要求下订立合同双方进行“即时生效”的约定并在“特别约定”栏中注明，虽对“次日零时生效”保险业行业惯例作出了例外规定，但公函中并未强制要求各经营交强险业务的保险公司实行交强险保单出单时“即时生效”。根据《交强险条例》第19条的规定，机动车交通事故责任强制保险合同期满，投保人应当及时续保并提供上一年度的保险单。本案中，杨某所有的事故车辆在本次投保日之前处于强制保险的脱保状态，已存在违法情形，是造成保险期间无法前后衔接的直接原因，一、二审陈述及书面材料证实杨某对其委托孙某签订本案所涉强制保险合同的行为是追认的，但无证据证明孙某提出要求与某财产保险公司对保险期间进行“即时生效”的约定，投保单及保险单均显示双方对保险期间仍约定为“次日生效”，该约定在不违反法律、行政法规的强制性规定的前提下，对合同双方具有约束力。一审法院以“无法律依据”为由认定该条款无效，与“法无禁止则可为”的民事法律关系原则相悖。

综上，杨某委托孙某与某财产保险公司订立本案所涉的强制保险合同及其保险期间条款合法有效。孙某驾车发生交通事故的时点虽在某财产保险公司收费、出单之后，但在该合同约定的保险期间之前，某财产保险公司依法依约不应承担保险赔偿责任。上诉人的上诉请求成立，二审法院予以采纳。

一审判决适用法律错误，二审法院予以纠正。

[裁判结果]

一审法院判决：一、某财产保险公司于本判决发生法律效力之日起十日内向杨某支付交强险理赔款 42 000 元。二、某财产保险公司于本判决发生法律效力之日起十日内向周某支付交强险理赔款 45 418.6 元。

二审法院判决：一、撤销（2013）天商初字第 982 号民事判决；二、驳回杨某的诉讼请求。

[裁判思路]

在保险合同中，通常会约定一个具体明确的保险责任期间。对于保险责任期间条款的约定，如本案中一、二审法院截然不同的两种观点所示，司法实践中也存在不同的观点。有的法院认为，保险责任期间条款属于保险合同的主要内容，既不是免责条款更不是格式条款，是双方当事人协商达成合意的结果，现有法律法规也未强制要求保险单实行即时生效，该条款合法有效。保险人承担保险责任应当以符合约定的保险责任期间为前提。《保险法》第 13 条及第 14 条规定，发生保险事故，被保险人主张保险人承担保险责任，不仅以保险合同依法成立且合法有效为前提，保险事故还应当发生在保险合同约定的保险责任期间。不同保险合同的保险期间约定都是具体明确且各不相同，应属于双方协商条款而非保险格式条款的范畴。

[法律法规链接]

《保险法》第 13 条、第 14 条、第 19 条、第 23 条

《交强险条例》第 19 条、第 20 条

第二章　保险合同条款的规制

第一节　保险人的说明义务

导　读

保险人对于保险合同中有关责任免除条款的概念、内容及其法律后果以书面或者口头形式向投保人作出常人能够理解的解释说明的，应当认定保险人履行了《保险法》规定的“明确说明义务”。

实践中，对于保险人未履行明确说明义务的法律效果也存在一定争议，理论界存在三种不同观点。第一种观点认为，该未经提示和明确说明的条款，由于投保人并不知晓其实质内容，故应当推定其并未与保险人就该条款达成意思表示一致，故属于不生效条款。第二种观点则认为，法律既然规定其后果为不发生效力，也就意味着该条款虽然成立，但自始无效。第三种观点认为，可以从体系解释的方法来解读《保险法》第 17 条第 2 款的规定，借鉴《合同法》有关格式条款说明义务的规定理解保险人违反明确说明义务的法律后果。《合同法》第 39 条也未规定违反提示和说明的法律后果，直至《保险法司法解释（二）》颁布。该司法解释第 11 条规定：保险合同订立时，保险人在投保单或者保险单等其他保险凭证上，对保险合同中免除保险人责任的条款，以足以引起投保人注意的文字、字体、符号或者其他明显标志作出提示的，人民法院应当认定其履行了保险法第十七条第二款规定的提示义务。保险人对保险合同中有关免除保险人责任条款的概念、内容及其法律后果的书面或者口头形式向投保人作出常人能够理解的解释说明的，人民法院应当认定保险人履行保险法第十七条第二款规定的说明义务，保险人违反明确说明义务的法律后果可以理解为是法律赋予了合同相对方撤销权，只是基于法律的明确规定，无需投保人亲自行使撤销权，也不受除斥期间的限制，被保险人或者受益人可以直接主张。

06. 格式条款项下的免责条款因未尽到明确说明义务而不生效

【典型案例】

某保险公司与冯某通海水域船舶保险合同纠纷案

[案号]

(2014)鄂民四终字第00003号

[案情]

2012年9月27日，冯某为其所属"豫信货10××9"号船舶向某保险公司投保内河船舶一切险，某保险公司向冯某开具内河船舶一切险的发票。2013年4月17日，"豫信货10××9"号船舶装载2600吨钾肥从南京驶往岳阳，途经长江东流水道6#白浮与7#白浮之间水域，因船舶液压油大量泄漏导致船舶失灵，触碰丁坝后搁浅。经东至县安皓水上服务有限公司(下称安皓公司)派遣浮吊及运力船，采取吊卸货物的方式施救后脱险。事发时，"豫信货10××9"号船舶上有船长、轮机、大副、水手各一人。其后，冯某向安皓公司支付了施救费95 000元后，向某保险公司索赔。2013年5月13日，某保险公司以涉案事故不属保险责任范围为由，拒绝理赔，并向冯某出具《拒赔通知书》。冯某庭审中同意某保险公司对应承担的责任免赔35%。

《沿海内河船舶保险条款》中载明，对因搁浅、触礁等原因造成的保险船舶发生的全损或部分损失，某保险公司应负责赔偿；一切险对本船舶上的货物损失不负赔偿责任；保险船舶因船舶不适航(包括船舶配员、装载等)等情况所造成的损失，某保险公司不负责赔偿。"豫信货10××9"号船舶参考载货量为2360吨，标准配员为6人。

冯某请求某保险公司支付施救费95 000元，并承担本案诉讼费用。

[法院认为]

一审法院认为：某保险公司向冯某收取保险费，表明原、被告之间事实上存在有效的保险合同关系。某保险公司对保险责任范围内的船舶相关损失，应履行赔偿义务。冯某所属"豫信货10××9"号船舶发生搁浅事故造成的损失，属一切险的赔偿范围，非保险赔偿免责范围，某保险公司应对船舶施救费用承担赔偿责任。涉案船舶搁浅系因船舶液压油大量泄漏导致船舶失灵所致，与船舶配员不足和运输超载无直接联系，某保险公司据此认为船舶不适航，属保险条款约定的免责范围，理由不成立，不予支持。转运货物是施救搁浅船舶的有效措施，并非是对货物的施救，与货物是否投保及共同海损无关。某保险公司主张货物未保险及货物转运属共同海损，不应赔偿因转运货物产生的施救费用，一审法院亦不予支持。“豫信货 10× ×9”号发生搁浅事故，产生的施救费用 95 000 元，某保险公司应予以赔偿，但冯某同意某保险公司对应承担的责任免赔 35%，故某保险公司应赔偿冯某的保险金为 61 750 元。

二审法院认为：某保险公司的拒赔理由不能成立。理由如下：

第一，冯某投保沿海内河船舶一切险并交纳保费、某保险公司收取保费并开具发票、承保沿海内河船舶一切险，对于这一事实双方均不否认，双方成立有效的保险合同关系。虽然某保险公司所使用的格式《投保单》上特别用红色字体标明投保人投保时已知悉《保险条款》的内容，但某保险公司并未将载有《保险条款》的《投保单》交给冯某以便冯某投保时知悉《保险条款》的相关内容，亦未将载有《保险条款》的正式保险单或保险合同交付冯某以便其对双方的权利义务做进一步确认。故，即使《保险条款》第 3 条列明了船舶不适航等情形下保险人的除外责任，第 9 条明确规定共同海损情形下其仅按比例承担相应责任，但对于该可能全部或部分免除保险人赔付责任的条款，某保险公司既未将其通过《投保单》向冯某做过告知，亦未以正式保单、保险合同或其他方式向冯某进行过告知。依据《保险法》第 17 条第 1 款关于“订立保险合同，采用保险人提供的格式条款的，保险人向投保人提供的投保单应当附格式条款，保险人应当向投保人说明合同的内容”，以及第 2 款关于“对保险合同中免除保险人责任的条款，保险人在订立合同时应当在投保单、保险单或者其他保险凭证上作出足以引起投保人注意的提示，并对该条款的内容以书面或者口头形式向投保人作出明确说明；未作提示或者明确说明的，该条款不产生效力”之规定，涉案《保险条款》第 3 条关于船舶不适航等情形下保险人的除外责任的条款，以及第 9 条关于共同海损情形下其仅按比例承担相应责任的条款，因某保险公司未对冯某履行告知义务而不产生法律效力。

第二，本案中，“豫信货 10× ×9”号发生搁浅事故，冯某为此支付的施救费用 95 000 元，从因果关系角度看，船舶搁浅系该笔费用支出的直接的、最近的原因，而船舶液压油泄漏这一船舶机器故障并非发生施救费用 95 000 元的直接近因。依《保险条款》第 1 条，船舶搁浅属于保险人承保的风险；依《保险条款》第 2 条，涉案救助费用的支出属于被保险人为防止或减少进一步的损失而采取相应的施救及救助措施所支出的必要的、合理的施救或救助费用，某保险公司应向冯某进行赔偿。冯某一审同意某保险公司对应承担的责任免赔35%，属于对其自身实体权利的处分，一审予以支持并无不当。

综上，冯某投保沿海内河船舶一切险，涉案事故发生在保险责任期间，涉案《保险条款》中的相关全部或部分免除保险人赔付责任的条款对冯某不产生法律效力，对冯某支出的救助费，某保险公司应予以赔付。

[裁判结果]

一审法院判决：某保险公司于判决生效日内向冯某赔偿保险金61 750元。

二审法院判决：驳回上诉，维持原判。

[裁判思路]

本案争议的焦点在于保险公司能够适用免责条款予以抗辩以及如何理解保险公司的免责条款。

本案中，明确了两个判断标准：（1）关于格式条款的理解。格式条款是当事人为了重复使用而预先拟定，并在订立合同时未与对方协商的条款。其特征在于：第一，垄断性，即排除双方协商的可能。第二，唯一性和不变性，即一方基于独占利益，与全部合同条款形成统一整体。第三，广泛性和持久性，为与不特定之多数相对人而预先就合同内容所订立的条款。本案中保险公司提到的保险合同条款应为格式条款。在双方对格式条款存在争议时，应从有利于非提供格式条款一方进行解释。（2）什么是免责条款及如何适用免责条款。《保险法》第17条第2款规定："对保险合同中免除保险人责任的条款，保险人在订立合同时应当在投保单、保险单或者其他保险凭证上作出足以引起投保人注意的提示，并对该条款的内容以书面或者口头形式向投保人作出明确说明；未作提示或者明确说明的，该条款不产生效力。"《保险法司法解释（二）》第9条第1款规定："保险人提供的格式合同文本中的责任免除条款、免赔额、免赔率、比例赔付或者给付等免除或者减轻保险人责任的条款，可以认定为保险法第十七条第二款规定的'免除保险人责任的条款'。"因此，本案首先应当审查保险公司是否已经尽到了明确说明的义务，即保险公司是否就条款概念、内容、法律后果向投保人进行了说明。并且保险公司应当对其尽到了明确说明义务承担举证责任。否则该条款不产生效力，保险公司应当承担给付保险赔偿金的责任。

根据关于格式条款的适用规则，在双方存在不同解释时，应当作出有利于非提供格式条款一方的解释。

[法律法规链接]

《保险法》第17条

《保险法司法解释（二）》第9条

07. 团体保险中保险人仅需向投保人履行说明义务

【典型案例】

朱某等诉某人寿保险公司人身保险合同案[①]

［案号］

（2012）成民终字第 6535 号

［案情］

某装饰公司于 2009 年 5 月 25 日向被告投保国寿团体人身意外伤害保险，被告向其签发保险单，被保险人数为 818 人。2010 年 1 月 18 日，王某驾驶渝 B4×××号重型自卸货车由犀浦方向朝安靖方向行驶至事故地（犀安路安靖加油站路口）左转弯时，与相对方向行驶的由孙某（未取得机动车驾驶证）驾驶的无号牌二轮摩托车相撞，造成双方车辆受损、孙某当场死亡的交通事故。孙某自 2009 年 5 月至车祸发生期间，在某装饰公司从事木工工作，系被保险人之一。保险条款第三条保险责任第一款第一项约定："在本合同保险责任有效期间内，被保险人遭受意外伤害，本公司依下列约定给付保险金：一、被保险人自意外伤害发生之日起 180 日内因同一原因死亡的，本公司按保险金额给付死亡保险金，本合同对该被保险人的保险责任终止。……"；第四条责任免除第一款第五项约定："因下列情形之一，造成被保险人死亡残疾的，本公司不负给付保险金责任：……五、被保险人酒后驾驶、无有效驾驶执照驾驶或驾驶无有效行驶证的机动交通工具；……"。在意外伤害事故发生后，孙某的直系亲属向被告申请索赔保险金，被告拒赔。朱某系孙某妻子，孙某某系孙某儿子，李某系孙某母亲，孙某父亲已于 1967 年死亡。四川省郫县法院以（2010）成郫民初字第 1886 号民事判决书判决中国太平洋保险股份有限公司重庆南岸支公司在交通事故强制保险和机动车商业保险的范围内赔偿三原告各项损失 23 930 003.23 元。侵权人王某赔偿三原告 22 818.23 元损失。

［法院认为］

一审法院认为：团体保险的目的是提高单位成员福利水平。因此，被保险人一一签字同意并没有多大必要和可能。为保障被保险人的利益和转移投保人的风险，虽然被保险人没有签字同意投保，但其所在单位为其投保的团体人身保险应视为已经被保险人同意，故人身保险合同有效。被保险人孙某

---

① 案例来源：聚法案例：https://www.jufaanli.com。

无证驾摩托车是属于某人寿保险公司国寿团体人身意外伤害保险条款约定的免责范围，而且在投保人及被保险人声明中，注明了保险人，即本案被告已对免责条款履行了明确说明义务，无需对被保险人个人重复履行说明义务。

二审法院认为：原判决认定事实清楚，适用法律正确。

[裁判结果]

一审法院判决：驳回原告朱某、孙某某、李某的诉讼请求。

二审法院判决：驳回上诉，维持原判。

[裁判思路]

本案处理重点主要在于团体保险中保险人保险条款说明义务对象的确定。团体保险投保人（多为用人单位）的目的在于补充社会保障的不足，提高员工的福利待遇，转嫁在劳动合同履行期间员工发生的事故风险，降低企业运营成本。从合同订立的效率而言，要求每一位被保险人在保单上签字具有现实上操作的困难性。若因某一人或某些人的履行不能，导致整个保险合同签订处于等待状态，自然也和为员工谋取福利的团体保险意图相违背。具体到本案中，被保险人有 818 人，若强行要求被保险人一一在保险合同及从合同中签字才能确定保险合同的效力则无助于保障被保险人的合法权益。

根据 2015 年新修订《保险法》第 17 条第 1 款规定："订立保险合同，采用保险人提供的格式条款的，保险人向投保人提供的投保单应当附格式条款，保险人应当向投保人说明合同的内容。"该条第 2 款规定："对保险合同中免除保险人责任的条款，保险人在订立合同时应当在投保单、保险单或者其他保险凭证上作出足以引起投保人注意的提示，并对该条款的内容以书面或者口头形式向投保人作出明确说明；未作提示或者明确说明的，该条款不产生效力。"也即是，现有法律对于保险人的说明义务的对象规定为投保人。

本案中，团体保险合同的签订主体是用人单位某装饰公司，其在保险合同及附件中签章，而作为保险合同实际受益人的自然人孙某并没有在保险合同上签章，即保险合同订立主体和保险利益享有主体存在分离。在该分离的情况下，保险人说明义务的对象限定为投保人，因投保人已在包含免责条款的附件中签章，故可推定保险人已履行了告知义务，免责条款有效成立，若发生免责条款中的事故，则保险人不应承担赔偿责任。基于本案的情况，因免责条款中对于无证驾驶机动车出现意外不予赔偿作出了明确规定，故死者孙某无证驾驶无牌的摩托车因交通事故而死亡属于免责范围，保险人不予赔偿。因此就本案而言，法院判决驳回原告的诉讼请求是符合法律规定的。

[法律法规链接]

《保险法》第 17 条

08. 网络销售中保险人是否尽到提示和明确说明义务的认定

【典型案例】

严某诉某健康保险公司人身保险合同案

［案号］

（2015）沪二中民六（商）终字第52号

［案情］

原告通过网络投保了被告的保险产品，被告出具了吉祥行意外伤害（A款）保险电子凭证保险单，保险单上载明投保人和被保险人均为原告，保险费为340元，保险期间为1年，保险合同生效日为2013年5月14日，保险责任：意外残疾保险金500 000元、意外医疗费30 000元。保险单另载明《吉祥行意外伤害保险（A款）条款》《附加吉祥行意外医疗费用医疗保险条款》《附加吉祥行意外住院津贴医疗保险条款》为本保险凭证的适用条款。《吉祥行意外伤害保险（A款）条款》第六条"意外伤残保险金"段落载明：被保险人因遭受意外伤害，并自事故发生之日起180日内，以此事故为直接且单独原因造成本合同所附《残疾程度与给付比例表》所列伤残之一者，本公司按照表中对应的给付比例，乘以保险金额，给付意外伤残保险金。若届时治疗仍未结束，则对第180日被保险人的身体情况进行伤残鉴定，并据此给付意外伤残保险金。《残疾程度与给付比例表》中按照残疾程度分七个等级，第七级给付比例最低，给付比例为10%；《附加吉祥行意外医疗费用医疗保险条款》第六条载明：被保险人因遭受意外伤害，并以此事故为直接且单独原因在医院治疗，本公司就其自此事故发生之日起180日内实际支出的合理且必要的医疗费用超过100元部分给付意外医疗费用保险金；若被保险人的医疗费用已通过其他途径（包括但不限于社会医疗保险机构、公费医疗、农村合作医疗保险、工作单位和本公司在内的任何商业保险机构等）获得补偿，本公司仅对被保险人的医疗费用扣除该等补偿后余额超过人民币100元部分给付意外医疗费用保险金。第十六条载明：在申请意外医疗费用保险金时，申请人须提交医疗费用原始凭证。

2013年5月15日10时20分，案外人童某佳驾驶浙A××××轿车行驶至蕴川路、友谊路路口东侧约5米处与骑自行车至此的原告相撞，造成原告受伤，后经交警部门认定，童某佳负事故全部责任。原告已经另案起诉童某佳等机动车交通事故责任纠纷要求赔偿医疗费49 809.23元等费用，医疗费已经一审法院（2014）宝民一（民）初字第473号民事判决书确认支持且全额赔付履行完毕。

事故发生后，经上海华医司法鉴定所鉴定，原告四根以上肋骨骨折被评定为道路交通事故十级伤残。

审理中，原告表示对《吉祥行意外伤害保险（A款）条款》《附加吉祥行意外医疗费用医疗保险条款》及《残疾程度与给付比例表》内容均不知晓，其网络购买被告保险产品时只需在“投保申明确认”下方勾选“我接受以上投保申明”即可确认购买，无须点击相关保险条款，网页中也并未主动弹出相关保险条款内容。被告确认网页中确无主动弹出相关保险条款内容，需点击相关链接才能阅读相关保险条款。投保申明确认部分第三条载明：本投保人已阅读该产品详细条款，投保申明确认下方有勾选“我接受以上投保申明”才能确认购买。被告确认本案并无书面保险单，是通过电子邮件形式发送给原告的。被告亦确认并未以书面形式告知原告本案相关保险条款。

[法院认为]

一审法院认为：原、被告之间的人身保险合同关系合法有效，受法律保护。原告因事故造成人身伤害后经鉴定机构鉴定了伤残等级，理应可以通过人身保险合同要求被告履行赔付义务，被告辩称所涉及的条款《吉祥行意外伤害保险（A款）条款》第六条及所附《残疾程度与给付比例表》属于列举式条款，未能涵盖全部人身伤残，排除了部分被保险人享有的权利，《附加吉祥行意外医疗费用医疗保险条款》第六条限制了被保险人获得赔偿的权利，上述条款均是直接涉及被保险人权益减少、风险加大等重大利益以及保险人免除或减少保险责任的内容，且均为保险人的格式条款。订立保险合同，采用保险人提供的格式条款的，保险人向投保人提供的投保单应当附格式条款，保险人应当向投保人说明合同的内容。对保险合同中免除保险人责任的条款，保险人在订立合同时应当对该条款的内容向投保人作出提示和明确说明的义务，未作提示或者明确说明的，该条款不产生效力，本案争议焦点在于被告是否就其格式合同中免除保险人责任的上述条款向投保人履行了提示和明确说明义务。提示和明确说明义务应由保险人主动积极履行，而不是基于投保人的请求才被动产生的，本案中投保人如需要阅读具体保险条款，需主动在网页中点击所链接的保险条款，被告亦确认网络中并无主动弹出保险条款页面，应当认定其并未主动向投保人出示提供保险条款，保险人未能尽到提示和明确说明义务，有违诚实信用原则，保险条款中免除保险人责任的上述条款均不产生效力。

二审法院认为：一审法院认定事实清楚，适用法律正确。

［**裁判结果**］

一审法院判决：一、被告某健康保险公司于本判决生效之日起十日内支付原告严某意外伤残保险金 50 000 元；二、被告某健康保险公司于本判决生效之日起十日内支付原告严某意外医疗费 30 000 元。

二审法院判决：驳回上诉，维持原判。

［**裁判思路**］

1. 免责条款范围的界定。

《保险法司法解释（二）》第 9 条对"免除保险人责任的条款"作出了明确定义。从本案看，法院并没有机械地从形式上根据争议焦点所涉条款所在段落来判断其性质，而是从条款内容的实质进行分析，认定条款内容的确减轻或者免除了保险人承担保险责任的义务，限制或剥夺了被保险人获得赔偿的权利，故认为属于免责条款，这样的判断是符合法律原理的。免责条款可以出现保险条款的任意章节或附件中，如果仅从其所在段落进行判决，将使保险人利用其优势地位将本该属于免责条款的内容规定在"责任免除"以外的其他章节来逃避承担保险责任。

2. 网络投保和一般投保的区别。

互联网投保作为新兴的保险营销模式，与柜面投保等传统保险销售模式在保险合同的订立流程和形式上存在显著差异，网络投保已经可以不需要保险业务员，取而代之的是标准化的计算机程序，无须通过人与人之间面对面的交流、沟通、解释即可完成投保，提示和说明义务的完成缺少了人的具体行为。数字化、无纸化等特征也产生了很多新的法律问题，但基于保险法律原则，在网络投保中保险人仍应秉持最大诚信原则，按照法律规定履行免责条款的提示和说明义务，实践操作中作为保险人对前述行为履行义务的举证难度也大大增加。

关于网络投保中免责条款提示和明确说明义务的履行标准。保险合同以互联网为载体而订立，保险条款、保单等合同资料均是以网页这一数据电文的形式呈现，若有证据证明投保人在网络投保过程中已经阅看了保险条款的相关网页并经相应的勾选确认环节，可视为保险人已尽到了免责条款的提示和明确说明义务。本案中保险人虽然已经用格式化的"投保人声明"对有关内容进行了提示并在得到投保人肯定的反馈即点击确认后投保才完成，但因其条款内容并不是弹框式网页或强制投保人阅读等方式主动、完整地展现于投保人面前，网页上只有保险条款的链接地址，但其条款链接有无被保险人点击均不影响保险合同的订立，本案中投保人否认知晓相关保险条款，保险人的举证也无法证明其已经主动向投保人履行了上述义务，投保人如需要阅读相关保险条款，仍要点击该页面所链接的条款，判决认定以这种方式来完成提示和明确说明义务不符合《保险法》及司法解释规定，本案判决对现行网络保险业务具有借鉴和指导意义，经营网络销售的保险公司应当完善其网页设计、投保程序，以符合法律规定的方式履行提示和说明义务，以避免争议的发生。

[法律法规链接]

《保险法》第 17 条

《保险法司法解释（二）》第 9 条

第二节　无效格式条款

导　读

格式条款是当事人为了重复使用而预先拟定，并在订立合同时未与对方协商的条款。实践中，多数保险合同采取保险人提供的格式条款订立。对于保险合同条款是否因免除保险人依法应承担的义务或者加重投保人、被保险人责任，排除投保人、被保险人或者受益人依法享有的权利等情形而无效，需要审慎判断。

按照《保险法》的规定，并不是所有的保险合同条款均属于格式条款。《合同法》对此早已有定义：格式条款是当事人为了重复使用而预先拟定，并在订立合同时未与对方协商的条款。

《保险法》第 19 条规定的格式条款属于《合同法》中所规定的“绝对无效”的情形，不是指合同条款可撤销、可变更的情形。也就是说，人民法院遇到上述格式条款，不必投保人请求，可以依据职权主动判令上述格式条款无效。格式条款判令无效之后，并不意味着其他条款一概无效，也不意味着整个保险合同全部无效。

09. 人身保险合同中的现金价值计算条款不属于无效格式条款

【典型案例】

刘某与某人寿保险股份有限公司上海分公司、民生人寿保险股份有限公司的人身保险合同纠纷案

[案号]

(2014)沪二中民六(商)终字第8号

(2014)沪高民五(商)申字第39号

[案情]

2010年5月28日,刘某与某人寿上海分公司签订编号863××××的保险合同,约定刘某投保该公司的长裕两全保险(分红型)和附加提前给付意外伤害保险,被保险人为刘女,合同生效日为2010年5月27日,保险金额人民币166 000元(以下币种均为人民币),保险期间终身,交费期限20年,交费方式年交,保险费15 019.68元。保险单的保单现金价值表记载的第3年保单年度末现金价值为26 402.30元,第4年保单年度末现金价值为23 171.94元。《某人寿保险股份有限公司长裕两全保险(分红型)条款》规定:"本合同生效日以后每年的对应日是保险单周年日。保险单年度、保险单月份、保险费到期日和保险单满期日均以该日期计算。……自本合同生效之日起,被保险人生存至每三周年保单周年日,本公司按保险单载明的保险金额的10%给付生存保险金。……本合同保单年度末的现金价值会在保险单上载明,保单年度内的现金价值,您可以向本公司咨询……您在犹豫期后,可以书面通知我们要求解除合同,自本公司收到合同解除申请书之日起,本合同效力即行终止。……本合同自收到上述证明和材料之日起三十日内,返还本合同的现金价值净额。"

2013年7月15日,刘某和被保险人要求某人寿上海分公司支付生存保险金,某人寿上海分公司于7月22日支付被保险人生存保险金16 676.84元。旋即,刘某提出退保,并要求某人寿上海分公司按合同约定退还第3个保单年度末的现金价值26 402.30元。因某人寿上海分公司不同意其要求,刘某遂向法院提起诉讼,请求法院判令:依法解除原、被告之间签订的保险合同、被告支付原告第三个保单年度末现金价值26 402.30元。

审理中,保险人提交了保险现金价值计算公式,按此计算至2013年12

月 11 日的现金价值是 10 699.21 元。

［法院认为］

一审法院认为：投保人有权解除保险合同，保险人应当按照合同解除时的现金价值退款。投保人未在 2013 年 5 月 26 日 24 时前，即第三个保单年度结束前提出解除合同的申请，不能要求保险人按照第三年的保单年度末现金价值退款。而生存保险金的领取，应当在第三个保单年度结束后，即 2013 年 5 月 26 日 24 时后，被保险人方能领取。

二审法院认为：本案争议在于系争保险合同解除后，保单的现金价值应当如何计算。第一，根据系争保险条款的约定，保单年度末的现金价值在保险单上载明，保单年度内的现金价值可以向保险公司咨询。刘某未在保单满三周年的周年日向某人寿上海分公司提出解除合同及退还保单现金价值的书面申请，而且刘某已经领取了生存至每三周年保单周年日方能领取的生存保险金。故在此之后的保单现金价值已不能按照保单上列明的第三年度末现金价值计算。第二，根据系争保险条款中有关“现金价值”的释义，“现金价值指保险单所具有的价值，通常体现为解除合同时，根据精算原理计算的，由本公司退还的那部分金额”。因此，保单的现金价值与解除合同的时间点直接相关。现刘某提出解除系争保险合同的时间节点处于保单第四年度之中，且刘某未缴纳第四年度的保费，故系争保险合同的效力已经中止。综合上述分析，某人寿上海分公司对于此种情形下按照保险条款对保单现金价值的计算方式并无不当。刘某要求以第三年度末当日的保单现金价值作为解除合同时应退还的保单现金价值，没有合同依据，法院不予支持。

再审法院认为：（1）原审法院就现金价值的计算公式和计算结果进行了审查，再审法院未发现存在明显不合理或不公平之处，故保险人按其计算公式计算现金价值，并无不当。况且，按刘某的观点，其于第三年度期满后，不论是否领取生存金，现金价值都不会发生变动，明显有悖于常理。（2）“保单年度内的现金价值，您可以向公司咨询”条款，按通常人理解，该条款只是告知投保人可以询问金额，既没有免除保险人法定义务或加重投保人的责任，也没有排除投保人依法享有的权利。该条款显然不属于《保险法》第 19 条、《合同法》第 40 条所列情形，故该条款不属于无效格式条款。（3）当事人就上述条款的含义并未发生争议，争议在于现金价值的计算方式和计算结果。而且，即使该条款的含义发生了争议的，也首先应按通常理解予以解释，而非直接作出不利于保险人的解释。刘某要求直接按不利解释规则作出有利于其判决的再审理由，法院不应采纳。

［裁判结果］

一审法院判决：一、刘某与某人寿签订的编号为863××××的保险合同解除；二、某人寿上海分公司退还刘某保单现金价值10 699.21元；三、刘某的其他诉讼请求不予支持。

二审法院判决：驳回上诉，维持原判。

再审法院裁定：驳回刘某再审申请。

［裁判思路］

所谓保险单的现金价值就是责任准备金扣除退保费用后的金额。保险责任准备金包括两种形式：一是未满期保险费准备金；二是保险费积存金。以较为简单的前者为例说明此概念。比如投保人于6月1日缴纳一年的保险费。在当年年底结算时，其中7个月份就属于本年度，5个月属于下年度的保险费。保险公司在该年度末时，对尚未经过的5个月保险费作为责任准备金提计，在会计上视为尚未实际收取的保险费。如投保人于该年底退保，保险公司自然应当将未实际承担风险的保费对价予以返还。但投保人解除保险合同（退保），造成了保险人的成本和逾期收益的损失，所以保险人有权按约扣除退保费用（实质上的违约赔偿金）。实务中，保险人为了营销，针对投保人解除合同时间的早晚，收取不同的退保费用。通常越早退保，退保费用越高；反之，越晚退保，保险人收取的退保费用就越低，甚至免收。退保费用的多寡通常取决于保险人与投保人的事先约定，也有一些国家和地区的法律明确规定不得超过保单准备金的四分之三。保险人为了投保人清晰了解退保的结果，通常会在保险合同中附加现金价值表，列明每年如准时缴费后退保可领取的现金价值。保险费积存金主要来源于趸交保费、期缴平准保险费，其基本原理与未满期保险费准备金类似，本文不再赘述。

保险合同中有关现金价值的约定，是双方当事人对责任准备金、投保人提前解除合同的退保费费用的计算条款。现金价值表只是某一个时点计算结果的列举，而非绝对、最终的计算结果。在实际退保时，还需要计算保险费实际缴纳金额、保单借款、保险赔偿金、利息、有无分红等诸多计算因素。本案中，现金价值表第三年度末的现金价值包含了被保险人可以领取的年度生存保险金。在被保险人实际领取后，现金价值必然就发生减少。所以刘某要求仍按未领取年度生存保险金时的现金价值表上的数值退还现金价值，有违公平。

系争的人身保险合同中有关现金价值的计算方式、结算结果列举等条款，其本身类似数学公式、公理，不会加重投保人的责任，也不会免除保险人义务。可能触及《保险法》第19条的条款的只能是隐含在公式中的那些扣减金额的原因。比如退保费用的多寡、比例等。但必须指出，并非任何导致保险人减少退还保险责任准备金、保险赔偿金的条款都属于《保险法》第 19 条所指的无效条款。法院在审查、判断时，需要判断法律是否允许当事人对此类费用进行约定、约定是否显失公平。例如投保人申报被保险人年龄不真实，致使投保人多支付保费，依《保险法》第 32 条，保险人应当将多收取的保险费退还投保人。如果保险合同约定，此种情形下保险人不退还多收保费，该条款就是属于《保险法》第 19 条所指的无效条款。《保险法》第 47 条明确规定，投保人解除保险合同的“按照合同约定退还保险单现金价值”，故现金价值的计算，包括其中扣减退保费用的多寡属于当事人可以自行约定范畴，即使约定的结果导致保险人责任实质发生减免，仍不可能构成《保险法》第 19 条所指的无效条款。其次，免责条款必须显失公平才可能涉及无效。只有不合理加重对方义务，减免自己责任的格式条款才属于无效条款。法院在判断是否显失公平时应当审慎而为，不能仅因合同约定出现了轻微的不合理，就认为属于无效条款。

不利解释，是指当被保险人、投保人、受益人一方就格式合同的条款的含义与保险人发生争议时，法院可以作不利于保险人的解释。但依据《保险法》第 30 条的规定，不利解释的适用有特定的条件。首先，必须是当事人就条款本身的含义发生了争议。比如车辆“颠覆”是不是必须四轮离开地面，“暴雨”“暴雪”究竟指何种程度的气象现象。就“保单年度内的现金价值，您可以向公司咨询”条款，含义通俗易懂、清晰明了，在法院询问下，刘某并不能提出一种与保险人不同的解释，所以也就不符合适用不利解释的条件。其次，即使存在含义争议，法院也不是直接采用不利解释，而是采用通常理解对条款进行解释。再次，即使采用不利解释，也是采用两种通常解释中不利于保险人的解释，而非当然采用被保险人、投保人提出的解释。

[法律法规链接]

《保险法》第 19 条、第 30 条

10. 保险合同中的特别约定条款是否对被保险人具有约束力

【典型案例】

刘某诉某财产保险公司所属支公司财产保险合同案[①]

［案号］

（2012）二中民终字第 01255 号

［案情］

2011 年 4 月 20 日，刘某向某汽车有限公司购买思威 DHW6452B 多用途乘用车一辆。同日，刘某通过某汽车有限公司向某财产保险公司投保了机动车保险，险种包括机动车损失保险、盗抢险等，保险期间自 2011 年 4 月 21 日 0 时起至 2012 年 4 月 20 日 24 时止，其中，盗抢险的保险限额为 239 800 元。该保险单特别约定处写明：全车盗抢险保险责任自本保险车辆领取正式号牌之日开始，至本保险合同所载保险期限的终止之日 24 时终止。4 月 21 日，刘某登记领取了机动车临时号牌，有效期至 2011 年 4 月 28 日。4 月 24 日，刘某向北京市公安局丰台分局玉泉营派出所报案称，保险车辆被盗，被盗时，保险车辆尚未领取正式号牌。此后，刘某向某财产保险股份有限公司北京分公司理赔中心北沙滩分中心申请理赔，该中心以保险车辆未办理正式号牌为由拒绝赔偿。故刘某诉至一审法院，要求某财产保险公司支付保险金 239 800 元。

［法院认为］

一审法院认为：刘某与某财产保险公司之间签订的保险合同，系双方当事人真实意思表示，且未违反有关法律法规的强制性规定，应为有效合同。双方当事人均应依约履行各自义务。根据保险单的特别约定，全车盗抢险保险责任自本保险车辆领取正式号牌之日开始，该约定作为保险合同的组成部分，对双方当事人均具有约束力。从上述约定可以看出，在刘某领取机动车正式号牌前，某财产保险公司有权拒绝承担全车盗抢险的保险责任，故某财产保险公司以此为由拒赔并无不妥，刘某要求某财产保险公司给付保险金 239 800 元的诉讼请求没有合同依据，一审法院不予支持。

二审法院认为：《保险法》第 11 条第 1 款规定："订立保险合同，应当协商一致，遵循公平原则确定各方的权利和义务。"而通过本案审理可以确认，

---

① 案例来源：聚法案例：https://www.jufaanli.com。

该特别约定是某财产保险公司单方预先拟定，在订立保险合同时亦未与刘某进行协商，而直接印制在保险合同中的，故该特别约定应属《合同法》规定的格式条款。从该特别约定的内容看，虽然刘某已经投保了全车盗抢险，也交纳了相关保险费用，但在该车辆取得正式号牌之前，某财产保险公司并不承担该车辆被盗抢后的赔偿责任，且该特别约定中的实际保险期间与保险单中记载的保险期间不符，致使全车盗抢险的实际保险期间缩短，故该特别约定存在免除某财产保险公司的相应责任、加重刘某责任、排除刘某主要权利的情形，某财产保险公司亦未举证证明其曾采取合理的方式提请刘某注意该特别约定，并就该特别约定向刘某进行了说明，故依据《合同法》的相关规定，该特别约定应属无效，对刘某不具有约束力。

[裁判结果]

一审法院判决：驳回刘某的诉讼请求。

二审法院判决：一、撤销北京市丰台区人民法院（2011）丰民初字第24339号民事判决；二、某财产保险公司所属支公司于本判决生效之日起7日内给付刘某保险赔偿金人民币239 800元。

[裁判思路]

目前，随着保险业的迅速发展，保险业务不断增多，保险纠纷案件也不断增加，而保险纠纷案件中财产保险合同纠纷的案件的数量又占有绝大部分比重，其中涉及车辆保险合同纠纷案件又是重中之重。通过正确处理涉及车辆保险合同纠纷案件，能够规范保险公司与投保人的各项保险行为，促进我国保险业的良性健康发展，同时在某种程度上也能避免此类案件的大量产生。本案就是一件涉及车辆保险合同纠纷案件。双方当事人的争议焦点在于涉案保险单中的特别约定是否对刘某具有约束力。虽然刘某与某财产保险公司之间签订的保险合同系双方当事人真实意思表示，且未违反有关法律法规的强制性规定，保险单中的特别约定系保险合同的组成部分，故在通常情况下该特别约定对双方当事人均具有约束力。

[法律法规链接]

《保险法》第11条

11. 以保险金额作为保险赔偿款计付基数的合同条款是否属于免责条款

【案例】

某出租汽车公司诉某财产保险公司石州中心支公司财产保险合同案[①]

[案号]

(2013)渝二中法民终字第00637号

[案情]

2008年5月23日，覃某某依法取得某出租汽车公司渝AF××××号出租车经营权。2010年9月10日，某出租汽车公司在某财产保险公司为渝AF××××号出租车投保商业第三者责任险。某财产保险公司出具的保险单载明：赔偿限额为50万元，保险期限为2010年9月30日至2011年9月29日止。《机动车商业保险条款》第13条约定：……交通事故中，保险车辆驾驶人负全部责任的，事故责任免赔率20%，负主要责任的，事故责任免赔率15%……第20条约定：本保险按以下方法计算赔偿金额：(一)当被保险人应负赔偿金额高于赔偿限额时：赔款=赔偿限额 ×(1-事故责任免赔率)×(1-绝对免赔率)……。合同签订后，某出租汽车公司按约交纳了保险费。同年12月26日，覃某某聘请的驾驶员杨某某在驾驶渝AF××××号出租车时将陈某撞致特重型颅脑损伤。事故认定书认定杨某某负主要责任，陈某负次要责任。2011年12月29日，人民法院生效判决书判决覃某某与某出租汽车公司连带赔偿陈某各种损失325万余元。某出租汽车公司向某财产保险公司索赔，某财产保险公司赔付某出租汽车公司42.49999万元。某出租汽车公司起诉要求某财产保险公司继续给付保险理赔款7.5万元。

[法院认为]

一审法院认为：某出租汽车公司未投保不计免赔责任险，保险事故发生后，某财产保险公司已按保险合同的约定在商业三者险50万元限额内赔付某出租汽车公司42.5万元。某出租汽车公司要求某财产保险公司赔偿由其在商业三者险内自行承担的15%的请求无法律依据，不予支持。

二审法院认为：某财产保险公司提供的《商业第三者保险条款》第20条

---

① 案例来源：聚法案例：https://www.jufaanli.com。

约定：当被保险人应负赔偿金额高于赔偿限额时：赔款 = 赔偿限额 ×（1 – 事故责任免赔率）×（1– 绝对免赔率）。这一条款是由事故责任免赔率和绝对免赔率组成的计算公式，事故责任免赔率和绝对免赔率本身属于《保险法》第 17 条第 2 款规定的“免除保险人责任的条款”，因此，由事故责任免赔率和绝对免赔率组成的计算公式，计算结果必然减轻保险人的赔偿责任，也应属于“免除保险人责任的条款”。某财产保险公司没有履行对这一免责条款的提示和明确说明义务，该条款不产生效力。

［**裁判结果**］

一审法院判决：判决驳回某出租汽车公司要求某财产保险公司给付保险理赔款 7.5 万元的诉讼请求。

二审法院判决：一、撤销重庆市万州区人民法院（2012）万法民初字第 08985 号民事判决；二、某财产保险公司在本判决生效后十五日内向某出租汽车公司支付保险理赔款 75 000 元。

［**裁判思路**］

责任保险中，被保险人因发生保险事故而向第三者承担的赔偿责任是保险标的。因此，计算保险赔偿款时应以被保险人向第三者赔偿的金额作为保险人计付赔偿款的基数。财产保险中，保险金额超过保险价值的，为超额保险；低于保险价值的，为不足额保险。本案中的保险条款是保险公司将不足额保险的概念引入到责任保险中，这种引入是否妥当可能需要结合责任保险的特点进行分析。保险合同具有技术性、专业性，在对条款内容、文字涵义、专业术语等精准理解方面，投保人通常难以有如保险人一样的理解能力。因此，要求保险人履行最大诚信义务，在订约时主动就免责条款向投保人作出足以引起投保人注意的提示，确保投保人明了该条款的真实含义和法律后果。如保险人未履行此法定义务，视为双方对“免除保险人责任的条款”未达成一致意思表示，故不产生法律效力。

本案中，保险合同中约定的“当被保险人应负赔偿金额高于赔偿限额时：赔款 = 赔偿限额（即保险金额）×（1– 事故责任免赔率）×（1– 绝对免赔率）”计算公式条款，从改变保险金额和计算免赔率两个方面免除保险人的赔偿责任，属“免除保险人责任的条款”。某财产保险公司仅将前述限额计付保险赔偿金计算公式条款作为合同的一般条款，而未作为“免除保险人责任的条款”在合同文本中作出足以引起投保人注意的提示，亦未对这一免责条款尽到明确说明义务，该条款不产生效力。因此，二审改判某财产保险公司继续赔付某出租汽车公司保险理赔款 7.5 万元。

［法律法规链接］

《保险法》第17条

12. 保险合同中保险公司以限定治疗方式来限制被保险人获得理赔权利的条款是否有效

【公报案例】

王某诉某人寿保险公司保险合同纠纷案①

［案号］

（2012）淮中商终字第0244号

［案情］

2009年7月30日，原、被告签订了保险合同一份，合同约定：险种名称为康宁终身保险合同（2007年修订版），保费金额为2万元，保险期间为终身。康宁终身保险条款（2007年修订版）第5条第1款约定：被保险人于合同生效之日起180日后，初次发生本合同所指的重大疾病，本公司按基本保险金的二倍给付重大疾病保险。第23条重大疾病的名称及定义如下："主动脉手术指为治疗主动脉疾病，实际实施了开胸或开腹进行的切除、置换、修补病损主动脉血管的手术，主动脉指胸主动脉和腹主动脉，不包括胸主动脉和腹主动脉的分支血管，动脉内血管形成术不在保障范围内。"合同签订后，原告分别于2009年8月1日、2010年8月10日缴纳保费共计4600元，2011年2月12日，原告经淮安市第一人民医院确诊为主动脉夹层（stanford b型），并建议转上级医院继续治疗。2011年2月17日至2011年3月4日原告在江苏省人民医院行主动脉夹层覆膜支架隔绝术。原告要求被告给付保险金未果，遂诉至法院。2012年4月27日根据原告申请，委托江苏省人民医院司法鉴定所对原告申请的"（1）王某所患的主动脉夹层（stanford b型）是否属于主动脉疾病；（2）主动脉夹层覆膜支架隔绝术是否比A人寿保险公司康宁终身保险条款（2007年修订版）第23条第10款约定的开胸手术创伤更小、手术死亡率和并发症的发生率低；（3）主动脉夹层覆膜支架隔绝术是否属于A人寿保险公司康宁终身保险条款（2007年修订版）第23条第10款约定的主动

① 案例来源：《最高人民法院公报》2015年第12期（总第230期）。

脉手术；（4）患者的病情是否更加适合主动脉夹层覆膜支架隔绝术，是否属于主动脉修补范畴”等事项进行了鉴定。该所于2012年6月11日作出了省人医司鉴所法医临床[2012]鉴字第087号法医临床鉴定意见书，鉴定意见为：“王某所患的主动脉夹层（stanford b型）属于主动脉疾病；主动脉夹层覆膜支架隔绝术比A人寿保险公司康宁终身保险条款（2007年修订版）第23条第10款约定的开胸手术创伤更小、手术死亡率和并发症的发生率低；主动脉夹层覆膜支架隔绝术是主动脉手术，但其无需实施开胸进行；患者的病情更加适合主动脉夹层覆膜支架隔绝术，属于介入主动脉修补范畴。”2012年7月10日该所作出答复：（1）随着医学技术的进步，外科手术向微创化发展。许多原先需要开胸或开腹的手术，已被腔镜或介入手术所取代。被鉴定人王某所患疾病为主动脉夹层（stanford b型），该病患更适合用介入的方法行主动脉夹层覆膜支架隔绝术。对其实施的主动脉夹层覆膜支架隔绝术是主动脉手术，属于介入主动脉修补范畴，相对于传统的开胸手术，具有创伤小、死亡率低、并发症发生率低的优点，目前已取代了传统的开胸手术。（2）对照委托方提供的某人寿保险公司康宁终身保险条款（2007年修订版）第23条第10款规定“主动脉手术指为治疗主动脉疾病，实际实施了开胸或开腹进行的切除、置换、修补病损主动脉血管的手术……”被鉴定人接受的主动脉夹层覆膜支架隔绝术为主动脉手术，本术式与开胸手术虽途径不同，但目的一致，因其无需实施开胸，故创伤更小。本所用法医学及临床医学知识理解主动脉手术之本意为治疗主动脉疾病，治疗采用创伤小、死亡率低、并发症发生率低的方法为合理行为，新的术式取代旧的术式是科学的进步，具体手术途径非本条款的核心内容。（3）本所鉴定主张已表达明确，本案矛盾焦点为保险条款滞后于目前医学技术所致。原告支付鉴定费用5380元（检查费5280元、门诊费100元）。

[法院认为]

一审法院认为：原、被告签订的康宁终身保险合同，系双方真实意思表示，且不违反法律、行政法规强制性规定，应认定为合法有效，对双方当事人具有法律约束力，双方当事人应当严格按照合同的约定行使权利并履行义务。本案中，原、被告对双方之间存在的保险合同关系及原告所患的主动脉疾病均无异议，只是对原告没有采取开胸而是行主动脉夹层覆膜支架隔绝术治疗疾病是否属保险责任范围产生争议。原、被告双方订立的保险合同已明确约定重大疾病的保险范围有“主动脉手术”，该合同第23条第10款项目是对医疗术语“主动脉手术”的解释和描述，以进一步明确保险责任范围。“主动脉手术”是指为治疗主动脉疾病的手术，主动脉指胸主动脉和腹主动脉，不包括胸主动脉和腹主动脉的分支血管。由此可见，胸主动脉和腹主动脉疾病应属原、被告签订的康宁终身保险合同约定重大疾病的保险责任范围。本案中，根据江苏省人民医院司法鉴定所法医学鉴定意见书及答复函意见，原告王某所患主动脉夹层（stanford b 型）疾病属于主动脉疾病，符合康宁终身保险合同约定重大疾病的保险责任范围。该合同第 23 条第 10 款项目关于“实际实施了开胸或开腹进行的切除、置换、修补病损主动脉血管”显然不属于对疾病症状的解释和描述，而是对于疾病治疗方式的限制，排除了被保险人享有的对疾病治疗方式的选择权。对于被保险人来说，其在患有重大疾病时，往往会结合自身身体状况，选择具有创伤小、死亡率低、并发症发生率低的治疗方式而使自己所患疾病得到有效治疗，而不会想到为确保重大疾病保险金的给付而采取保险人限定的治疗方式。保险人以限定治疗方式来限制原告获得理赔的权利，免除自己的保险责任，根据《保险法》第 19 条的规定，该条款应认定无效。而且，随着医学技术的进步，外科手术向微创化发展，许多原先需要开胸或开腹的手术，已被腔镜或介人手术所取代，而重大疾病的保险期间往往很长甚至终身，因此保险人以被保险人投保时的治疗方式来限定被保险人患重大疾病时的治疗方式不符合医学发展规律。保险公司不能因为被保险人没有选择合同指定的治疗方式而拒绝理赔。

二审法院认为：首先，2009 年 7 月 30 日，上诉人某人寿保险公司与被上诉人王某签订的保险合同系其真实意思表示，且未违反法律、行政法规的禁止性规定，合法有效。双方均应按照保险合同约定履行相应的义务。关于争议焦点（1），因双方签订的康宁终身保险合同（2007 年修订版）保险条款第 23 条是上诉人某人寿保险公司以限定治疗方式来限制被上诉人获得理赔的权利，免除自己的保险责任，根据《保险法》第 19 条的规定，该条款无效，且上诉人某人寿保险公司对被上诉人王某所患疾病属于主动脉疾病并无异议。上诉人某人寿保险公司称被上诉人王某所患疾病不属于保险合同赔付保险金情形的上诉理由不能成立，二审法院不予采信。关于争议焦点（2），上诉人某人寿保险公司认为江苏省人民医院作为治疗机构就不能作为司法鉴定机构，没有法律依据，且双方当事人也都认同鉴定机构是双方当事人共同选择确定。

[裁判结果]

一审法院判决：被告某人寿保险公司于本判决书生效后十日内给付原告王某保险金 4 万元。

二审法院判决：驳回上诉，维持原判。

[裁判思路]

本案中，保险人与被保险人签订了险种名称为康宁终身保险的保险合同，在合同签订后，被保险人进行了主动脉夹层覆膜支架隔绝术，术后被保险人要求保险公司支付保险金，保险公司以被保险人所患疾病不属于双方保险合同约定的主动脉疾病赔付情形，其选择的治疗方式并非保险合同中约定给付保险金的情形为由，拒绝支付保险金。根据《保险法司法解释（二）》第17条的规定，保险人在其提供的保险合同格式条款中对非保险术语所作的解释符合专业意义，或者虽不符合专业意义，但有利于投保人、被保险人或者受益人的，人民法院应予认可。司法解释将专业术语进行了区分，分为保险术语及非保险术语，并根据保险条款中是否就非保险术语作出了符合专业意义的解释这一标准来决定是否适用疑义利益解释原则，对于非保险术语，在保险条款中作出了解释且该解释合乎专业含义的，则不适用疑义利益解释原则。对于被保险人而言，其在患有重大疾病时，会结合自身身体状况，选择最有效的治疗方式使自己所患疾病得到有效治疗，不会为确保重大疾病保险金的给付而采取保险人限定的治疗方式。同时，随着医疗技术的发展，新的有效的治疗方式会替代旧的复杂的治疗方式，这并非保险人或被保险人能够预见到的，因此限定治疗方式不符合医学发展的规律。综上，保险合同中明确被保险人未选择合同指定的治疗方式时，保险公司不承担保险责任的规定，应认定为无效条款。

[法律法规链接]

《保险法》第19条、第30条

《保险法司法解释（二）》第17条

13. 对人寿保险公司是否因被保险人于“等待期”内就诊而免责的判定

【典型案例】

邵某诉某人寿保险公司支公司人寿保险合同案[①]

[案号]

（2015）浙衢商终字第346号

① 案例来源：聚法案例：https://www.jufaanli.com。

[案情]

2014年7月1日，邵某向某人寿保险公司投保一份人身保险合同，合同约定的生效日期为2014年7月1日0时，险种包括主险及平安福重疾14在内的数个附加险。其中，《某人寿保险股份有限公司平安附加平安福提前给付重大疾病保险（2014）条款》第2.2条规定，从本附加险合同生效（或最后复效）之日起90日内，被保险人因疾病发生下列情形之一的："（一）'重大疾病'，（二）因导致'重大疾病'的相关疾病就诊"我们不承担保险责任，退还本附加险合同的现金价值，本附加险合同终止，这90日的时间称为等待期。当日，邵某交纳了首期保险费，且在签订的《人身保险（个人渠道）投保提示书》与《电子投保申请确认书》亲笔注明某人寿保险公司已明确说明及自己了解保险相应情况。

2014年9月9日，邵某因大便习惯改变前往河南省南阳市第一人民医院就诊，经内窥镜检查诊断：（1）结肠炎；（2）结肠不全梗阻。而病理诊断为横结肠黏膜组织少许，灶性腺体显示轻度增生。未查见癌组织（注：建议再次送检）。2014年9月29日，邵某再次前往河南省南阳市第一人民医院就诊，经内窥镜诊断为结肠癌。病理诊断为组织较小，少量区域细胞异型，考虑结肠腺癌（注：病人年龄较轻，建议会诊）。2014年10月6日，邵某进入浙江省肿瘤医院住院治疗，入院诊断为结肠恶性肿瘤。2014年10月15日，邵某在浙江省肿瘤医院做"腹结肠癌根治术（左半结肠切除+区域淋巴结扫除）"手术，后经该院病理诊断为结肠恶性肿瘤。2014年11月，邵某向某人寿保险公司提出理赔申请，要求支付保险金180 000元。2015年1月14日，某人寿保险公司向邵某出具理赔决定通知书，认为被保险人本次事故属于保险合同中约定的"等待期"期间内的保险事故，故不予支付重疾保险金，退还现金价值326.68元。

[法院认为]

一审法院认为：邵某签订的保险文书中载明某人寿保险公司对免责条款进行了明确说明，某人寿保险公司对重大疾病保险条款等待期的条款作了加粗或涂黑等明显标示，应当足以引起邵某注意，等待期条款对邵某具有法律效力。在合同签订后90日内的第90日邵某就结肠问题先后两次到河南省南阳市第一人民医院进行内检查，最终诊断也以之前检查作为辅助依据，前后就医的疾病之间存在直接关联，故某人寿保险公司不应承担责任。

二审法院认为：《人身保险合同》的生效日为2014年7月1日0时，等待期为合同生效之日起90日内。而邵某首次被诊断为结肠癌的时间为2014年9月29日，已是合同生效之日起的第91天，非等待期内。现有证据显示邵某于2014年9月9日首次到河南省南阳市第一人民医院就诊，经诊断为结肠炎、结肠不全梗阻。某人寿保险公司认为邵某的该次就诊属于导致“重大疾病”的相关疾病就诊，此次就诊的结肠疾病导致后来确诊的结肠癌。某人寿保险公司未就相互之间的“导致”关系举证证明。二审法院认为，某人寿保险公司不能免责，故对邵某请求支付保险金予以支持，但对给付利息的请求未予支持。

[裁判结果]

一审法院判决：驳回邵某的诉讼请求。

二审法院判决：一、人寿保险公司支付保险金180 000元；二、驳回其他诉讼请求。

[裁判思路]

最高人民法院《关于贯彻执行〈中华人民共和国民法通则〉若干问题的意见（试行）》第199条规定：“按照日、月、年计算期间，当事人对起算时间有约定的，按约定办。”该案所涉重大疾病保险条款规定的等待期为合同生效之日起90日内，而合同的生效日期为2014年7月1日0时，从文义理解，等待期应自2014年7月1日起算。《民事诉讼法》第82条第2款规定的期间开始的时和日不计算在期间内，此处的期间系该条第1款规定法定期间和人民法院指定的期间，不包括当事人约定的期间。该保险条款系格式条款，即使对该等待期的起算有两种理解，也应作有利于被保险人的解释。邵某于2014年9月29日经内窥镜诊断为结肠癌，是等待期届满后第一日，因此不能认定邵某于等待期内被诊断为结肠癌。

某人寿保险公司应对邵某在等待内因导致重大疾病的相关疾病就诊的事实进行举证。双方对邵某于等待期内因结肠疾病到医院就诊及该次就诊的部位与其后来被确诊患结肠癌系同一部位的事实均无异议，那么某人寿保险公司是否已经完成对该条款显示的事实的举证责任了呢？显然没有。某人寿保险公司还需提供证据证明邵某之前就诊的结肠炎系导致后来被诊断为结肠癌的疾病，而某人寿保险公司对两者之间的“导致”关系并未提供证据证明。虽然癌症的病灶非一日可形成，但是法院亦不能因邵某的前后就诊系同一部位而直接认定两者之间存在“导致”关系。何况，某人寿保险公司作为格式条款的提供方，应已充分注意到条款对己不利的地方，并合理防范风险。

[法律法规链接]

《保险法》第17条

第三节 不利解除原则

导 读

保险行业形成和发展初期，当事人订立简单的保险合同，双方的缔约能力相差并不悬殊，双方当事人对于保险合同条款内容的理解差别不大。然而，保险行业发展至今，保险合同日益专业化、格式化，逐利思想使保险人事先拟订保险合同条款以降低成本、提高效益。而保险人经济实力的增长、专业知识的积累等方面的因素使其综合缔约能力远远超过投保人，在此情形下，双方订立的保险合同之中必然隐含相当程度的不公平性。不利解释规则就是针对保险交易中不公平性，在长期的保险活动中利益平衡的结果，通过作出对投保人有利的解释的方式对保险交易中的处于弱势地位一方进行倾斜性保护。但是，不利解释规则的适用需要满足相应的条件，这些条件既是不利解释规则存在与发展的基础，又在一定程度上限定了该规则的适用。

14. 格式条款经通常理解存在两种以上解释，应适用不利解释规则

【典型案例】

岳某与某财产保险公司财产保险合同纠纷案

［案号］

（2016）鲁民再22号

［案情］

2012年1月19日，岳某为其所有的途锐越野车（发动机号CJT0××××0；2012年1月19日取得鲁B×××××临时牌号，有效期至2012年2月3日；2012年2月6日取得鲁B×××××临时牌号，有效期至2012年3月7日）在某财产保险公司投保机动车商业保险，其中车辆损失保

险保额76万元，并附不计免赔，保险期间自2012年1月20日零时起至2013年1月19日24时止。2012年2月4日8时30分许，何某驾驶上述被保险车辆在青岛疏港高速由西向东行驶至零公里处时，与护栏相撞，造成车辆受损，交警认定何某负事故全部责任。事故发生后，岳某报警处理。2012年3月8日，某财产保险公司作出车辆保险拒赔通知，认为根据家庭自用汽车损失保险条款第6条第10款“除另有约定外，发生保险事故时被保险机动车无公安机关交通管理部门核发的行驶证或号牌，或未按规定检验或检验不合格”保险人不负责赔偿之规定，保险人不负责赔偿。2012年5月20日，根据青岛市公安局交通警察支队同三高速公路大队的委托，胶南市价格认证中心鉴定此次事故导致岳某车辆损失为333 370元。岳某因此支出维修费333 370元，施救费及吊机费合计2970元。

庭审中，某财产保险公司主张投保车辆尚未正式挂牌，其第一份临时牌照有效期为2012年1月19日至同年2月3日，而事故发生于2012年2月4日8时30分，根据双方之间汽车损失保险条款第6条第10款的规定，保险人不负责赔偿。岳某则认为，某财产保险公司并未将保险条款交付岳某，也未就免责条款对其作明确的说明，故该公司主张的免责条款对岳某不产生效力，该公司应进行赔偿。

[法院认为]

一审法院认为：岳某与某财产保险公司订立的保险合同依法成立，具有法律约束力。由于保险条款系某财产保险公司单方拟定的格式条款，依据《保险法》第17条的规定，订立保险合同，采用保险人提供的格式条款的，保险人向投保人提供的投保单应当附格式条款，保险人应当向投保人说明合同的内容。对保险合同中免除保险人责任的条款，保险人在订立合同时应当在投保单、保险单或者其他保险凭证上作出足以引起投保人注意的提示，并对该条款的内容以书面形式或者口头形式向投保人作出明确说明；未作提示或者明确说明的，该条款不产生效力。因此，保险公司对是否就保险合同中免责条款向投保人履行了明确说明义务负有举证责任。岳某否认收到保险条款，某财产保险公司未能提供向岳某交付保险条款及向岳某明确说明免责条款的证据，故其主张的家庭自用汽车损失保险条款第6条第10款等免责规定不生效。本案事故导致岳某的车辆损失及施救费共计336 340元，某财产保险公司应当赔付。

二审法院认为，综合双方的诉辩主张，本案争议的焦点问题是：无号牌车辆在保险期内发生交通事故是否属于某财产保险公司的理赔范围。某财产保险公司与岳某签订的机动车保险合同合法有效，各方均应按约履行。某财产保险公司提交的《家庭自用汽车损失保险条款》第6条第10款规定，除另有约定外，发生保险事故时被保险机动车无公安机关交通管理部门核发的行驶证或号牌，或未按规定检验或检验不合格，保险人不负责赔偿。上述条款内容虽然进行了加黑加粗，但某财产保险公司无证据证明其向岳某送达了该条款。涉案车辆投保单的投保人声明处虽有“岳某”签名，但岳某予以否认，某财产保险公司未在规定时间内提交书面鉴定申请，视为放弃鉴定的权利。某财产保险公司的现有证据不足以证明就保险免责条款向岳某履行了提示和说明义务，应承担举证不能的法律后果，故涉案车辆事发时临时牌照虽已过期，但因在保险期内，该公司仍应履行保险金赔付义务。投保车辆的新车购置价为89.5万元，而岳某投保的机动车损失险的保险金额为76万元，属于不足额投保，故某财产保险公司应按保险金额与保险价值的比例支付保险金285 607.15元[（760 000元 ÷895 000元）×（333 370元+2970元）]。

再审法院认为：岳某为其所有的车辆向某财产保险公司购买机动车商业保险，某财产保险公司出具的保险单注明新车购置价为76万元。其中车辆损失保险额76万元并附不计免赔，双方订立财产保险合同。投保的车辆发生事故后，经胶南市价格认证中心鉴定车辆损失及其他费用共计336 340元，岳某起诉要求某财产保险公司予以赔偿。原审判决针对双方争议的焦点问题，即某财产保险公司以投保车辆发生事故时，该车辆的临时号牌已过期，根据《家庭自用汽车损失保险条款》第6条第（十）项的规定，某财产保险公司不予赔偿的主张，认定某财产保险公司未向岳某提交该保险条款，也未尽说明和提示义务，岳某对投保单投保人处的个人签名予以否认，某财产保险公司原审中放弃鉴定。故判决某财产保险公司仅依据格式合同的保险条款证明已尽明确提示说明义务，缺乏事实依据，该条款对岳某没有拘束力，再审法院对原审认定的上述事实予以确认。本案属于财产保险合同纠纷。根据《民事诉讼法》第168条“第二审人民法院应当对上诉请求的有关事实和适用法律进行审查”的规定，二审案件的审理应当围绕当事人的上诉请求范围进行，当事人未提出的不予审查。某财产保险公司二审的上诉理由是涉案车辆临时牌照已过期拒绝赔偿，双方并未提出投保车辆购置价与保险金额不一致的主张，某财产保险公司亦未提出涉案车辆为不足额投保，在当事人均未主张的情况下，二审法院自行认定投保车辆的新车购置价与投保的机动车损失险的保险金额不一致，属不足额投保，并以此判决某财产保险公司按保险金额与保险价值的比例支付保险金，超出了某财产保险公司的上诉请求，再审法院对此予以纠正。

［裁判结果］

一审法院判决：某财产保险公司赔付岳某保险金 336 340 元。

二审法院判决：一、撤销青岛市黄岛区人民法院（2013）黄商初字第 1312 号民事判决；二、某财产保险公司于判决生效之日起十日内给付岳某保险金 285 607.15 元；三、驳回岳某的其他诉讼请求。

再审法院判决：一、撤销山东省青岛市中级人民法院（2014）青金商终字第 5 号民事判决；二、维持青岛市黄岛区人民法院（2013）黄商初字第 1312 号民事判决；三、二审案件受理费合计 9517.5 元，均由某财产保险公司负担。本判决为终审判决。

［裁判思路］

本案系因被保险车辆发生交通事故时临时号牌超期而引发的保险理赔纠纷。在现实生活中，人们在购买车辆之后到申请到公安机关发放的车牌往往需要一定的时间，在这段时间为了不影响车主对于车辆的正常行驶，公安机关会颁发临时号牌给车主。驾驶人员悬挂过期临牌上路行驶违反了相关交通法规和部门规章，但是，这是否就意味着在这一情况下，保险人就能一律免除相应的保险责任呢？

笔者认为，对于这个问题，应当结合个案的案情进行具体分析。在本案中，保险人主张免责的主要是依据《家庭自用汽车损失保险条款》第 6 条第 10 款"除另有约定外，发生保险事故时被保险机动车无公安机关交通管理部门核发的行驶证或号牌，或未按规定检验或检验不合格"

分析本案的具体情节，被保险人在车辆投保之时，已经持有公安交通管理部门核发的临时号牌。而在发生保险事故时该车辆的临时号牌已经过期，但这毕竟不能完全等同于上述保险合同的免责条款所约定的保险车辆"未取得公安交通管理部门核发的号牌或临时号牌的情形"。而且，本案的双方当事人在诉讼过程中对该免责条文含意的解释上有两种不同的理解，难以形成一致的看法。

由于本案所涉保险合同是保险人提供的格式条款。其中的免责条款部分约定的有关，因被保险车辆未悬挂临时号牌而保险人免责的文字表述，按照正常的文意理解，确实能够解读出未悬挂临时号牌包括根本就没有悬挂号牌和虽然悬挂号牌但是号牌已经过期等两种意思，双方当事人又各持己见并难以就现有文字表述，用一般人的理解来统一双方的解释。显然，具备了适用《保险法》第 30 条所规定的不利解释规则的条件。

因为《保险法》第 30 条规定的不利解释规则的适用，是应当符合法定的条件，表现在"该原则只适用于根据保险人提供的格式条款订立的保险合同”。

［法律法规链接］

《保险法》第17条、第30条

15. 保险合同中约定是否适用不利解释原则

【人民司法案例】

李某与某保险公司人身保险合同纠纷案①

［案情］

2005年6月7日，李某经某保险公司业务员介绍投保了康宁定期保险一份，双方签订了保险合同。该保险合同约定，被保险人在本合同生效之日起180日后初次发生并经本公司指定或认可的医疗机构确诊患重大疾病（无论一种或多种）时，保险公司按基本保额给付重大疾病保险金，本合同的重大疾病保险金给付责任即行终止。重大疾病为心脏病等10种疾病。该保险合同所附《康宁定期保险条款（99版）》第23条释义第1项为心脏病（心肌梗塞）约定，心脏病（心肌梗塞）是指因冠状动脉阻塞而导致部分心肌坏死，其诊断必须同时具备下列三个条件：一是新近显示心肌梗塞变异心电图；二是血液内心脏酶素含量异常增加；三是典型的胸痛病状（但心绞痛不在本合同的保障范围之内）。合同约定的保险金额为40 000元，保险期满日为2038年6月7日，年保险费为1280元。但业务员就该保险合同条款未向李某做详尽说明。合同签订后，李某每年按照合同约定交纳了保险费。2010年1月7日，被保险人因心悸入院治疗，被诊断为阵发性室上性心动过速心脏病，出院后向保险公司申请重大疾病保险金理赔，保险公司以被保险人所患疾病不属于保险责任范畴为由做出拒绝给付保险金的决定，被保险人将保险公司诉至法院。

［法院认为］

原、被告于2005年6月7日签订的保险合同合法有效，根据合同约定，被保险人在本合同生效之日起180日后初次发生并经保险公司指定或认可的医疗机构确诊患重大疾病（无论一种或多种）时，保险公司按基本保额给付

① 案例来源：《人民司法》2011年第02期。

重大疾病保险金 40 000 元，该保险合同第 23 条虽然对重大疾病中的心脏病做了详尽说明，但是被告业务员在向原告推介该保险业务时未向原告做详尽说明，使一个毫无医学知识的原告对此产生误解。根据《合同法》和《保险法》的规定，被告作为格式保险合同条款的提供方未向投保人或者被保险人尽明确说明义务的，依法应当作出不利于被告的解释。因此，原告作为被保险人诉求被告保险金理由正当，应予支持。

［**裁判结果**］

一审法院判决：保险公司支付李某保险金 40 000 元。

二审法院判决：驳回上诉，维持原判。

［**裁判思路**］

本案争议的焦点是原告所患的阵发性室上性心动过速心脏病是否为保险合同约定的重大疾病。原告认为被告对其提供的格式合同没有尽到如实说明义务，违反了《保险法》的有关规定，被告应赔付重大疾病保险金 40 000 元。被告则辩称原告患阵发性室上性心动过速心脏病，不属于保险合同约定的 10 种疾病，不予理赔。理由是条款对“心脏病”（心肌梗塞）进行了定义，明确了心肌梗塞的概念和条件，并未提及其他心脏病，上下文逻辑也显示涉案条款仅保障心肌梗塞一种心脏疾病。法院认为，被告作为格式保险合同条款的提供方未向投保人或者被保险人尽明确说明义务的，依法应当作出不利于被告的解释，并依据《合同法》第 39 条、第 40 条和《保险法》第 17 条关于格式条款的说明义务和格式条款无效的情形，判决保险公司承担责任。笔者认为，我国《保险法》与其他国家保险法 样，针对格式保险合同存在的免除或限制条款制订者的责任、加重合同相对人的责任和不合理地分配合同风险的弊端，对格式保险合同进行立法和司法规制等，确立了不利解释原则，即采用保险人提供的格式条款订立的保险合同，保险人与投保人、被保险人或者受益人对合同条款有争议的，应当按照通常理解予以解释。对合同条款有两种以上解释的，人民法院或者仲裁机构应当作出有利于被保险人和受益人的解释。但本案适用不利解释原则值得探讨。因为不利解释原则有其适用的限制性条件，即存在两种以上解释。而本案所涉条款释义和注释部分对“心脏病”（心肌梗塞）的定义是清楚明晰的，并不存在两种以上解释，排除了不利解释原则的适用。另外，本案适用我国《保险法》第 17 条和《合同法》第 40 条也值得商榷，因为该保险合同对心脏病（心肌梗塞）的定义是保险责任范围的界定，不能认定为免除保险人责任的条款，而且法院并没有充分的理由认定该保险合同存在违反公平原则因而无效的情形。

本案所涉保险合同对“心脏病”（心肌梗塞）等 10 种重大疾病进行了明

确的界定，原告所患的阵发性室上性心动过速心脏病并非保险合同约定的重大疾病，保险公司本不应承担保险责任。如果本案中保险条款对心脏病的界定与医学术语不一致，且不利于投保人的，根据《保险法司法解释（二）》第17条，人民法院可不予认可。但法院以被告作为格式保险合同条款的提供方未向投保人或者被保险人尽明确说明义务，应当作出不利于被告的解释为由，依法判决被告对保险合同没有约定的疾病承担了保险责任。可以说，该案在名义上适用了不利解释原则，在实质上是运用了《美国保险法》上的“合理期待”的法律理念。因为在本案中，保险合同对“心脏病”（心肌梗塞）的定义是清楚明晰的，并不存在两种以上解释，而法院通过不利解释原则的扩张适用否定了保险合同中明示条款的清晰文字的效力，重新界定了合同内容，即保险公司对保险合同约定的保险责任范围之外的疾病也要承担责任。笔者认为，本案并不符合适用合理期待原则的条件：本案原告是保险公司的业务员，具有一定的专业知识和经验，是否对保险条款理解出现偏差并产生了合理期待，值得商榷。

［法律法规链接］

《保险法》第17条

《保险法司法解释（二）》第17条

第三章　保险利益的理解与适用

导 读

“保险利益”一词，源于英文“insurable interest”，是保险合同理论中的一个基本原则，又称“可保利益”或“可保权益”，它决定了保险合同的生效、失效、继承，也引申出了保险价值、保险金额重复保险、超额保险、保险人代为求偿等一系列保险概念及规则。有学者认为，保险利益构成保险合同的效力要件，对于保险合同的效力具有基础评价意义。[①] 投保人的投保和保险人的承保都基于投保人或被投保人对保险标的具有保险利益。投保人对保险标的不具有保险利益的，保险合同无效。

我国《保险法》第12条第6款规定：“保险利益是指投保人或者被保险人对保险标的具有的法律上承认的利益”，即投保人或被保险人得因保险标的的损害或丧失而遭受经济上的损失及因保险事故的不发生使保险标的的安全而受益。如果投保人或被保险人对保险标的存在上述经济上的利害关系，则具有保险利益。从客观上讲，保险利益是指投保人或者被保险人对保险标的所具有的经济利益或其他利益。从主观上讲，则为投保人或者被保险人对保险标的的利害关系，即因保险标的的安全而获益，因保险标的的灭失而受损。但需要指出的是，将保险利益归结为投保人或被保险人对于保险标的所具有的经济利益，对于财产上的保险利益可以说明，但难以说明人身保险合同的保险利益。对于财产上的保险利益和人身上的保险利益，应当加以区别，适用不同的规则。

① 杨芳：《可保利益效力研究》，法律出版社2007年版，第155页。

第一节 财产保险利益

导 读

一般来讲，财产保险的保险利益在保险合同订立之时不必存在，但是在事故发生之时必须存在。《英国1906年海上保险法》就是如此规定。其优点有三：第一，有利于保险合同的订立，有助于保险业务的开展。在海上保险中，预约保险单订立后，对于继续运送的货物，皆属有效。第二，只有在保险事故发生之时有保险利益存在，被保险人才有实际损失发生，保险人才可以据此确定赔偿的程度。第三，如果保险利益在保险合同订立之时存在，但是在保险事故发生之时已经丧失，则投保人对于保险标的已经没有利害关系，自然也就无损失与赔偿可言。

另外，财产保险重在对于损失的填补，由于保险标的的流转，投保人对于保险标的的利益关系不应该是考量的重点，而被保险人对于保险标的的利益关系才是保险利益关注的对象。

因此，我国2009年之前的《保险法》关于财产保险利益的时间规定和主体要求并不科学，并且与世界上多数国家的规定相左，理应加以修订。2009年《保险法》顺应了保险实务的发展，规定财产保险的被保险人在保险事故发生时，对保险标的应当具有保险利益。

16. 违章建筑是否具有保险利益

【典型案例】

林某与某财产保险公司财产保险合同纠纷案

[案号]

（2014）浙绍商终字第486号

［案情］

原告林某系某棉纺厂业主。2012 年 11 月 15 日，原告向被告某财产保险公司缴纳保费 15 618.28 元投保了中小企业财产保险，保险范围为位于某棉纺厂内的固定资产及存货，总保险金额为 8 676 823.60 元，保险期间自 2012 年 11 月 16 日 0 时起至 2013 年 11 月 15 日 24 时止。保险条款载明："第三条：凡在保险单中载明的财产为本合同保险标的。……第六条：在保险期间内，由于下列原因造成保险标的的损失，保险人按照本合同的约定负责赔偿：（一）火灾、爆炸。"保险单明细表中的特别约定载明："1. 本保单所保固定资产的保险金额按嵊州市 ×× 街道某棉纺厂 2012 年 10 月份资产负债表中的账面原值剔除土地 300 万元后投保，附嵊州市 ×× 街道某棉纺厂 2012 年 10 月份资产负债表壹份共壹页。……3. 免赔设定：每次事故绝对免赔额为人民币 2000 元或损失金额的 20%，两者以高者为准，同时因火灾引起的保险事故再加免赔率 10%。本保单'免赔'项目与特别约定中矛盾的，以特别约定为准。"原告投保时提供资产负债表 1 份，其中载明固定资产原价 1015 万元。另查明，2013 年 6 月 6 日，嵊州市公安消防大队出具火灾事故认定书，证明：2013 年 5 月 13 日 1 时 29 分许，某棉纺厂发生火灾，火灾烧损厂房，烧损抓棉机和纺织原料等；起火原因可以排除外来火源、雷击和用火不慎，不能排除电气原因，火灾原因不明。同年 11 月 22 日，原告与被告某财产保险公司达成赔付协议书，载明："保险双方就 2013 年 5 月 13 日嵊州市 ×× 街道某棉纺厂火灾事故，一致同意公估人泛华保险公估公司确定的本次事故的损失金额：厂房损失金额 226 259 元；……就设备和存货两部分的赔付金额双方达成一致意见，同意该两项的赔付金额为 150 万。针对房屋的赔付金额，保险人因该房屋不属于本保单的承保项目不予赔付，被保险人对厂房的赔付情况目前持保留意见。"对于保险合同中的特别约定、免责条款、投保人、被保险人义务的含义和法律后果，原告在送达签收单上盖章确认被告某财产保险公司已向其作明确说明，并同意本案理赔时扣减 30%。再查明，涉案房屋并非为原告所有，且原告已因本次火灾赔付房屋损失 17 万元。

［法院认为］

一审法院认为：财产保险合同是投保人与保险人约定财产保险权利义务关系的协议。投保人履行了投保义务后，保险人应对合同约定的可能发生的事故因其发生所造成的财产损失承担赔偿保险金的义务。双方对于火灾的发生、投保事实、事故发生在保险期间、火灾造成的损失、烧毁厂房不属于原告所有、被告已就免责条款履行明确说明义务等均无异议，争议焦点在于原告对该厂房有无保险利益，该厂房是否属于保险范围。（1）关于保险利益。

保险利益是指投保人或者被保险人因为保险事故的发生，以致保险标的物不安全而受损，或者因为保险标的不发生损害而受益。《保险法》第 12 条将其定义为“保险利益是指投保人或者被保险人对保险标的具有的法律上承认的利益”。“法律上承认的利益”指法律上能够受保护和强制执行的财产上的权利或合同权利，故对某项财产有直接利害关系的人才对该财产享有保险利益，通常指财产所有人、经营管理人、承租人、抵押权人等，并以被保险人是否对被保险的事物享有占有权、是否对保险对象投入了金钱或劳动力以改善或保持保险对象为判断，因此根据不同主体、不同法律关系，可在同一保险标的上设立不同保险利益。涉案厂房虽非属原告所有，但原告在该厂房中生产经营，即负有在此过程中保持厂房原貌的责任，即若发生损毁需承担由此带来的赔偿风险。该保险利益基于占有使用而产生，与基于所有权产生的保险利益为同一保险标的上的不同保险利益。保险合同中虽载明“保险事故发生时，被保险人对保险标的应当具有保险利益，否则，不得向保险人请求赔偿保险金”，但未限定须基于所有权产生的保险利益，故被告公司所作的原告非厂房所有人而不具有保险利益的答辩，理由不成立，不予支持。另外，根据保险制度的分担风险、对损失进行补偿的原则，原告已支付房屋损失 17 万元，原告应当享有保险利益。（2）关于保险范围。根据保险条款的约定，凡在保险单中载明的财产属于保险范围。保险单明细表中将保险项目及保险金额予以明确，包括保险金额为 715 万元的固定资产，同时在特别约定中载明“本保单所保固定资产的保险金额按嵊州市 ×× 街道某棉纺厂 2012 年 10 月份资产负债表中的账面原值剔除土地 300 万元后投保”；2012 年 10 月份的资产负债表载明固定资产原价为 1015 万元。由此看出，该固定资产评估的原价 1015 万元应当包括了厂房及土地。对于被告提出的，资产负债表载明的应当是其自有财产、而不包括租赁物的答辩，被告在受理保险时应当知情，且原告未予隐瞒，但被告并未告知原告非其所有的厂房不属于保险范围，故应当推定在投保时已认可对该厂房的投保。另外，根据保险制度的诚实信用原则，如果保险公司在订立保险合同时没有尽到合理的说明义务、导致被保险人无法理赔，若允许以此为由拒绝承担保险责任，无异于鼓励保险公司的不诚信行为，有悖于保险制度的诚实信用原则，从维护诚信市场的角度来看，被告某财产保险公司亦应当承担保险责任。综上，原告对于涉案厂房享有保险利益，涉案厂房属于保险范围。在发生保险合同约定的事故后，被告某财产保险公司应及时按双方认可的公估价格予以理赔。对于原告提出的要求被告支付 226 259 元的房屋损失赔偿金的诉讼请求，因被告已经履行了免责条款、特别约定的明确说明与告知义务，且原告在庭审中亦同意扣减 30%，故被告只需支付给原告理赔金 158 381.30 元。对于原告超出合理部分的诉讼请求，依法予以驳回。

二审法院认为：本案的争议焦点在于涉案厂房是否属于保险公司的保险责任范围。在财产保险合同履行过程中，保险利益是指投保人或者被保险人对保险标的具有的法律上承认的利益。涉案厂房虽系被上诉人租赁所得，但其因保险事故发生对厂房造成损失亦具有相应民事责任，其对该部分民事责任进行投保应视为其对于该部分财产享有相应的保险利益，且保险事故发生后被上诉人已就厂房的损失向实际权利人进行赔付，应属于因本案所涉保险事故发生而产生的利益损失，故其有权依据保险合同向保险人索赔。关于本案所涉的厂房是否属于违章建筑，双方当事人均未提交充分证据予以证明，即使属于违章建筑其亦具有相应的价值，且上诉人保险公司在二审庭审中已确认双方在签订保险合同时已经对涉案房产的价值进行了确认，故即使涉案房产系违章建筑亦不得作为保险人拒绝理赔的理由。

[裁判结果]

一审法院判决：一、某财产保险公司支付给林某房屋损失赔偿金 158 381.30 元，款限判决生效后十日内付清；二、驳回林某的其余诉讼请求。

二审法院判决：驳回上诉，维持原判。

[裁判思路]

保险利益原则、最大诚信原则、近因原则、损失补偿原则是世界上多数国家和地区保险法公认的四大保险法原则。《保险法司法解释（三）》第 3 条规定："人民法院审理人身保险合同纠纷案件时，应主动审查投保人订立保险合同时是否具有保险利益，以及以死亡为给付保险金条件的合同是否经过被保险人同意并认可保险金额。"上述规定虽然只是针对人身保险合同而言，但是由此可见保险利益原则在保险合同争议中的重要地位。

就本案具体案情，二审法院认为，关于违章建筑的问题，即使属于违章建筑其亦具有相应的价值，且上诉人保险公司在二审庭审中已确认双方在签订保险合同时已经对涉案房产的价值进行了确认，故即使涉案房产系违章建筑亦不得作为保险人拒绝理赔的理由。结合保险利益构成因素进行分析：第一，保险利益必须是可以货币计算的经济利益；第二，保险利益必须是合法的利益；第三，保险利益必须是可以确定的利益。我们认为，相关建筑物的价值可以以货币计算，相关利益是现实中的切实利益，同时也并无证据认定相关建筑物系违法利益，因此保险人应承担赔偿责任。

[法律法规链接]

《保险法》第 12 条

《保险法司法解释（三）》第12条

17. 处理车辆保险中“高保低赔”问题，应以投保车辆的实际价值为根据

【典型案例】

王某诉某财产保险公司财产损失保险合同纠纷案

［案号］

（2014）沪一中民六（商）终字第475号

［案情］

王某为牌号为浙KA×××0的江淮重型厢式货车的实际车主，挂靠在案外人丽水市某汽车运输服务部名下，从事道路货物运输经营。2012年12月7日，某运输服务部以其名义，为该车辆向某财产保险公司投保车辆损失险、不计免赔险等，并约定车辆损失险的保险金额为117 270元；保险期间自2012年12月7日至2013年12月7日。2013年3月31日15时26分许，王某雇佣的驾驶员项某某驾驶该车辆，沿沪昆高速公路由东向西行驶，至沪昆高速公路出上海北侧58.2公里后约13.4米时，尾随撞击右第一条机动车道内由付某某驾驶的浙A7×××8号重型厢式货车，事故造成项某某死亡、周某某受伤，车辆损坏的交通事故。王某支付事故施救费4260元。后经交警部门认定，项某某负事故的主要责任，付某某负事故的次要责任。事故发生后，经某财产保险公司勘查，推定保险车辆全损，核定车辆损失价值为42 000元。王某对于保险车辆推定全损并无异议，但认为某财产保险公司的定损金额过低。2014年5月28日，某运输服务部将与某财产保险公司签订的保险合同项下享有的保险索赔权益转让给王某。故王某提起本案诉讼，请求判令某财产保险公司支付车辆损失理赔款121 530元（其中车损117 270元、施救费4260元）。

一审审理中，王某确认保险车辆已于2013年5月左右出售，得款约3500元。

［法院认为］

一审法院认为：王某与某财产保险公司之间的保险合同合法、有效，当事人均应当按照约定履行自己的义务。某财产保险公司对于赔付施救费4260

元并无异议，故双方当事人的争议焦点主要在于王某主张的车损金额是否成立。虽然保险车辆购置时的价格为14万余元，但车辆在使用中必然存在折旧。且从车辆转让协议书可以看出，当时的车辆转让价为80 000元。故某财产保险公司抗辩称投保时的车损定价117 270元为新车购置价的意见，一审法院予以采信。根据保险条款第10条第（二）项约定投保时被保险机动车的实际价值计算，其中带拖挂的载货汽车月折旧率为1.10%。考虑到车辆的残值，某财产保险公司定损金额为42 000元，并无不当。

二审法院认为：涉案机动车保险单虽系由案外人某运输服务部与被上诉人某财产保险公司共同签署，后经权益转让由上诉人王某向被上诉人提出索赔主张，被上诉人对此并无异议，故此，涉案保险合同法律关系并未违背签约双方的真实意思表示，当属合法有效，各方均应恪守履行。在保险期间发生了符合保险条款的保险事故，被上诉人理当按约对于上诉人的车辆损失予以理赔。现双方当事人对于按新车购置价投保的车辆发生事故理赔金额的计算标准，理解不一。一审法院根据涉案保险条款的相关约定，采信了被上诉人某财产保险公司的计算方式，即按双方均表示认可的新车购置价117 270元进行投保的，自购车时至事故发生时，按每月折旧计算，系争车辆的实际价值为42 000余元，经被上诉人核定该保险车辆的维修费为49 205元，维修价格已经超过车辆实际价值，因考虑到该车辆存在残值，故而被上诉人推定系争车辆全损并定损为42 000元，未违反保险合同的约定以及保险法的相关规定。上诉人王某对于保险条款及相关法律规定的理解有误，一审法院对此未予采信，并无不当。一审法院认定事实清楚，适用法律并无不当。上诉人王某的上诉理由，缺乏事实依据和法律依据，二审法院对此难以采信，其上诉请求，二审法院不予支持。

［**裁判结果**］

一审法院判决：某财产保险公司应支付王某理赔款46 260元。

二审法院判决：驳回上诉，维持原判。

［**裁判思路**］

本争议焦点是如何解决车损险所存在的并引起社会上热议的“高保低赔”问题。

首先，各保险公司的车损保险合同为何会普遍约定如此“显失公平”的霸王条款？保险公司给出的解释为，机动车因交通事故发生车损，既有可能部分损失（更换、修理零部件），也有可能发生全损或推动全损。在车辆发生部分损失时，不论车辆使用期限或长或短，保险公司都将按照全新的零部件价格给付赔款。因此，对于车辆部分损失，按新车购置价格确定保险金额更为公平合理。在车辆全损的情况下，因为不能违背财产险的损失补偿原则，故即使按新车购置价确定保险金额，保险公司的赔款亦不能超出车辆的实际价值。我国采用部分损失险与全损险“合一”的车损险制度，鉴于车辆全损的情形在车险理赔案件中不超过1%，故有保险业内人士认为，“高保低赔”问题的实质，时保险条款未能兼顾99%和1%的车主利益问题。同时，保险业普遍认为，如果将现行的车损险“一分为二”，将会增加所有投保人的保费支出，因此，目前的车损险制度虽然可能在个案中有失公允，但整体上更具合理性。对此，只要我国仍采取车辆部分损失险与全损险“合一”的车损险制度，二者之间关于保险金额与保险赔款的“冲突”就难以从根本上解决。在目前的制度环境下，应坚持车损险系不定值保险以及财产损失补偿原则两大前提，合理认定车损险的保险金额和赔款金额。本案系全车盗抢险纠纷，顾名思义，全车盗抢险不应以新车购置价为保险金额，而应以实际价值作为确定保险金额的依据。

其次，需要特别指出的是，2015年2月3日，中国保监会正式发布《关于深化商业车险条款费率管理制度改革的意见》，启动商业车险费率改革，中国保险业协会随之发布了相配套的《中国保险业协会机动车综合商业保险示范条款》。该新版示范条款第一章“机动车损失保险”第12条约定：“保险金额按投保时被保险机动车的实际价值确定。投保时被保险机动车的实际价值由投保人与保险人根据投保时的新车购置价减去折旧金额后的价格协商确定或其他市场公允价值协商确定。”这是对本次车险条款费率改革作出重大修改之一，解决了长期以来的车险“高保低赔”问题。对此，审理此类案件时应注重理解和适用。

[法律法规链接]

《保险法》第14条、第23条

18. 投保单与保险单对标的等内容约定不一致的如何处理

【典型案例】

某工业技术公司与某财产保险公司财产损失保险合同纠纷案

[案号]

（2015）民二终字第15号

［案情］

某工业技术公司原名为“南通市某镀饰有限责任公司”，2012 年 5 月 30 日，经江苏省南通市海门工商行政管理局核准，变更登记为现名称。

1. 之前保险合同签订情况。

2007 年 3 月底至 2010 年 3 月，某工业技术公司为其位于海门港厂区（老厂区）的财产开始向某财产保险公司投保财产保险综合险。后其另在海门市青龙港建设新厂区。

2007 年 3 月 17 日，某工业技术公司就其位于海门市海门港的固定资产按 2007 年 2 月份账面原值、存货按 2007 年 2 月份账面余额，合计保险金额为 1 068 950 元，向某财产保险公司投保。某财产保险公司后签发财产保险综合险保险单 1 份，同意承保，保险期限为 2007 年 3 月 17 日至 2008 年 3 月 16 日。

2008 年 6 月 10 日，某工业技术公司就其位于海门市海门港的固定资产按 2008 年 5 月 30 日账面原值，保险金额为 2 048 783.10 元，向某财产保险公司投保。某财产保险公司后签发财产保险综合险保险单 1 份，同意承保，保险期限为 2008 年 6 月 11 日至 2009 年 6 月 10 日。双方约定保单项下第一受益人为中国银行股份有限公司海门支行。

2009 年 3 月 10 日，某工业技术公司就其位于海门市海门港的固定资产按 2009 年 2 月底账面原值、存货按 2009 年 2 月底账面余额，保险金额为 45 096 908.23 元，向某财产保险公司投保。某财产保险公司后签发财产保险综合险保险单 1 份，同意承保，保险期限为 2009 年 3 月 19 日至 2010 年 3 月 18 日。双方约定保单项下第一受益人为中国银行股份有限公司海门支行。

2009 年 9 月 5 日，某工业技术公司以其固定资产中的新增设备，保险金额为 365 353 元，向某财产保险公司投保。某财产保险公司后签发财产保险综合险保险单 1 份，同意承保，保险期限为 2009 年 9 月 5 日至 2010 年 7 月 25 日。

2010 年 3 月 18 日，某工业技术公司就其位于海门市海门港的固定资产按账面原值、存货按账面余额，保险金额为 50 075 850 元向某财产保险公司投保。某财产保险公司后签发财产保险综合险保险单 1 份，同意承保，保险期限为 2010 年 3 月 19 日至 2011 年 3 月 18 日。双方约定保单项下第一受益人为中国银行股份有限公司海门支行，每次事故免赔额（率）3000 元或 15%。

2. 本案保险合同签订情况。

某工业技术公司加盖公章的财产综合险投保单载明：投保人为某工业技术公司；被保险人同投保人；保险财产地址位于海门市海门港、海门市青龙港共 2 个地址；固定资产保险价值确定方式为按 2011 年 2 月底账面原值，保险金额为 47 612 653.25 元；流动资产保险价值确定方式为 2011 年 1~12 月份账面余额，由原材料、半成品组成，其中原材料保险金额为 3 704 871.56 元，半成品保险金额为 5 495 551.17 元；代保管资产保险价值确定方式为估价，保险金额为 1 080 000 元；在建工程保险价值确定方式为按 2011 年底账面原值，保险金额为 42 405 347.25 元；保险金额合计 100 298 423.23 元；保险费率为 0.8‰，保险费 80 238.75 元；每次事故免赔额（率）：10% 或 1000 元；保险责任期限自 2011 年 3 月 26 日至 2012 年 3 月 25 日。

某工业技术公司在投保时向某财产保险公司提交 2011 年 2 月 28 日某工业技术公司的资产负债表（年报）1 份，该资产负债表年末数一栏中载明：存货合计 15 263 693.94 元，其中原材料 3 704 871.56 元，半成品 5 495 551.17 元，低值易耗品 6 063 271.21 元；固定资产原价 47 612 653.25 元；在建工程 42 405 347.25 元。

2011 年 3 月 19 日，某财产保险公司出具风险查勘报告（财产险），对某工业技术公司位于海门市海门港、青龙港的财产进行查勘，标的范围为建筑物、货物、机器设备，承保建议为拟同意承保，请分公司领导审核。某工业技术公司在该风险查勘报告上加盖公章。

2011 年 3 月 25 日，某财产保险公司向某工业技术公司签发财产综合险保险单 1 份，其中保险标的为四项：流动资产、代保管资产、固定资产和在建工程；保险价值确定方式为：流动资产按出险时账面余额，代保管资产、固定资产、在建工程均按出险时重置价格；保险金额确定方式为：流动资产按账面余额，代保管资产按估价，固定资产、在建工程按账面原值；保险金额分别为 9 200 422.73 元、1 080 000 元、47 612 653.25 元、42 405 347.25 元，保险金额合计 100 298 423.23 元；保险费率 0.8‰，保险费 80 238.75 元；保险责任期限自 2011 年 3 月 26 日起至 2012 年 3 月 25 日。保险财产坐落地址为“江苏省海门市海门市青龙港”“共 1 个地址”。特别约定：本保单所含特别约定，详见附件。

某财产保险公司提交的财产保险单附页中特别约定内容为：对本保险责任范围内的意外事故致使流动资产、代保管资产、固定资产、在建工程的损失，赔偿时扣除（绝对）免赔额 1000 元或按损失金额的 10% 扣除（绝对）免赔率，两者以高者为准。该附页上无某工业技术公司盖章或公司人员签字。

某财产保险公司财产综合险条款第 2 条规定：“本保险合同载明地址内的下列财产可作为保险标的：（一）属于被保险人所有或与他人共有而由被保险人负责的财产；（二）由被保险人经营管理或者替他人保管的财产；（三）

其他具有法律上承认的与被保险人有经济利益关系的财产。……”第 8 条规定：“下列原因造成的损失、费用，保险人不负责赔偿：（一）投保人、被保险人及其代表的故意或重大过失行为；……”第 11 条规定：“保险标的的保险价值可以为出险时的重置价格、出险时的账面余额、出险时的市场价值或其他价值，由投保人与保险人协商确定，并在本保险合同中载明。”第 12 条规定：“保险金额由投保人参照保险价值自行确定，并在保险合同中载明，保险金额不得超过保险价值。超过保险价值的，超过部分无效，保险人应当退还相应的保险费。”第 13 条规定：“免赔额（率）由投保人与保险人在订立保险合同时协商确定，并在保险合同中载明。……”第 25 条规定：“在合同有效期内，如保险标的的占有与使用性质、保险标的的地址及其他可能导致保险标的危险程度显著增加的或其他足以影响保险人决定是否继续承保或是否增加保险费的保险合同重要事项变更，被保险人应及时书面通知保险人，保险人有权要求增加保险费或者解除合同。被保险人未履行前款约定的通知义务的，因保险标的的危险程度显著增加而发生的保险事故，保险人不承担赔偿责任。……”第 31 条规定：“保险标的发生保险责任范围内的损失，保险人按以下方式计算赔偿：（一）保险金额等于或高于保险价值时，按实际损失计算赔偿，最高不超过保险价值；（二）保险金额低于保险价值时，按保险金额与保险价值的比例乘以实际损失计算赔偿，最高不超过保险价值；（三）若本保险合同所列标的不止一项时，应分项按照本条约定处理。”

合同签订后，某工业技术公司向某财产保险公司缴纳保险费 80 238.75 元，某财产保险公司向某工业技术公司开具保险费发票 1 张。

2011 年 3 月 30 日，某工业技术公司向某财产保险公司出具批改申请书 1 份，申请批改如下：“被保险人要求名下 1300 万元固定资产抵押中国农业银行、房产证号 100××1、100××2 的第一受益人为中国农业银行股份有限公司海门支行（以下简称海门农行）。”某财产保险公司后签发批单 1 份，内容为：“因被保险人要求，将其名下的（房产证号 100××1、100××2 号房屋，共计 1300 万元固定资产）受益人变更为海门农行。”根据海门市房产交易登记中心房屋所有权权属证明单的内容记载，房产证号 100××1、100××2 的所有权人为某工业技术公司，房屋坐落地点为海门港东部工业区。双方当事人均确认，该批单中载明的房屋系坐落于某工业技术公司海门港厂区的房屋。

3. 保险事故发生情况及公安消防机关认定、处罚经过。

2011 年 9 月 24 日 15 时 06 分，某工业技术公司位于海门市青龙港厂区的合金五线车间发生火灾。接警后，海门市消防中队赶赴现场扑救。16 时 15

分，火势得到控制。16 时 45 分，火灾被扑灭。火灾造成厂房、锌镍合金五线生产线、锌镍合金六线生产线、航空线生产线、电缆线被烧损，过火面积约 800 平方米，无人员伤亡。

2011 年 10 月 9 日，海门市公安消防大队作出海公消火认字（2011）第 0011 号火灾事故认定书，认定：起火部位位于锌镍合金五线生产线电解除油槽上方的风管口处，起火原因是电解除油槽内存有碱性液体，电解过程中产生氢气和氧气，形成富氧环境，因电解槽内电极板接触不良，发生爆燃，致使材质为聚丙乙烯合成物的风管发生燃烧，造成火灾。经分析，灾害成因为：（1）车间内未经防火分隔，导致火灾蔓延扩大；（2）消火栓系统内水压不足，导致火灾初期灭火救援工作未能正常开展。

2011 年 10 月 11 日，海门市公安消防大队就某工业技术公司擅自拆除消防设施进行现场拍照取证。2011 年 10 月 14 日，海门市公安消防大队向某工业技术公司总经理助理兼行政人事部部长蔡某某就某工业技术公司擅自拆除消防设施的问题进行询问。蔡某某在该询问笔录中陈述，其是 2010 年 3 月份到公司工作，其时消防水泵房已经建好并使用。2011 年 6 月份，消防水泵房拆除。当时某工业技术公司集体会议研究决定将消防水泵房向东搬移 20 米，现在新消防水泵房的地基已经打好了。

2011 年 10 月 27 日，海门市公安消防大队作出海公（消）（决）字（2011）第 0140 号公安行政处罚决定书，内容为：2011 年 10 月 11 日，在检查中发现某工业技术公司擅自拆除消防水泵房，该行为违反了《中华人民共和国消防法》第 28 条的规定。根据《中华人民共和国消防法》第 60 条第 1 款第 2 项的规定，决定给予某工业技术公司罚款 3.5 万元的处罚。2011 年 11 月 9 日，某工业技术公司缴纳 3.5 万元罚款。

2011 年 11 月 4 日，某工业技术公司申请海门市公安消防大队对火灾原因重新认定。2011 年 12 月 1 日，海门市公安消防大队根据某工业技术公司火灾事故认定复核申请，作出复核结论，撤销海公消火认字（2011）第 0011 号火灾事故认定书。2011 年 12 月 15 日，海门市公安消防大队经重新调查，作出海公消重认（2011）第 0001 号火灾事故重新认定书，决定撤销海公消火认字（2011）第 0011 号火灾事故认定书，重新认定起火原因为：起火部位位于锌镍合金五线生产线的电解除油槽的阳极棒与导电铜排的接线点一侧的材质为聚丙乙烯的电解除油槽，起火原因排除自燃、人为纵火等因素，不排除锌镍合金五线生产线的阳极棒与导电铜排的接线点因接触电阻过大，通电发热，与导电铜排接触的电解除油槽达到燃点，引发火灾。灾害成因为：消火栓系统内水压不足，导致火灾初期灭火救援工作未能正常开展。

4. 委托公估及索赔情况。

2011 年 9 月 28 日，委托人某财产保险公司南通支公司、某工业技术公司与受托人泛华公估江苏分公司签订公估委托单，委托事项为：现场查勘、损失鉴定、估损。该三项内容后另有一项理算理赔，其中理算理赔字样双方并未作为委托事项，由某财产保险公司单方委托泛华公估江苏分公司进行理算理赔。

2011 年 10 月 12 日，某工业技术公司向某财产保险公司南通支公司发出索赔申请书，索赔损失约 8000 万元，要求支付赔偿金 8000 万元。某财产保险公司于 2012 年 7 月向某工业技术公司支付 100 万元。

案涉火灾发生后，某工业技术公司在向某财产保险公司索赔时提交 2011 年 2 月 28 日资产负债表（月报）1 份，该资产负债表年末数一栏中载明：存货合计 16 263 693.94 元，其中原材料 4 704 871.56 元，半成品 5 495 551.17 元，低值易耗品 6 063 271.21 元；固定资产原价 77 008 457.88 元，固定资产净值 47 612 653.25 元；在建工程 43 890 615.25 元。

泛华公估江苏分公司作出保险公估报告（以下简称公估报告）1 份，结论如下：（1）出险原因：火灾。（2）保险标的定损总损失金额 23 382 325.20 元，其中：①流动资产（在加工、产成品）定损金额 115 839.46 元。②代保管资产（代保管设备）定损金额 799 000 元。③固定资产定损金额 8 958 472.41 元。④在建工程定损金额 13 498 483.40 元。⑤施救费用 10 529.93 元。（3）保险标的残值 421 203.05 元。（4）根据被保险人的要求，进行统计和评估的其他财产损失总金额 37 089 335.91 元，其中：①流动资产（低值易耗品生产线槽罐药液）损失金额 4 527 395.75 元。②固定资产（2011 年 3 月份及之后入账）损失金额 10 216 557.60 元。③在建工程（2011 年 3 月份及之后入账）损失金额 13 670 869.33 元。④账外财产损失金额 8 674 513.23 元。涉案火灾事故造成损失（定损）共计 60 471 661.11 元，其中：保险标的的定损金额为 23 382 325.20 元，非保险标的定损金额为 37 089 335.91 元。

理赔部分：（1）流动资产（存货）投保比例。事故发生时间是 2011 年 9 月 24 日，被保险人关账日是每月 25 日，因此根据被保险人提供的 2011 年 9 月份资产负债表，流动资产（存货）项下原材料、产成品的加和是 5 940 218.38 元。保险价值小于保险金额，属于足额投保。（2）代保管财产投保比例。经过核实，被保险人的代保管财产有代保管设备和代保管（代加工）产品两类。根据被保险人事故发生后向泛华公估江苏分公司提交的说明，保险单上的代保管财产是指生产线旁受损的代保管设备，同时还提交了代保管设备清单、借用合约等。由于保险单、投保单均未对代保管财产给予定义，因此按照代保管设备的保险价值分析是否足额投保。根据被保险人提供的设备《借用合约》，三台进口设备总金额为799 000元，小于保险金额，故属于足额投保。（3）固定资产投保比例。事故发生后，被保险人提供了2010年6月、12月，2011年1月至9月份企业（新老厂区）资产负债表。经过核对新提供的2011年2月份资产负债表，固定资产原价77 008 457.88元，保险价值大于保险金额，属于不足额投保。（4）在建工程投保比例。核对2011年2月份资产负债表，在建工程期末数43 890 615.25元，保险金额小于保险价值，属于不足额投保。根据保险人提供的被保险人投保单、保险单和保险单附件载明，本次事故损失金额的10%大于每次事故免赔额1000元，故本次事故免赔额以损失金额的10%计算。综合以上因素，根据某财产保险公司的委托，泛华公估公司计算本案理算金额为14 677 417.67元。

5. 海门农行出具的证明及陆某某的电话录音、询问笔录情况。

2013年1月24日，海门农行向某工业技术公司出具证明1份，内容为："2011年度某工业技术公司以其资产在我行贷款，根据我行规定，若贷款人以抵押资产投保的，我行是保险利益的第一受益人。2011年3月左右，某财产保险公司海门分公司将某工业技术公司的1份财产综合险保险单交到我行。我行收取的是保险单正本、批单正本，共2页，目前该两份资料仍在我行。"

某工业技术公司提交2011年10月2日、2012年9月2日其总经理樊某与某财产保险公司经办人陆某某的电话通话录音3份，2013年1月24日某工业技术公司代理律师对陆某某的询问笔录1份。2011年10月2日的通话录音中陆某某陈述："某工业技术公司好几年的（保险）业务都是我做的，一般来讲，客户有点懒，投保资料由客户盖章后，我帮客户填写。经和某工业技术公司财务负责人徐某某联系，徐说只投新厂，保费要便宜点，因新厂当时资产不满1个亿，（保费）要便宜的话，资产要达到一亿以上。考虑资产在增加，所以固定资产预估进行，所以达到一个亿的，当时（新厂）资产没有一个亿的。"

2012年9月2日的通话录音中陆某某陈述："投保单上的数字是其根据某工业技术公司徐某某提供的资产负债表内容填写的，做保险时打电话给徐某某，徐说只投新厂。新厂3月份之后还有资产要进来，所以就预估到一个亿了。"

2013年1月24日的询问笔录中陆某某陈述："徐某某打电话说要投保，资产约七、八千万。我告诉她根据保监会行业规定，保险金额超过一亿的，保险费率可以适当优惠。徐某某说没有这么多资产，但有些资产（设备）要陆续进入新厂，我告诉徐某某这些资产要么预估进行。我让徐某某在空白的投保单和风险查勘报告上盖章后，带回公司填写的。保险单出来后，陆某某和徐某某确认了保险金和保险费，某工业技术公司交了保险费。另外，因为某工业技术公司要贷款，让陆某某直接把保险单和批单送给农业银行。对于保单附页中的免赔额（率），是否协商记不清楚。”

［**法院认为**］

一审法院认为，本案争议焦点为：（1）某工业技术公司由于保险事故发生的损失如何认定；（2）某工业技术公司是否存在擅自拆除消防泵房的行为，是否导致保险标的危险程度显著增加，该行为是否属于重大过失行为，保险公司可否据此不承担赔偿保险金的责任。

1. 关于某工业技术公司保险事故发生的损失认定问题。

（1）案涉保险标的应当认定为投保时某工业技术公司位于海门市海门港（老厂区）、青龙港（新厂区）两个厂区，依据2011年2月28日资产负债表（年报）载明内容所对应的账面财产。理由：

①某工业技术公司向某财产保险公司提交的投保单中明确投保财产位于海门市海门港、青龙港两个地址，即新老两个厂区。某工业技术公司于庭审中亦陈述并未就海门港厂区的财产向某财产保险公司或其他保险公司进行投保。投保单明确载明流动资产、代保管资产、固定资产和在建工程都是按账面原值投保，因投保单载明的保险标的范围涵盖新老两个厂区纳入投保范围的账面财产，且双方此前一直就海门港厂区的财产长期签订保险合同，故应认定某工业技术公司投保的真实意思是对于海门市海门港、青龙港两个厂区的财产均按账面财产予以投保。

②依据某财产保险公司就本案投保所作的风险查勘报告及拍摄的现场照片，应当认定本案风险查勘的财产范围包括新厂区、老厂区的投保财产，而并非仅限于某工业技术公司位于青龙港新厂区的投保财产。

③2011年3月30日某工业技术公司的批单申请书、某财产保险公司的批单证实，某财产保险公司系根据某工业技术公司的申请，将案涉保险单中涉及的价值1300万元房产（房产证号：100××× 1、100×××2）的第一受益人变更为海门农行。某工业技术公司亦向法院提供了海门农行的说明，证实上述两处房产的第一受益人为该行。而依据某财产保险公司提交的该两处房产在房管部门登记的产权证明，该两处房产系位于某工业技术公司海门港厂区的房屋，产权人为某工业技术公司，故应认定本案纳入投保的财产范围系包括老厂区的财产，否则案涉保险单签发后某工业技术公司无需向某财产保险公司出具批改申请，要求变更上述两处房屋的第一受益人。

④案涉投保单载明的流动资产、代保管资产、固定资产和在建工程都是

按账面原值投保。而投保时确定账面原值的依据是某工业技术公司 2011 年 2 月 28 日的资产负债表（年报）中对应的具体科目内容、金额，该资产负债表包括某工业技术公司投保时新老厂区的资产在内而未作区分。在投保时，双方当事人除对代保管资产约定按估价外，对于保险标的中的流动资产、固定资产、在建工程的保险金额均与 2011 年 2 月 28 日的资产负债表（年报）中对应科目的年末金额存在一一对应关系，其中流动资产（存货）投保部分的保险金额 9 200 422.73 元由该资产负债表中原材料 3 704 871.56 元、产成品 5 495 551.17 元相加所组成，而并不包括其中的低值易耗品 6 063 271.21 元，故低值易耗品不应计算为保险标的范围。此外，固定资产、在建工程的保险金额亦是依据该资产负债表中固定资产原价 47 612 653.25 元、在建工程 42 405 347.25 元予以确定。基于该资产负债表是投保时由某工业技术公司提交给某财产保险公司，故应认定双方当事人之间实际是按照 2011 年 2 月 28 日资产负债表（年报）对应的两个厂区账面财产进行投保。因保险标的在投保时必须确定，而双方是以上述资产负债表上的账面财产进行投保，嗣后双方当事人也未约定对于某工业技术公司 2011 年 3 月份之后投入新厂区的财产纳入保险标的范围，故该部分财产不应认定为保险标的范围。故某工业技术公司主张仅就青龙港新厂区的财产向某财产保险公司进行投保，且保险单签发后继续投入新厂区的财产亦事先预估为保险标的，欠缺事实依据。

⑤樊某与陆某某的通话录音以及某工业技术公司代理律师对陆某某的询问笔录，均系陆某某的单方陈述，并无其他证据佐证，不具有证明效力，一审法院不予采信。某工业技术公司虽主张在投保单、风险查勘报告、批单申请书上所加盖的公司公章均非其真实意思表示，但并未举证证实，一审法院不予采纳。

综合以上分析，虽然某财产保险公司签发的保险单上载明的保险财产坐落地址是海门市青龙港 1 个地址，但案涉标的范围应认定系依据投保时某工业技术公司所提交的 2011 年 2 月 28 日资产负债表（年报）的内容，对两个厂区财产进行的账面投保。某工业技术公司认为系仅对海门市青龙港厂区的财产（包括低值易耗品，2011 年 3 月份之后进场的固定资产、在建工程）进行投保的理由，不符合双方合同约定的本意，亦缺乏事实依据，一审法院不予采信。

（2）公估报告中的损失 23 382 325.20 元，应认定为保险标的的实际损失。如上所述，保险标的在投保时必须处于确定状态，而双方是依据 2011 年 2 月 28 日资产负债表（年报）中所对应的两个厂区的账面财产进行投保，故公估报告中的低值易耗品、2011 年 3 月份之后进场的固定资产、在建工程、账外财产均不属于本案保险标的范围，不应再作为保险标的的损失予以考虑，某工业技术公司因保险事故遭受的保险标的财产损失应依据公估报告中保险标的的定损金额确定为 23 382 325.20 元。至于某财产保险公司单方委托泛华公估江苏分公司作出的保险理赔金额，未经某工业技术公司核实，亦超出双方共同委托公估事项的范围，不应以此作为确定理赔损失的依据。

（3）案涉保险合同特别约定的免赔率应为 10%。案涉保险单中明确“本保单所含特别约定，详见附件”。双方对于保单存在附件均无异议，分歧在于该附件的名称、内容具体应如何认定。某工业技术公司主张保单附件系 2011 年 3 月 30 日的批单，某财产保险公司则主张保单附件为保险单附页有关免赔额或免赔率的特别约定。双方当事人除分别提交的批单、保险单附页外，就保单的特别约定均无其他证据提交。一审法院认为，2011 年 3 月 30 日批单的申请与签发时间发生于保险单签订后的第 6 日，内容仅涉及保险单签发后对于两处房产变更受益人，故该批单不应被认定是保险单的合同附件。某财产保险公司提交的保险单附页中是针对免赔额、免赔率的特别约定，其中虽无某工业技术公司盖章，但投保单中明确记载“每次事故免赔额（率）：10% 或 1000 元”，该内容与某财产保险公司提交的附页中有关免赔额、免赔率的约定内容相一致，故某财产保险公司的举证更具有证明力，其陈述更为合理可信，该附页应认定系案涉保险单的附件，故双方约定的特别免赔率应为 10%。

2. 某工业技术公司擅自拆除消防泵房的行为并未导致保险标的危险程度显著增加，某财产保险公司不能免除支付保险赔偿金的责任。

根据海门市公安消防大队作出的火灾事故重新认定书、蔡某某的询问笔录、行政处罚决定书，应当认定某工业技术公司在案涉保险合同的保险期限之内，擅自拆除青龙港厂区内的消防水泵房，该行为既违反有关消防安全的法律法规，又导致了案涉火灾发生时救援工作未能正常开展。根据《保险法》第 51 条第 1 款之规定，被保险人应当遵守国家有关消防、安全、生产操作、劳动保护等方面的规定，维护保险标的的安全。某工业技术公司在保险责任期限内擅自拆除消防水泵房，应认定其作为被保险人未能切实维护保险标的安全。但根据公安消防机关认定的火灾成因，某工业技术公司擅自拆除消防水泵房并非本案火灾发生的直接原因。某工业技术公司擅自拆除消防水泵房导致消火栓系统内水压不足，客观上导致火灾发生后救援工作未能正常进行，造成损失扩大，该行为应认定某工业技术公司作为被保险人在维护保险标的的安全过程中存在瑕疵，而非据此认定某工业技术公司基于自身故意或者重大过失造成保险事故。某财产保险公司关于因某工业技术公司自身原因导致保险标的危险程度显著增加以及某工业技术公司未尽危险增加的通知义务故而应免除保险赔偿责任的主张，于法无据，一审法院不予支持。因某工业技术公司对于保险标的未尽安全管理责任，一审法院酌情认定对于火灾事故造成的损失，由某财产保险公司与某工业技术公司按 8∶2 的比例予以承担。

综上，本案中对某工业技术公司所投保的保险标的的财产损失应认定为 23 382 325.20 元，双方当事人在保险合同约定的特别免赔率为 10%，根据责任分担酌定比例为 8∶2，某财产保险公司应向某工业技术公司支付的保险理赔款应为：23 382 325.20 元 ×（1 − 10%）× 80% = 16 835 274.14 元，减去 2012 年 7 月已先行赔付的 100 万元，某财产保险公司尚应向某工业技术公司支付剩余保险理赔款 15 835 274.14 元。

二审法院认为，本案争议焦点为：（1）一审程序是否存在错误。（2）本案保险标的及其损失如何确定。（3）某财产保险公司是否应当以及如何承担保险责任。（4）某财产保险公司是否未依约及时赔付，以及是否应当因此承担相应赔偿责任。

1. 关于一审程序是否存在错误的问题。一审法院收集有关证据系根据某财产保险公司的申请而为，且符合《民事诉讼证据规定》第 17 条规定。某工业技术公司并无证据证明某财产保险公司一审答辩状的有关内容系由江苏高院提供。故对某工业技术公司关于江苏高院在本案中收集证据的行为违法及有失公正等主张，二审法院不予支持。某工业技术公司主张其曾申请调取证据及鉴定，一审法院未予处理，因在一审卷宗中未发现有关申请材料，故对该主张二审法院不予支持。某工业技术公司人员与陆某某的电话录音及询问笔录虽涉及保险合同订立过程情况，但均发生在案涉保险合同订立以后，系某工业技术公司人员收集的陆某某证言，故对某工业技术公司关于该录音及笔录属于视听资料而非证人证言的主张，二审法院不予支持。一审法院以陆某某未出庭作证为由否定其证据效力并无不妥。

2. 本案保险标的及其损失如何确定。一审判决认定案涉保险标的坐落于海门市海门港、青龙港的某工业技术公司两个厂区的理由充分，对某工业技术公司关于案涉保险标的坐落地点仅为海门市青龙港厂区的主张，二审法院不予支持。案涉保险单和投保单就保险标的、保险价值和保险金额的确定方式表述不一致。因保险单签发时间在投保单之后，在二者内容冲突的情况下，应以保险单所载内容为准。案涉保险单记载保险标的为四项：流动资产、代保管资产、固定资产和在建工程；保险价值确定方式为：流动资产按出险时账面余额，代保管资产、固定资产、在建工程均按出险时重置价格；保险金额确定方式为：流动资产按账面余额，代保管资产按估价，固定资产、在建工程按账面原值。故 2011 年 2 月 28 日的某工业技术公司资产负债表（年报）仅为确定保险金额的参考依据。从案涉投保单、保险单等分析，除投保单明确未列入流动资产项下的低值易耗品外，坐落于海门市海门港、青龙港的两个厂区的某工业技术公司流动资产、代保管资产、固定资产和在建工程均为案涉保险标的。

在财产保险中，保险标的在投保时是确定的，系指投保人与保险人就保险标的达成一致意思表示，而非保险标的实物形态在投保时确定并在保险合同生效后一成不变。就本案而言，作为案涉保险标的某工业技术公司流动资产即可能处于不断变化之中，如果在投保之后取得的流动资产不能作为保险标的，则该保险对投保人毫无价值。故一审法院以保险标的在投保时必须确定为由，认定 2011 年 3 月份之后进场的固定资产、在建工程、账外财产均不属于本案保险标的不妥，二审法院予以纠正。

泛华公估江苏分公司根据某财产保险公司及某工业技术公司的委托对案涉财产损失进行了评估。对公估报告认定的财产损失数额，双方当事人均未提异议，可作为认定案涉财产损失的依据。但公估报告亦未将包括 2011 年 3 月以后入账的固定资产等某工业技术公司财产纳入保险标的范围，应属对案涉保险标的认定不准确。公估报告认定的保险标的总损失 23 382 325.20 元和其他财产损失 32 561 940.16 元（已扣除低值易耗品损失 4 527 395.75 元）均为案涉保险标的损失，即案涉保险标的损失应为 55 944 265.36 元。

3. 关于某财产保险公司是否应当以及如何承担保险责任的问题。某工业技术公司拆除的系消防水泵房而非消防水泵，且消防部门并未认定拆除消防水泵房系火灾成因，故对某财产保险公司以某工业技术公司拆除消防水泵构成重大过失为由要求免责的主张，二审法院不予支持。因消防部门就火灾成因已做出了重新认定，排除了车间内未经防火分隔导致火灾蔓延扩大这一原因，故对某财产保险公司以某工业技术公司在车间内增加生产线，并未经防火分隔，使本案保险标的危险程度显著增加为由要求免责的主张，二审法院不予支持。一审法院认定某工业技术公司擅自拆除消防水泵房导致消火栓系统内水压不足，客观上导致火灾发生后救援工作未能正常进行，造成损失扩大，缺乏证据证明，其并由此酌情认定对于火灾事故造成的损失，由某财产保险公司与某工业技术公司按 8 : 2 的比例予以承担不妥，二审法院予以纠正。虽然案涉保险单上未记载免赔额（率），但投保单中明确记载“每次事故免赔额（率）: 10% 或 1000 元”，一审法院据此认定案涉保险免赔额（率）并无不妥，二审法院予以维持。

4. 关于某财产保险公司是否未依约及时赔付，以及是否应当因此承担相应赔偿责任的问题。鉴于某工业技术公司 2011 年 10 月 12 日提出索赔申请，某财产保险公司应当在 60 日内履行赔付保险金义务，但是某财产保险公司仅在 2012 年 7 月先行赔付了 100 万元，因此某财产保险公司应当对因其迟延赔付保险金给某工业技术公司造成的损失承担赔偿责任，计算方式为以迟延赔付的保险金金额为本金、以自 2011 年 12 月 12 日起至实际赔付之日为期间、以中国人民银行同时期贷款基准利率为计息标准。

根据上述分析认定，案涉保险标的损失为 55 944 265.36 元，免赔率为 10%，某财产保险公司应向某工业技术公司支付的保险理赔款为：55 944 265.36 元 ×（1 − 10%）= 50 349 838.82 元。其中减去某财产保险公司于 2012 年 7 月已先行赔付的 100 万元，某财产保险公司尚应向某工业技术公司支付剩余保险理赔款 49 349 838.82 元，及自 2011 年 12 月 12 日起至实际赔付之日期间，依据中国人民银行同时期贷款基准利率计算的相应利息。

［**裁判结果**］

一审法院判决：一、某财产保险公司于判决生效之日起 10 日内向某工业技术公司支付保险理赔款 15 835 274.14 元；二、驳回某工业技术公司的其他诉讼请求。

二审法院判决：一、变更（2012）苏商初字第 0016 号民事判决主文第一项为"某财产保险公司于本判决生效之日起 10 日内向某工业技术公司支付保险理赔款 49 349 838.82 元，及自 2011 年 12 月 12 日起至实际赔付之日期间，依据中国人民银行同时期贷款基准利率计算的相应利息"；二、维持（2012）苏商初字第 0016 号民事判决主文第二项；三、驳回某财产保险公司上诉请求。

［**裁判思路**］

我国《保险法》未对保险合同内容的认定规则作出明确的规定，现实中保险公司经营普通不够规范，经常出现投保单与保险单、其他保险凭证不一致，或非格式条款与格式条款不一致，或者保险凭证的内容记载时间或记载方式不一致等问题。这些问题直接关系到被保险人能否获得保险赔付，从而引发保险纠纷。签发保险单或者其他保险凭证是保险人在合同成立后的义务，不能当然认定签发保险单或者其他保险凭证构成承诺或者反要约。鉴于保险条款具有专业性和复杂性，如果一律以保险单或者其他保险凭证为准认定保险合同内容，不利于投保人的利益保护。保险人需要变更投保单的内容的，应当对变更的内容向投保人进行说明，投保人知悉变更投保的内容并签字确认后，才能以保险单或者其他保险凭证为准确定保险合同内容。根据《保险法司法解释（二）》第14条第1款的规定，投保单与保险单或者其他保险凭证不一致的，以投保单为准。但不一致的情形系经保险人说明并经投保人同意的，以投保人签收的保险单或者其他保险凭证载明的内容为准。在财产保险中，保险标的在投保时是确定的，系指投保人与保险人就保险标的达成一致意思表示，而非保险标的实物形态在投保时确定并在保险合同生效后一成不变。就本案而言，作为案涉保险标的某工业技术公司流动资产即可能处于不断变化之中，如果在投保之后取得的流动资产不能作为保险标的，则该保险对投保人毫无价值。故一审法院以保险标的在投保时必须确定为由认定之后进场的财产不属于保险标的不妥。

[法律法规链接]

《保险法》第13条

《保险法司法解释（二）》第14条

第二节　人身保险利益

导　读

人身保险之中的保险利益，是指投保人对于被保险人的生命或者身体所具有的利害关系。也就是说，当被保险人的生命或者身体因为保险事故的发生受到损害，也使投保人而受到损失，投保人因为保险事故的不发生而得以维持原有的利益。此种损失虽然与经济上的利益有关，但是并不以经济上的利益为限。如果投保人与被保险人之间具有保险法律所规定的关系，即使两者之间并没有实际的利害关系，也可以视为具有保险利益。

19. 无保险利益订立的人身保险合同无效

【典型案例】

张某、何某与某保险公司保险合同纠纷案[①]

［案情］

高某与其妻何某于 1995 年结婚后一直未能生育。1999 年 8 月 20 日，何某知某市公安局城关分局某派出所捡到一名弃婴，遂与高某前往该所表示愿意抚养该弃婴，并办理了领养手续。高某将该女婴带回家后，为其取名高某某，并于同年 9 月 8 日在该市公安局申请了蓝印户口。户口上注明高某某的出生日期为 1998 年 11 月 8 日，与高某及何某的关系注明为父女、母女关系。在办理了蓝印户口后，何某前往某保险公司询问了投保事宜，并向某保险公司告知了高某某系抱养这一事实。某保险公司在要求高某出具了蓝印户口后，双方于 1999 年 9 月 8 日签订了独生子女两全保险合同。该保险合同的投保人及受益人均为高某，被保险人为高某某。意外伤害保险金额为 50 000 元，保险期间自合同生效之日起至被保险人年满 18 周岁的生效对应日止。保险条款第 2 条规定投保人的范围为："凡年满 20~50 周岁，身体健康者均可作为投保人为其年龄不超过 10 周岁，身体健康的子女或有抚养关系的少儿投保本保险。"该条款第 12 条还规定："投保人、被保险人或受益人应于保险事故发生之日起 10 日内以书面形式通知本公司。"合同签订后，高某向保险公司交纳当月保险费 200 元。1999 年 10 月 10 日，高某之妻何某将寄养在保姆处的高某某接出，与其小婶石某带高某某前往某公园游玩。石某及其女带高某某划船时，高某某不幸落入水中，约 10 分钟后被石某的女儿捞起。上岸后，何某前往派出所报案，又将高某某送至某医院就诊。该医院医生张某在为高某某检查后未发现异常情况，但要求何某对高某某进行保暖并住院观察。何某未给高某某办理住院手续，而是前往在该医院工作的堂哥处给高某某包裹了毛巾被后去某饭馆吃饭。饭后何某发现高某某口吐白沫，情况异常，遂前往某城关医院就诊。经该医院的一夜救治，高某某的病情基本稳定。次日，高某某的呼吸、体温、心、肺等均已无异常情况。何某向医院提出高某在某医院专家门诊部有挂账，要求将高某某接出院，医院表示为防止高某某可能有的

---

① 案例来源：参见许崇高：《保险法原理及疑难案例解析》，法律出版社 2011 年版，第 93 页。

并发症，应住院观察，并由其儿科主任出面阻拦但无效，何某随即办理了出院手续。在出院时，医院要求应立即前往其他医院继续住院接受治疗，不可拖延。何某带高某某出院后，前往西站居住的小婶家拿衣服，期间吃饭、休息约 40 分钟后将高某某带至某第一人民医院就诊。经该医院诊断高某某在就诊前已经死亡，临床反应为四肢冰冷、瞳孔放大。何某遂向该医院索要死亡证明书，该医院以高某某未在本医院接受治疗、抢救，且并非在此死亡为由拒绝出具死亡证明书。何某又将高某某抱往某医学专家门诊部就诊，该所主任看过后认为高某某已于 1 小时前死亡，不能出具死亡证明。但在高某的要求下，违规与某城关区医院联系为高某某出具了死亡证明，并向某火葬场和某市公安局打电话做了通知。之后，高某某的遗体被火化。次日，高某电话通知某保险公司高某某死亡的事实，并提出索赔。某保险公司拒付，高某遂诉至法院。

原告诉称，其在某保险公司购买了保险，被保险人因落水意外死亡，属于保险合同约定的保险责任，某保险公司应给付保险金。被告某保险公司辩称，与原告签订保险合同属实，但因原告未办理收养高某某的合法手续而使其不具有保险利益。原告在保险事故发生后，未及时通知被告，而是迅速处理了被保险人的尸体，致使被告无法进行现场勘查，其主观上是故意不如实告知。加之原告妻子何某在被保险人生命垂危之际未能积极履行施救义务，对被保险人之死负有不可推卸的责任。而且，被保险人的真正死因不属于意外事故范畴。故被告的拒赔理由合理合法，法院应依法驳回原告的诉讼请求。

［**法院认为**］

法院经审理认为：保险合同以保险利益和最大诚信为重要原则。其中，保险利益原则是保险理赔的首要条件，更是保险合同成立和生效的前提。在本案中，原告虽然养育高某某近两个月，也为高某某办理了蓝印户口，但没有前往民政部门办理合法的收养手续。这一行为违反了我国 1994 年 4 月 1 日修改颁布的《收养法》规定。原告在收养时年龄尚未达到 30 周岁，不符合《收养法》关于夫妻双方收养孩子必须达到 30 周岁的法定条件。且《收养法》还规定，弃婴的收养还必须在收养人向民政部门提出申请后，由民政部门对外公告 60 日无人认领方可办理收养手续。所以，原告收养高某某的行为，从程序和事实上均违反了我国法律的强制性规定。虽然原告为高某某办理了蓝印户口，其行为在社会上具有某种普遍性，但收养证是收养关系成立的一个要式条件，它并不能用户口的取得加以替代。在法理上，人身关系与合同关系不同，人身关系特别是收养关系一般不能约定，它的成立必须符合法定条件和程序，必须经过法律程序加以确认后方可形成基于收养关系而产生的继承、抚养及赡养等一系列的法定人身关系。收养关系的成立必须经民政部门登记是法定条件，不能以民间的约定俗成予以认可。所以，原告与被保险人高某某之间的收养关系应判断无效。收养关系不成立，也就使原告在主体上不具有高某某父母的地位。我国《保险法》对未成年人投保以死亡为给付保险金条件保险的投保人范围确定为未成年人的父母或养父母，而被告所推出的独生子女两全保险条款对投保人的范围规定为："凡年龄20~50周岁，身体健康者均可作为投保人为其年龄不超过10周岁，身体健康的子女或有抚养关系的少儿投保本保险。"这一规定为保险人任意扩大了法律的强制性规定。《保险法》作为规范和调整保险行业的部门法，是各个保险公司在保险业务中应严格遵守的人民法院在判定保险案件所必须依据的重要法律。任何保险公司不得随意扩大其解释。保险合同具有格式合同的特点，虽然法律规定在其条款不明确可以作出多种解释的情况下，应作出对弱势群体也就是被保险人或受益人有利的解释。但在本案中，保险人的保险条款与根本法律规定相矛盾，故法院应依照保险法确定投保人范围。原告提出其与高某某之间产生抚养关系，符合被保险人保险条款的主张，因"抚养"一词虽没有法律上的严格解释，但它仅出现在关于对婚姻家庭关系的论述中，所以应认定抚养关系限于亲属间的血亲关系或拟制血亲关系。而拟制血亲是指因婚姻形成的继子女、因收养关系形成的养子女的血亲关系。本案中原告与高某某间没有血亲关系，也没有形成拟制血亲关系，所以也就没有形成抚养关系。原告没有基于法定程序而取得的被保险人高某某父母的合法身份，在与被告所订立的人身保险合同中也就对保险标的被保险人不具有保险利益。基于上述理由，应认定原、被告所订立的人身保险合同从签订之日起即不具有法律效力。原告在收养高某某时，应当知道法定的收养程序而未前往办理合法的手续导致该合同无效，应承担一定责任。故对原告要求保险人理赔的诉讼请求法院不予支持，被告明知高某某系收养这一事实，就理应向原告索要收养证后方可办理保险事宜，其没有履行上述义务是主观上疏忽了核保责任。虽然对于收养关系的成立与现实生活中普遍存在的领养事实在认识上有一定难度，但仍应对合同无效承担主要的过错责任。

本案在审理中被告提出原告在被保险人高某某发生保险事故后未能积极履行施救义务而导致高某某死亡的辩称，因我国《保险法》在人身保险合同中尚没有对施救义务作出规定。而且，人的生命与财产本身存在不可比性，施救义务的履行与否在民法和刑法上存在较难掌握的尺度。完全参照《民法通则》就未采取施救措施致使损失扩大无权对扩大部分索偿的规定处理人身关系，是对人格权的不尊重。所以法院对被告的此项抗辩理由不予支持。被告提出原告在多家保险公司为高某某投保以死亡为给付保险金条件的险种违反了《保险法》及中国保险监督管理委员会关于死亡保险金额限制这一辩称，法院予以采纳。对于被告提出的被保险人的死亡不属于意外伤害事故且被告无法进行现场勘查的辩称，因被告未能向法院提供确凿证据证明被保险人死亡的其他原因，法院依医生出具的诊断书中载明的“溺水死亡”，可认定被保险人的死因应属于合同约定的意外伤害事故。被告未在保险条款中将对被保险人进行现场勘查作为理赔的必要条件，故法院对此辩称不予支持。被告应依过错责任向原告退还保险费并赔偿损失，对其向社会推出的有瑕疵的保险条款也应予以修订。

［裁判结果］

法院判决：（1）原告与被告签订的人身保险合同无效；（2）被告退换原告保险费200元，赔偿保险费损失6.8元。

［裁判思路］

保险利益是指投保人或被保险人对保险标的具有的法律上承认的利益。我国《保险法》采取利益和同意兼顾的原则来确认人身保险合同的保险利益，投保人以他人为被保险人订立人身保险合同，是否具有保险利益，或者以投保人和被保险人之间是否存在金钱上的利害关系或者其他利害关系，或者以取得被保险人的同意为判断标准。根据我国《保险法》第31条规定，投保人对下列人员具有保险利益：（1）本人；（2）配偶、子女、父母；（3）前项以外与投保人有抚养、赡养或者扶养关系的家庭其他成员、近亲属；（4）与投保人有劳动关系的劳动者。除前款规定外，被保险人同意投保人为其订立合同的，视为投保人对被保险人具有保险利益。《保险法司法解释（二）》第2条规定，人身保险中，因投保人对被保险人不具有保险利益保险合同无效，投保人主张保险人退还扣减相应手续费后的保险费的，人民法院应予支持。订立人身保险合同时，投保人对被保险人不具有保险利益的，合同无效。在本案中，原告虽然养育高某某近两个月，也为高某某办理了蓝印户口，但没有前往民政部门办理合法的收养手续，原告在收养时也不符合收养孩子的法定条件。所以，原告与被保险人高某某之间的收养关系应判定无效。收养关系不成立，也就使原告在主体上不具有高某某父母的地位，对被保险人不具有保险利益。因此，原、被告订立的人身保险合同从签订之日起即不具有法律效力，应按照无效保险合同进行处理。

［法律法规链接］

《保险法》第31条

《保险法司法解释（二）》第2条

20. 保险合同无效后投保人利益的保护

【典型案例】

梁某诉某人寿保险公司保险合同案

［案号］

（2013）咸中民终字第00013号

［案情］

梁某某系陕西省三原县高渠乡新安寨村村民，系梁某之叔父。梁某自小与其叔父梁某某生活在一起，梁某某为聋哑性质的残疾人，梁某成人后一直照顾梁某某的饮食起居，具有长期固定的扶养关系。梁某在近年为家人购买人身保险，为其配偶、子女购买长期人身保险，为其叔父购买短期人身保险，以求化解可能的风险。2011年8月，梁某为其叔父梁某某在某人寿保险公司购买新版至尊宝自助保险卡一张，卡号为1207800000××××，该保险卡经激活后生成电子保单一份，保险号码为201100103859××××，保单签发机构为某人寿陕西公司。约定:（1）保险期限自2011年8月10日至2012年8月9日止;（2）承保意外伤害7万元;（3）意外伤害医疗4000元;（4）航空意外伤害40万，保费为100元。

2011年12月15日早，梁某发现梁某某在床上死亡，怀疑因煤气中毒死亡，即向三原县公安局、某人寿保险公司报案。三原县公安局高渠乡派出所、某人寿保险公司即派员前往事故现场。经公安机关询问现场家属、村干部，均称梁某某系煤气中毒死亡。三原县公安局高渠乡派出所出警发现梁某某死亡的室内有煤炉使用但无相应的排气管道，经现场勘查及询问，排除刑事案件的可能。

2011年12月16日，某人寿保险公司向梁某送达了尸检通知书，要求对梁某某的尸体进行死亡原因的病理检查，并与梁某进行会谈，对梁某某生前的身体状况进行了解，并告知要求尸检。嗣后，梁某某家属在未尸检的情况下将梁某某埋葬。2012年3月22日，三原县人民法院就梁某、梁某某诉梁某、李某联、梁某民、梁某芹、梁某娥、李某娇、梁某莲法定继承纠纷一案作出（2012）三民初字第00472号民事调解书，确定：梁某、李某联、梁某民、梁某芹、梁某娥、李某娇、梁某莲自愿放弃继承梁某某在某人寿陕西分公司新版至尊宝保险（保单号码为201100103859××××）赔偿款的权利，该权利归梁某所有。2012年8月3日，梁某起诉要求某人寿陕西公司、某人寿保险公司按照保险合同约定理赔并承担本案诉讼费用。

［**法院认为**］

一审法院认为：梁某与某人寿陕西公司确立保险合同关系，并于投保激活当日生效。保险公司在理赔过程中，理应及时履行勘查、核定义务。本案中，公安机关在勘查梁某某死亡现场后，排除刑事案件可能，未予立案侦查。某人寿陕西公司虽告知梁某要求尸检，但其未及时向相关部门、机构申请，致使其无充分证据证明梁某某的死亡是因疾病、内在原因所导致。故应承担举证不能的法律后果。故其提出梁某某未进行尸检不予理赔之说，不予采信。梁某依保险合同、梁某某继承人之间约定请求某人寿陕西公司给付保险金的请求应当予以支持。

二审法院认为：梁某对梁某某具有保险利益，可为梁某某订立人身保险合同。梁某为其叔父梁某某购买保险未告知本人，其为梁某某购买保险与某人寿保险公司之间签订的人身保险合同属无效合同。另某人寿陕西公司的新版至尊宝自助保险已经明确该险种的投保人、被保险人须为同一人，身体健康且能正常工作或学习。但某人寿保险公司的工作人员并未依照该险种的销售要求进行审查。某人寿保险公司的工作人员在销售经营活动中存在重大疏忽，是导致本保险合同无效的主要原因，应承担主要的缔约过失责任。被上诉人梁某对部分条款未能尽到合理的注意义务也是保险合同无效的原因之一，也应承担一定的缔约过失责任。缔约过失责任的承担范围以善意相对人的可期待利益为限，现虽保险合同无效，但对于该 7 万元的可期待利益，梁某应获得其中 90% 的数额，其余的 10% 因其梁某自身具有一定责任故由其自行承担。

［**裁判结果**］

一审法院判决：一、限判决生效后 5 日内，被告某人寿保险公司给付梁某意外伤害保险金 7 万元；二、驳回梁某的其他诉讼请求。

二审法院判决：一、撤销三原县人民法院（2012）三民初字第 01113 号民事判决书；二、梁某与某人寿保险公司之间保单号码为 201100103859××××的保险合同无效；三、某人寿保险公司自本判决生效之日起 10 日内支付梁某人民币 63 000 元，某人寿陕西分公司对此承担连带责任。

［**裁判思路**］

本案一、二审认定事实略有不同，论理存在较大差异。一审对投保人是否对被保险人具有保险利益、保险合同是否有效未予论及。仅以某人寿保险公司举证不能为由判令其按照保险合同约定对投保人梁某进行赔付不当。二审根据《保险法》第31条、第34条认定梁某对梁某某具有保险利益，但保险合同违反法律强制性规定而无效。按照一般无效合同的处理原则是相互返还，本案中梁某向保险公司支付100元，应当对100元予以返还。但二审考虑到保险公司在合同缔约过程中存在重大过失，且在保险合同后期发生纠纷，单纯返还100元不足以弥补投保人的可期待利益，以缔约过失责任判令保险公司承担90%的原定赔付金额，剩余10%由投保人自行承担。该结果符合公平正义原则和诚实信用原则，有利于督促保险公司提高保险销售环节的规范性，避免类似情况发生，引导保险公司逐步改变重销售轻理赔、重利益轻责任的经营理念。该案是保险合同无效后以缔约过失责任判处保险公司承担责任的前导性、示范性案例，对保险合同无效后的处理具有一定的参考意义。

[法律法规链接]

《保险法》第31条、第34条

21. 人身保险合同是否适用损失补偿原则

【典型案例】

陈某佐诉某人寿保险公司人身保险合同案

[案号]

(2014)钦民一终字第247号

[案情]

原告陈某佐是灵山县第二中学在校学生，在2013年8月底秋季学期开学报名时，原告将保险费80元交到班主任处，之后由学校统一将该校参保学生的保费交到被告处，投保“学生平安综合保险”一份，被告即对参保的学生送一份“致家长一封信”，但未按规定出具书面保险合同和收取保险费发票。在被告附带所提供的投保确认单上投保人栏上署有原告父亲陈某佳的名字，被保险人栏上署有原告的名字。投保确认单显示保险期间为一年，即从2013年9月1日起至2014年8月31日止。投保声明栏处无投保人的签名，亦未注明投保人在该次投保是否属于连续投保，但被告作为保险人已收取了投保人陈某佳的保险费。投保确认单上寿险附加学生平安住院医疗保险险种的基本保险金额为30 000元，其中10 000元以上至30 000元部分的赔付比例为80%。在“致家长的一封信”中，保险责任简介第4条即《寿险附加学生平安住院医疗保险》载明：被保险人因意外伤害或在90天等待期后因患疾病在我们认可的医院住院治疗，我们就其符合本附加合同签发地社会基本医疗保险支付范围的住院费用，依下列约定承担保险责任，（1）未参加城镇居民基本医疗或农村新型合作医疗保险以及已参加且未获得城镇居民基本医疗或农村新型合作医疗保险补偿的，符合当地基本医疗支付范围的医疗费用，扣除其他途径已经补偿或给付部分以及免赔额100元后，对其余额在保险金额范围内按分级累进比例给付：100元以上至1000元部分给付比例为50%；1000元以上至5000元部分给付比例为60%；5000元以上至10 000元部分给付比例为70%；10 000元以上至30 000元部分给付比例为80%；30 000元以上部分给付比例为90%。（2）已参加且已获得城镇居民基本医疗或农村新型合作医疗保险补偿的，符合当地基本医疗支付范围的医疗费用，扣除城镇居民基本医疗或农村新型合作医疗保险及其他途径已经补偿或给付部分后对其余额在保险金额范围内按分级累进比例给付。

[法院认为]

一审法院认为：原告在被告处购买一份“学生平安综合保险”，被告出具了投保确认单（致家长一封信回执单兼保险费收据），作为原、被告双方存在人身保险合同的一种书面凭证，符合合同有效的要件，一审法院予以确认。根据投保确认单的约定，保险期间自2013年9月1日零时起至2014年8月31日24时止，赔付比例在10 000元以上至30 000元部分给付比例为80%。原告在保险期间出现保险事故后，被告应当依照约定给付保险金。但被告认为原告已在新型农村合作医疗和在中国人民财产保险股份有限公司灵山县支公司获得了赔偿，仅同意赔偿差额款0.01元，被告为此未依约进行赔付，已构成违约。原告作为人身保险的被保险人依据保险合同取得赔偿，是一种合同法律关系，属约定之债。根据债之相对性原理，法定的债和约定之债之间，数个约定之债之间均是不同的法律关系。

据此，原告除应当得到被告的赔偿外，还可以通过其他方式获得给付的医疗费。因为《保险法》对人身保险并无重复投保、重复理赔的限制，不适用财产保险中“损失补偿原则”。况且，在投保确认单上只有被告盖章，而在投保确认单中的“家长（投保人）签名”后无投保人、被投保人签名，说明被告对投保确认单和“致家长的一封信”的内容未予合理的方式向原告或其家长（投保人）明确说明重复投保及通过其他方式获得赔偿属于其公司的免责范围，被告亦未能举证证明其已尽到明确说明义务。人身保险是以人的寿命和身体为保险标的的保险，保险合同是最大诚信合同，保险人是格式合同的提供方，根据《中国保险监督管理委员会关于商业医疗保险是否适用补偿原则的复函》(保监函〔2001〕156号)第2条规定:"根据《保险法》第17条'保险合同中规定有关于保险人责任免除条款的,保险人在订立保险合同时应当向投保人明确说明,未明确说明的,该条款不产生效力',对于条款中没有明确说明不赔的保险责任,保险公司应当赔偿。"因此,被告主张其所提供的格式条款已履行告知义务及其经中国保险监督管理委员会审批备案后具有法律效力,无事实及法律依据,一审法院依法不予支持。原告请求被告赔偿医疗费11 662.68元,应按投保确认单约定的赔付比例计付,即被告应赔偿原告的医药费为11 662.68×80%=9330. 14元,超出部分的一审法院不予支持。

二审法院认为:人身保险合同是否适用保险补偿原则和不盈利原则。《保险法》对人身保险并没有限制重复投保,也没有规定重复投保的各保险人赔偿保险金的总和不得超过损失。且按照《保险法》第46条"被保险人因第三者的行为而发生死亡、伤残或者疾病等保险事故的,保险人向被保险人或者受益人给付保险金后,不享有向第三者追偿的权利,但被保险人或者受益人仍有权向第三者请求赔偿"的规定,人身保险合同是不适用保险补偿原则和不盈利原则的。上诉人主张人身保险合同适用保险补偿原则和不盈利原则,没有法律依据。

关于保险赔偿是否应当扣除被上诉人已获得赔偿的部分,以及计算保险赔偿是否应当按照分级累进比例计算保险费。上诉人发给被上诉人《致家长的一封信》中,保险计划条款简介第4条《寿险附加学生平安住院医疗保险》的内容,按照《保险法司法解释(二)》第9条"保险人提供的格式合同文本中的责任免除条款、免赔额、免赔率、比例赔付或者给付等免除或者减轻保险人责任的条款,可以认定为保险法第十七条第二款规定的'免除保险人责任的条款'"的规定,该条款属于免除保险人责任的格式条款,依照《保险法》第17条的有关规定,上诉人在订立合同时应当在投保单、保险单或者其他保险凭证上作出足以引起投保人注意的提示,并对该条款的内容向投保人作出明确说明,未作提示或者明确说明的,该条款不产生效力。上诉人在订立合同时应当就免除保险人责任的条款履行提示说明义务,使得投保人可以权衡利弊并选择决定是否投保。而本案上诉人到被上诉人的学校推销保险产品,投保人在缴纳保险费并过了两三天后,上诉人才将相关的保险条款告知投保人和被上诉人。上诉人主张将投保确认单和《致家长的一封信》交给学生家长就相当于告知保险条款,不符合法律规定的履行提示和说明义务的要求。上诉人没有向被上诉人履行提示和说明义务,该条款不产生效力,上诉人原则上应按照发票金额据实向被上诉人支付保险金,但被上诉人认可一审法院按照80%的比例计算保险金，这是被上诉人对自己权利的处分，应当予以支持。

［裁判结果］

一审法院判决：被告某人寿保险公司支付给原告陈某佐医疗保险金9330.14元。

二审法院判决：驳回上诉，维持原判。

［裁判思路］

该案例涉及人身保险合同是否适用损失补偿原则。在保险法中，损失补偿原则是指当保险标的发生保险责任范围内的损失时，被保险人有权按照合同约定获得保险赔偿，赔偿保险金额不得超过保险价值。损失补偿原则禁止被保险人从保险合同中获利，防止道德风险的发生。但在我国《保险法》中，损失补偿原则并不是一切商业险中适用的原则。该原则仅在《保险法》第三节财产保险合同第55条、第56条中有明确规定。财产保险合同限制被保险人通过重复投保获利的行为，但为体现保险合同权利义务的公平，《保险法》第56条第3款规定“重复保险的投保人可以就保险金额总和超过保险价值的部分，请求各保险人按比例返还保险费”。在财产保险中，如因第三者造成保险事故，保险人向被保险人赔偿保险金后，可以代位行使对第三者的求偿权。而在人身保险合同立法中并没有类似规定，且在保险人给付保险赔偿金后，也无权代位行使对第三者请求赔偿的权利。在《保险法》第二章第二节人身保险合同中，第46条规定“被保险人因第三者的行为而发生死亡、伤残或者疾病等保险事故的，保险人向被保险人或者受益人给付保险金后，不享有向第三者追偿的权利，但被保险人或者受益人仍有权向第三者请求赔偿”。财产保险合同和人身保险合同立法上的不同，探其立法用意，人身保险合同应是允许被保险人重复保险，获得多重给付的。从法理分析，与财产的可等价交换或者可替代性不同，人身保险合同所保护的内容是人的生命、身体完整、健康，是无价的且无法用金钱来衡量。即使被保险人获得多个保险人的赔偿，也无法填补被保险人的损失。人身保险合同的立法最大限度的实现对被保险人的救济，体现立法对人的生命、身体健康的尊重。

不产生效力的免责条款的认定。虽然《保险法》并不禁止人身保险合同重复投保，不禁止被保险人获得多重给付，但在实践中，保险公司常常以合同条款约束被保险人获得多重赔偿。如本案中保险公司在合同中列明“已参加且已获得城镇居民基本医疗或农村新型合作医疗保险补偿的，符合当地基本医疗支付范围的医疗费用，扣除城镇居民基本医疗或农村新型合作医疗保险及其他途径已经补偿或给付部分后对其余额在保险金额范围内按分级累进比例给付”。人身保险合同是平等主体之间签订的民事合同，适用民法的意思自治原则。但保险合同有其特殊性，实践中，保险公司常常提供格式合同，保险人和被保险人无法充分平等协商合同内容，对于一些不利于己的免责条款，被保险人常常只能被动接受。为体现公平，《保险法》第 17 条明确规定：“订立保险合同，采用保险人提供的格式条款的，保险人向投保人提供的投保单应当附格式条款，保险人应当向投保人说明合同的内容。对保险合同中免除保险人责任的条款，保险人在订立合同时应当在投保单、保险单或者其他保险凭证上做出足以引起投保人的注意，并对该条款的内容以书面或者口头形式向投保人做出明确说明；未作提示或者明确说明的，该条款不产生效力”。本案中，保险公司主张其已经履行对格式条款的说明和提示义务，理由是双方签订的合同中有明确约定，应当扣除通过其他途径已经获得补偿或给付的部分，被保险人已经持有该合同，保险公司已经履行义务。但笔者认为，法律规定的说明和提示义务，不是仅仅提供合同文本那么简单。《保险法》第 17 条、《保险法司法解释（二）》第 9 条、第 11 条对保险人履行说明和提示义务有特殊要求。首先，提示义务的范围即免除保险人责任的条款包括责任免除条款、免赔额、免赔率、比例赔付或者给付等免除或者减轻保险人责任的条款。保险人应当对这些免责条款做出特别提示和说明。其次，说明和提示义务的履行时间是签订合同时。本案中，保险公司虽然已经将合同文本交给投保人或被保险人，但该合同文本是投保人缴纳了保险费之后，被保险人才将投保确认单及合同条款交给投保人和被保险人。此时，被保险人即使已经知道合同内容，但已经不能协商合同条款，或者选择是否投保。保险公司在订立合同时应当就免除保险人责任的条款履行提示说明义务，使得投保人可以权衡利弊、衡量风险和收益，选择是否投保。保险公司的行为是不符合法律规定的。再次，履行提示说明义务的具体做法有严格要求。免责条款的文字、字体、符号或者通过明显标志做出提示，就免责条款向投保人做出常人能够理解的解释，效果要足以引起投保人对不利于已的免责条款的注意。最后，是否已经履行了明确说明义务的举证责任在于投保人。如保险人履行义务不符合法律的规定，免责条款不产生效力。如果保险人已经正确履行说明和提示义务，投保人或者被保险人在综合考虑缴纳的保险费、可获得赔偿数额、衡量风险和收益的情况下，决定是否投保或者重复投保。如果投保人同意投保，免责条款产生效力，则应当尊重双方当事人的意思自治，保险公司得以按照合同约定，履行理赔义务。

《保险法司法解释（三）》第 18 条规定：“保险人给付费用补偿型的医疗费用保险金时，主张扣减被保险人从公费医疗或者社会医疗保险取得的赔偿金额的，应当证明该保险产品在厘定医疗费用保险费率时已经将公费医疗或者社会医疗保险部分相应扣除，并按照扣减后的标准收取保险费。”在司法实践中，保险人给付定额给付型医疗保险保险时，主张扣减被保险人从公费医疗或社会医疗保险取得的赔偿金额的，人民法院应不予支持。

本案例参照运用中应注意的问题：本案例适用于商业险产生的纠纷，与基本医疗保险产生的纠纷不同，应当区别分析。

[**法律法规链接**]

《保险法》第46条、第56条

《保险法司法解释（二）》第9条、第11条

《保险法司法解释（三）》第18条

22. 意外伤害保险中被保险人超过180日身故，保险人能否免赔

【典型案例】

李某贤、李某云诉某人寿保险公司人身保险合同案

[**案号**]

（2014）通中商终字第0415号

[**案情**]

李某贤之子、李某云之父李某全，于2012年5月22日作为投保人在某人寿保险公司购得《国寿安心意外伤害保险（A、B型）》附加《国寿附加绿舟意外费用补偿医疗保险》《国寿附加绿舟意外住院定额给付医疗保险》意外伤害保险一份，意外伤害身故保险金额700 100元，意外伤害残疾保险金额10 000元，意外伤害医疗保险金额5000元，意外伤害住院日定额给付金额20元/日，被保险人为其自身，保险期限自2012年5月23日至2013年5月22日止。

《国寿安心意外伤害保险（A型）》保险责任约定：“在本合同保险期间内，被保险人遭受意外伤害，本公司依下列约定给付保险金：一、被保险人自意外伤害发生之日起180日内因同一原因身故的，本公司按合同的保险金额给付身故保险金，本合同终止……”。

2012年9月26日，案外人李某华驾驶电动自行车，与李某全驾驶的电

动自行车前部相碰撞，致李某华、李某全受伤，两车损坏。事故发生后，李某全当日被送至如皋市人民医院住院治疗，于 2012 年 10 月 26 日经治疗好转出院，出院情况："呼之无应答，自动睁眼，刺痛肢体屈曲……"，出院医嘱："当地医院继续治疗……"。2012 年 10 月 26 日，李某全自如皋市人民医院出院当日即至如皋市磨头中心医院继续住院治疗，于 2012 年 11 月 11 日自动出院。在如皋市人民医院住院治疗花费医疗费 73 522. 23 元。2013 年 4 月 4 日，李某全因头部遭受较大外力作用导致严重颅脑损伤合并肺部感染、褥疮等并发症死亡。

2013 年 4 月 16 日，两原告因李某全死亡与侵权人李某华达成皋交调（2013）041 号人民调解协议，由李某华一次性赔偿李某贤、李某云共计 125 000 元。

［法院认为］

一审法院认为：被告某人寿保险公司不能免责，理由：首先，案涉保险合同系被告某人寿保险公司单方提供的格式条款，对身故保险金责任条款通常理解为被保险人在保险期限内因遭受意外伤害身故，保险人即应承担支付身故保险金的保险责任，而案涉条款约定需被保险人自意外伤害之日起 180 日内死亡方给付身故保险金，该条款将保险人应承担的保险责任单方设置了 180 日的责任期限，超过该期限即免除其应承担的保险责任，此种约定免除了保险人依法应承担的保险责任，该责任期限的约定应为无效；其次，保险人制定保险条款时应尊重社会公德，不得违背公序良俗。案涉保险条款保险人对给付身故保险金的保险责任附加 180 日的期限，可能导致被保险人在遭受意外伤害后，其亲属为获取保险金，而致被保险人无法获得及时救治及看护，甚至有可能出现对被保险人的二次伤害，故前述给付身故保险金责任期限的约定因违背公序良俗亦应无效。

二审法院认为：关于某人寿保险公司应否向李某贤、李某云赔付李某全的身故保险金的问题。在保险合同案件中，近因原则是确定保险责任的一项基本原则。所谓近因是指造成损失的最直接、最有效、起主导性作用的原因。保险公司是否应该赔付，是由损失的原因决定的，它取决于在符合合同约定的后果的前提下，所要承保的风险和承保损失之间是否存在因果关系，即已发生的保险事故后果的近因必须是保险责任范围，保险公司才能理赔。本案中，从现有证据分析，李某贤、李某云亲属李某全的死亡原因是"头部遭受较大外力作用导致严重颅脑损伤合并肺部感染、褥疮等并发症死亡"，造成该死亡原因的前因是李某全遭受的交通事故，且后因是前因的必然结果，而交通事故属于案涉保险合同的保险风险，故保险公司理应承担赔付责任。现某人寿保险公司在无证据证明李某全的死亡与交通事故之间无因果关系的情况下，忽视近因原则，仅以被保险人身故时间与发生意外时间间隔大于180天，不满足“被保险人自意外伤害发生之日起180日内因同一原因身故……”这一条款的理由而拒赔，与《保险法》第4条“从事保险活动必须遵守法律、行政法规，尊重社会公德，不得损害社会公共利益”的规定相背离，极易导致被保险人在遭受意外伤害后无法获得及时救治甚至被二次伤害等道德风险。故保险公司该上诉理由，二审法院不予支持。

[裁判结果]

一审法院判决：某人寿保险公司于本判决生效后十日内给付李某贤、李某云保险金75 900元。

二审法院判决：驳回上诉，维持原判。

[裁判思路]

本案主要涉及的问题是保险合同对保险人承担保险责任约定的期间是否合法有效。在绝大多数保险公司经营的意外伤害保险中，相关保险条款均对意外伤害导致被保险人出现保险事故的期间约定为180日，对于一般的意外伤害致伤的情形，180日也基本能治疗终结，但现实中也有很多情形比如本案中被保险人因头部遭受较大外力作用导致严重颅脑损伤合并肺部感染、褥疮等并发症死亡，死亡的结果超出180日之外，再比如火灾导致全身大面积烧伤的情形，可能180日期间内不能治疗终结，保险人一般就会以此约定认为不属于保险责任范围，而不予理赔。

本案两级法院均认为保险公司从事保险活动必须遵守法律、行政法规，尊重社会公德，不得损害社会公共利益，保险合同此类约定极易导致被保险人在遭受意外伤害后无法获得及时救治甚至被二次伤害等道德风险，只要能够确定导致保险事故发生的近因是意外伤害就应当由保险人承担保险责任。

[法律法规链接]

《保险法》第30条、第40条

《保险法司法解释（二）》第9条

23. 投保人死亡后其权利义务可否继承

【案例】

邵某与某人寿保险公司人寿保险合同纠纷案

［案号］

（2015）通中商终字第0350号

［案情］

2013年9月23日，投保人刘某伟以邵某为被保险人，向某人寿保险公司投保“生命富贵全能年金保险（分红型）”及附加的“生命附加金管家年金保险（万能型）”保险，缴费期限为10年，合同生效日为2013年9月27日，缴费期满日为2023年9月26日，合同期满日为2060年9月26日，保险期间至81周岁，基本保险金额或养老年金领取金额为人民币37 000元，每期标准保险费10 175元。保险条款约定，投保人、被保险人或受益人知道保险事故后应当在10日内通知某人寿保险公司，如投保人、被保险人或受益人故意或因重大过失未及时通知，致使保险事故的性质、原因、损失程度等难以确定的，某人寿保险公司对无法确定的部分，不承担给付保险金的责任，但某人寿保险公司通过其他途径已经即使知道或者应当及时知道保险事故发生或者虽未及时通知但不影响本公司确定保险事故的性质、原因、损失程度的除外；投保人因意外伤害导致身故，且投保人身故时未满60周岁，某人寿保险公司将豁免自投保人身故之日起应交的续期保险费，合同继续有效。

2014年1月4日，投保人刘某伟驾驶电动自行车由北向南行驶至336省道141KM＋410M处南通市通州区平潮镇三官殿村七组地段时摔倒，刘某伟于当日死亡。南通市通州区公安局交通巡逻警察大队出具道路交通事故证明，认定由于刘某伟驾驶电动自行车何种原因摔倒无法确定，致使事故成因无法查清。

2014年7月28日，某人寿保险公司出具理赔决定通知书，称因投保人刘某伟死因并不符合“意外伤害事故”的约定，某人寿保险公司不予豁免案涉保单的保险费。

另查明，投保人刘某伟生于1957年1月19日。2014年1月6日，投保人刘某伟的遗体被火化。

［法院认为］

一审法院认为：邵某主张其提供的证据能够证明案件的初步事实，某人寿保险公司辩称的投保人可能死于自身疾病并无证据证明；同时，尽管交通事故认定书中没有进一步明确投保人摔倒是因为第三方碰撞所致，但即使是投保人不小心摔倒，也属于意外的范畴。且即使认定邵某在 2014 年 1 月 7 日报案，仍然符合双方合同约定的 10 日内报案。一审法院认为，当事人对自己提出的诉讼请求所依据的事实，应当提供证据加以证明，当事人未能提供证据或者证据不足以证明其事实主张的，由负有举证证明责任的当事人承担不利的后果。如前所述，本案中，投保人刘某伟的死因已经难以查明，其是否死于意外事故亦无从得知。而邵某于 2014 年 1 月 7 日，在刘某伟遗体被火化后方向某人寿保险公司报案，在火化前也未进行充分的检查取证，丧失了通过尸检查明刘某伟死因的可能性，致使刘某伟死因无法查明。对于邵某称其报案时间符合双方合同约定，一审法院认为，双方合同约定的 10 日内向某人寿保险公司报案针对的是保险事故的发生，而本案诉争所涉的是投保人死亡，并非合同约定的保险事故；退一步讲，即使该条款适用于本案，但该条款设立的目的，是为了查明事故原因、性质，进而确定保险公司的责任。而邵某在火化后报案，实际上使某人寿保险公司无法行使其合同约定的查明事故原因的权利，致使事故原因无法查清。综上，邵某主张刘某伟死于意外事故，应当提供证据加以证明，邵某目前的证据不足以证明投保人刘某伟死于意外事故，应当对此承担不利后果。

二审法院认为：案涉保险合同条款对于意外伤害事故解释为，指遭受外来的、突发的、非本意的、非疾病的使身体受到伤害的客观事件。由于没有进行尸检，刘某伟的死亡原因无法确知。一方面，没有证据表明刘某伟死亡原因为自身疾病。平潮镇卫生所出具的死亡证明书记载刘某伟的死亡原因为“猝死”并无确实可靠的依据。刘某伟所在基层组织工作人员证实其生前身体状况良好，无高血压以及其他疾病，故其突发疾病死亡的可能性相对较小。另一方面，也没有充分证据证明刘某伟的死亡是由外来的意外伤害造成的。当待证事实处于真伪不明的状态时，由谁承担不利后果，是最终意义上的举证责任承担的问题，应当结合保险合同的约定和双方举证能力来确定。从保险合同约定来看，关于保险事故的通知，合同约定：“投保人、被保险人或受益人知道保险事故后应当在 10 日内通知本公司。如果投保人、被保险人或受益人故意或者因重大过失未及时通知，致使保险事故的性质、原因、损失程度等难以确定的，本公司对无法确定的部分，不承担给付保险金的责任，但本公司通过其他途径已经及时知道或者应当及时知道保险事故发生或者虽未及时通知但不影响本公司确定保险事故的性质、原因、损失程度的除外。”根据该约定，投保人、被保险人或受益人就保险事故通知的期限为事故发生后

10 内，但这并不排除投保人、被保险人或受益人在履行合同中负有《合同法》所规定的及时通知的附随义务，即使在 10 之内，不通知将使某人寿保险公司无法行使事故调查权利的，投保人、被保险人或受益人也应当根据《合同法》的规定履行通知义务。上述条款是对保险事故通知作出的约定，但本案投保人事故不存在给付保险金的问题，从逻辑上讲并不适用该条款。不过，该条款内含了一项规则，即投保人、被保险人、受益人只有对保险事故的性质、原因、损失无法查明负有责任，即未及时通知且主观上故意或者因重大过失时才承担不利后果。这一规则具有合理性，因为投保人、被保险人、受益人相对某人寿保险公司而言处于弱势，履行通知义务的能力有限，故只应在有过错的情形下承担事实无法查清的不利后果。该规则也构成了诉讼中关于保险事故性质、原因、损失的最终举证责任规则，只要投保人、被保险人、受益人履行了及时通知的义务，或者虽未通知但没有故意或重大过失，当事故性质、原因、损失无法查清时，最终举证责任应由某人寿保险公司承担。以上规则适用于保险事故的查明，而本案中的投保人事故的查明在本质上与保险事故并无二致，故上述举证责任规则也适用于本案。就履行及时通知义务而言，邵某至迟应当在其母亲火化前将事故通知某人寿保险公司，并给予某人寿保险公司合理时间加以调查。二审中，邵某提供证据证明其在事故次日就已经通知某人寿保险公司销售代理人，其母亲刘某伟从该代理人处购买了案涉保险，邵某有充分理由认为通知该代理人即为通知某人寿保险公司，应视为其及时履行了通知义务，本案中投保人死亡原因的举证责任应由某人寿保险公司承担。　审法院在本案中适用举证责任规则存在错误，导致事实认定错误，二审法院予以纠正。被上诉人某人寿保险股份有限公司应当按照其公司“生命富贵全能年金保险（分红型）”保险条款第 6 条第（三）项的约定，豁免自投保人刘某伟身故之日起应交的续期保险费，案涉保险合同继续有效。

［裁判结果］

一审法院判决：驳回邵某的诉讼请求。

二审法院判决：一、撤销南通市崇川区人民法院（2014）崇商初字第 0701 号民事判决；二、被上诉人某人寿保险公司对上诉人邵某为被保险人的保险合同豁免 2014 年 1 月 4 日起应交的续期保险费，该保险合同继续有效。

［裁判思路］

本案核心争议在于：投保人死亡后保险合同的状态，以及投保人变更是否为要式行为的问题。评析投保人的变更性质及方法，首先要分析投保人死亡对保险合同产生的法律后果。

1. 保险合同在投保人死亡之后的法律状态。

投保人作为保险合同中的一方当事人，应当承担合同中所约定的各种权利义务。因此，在保险合同的存续期间投保人不能缺位。投保人死亡后，保险合同的处置方法有两种：一是解除合同，二是维持合同。根据本案中保险条款明确规定，投保人死亡后，可以免除投保人方缴纳剩余未纳的保费。既然豁免了保费，保险合同就可以存续，投保人之缺位就应当进行填补。

2. 投保人缺位之填补。

我国《保险法》和其他法律法规中，没有对投保人死亡之后的缺位填补问题作出相应的规定。我国《继承法》规定，遗产继承的对象是公民死亡时遗留的财产性权利，至于财产以外基于各种不同的法律关系而产生的各种权利是否可以继承、怎样继承等并未加以具体规定，但也未作禁止性的规定。从保险合同角度而言，为保障被保险人的保险利益，以及维护未成年人的利益，应当尽量维护合同的效力。而根据民法的一般原理，以及大陆法系国家人寿保险的惯例，该投保人的位置应当由亡故投保人的法定继承人来继承。

因继承取得权利的，自继承开始时发生效力。投保人刘某生前无遗嘱，自其死亡时法定继承开始，投保人之权利由其法定继承人继承。本案中邵某为法定继承人，邵某对其自身有保险利益，因本案继承人只有一人，就不会形成争议。

3. 变更投保人应当是要式法律行为。

《保险法》第20条规定："投保人和保险人可以协商变更合同内容。变更保险合同的，应当由保险人在保险单或者其他保险凭证上批注或者附贴批单，或者由投保人和保险人订立变更的书面协议。"

从上述法条的第1款规定来看，对于变更保险合同，当事人提出要求或事先通知对方，双方协商一致。[①]双方当事人达成合意，是保险合同变更的实质性条件。投保人死亡后，投保人的继承人继承保险合同后成为保险合同一方主体，其有权对合同作出变更。[②]投保人死亡后，其继承人可以作为主体一方与保险人协商变更保险合同的有关内容，在第一顺序继承人为复数的情况下，应该经双方协商并达成一致意见确定：由谁来代表继承人来继承投保人的权利。

从上述法条的第2款规定来看，由于保险合同的变更会影响到保险合同

---

① 周玉华：《最新保险法条文释义与案例解析》，人民法院出版社2009年版，第123~124页。

② 最高人民法院保险法司法解释起草小组编著：《〈中华人民共和国保险法〉保险合同章条文理解与适用》，中国法制出版社2010年版，第140~141页。

当事人权利义务，其变更应当采用法定形式。根据本条规定，变更保险合同的，可采取三种形式：在保险单或者其他保险凭证上批注、附贴批单以及订立变更的书面协议。在批单中，需要列明所变更条款的具体内容，一般将其粘贴在原保险单或其他保险凭证上。实务中，保险合同的变更一般都是投保人根据主客观情况的变化提出申请，经保险人审查同意，对原保险单或其他保险凭证进行批注，或者签发批单，变更方为有效，本条第 2 款即体现了这一程序要求。[①] 因此，投保人死亡后的缺位填补应当是要式行为。故二审认为"《保险法》第 21 条[②] 只是针对协商一致变更保险合同应采用书面形式，但在投保人死亡后，其继承人通过法定继承取得原投保人地位的情况下，上述规定不适用"的意见，也缺乏相关的法律依据。《保险法》第 13 条规定，投保人提出保险要求，经保险人同意承保，保险合同成立。可见，保险合同是非要式合同。但是，在投保人死亡的情况下的缺位填补却有着其特殊性。投保人作为合同的一方当事人，承担着保险合同中所约定的各种权利义务。投保人死亡后的缺位填补，是关系到行使合同一方权利义务主体的重大事项变更，须以法定的形式，在履行批注、附贴批单或书面变更协议等手续之后，才能确定新的投保人。尤其是，在投保人的法定继承人为复数的情况下，为防止出现多个主体主张代表全体法定继承人行使投保人权利产生冲突，也为避免无法确定承担投保人义务的承担主体而产生纠纷，应当由这些法定继承人推选和决定一名代表，经与保险人协商达成合意，并经法定形式的确认之后才能认定完成了投保人的缺位填补程序。正因如此，《保险法》均对保险合同的变更明确规定为要式行为。

投保人死亡后的缺位填补应当是要式行为。人寿保险合同的保险期限较长，出现投保人在保险合同有效期间内发生意外死亡的情况，将随着我国人寿保险市场的发展而日益增多。为确保广大投保人和被保险人群体的保险利益，减少不必要的保险纠纷，促进保险市场的健康发展，维护交易秩序，履行上述法律手续变更投保人，同时也是规范保险市场的必要手段。

[法律法规链接]

《保险法》第 20 条

《保险法司法解释（三）》第 4 条

① 最高人民法院保险法司法解释起草小组编著：《〈中华人民共和国保险法〉保险合同章条文理解与适用》，中国法制出版社 2010 年版，第 140 页。

② 对应《保险法》（2015 年修正）第 20 条。

第四章　投保人的告知义务

导 读

投保人的如实告知义务仅限于保险人询问的范围和内容，投保人承担如实告知义务应以保险人向其提出明确、具体的询问为前提。保险人以投保人未主动告知相关事项或违反了对投保单询问表中所列概括性条款的如实告知义务为由，要求解除合同并不承担给付或赔偿保险金责任的，人民法院不予支持。

就告知义务的范围而言，投保人应当告知与保险人危险评估有关的情况，但是，只有当投保人未告知的情况足以影响保险合同最佳平衡基础的才构成对告知义务的违反。《保险法司法解释（二）》第5条规定："保险合同订立时，投保人明知的与保险标的或者被保险人有关的情况，属于保险法第十六条第一款规定的投保人'应当如实告知'的内容。"在司法实践中，部分法院在告知义务范围上也采取了这样的标准。

24. 投保人违反如实告知义务的主观过错的认定

【典型案例】

某人寿保险公司与周某的保险合同纠纷案

［案号］

（2014）徐商终字第00568号。

［案情］

2013年3月7日，周某在某人寿保险公司投保了生命大赢家年金保险（万能型）、生命附加大赢家重大疾病保险、生命附加意外门急诊医疗保险等险种，合计缴纳保险费10 026元。同日，周某还投保了生命住院费用补偿医疗保险（B款），保险单号P00000000185×××0，保险金额1万元．缴费期限1年，保险费用470元。2013年3月30日，周某又投保了生命福星高照终身寿险（分红型）保险及生命附加提前给付重大病保险，保险金额共计20.1万元。保险单号POO00000200×××4，缴费期为10年，自2013年3月30日至2023年3月29日，缴费方式为年缴。每期保险费10 038元。

在上述保险条款有关“明确说明与如实告知”条款中双方约定：保险公司就投保人和被保险人的有关情况提出询问，投保人应当如实告知。如果投保人故意或者因重大过失未履行前款规定的如实告知义务，足以影响本公司决定是否同意承保或者提高保险费率的，保险公司有权解除本合同。如果投保人故意不履行如实告知义务，对于本合同解除前发生的保险事故，保险公司不承担给付保险金的责任，并不退还保险费。如果投保人因重大过失未履行如实告知义务，对保险事故的发生有严重影响的，对于本合同解除前发生的保险事故，保险公司不承担给付保险金的责任，但应当无息退还保险费。

在双方签订保险合同时，某人寿保险公司业务经理曹某（即本案周某证人）对周某健康状况进行了询问，其中c12项：是否患有或曾经患有以下疾病：血栓管意外及后遗症、蛛网膜下腔出血、癫痫病、帕金森氏综合症、精神病、神经麻痹、心脏病、高血压、高脂血症、血管瘤、血管疾病。投保人周某对该条列举的疾病选择了否。曹某在投保单上进行了填写，同时周某在该三份投保单上均签字确认。此后，周某应某人寿保险公司要求至某人寿保险公司指定的定点医院体检，体检报告显示周某身体的各项指标均合格，已达到该保险公司规定的指标，该合同2013年3月7日生效。合同签订后，就上述各险种，周某共计缴纳保险费20 534元。

2013年7月26日，周某因身体不适入徐州医学院附属第二医院就诊，经诊断，周某椎基底动脉脑供血不足、高血压二级高危需住院观察。其住院病案既往史中，周某陈述有高血压病史2年余。2013年8月5日周某出院，共花费医疗费8359.48元，后周某至某人寿保险公司处要求赔偿，某人寿保险公司于2013年9月2日作出理赔决定通知书，主要内容为：某人寿保险公司已了解到周某投保前患有“椎基底动脉供血不足、高血压2级高危”疾病并住院治疗，在投保单问题与健康告知相关事项之书面告知栏中未将上述情况告知给本公司。基于上述原因，作出如下决定：（1）P0000000185×××8号保单，《生命大赢家年金保险（万能型）》《生命附加大赢家重大疾病保险》《生命附加意外门急诊医疗保险》；（2）P0000000200×××4号保单，《生命福星高照终身寿险（分红型）》《生命附加提前给付重大病保险》；（3）P0000000185×××0号保单，《生命住院费用补偿医疗保险（B款）》对本次理赔申请不承担给付保险金的责任，以上三份保险均自即日起解除，并不退还保险费。双方为此产生纠纷。

2011 年 4 月 16 日，周某在徐州医学院附属第三医院入院治疗，同年 4 月 28 日出院，在病历中诊断为：高血压、脑供血不足、高血压二期高危，上呼吸道感染等。

周某到保险公司理赔未果，故诉至法院，要求某人寿保险公司退还保费 20 534 元，并承担本案的诉讼费用。一审法院审理期间，周某增加诉请要求解除双方之间的保险合同。

[法院认为]

一审法院认为：保险合同是投保人与保险人约定保险权利义务关系的协议，保险人对保险希望的估计和测定常常依赖于投保人的如实告知，投保人应就其所知的一切重要事实告知保险人。本案中，关于周某在投保时是否尽到如实告知义务的问题。根据某人寿保险公司提供的周某于 2011 年 4 月 11 日、2013 年 7 月 26 日在徐州医学院附属第三医院住院病案足以证实，投保人周某在投保前患有“高血压二期高危”等疾病。周某虽然对此辩驳称，其当时是为了达到住院的目的而谎称患有高血压，其自身并不患有该病症，但除周某的陈述之外，其并没有提供相应证据予以证明，故在现有的证据情况下，不能推翻周某在投保前患有“高血压”的事实，而在三份投保单询问项中，周某均否认了有高血压的既往病史。此外，周某主张在投保时已经按照某人寿保险公司指定机构进行体检，且体检内容合格，进而尽到了如实告知义务。对此法院认为，有些疾病在非发病期不易被发现，有些疾病可通过药物暂时控制而在体检指标上显示正常，因此不能因保险人采用体检方式而免除投保人的如实告知义务，如果投保人在通过了体检程序后可不履行如实告知义务，将助长投保人的不诚信，故对于周某主张已经尽到如实告知义务，不予采信。综上可以认定，周某违反了双方所签保险合同约定的如实告知义务，系带病投保。某人寿保险公司依据《保险法》的规定和双方的合同约定，可以解除周某与某人寿保险公司双方签订的保险合同。

关于周某的未如实告知是属于故意还是属于过失的问题。对此，根据证人曹某的当庭所述，在其向周某询问“是否患有或曾经患有以下疾病……”时，曹某根据 a 款询问周某“最近六个月内，是否患有下列疾病：脑血管意外及后遗症、蛛网膜下腔出血、心脏病、高血压……”，周某首次因病住院治疗确实发生在其投保之日六个月前，正是由于某人寿保险公司业务员曹某的错误询问，才让周某作出了“否”的回答。而法庭当庭询问曹某“投保前 6 个月是否患病”，是其自己理解的，还是保单上注明的？其表示投保单上就是这样写的。在其为周某宣读投保单 c12，c 项内容时，曹某理解为“最近六个月内，是否有下列疾患……”就是指周某在投保前 6 个月没有患 c12 项中所列疾病……。保险合同的形式往往都是以保险公司提供的格式合同出现，在这种情况下作为专业知识相对较强的某人寿保险公司营销经理对此条的误解，会直接误导投保人的理解。因此，周某对此作出否定的回答并不存在主观上的故意隐瞒，应认定周某是因存在重大过失而未履行如实告知义务。根据《保险法》以及双方保险条款的约定，投保人因重大过失未履行如实告知义务，对保险事故的发生有严重影响的，保险人对于合同解除前发生的保险事故，不承担赔偿或者给付保险金的责任，但应当退还保费。故周某要求某人寿保险公司退还保费的请求，依法应予准许。

二审法院认为：根据《保险法》第16条的规定以及双方合同条款的约定，投保人故意不履行如实告知义务的，保险人不承担给付保险金的责任，亦不退还保费；投保人因重大过失不履行如实告知义务的，保险人不承担给付保险金的责任，但应当退还保费。因此，本案中的上诉人是否应当退还保费取决于被上诉人没有履行如实告知义务是故意还是重大过失。根据双方均无异议的办理涉案保险业务的业务员曹某的证言可知，某人寿保险公司业务员有歧义的询问内容是导致被上诉人产生错误理解并作出否定性回答的主要原因，因此不能仅仅依据被上诉人否定性的回答而简单认定被上诉人接受上诉人询问时存在主观上的隐瞒故意，因此，一审法院认定被上诉人系因存在重大过失而未履行如实告知义务，并无不当，应予维持。

[裁判结果]

一审法院判决：一、解除周某与某人寿保险公司签订的P0000000185×××8号、P0000000200×××4号及P0000000185×××0号保单。二、某人寿保险公司于判决生效后十日内退还周某保险费20 534元。

二审法院判决：驳回上诉，维持原判。

[裁判思路]

本案主要涉及对于《保险法》第16条的理解和适用问题。《保险法》第16条规定，投保人故意不履行如实告知义务的，保险人对于合同解除前发生的保险事故，不承担赔偿或者给付保险金的责任，并不退还保险费。投保人因重大过失未履行如实告知义务的，保险人对于合同解除前发生的保险事故，不承担赔偿或者给付保险金的责任，但应当退还保险费。由此可见，本案的审判重点主要在于对投保人不履行如实告知义务的主观方面的判断。

在人身保险合同中，投保人在投保之时以及之前的身体健康状况对于保险合同的签订和成立具有重大的意义，因此，法律规定了投保人的如实告知义务。法律虽然规定了投保人的如实告知义务，但是，保险人在签订保险合同的时候，仍然有权利通过积极行为获取投保人的健康和疾病状况。就现在了解的现实情况来看，保险人对于投保人的身体健康信息，通常是采用保险人询问，投保人告知的方式。《保险法司法解释（三）》第5条第1款规定："保险合同订立时，被保险人根据保险人的要求在指定医疗服务机构进行体检，当事人主张投保人如实告知义务免除的，人民法院不予支持。"虽然辅之以适当的体检，但不应因此减轻投保人的如实告知义务，否则因保险人采用了医生体检手段而免除投保人的如实告知义务，无异于鼓励保险欺诈，社会效果不佳。这类体检通常不作详细的医疗检查，有些疾病在非发病期不易被发现，有些疾病在通过药物可暂时控制而在体检指标上显示为正常，如允许投保人在通过体检程序后可不履行如实告知义务，那么保险人的这种获取投保人信息的方式，会使投保人不如实告知成为一种可能。如实告知义务是投保人或被保险人的法定义务，即使保险人要求被保险人接受保险人所指定的医院体检，也不能因此免除投保人的告知义务。

通过保险实践来看，由于受经济利益的驱使，有些保险代理人存在与投保人缔约过程中，出于签约成功的需要而误导投保人，或者对投保人的身体健康状况不作详细调查，就自行在投保单上勾划，或者明知投保人患有疾病也表示同意承保的情况普遍存在。在这种情况下，如果发生了保险事故，投保人既不能获得保险赔偿，也不能要求保险人退还保险，从保险合同双方的利益平衡角度来看，对于投保人有失公正。所以，笔者建议对于本案所涉的这类未履行如实告知义务的主观判断应当适当从宽，能有证据充分证明投保人确实存在故意隐瞒的情形，才宜认定故意，结合我国保险实践的现状，这样的裁判尺度更加有利于平衡投保人和保险人之间的利益。

[法律法规链接]

《保险法》第16条

《保险法司法解释（三）》第5条

25.带病投保合同满二年保险公司应否理赔

【典型案例】

王某诉某人寿保险公司人身保险合同案

[案号]

（2014）六民二终字第00373号

[案情]

2009年1月，王某向某人寿保险公司购买了终身寿险（分红型）及附加重大疾病保险，各8份。至2012年，王某依约交纳了四年保费。2013年年初，王某申请理赔。2013年1月25日，某人寿保险公司单方解除合同，拒绝理赔。涉案投保单中健康告知事项部分，最近五年是否或正在"接受诊疗、手术、住院、药物治疗"，相应的回答栏中选择为"否"；是否曾有下列症状、曾被告知患有下列疾病或因此接受治疗："肾炎、肾病综合症、肾功能异常、尿毒症……"，相应的回答栏中选择为"否"。投保人声明处有王某签名。2005年安徽医科大学病案记载王某经诊断为慢性肾功能不全，慢性肾小球肾炎。2007年武警安徽省总队医院病案记载王某经诊断为慢性肾功能衰竭尿毒症期，慢性肾炎，进行血液透析。2007年六安市人民医院病案记载王某经诊断为慢性肾衰竭尿毒症期，慢性肾炎，肾性高血压，脂肪肝。2012年金寨县人民医院病案记载王某经诊断为慢性肾脏疾病5期，慢性肾炎，肾性高血压，肾性贫血；同时病史记载"患者2年前因乏力在省立医院发现肾功能异常，当时已是尿毒症期，给予插管透析并给予动静脉内瘘术，术后给予维持性血液透析，一年前来我院血液透析，每次超滤Skg，一周两次"。

王某提供的证据有：（1）保险合同、理赔决定通知书、保费交纳发票；（2）住院病历；（3）证人证言。某人寿保险公司提供的证据有；（1）投保单、投保提示书、保险单；（2）2005年、2012年王某病历；（3）2007年王某在武警安徽总队医院住院治疗病案；（4）2007年王某在六安市人民医院住院治疗病案。

[法院认为]

一审法院认为：涉案保险合同已依法成立并生效，双方应依约全面履行义务。保险合同中的"保险责任""责任免除"属于格式条款，某人寿保险公司对其中的免除责任条款应当依法作出明确说明。现某人寿保险公司未提供证据证实其履行了告知义务，故上述条款不具有效力。某人寿保险公司辩称"被保险人在投保前已经患有疾病，并且在投保时并未如实告知，保险人不应承担赔付责任"，因证据不足，不能成立。王某要求赔付8万元，未超出保险金，应予以支持。根据《保险法》第16条规定，自合同成立之日起超过二年的，保险人不得解除合同。保险合同自2009年1月20日成立，至今已超过二年，某人寿保险公司主张解除合同，于法有悖，不应予以支持。

二审法院认为：依据《保险法》第16条的规定，订立保险合同，保险人就保险标的或者被保险人的有关情况提出询问的，投保人应当如实告知。本案中王某在2009年投保时签名确认的患病记录回答不属实。王某在投保前患有尿毒症，该情况不符合保险事故发生的不可预料性；本案保险合同约定保险责任范围为被初次诊断为患有合同约定的重大疾病，王某的病情并非是在保险合同成立之后被初次诊断，不符合保险责任赔付情形。尿毒症属保险赔付情形，投保人未如实告知，某人寿保险公司有权解除。另外，根据《保险法司法解释（二）》第9条第2款的规定，保险人因投保人、被保险人违反法定或者约定义务，享有解除合同权利的条款，不属于免除保险人责任的条款。王某因违反作为投保人的如实告知义务，故其主张某人寿保险公司未对免责条款尽到明确说明义务之理由，不能成立。同时，本案保险合同成立于现行保险法实施之前，依据《保险法司法解释（一）》第5条第（三）项的规定，本案某人寿保险公司二年解除权期限应自2009年10月1日起算。另外，依王某申请理赔的2012年5月金寨县人民医院病案记载，王某在两年前被确诊为尿毒症及进行透析，其主张的保险事故发生的时间距双方于2009年1月签订保险合同不足二年，距2009年10月1日则更近。故依法某人寿保险公司也可以解除合同。此外，2007年武警安徽省总队医院病案是对病情治疗的直接记载，证明力应当高于2012年金寨县人民医院病案记载中的病史记录部分。因此，该案的保险事故发生在保险合同成立之前，既不适用在合同成立二年后某人寿保险公司不得解除的规定，也有违保险事故的不可预料性，本案某人寿保险公司解除合同符合法律规定，应予支持。

[裁判结果]

一审法院判决：一、被告于本判决生效之日起十日内赔偿原告重大疾病保险金80 000元；二、确认双方签订的终身寿险（分红型）保险合同继续有效，原告不再交纳以后各期保费。

二审法院认为：一、撤销六安市金安区人民法院（2014）六金民二初字第00366号民事判决；二、驳回王某的诉讼请求。

[裁判思路]

在重大疾病保险合同中，投保人隐瞒已构成保险事故的病情投保，并于保险合同成立二年后以患有该疾病向某人寿保险公司申请理赔，法院不应予以支持。带病投保，经常发生在保险纠纷中，“二年解除期限”成为此类案件关注的重点。目前，在审判中，对此尚没有较为清晰、统一的认识，直接以合同满二年支持理赔的较多。一些投保人也是以此为盾，抱有侥幸甚或恶意。整体情形不免有恶性循环之嫌。然而，审判解释的专业化、精细化，不能沦为一般公众理解的简单与直观。首先，对涉案条款（《保险法》第16条第3款）进行严谨细致的文义分析，将其置于完整条文（共7款）中进行定位解读，并以《保险法》的相关条文及整体规定进一步检验、确定拟释义的合法性空间。其次，立足于审判实践本身，对案件事实与法律释义进行互动论证，更深层次的解读、把握二者之间的关系。同时，在整个过程中，以《保险法》的基本价值为旨归，确保个案自身的合法性、正当性，亦考量可能的社会示范效应。最终认定，本案的带病投保理赔不应予以支持。

[法律法规链接]

《保险法》第16条

《保险法司法解释（一）》第5条

《保险法司法解释（二）》第9条

26. 投保人申请人身保险合同复效时如实告知义务的履行

【典型案例】

吴某与某人寿保险公司人身保险合同纠纷案

[案号]

（2015）苏中商终字第00544号。

[案情]

2011年7月14日，原告在被告处投保了国寿康宁终身重大疾病保险。被告对原告的健康状况进行询问后形成《电子投保单》（个人长险），载明："要约内容"为：险种名称为国寿康宁终身重大疾病保险，保险金额为10万元，标准保险费7700元，交费期间为20年，保险期间为终身，交费方式为年交。"转账授权"一栏载明：保险费付款账户为中国建设银行的借记卡，账号为622700200953005××××。告知事项一栏中"生活习惯""身体残障""症状体征""病史询问"（是否曾患有或接受治疗以下疾病：A. 高血压–E. 尿路结石或畸形、肾炎、肾病、肾功能不全、多囊肾、肾盂积水、前列腺疾病……）、"诊疗、检查经历"（A. 过去3个月内是否接受过医生的诊断、检查和治疗，B. 过去5年是否因疾病或受伤住院或手术，C. 过去5年除健康普通检查是否做过以下检查：X光、心电图、B超、CT或核磁共振、脑电图、血液化验、胃镜、肠镜等内窥镜检查、病理活检、眼底检查）等事项后"被保险人""投保人"下均标示为"否"。

同日，原告作为投保人、被保险人向被告出具了《电子投保确认单》一份，认可《电子投保单》的全部内容，确认投保人、被保险人及身故受益人信息、投保事项信息、银行账户信息均正确无误，健康、财务及其他告知内容属实，与本次投保有关的问卷、体检报告书及对体检医生的各项陈述均确认无误，已仔细阅读并理解电子版《人身保险投保提示书》的全部内容，如有不实告知，保险人有权依法解除保险合同，并对合同解除前发生的保险事故不承担保险责任。

而且，原告亦于该日向被告交纳了首期保险费7700元，被告向原告签发了保险单。该保险单载明：合同成立日期为2011年7月14日，合同生效日期为2011年7月15日，被保险人为原告，交费方式为年交，交费日期为每年的7月15日，交费期满日为2031年7月14日，标准保费7700元，保险金额为10万元，保险期间为终身。

《某人寿保险股份有限公司国寿康宁终身重大疾病保险利益条款》载明如下条款："第一条：国寿康宁终身重大疾病保险合同（以下简称本合同）由保险单及所附国寿康宁终身重大疾病保险利益条款、个人保险基本条款、现金价值表、声明、批注、批单以及与本合同有关的投保单、复效申请书、健康声明书和其他书面协议共同构成。第二条：凡出生三十日以上、七十周岁以下、身体健康者均可作为被保险人，由本人或对其具有保险利益的人作为投保人向本公司投保本保险。第三条：本合同的保险期间为本合同生效之日起至本合同终止日止。第四条：本合同所指重大疾病，是被保险人发生符合以下定义所述条件的疾病、疾病状态或手术，共计二十种，其中第一种至第十七种为中国保险行业协会制定的《重大疾病保险的疾病定义使用规范》中列明的疾病，其余为本公司增加的疾病。重大疾病的名称及定义如下：一、恶化肿瘤：……六、终末期肾病（或称慢性肾功能衰竭尿毒症期）：指双肾功能慢性不可逆性衰竭，达到尿毒症期，经诊断后已经进行了至少90天的规律性治疗或实施了肾脏移植手术。……第五条：在本合同保险期间内，本公司承担以下保险责任：一、被保险人于本合同生效（或最后复效）之日起一百八十日后，初次发生并经专科医生明确诊断患本合同所指的重大疾病（无论一种或多种），本公司按基本保险金额的300%给付重大疾病保险金，本合同终止。二、被保险人身故，本公司按基本保险金额的300%给付身故保险金，本合同终止。第六条：因下列情形之一导致被保险人身故或患本合同所指重大疾病，本公司不承担给付保险金的责任：一、投保人对被保险人的故意杀害、故意伤害；二、被保险人故意自伤、故意犯罪或抗拒依法采取的刑事强制措施；三、被保险人在本合同成立或合同效力最后恢复之日起二年内自杀，但被保险人自杀时为无民事行为能力人的除外；四、被保险人服用、吸食或注射毒品；五、被保险人酒后驾驶、无合法有效驾驶证驾驶或驾驶无有效行驶证的机动车；六、被保险人在本合同生效（或最后复效）之日起一百八十日内，患本合同所指重大疾病或因疾病而身故；七、战争、军事冲突、暴乱或武装叛乱；八、核爆炸、核辐射或核污染；九、遗传性疾病、先天性畸形、变形或染色体异常。无论上述何种情形发生，导致被保险人身故或患本合同所指重大疾病的，本合同终止，本公司向投保人退还本合同的现金价值，投保人对被保险人故意杀害或伤害造成被保险人身故的，本公司返还本合同的现金价值，作为被保险人的遗产处理，投保人对被保险人故意杀害或伤害造成被保险人患本合同所指重大疾病的，本公司向被保险人退还本合同的现金价值。第七条：保险费交付方式分为一次交付和分期交付两种。交付方式为分期交付的，交费期间分别十年和二十年两种，交付方式分年交和半年交两种，由投保人在投保时选择。”

《某人寿保险股份有限公司个人保险基本条款》载明如下条款：“第一条：投保人提出保险申请，本公司（即被告）同意承保，本合同成立，合同成立日期在保险单上载明。本合同成立、本公司收取首期保险费并签发保险单的次日零时起本合同生效，合同生效日期在保险单上载明，生效对应日、保单年度均以该日期计算。除另有约定外，本合同生效的日期为本合同开始承担保险责任的日期。第二条：分期交付保险费的，首期保险费后的年交、半年交、季交或月交保险费的交付日期分别为本合同年生效对应日、半年生效对应日、季生效对应日或月生效对应日。投保人未按上述规定日期交付保险费的，自次日起六十日内为宽限期间；在宽限期间内发生保险事故，本公司仍承担保险责任，超过宽限期间仍未交付保险费的，本合同效力自宽限期间届满的次日起中止。本合同效力中止期间，本公司不承担保险责任。第三条：在本合同效力中止之日起二年内，投保人可填写复效申请书，并提供被保险人的健康声明书或二级以上（含二级）医院出具的检验报告书，申请恢复合同效力。经本公司与投保人协商并达成协议，自投保人补交所欠的保险费及利息的次日起，本合同效力恢复。自合同效力中止之日起二年内双方未达成协议的，本公司有权解除本合同，并向投保人退还本合同的现金价值。第四条：订立本合同时，本公司应向投保人明确说明本合同的内容。对保险条款中免除本公司责任的条款，本公司在订立时应当在投保单、保险单或者其他保险凭证上作出足以引起投保人注意的提示，并对该条款的内容以书面或口头形式向投保人作出明确说明。本公司可以就投保人、被保险人的有关情况提出询问，投保人应当如实告知。申请恢复本合同效力时，投保人应如实告知被保险人当时的健康状况。投保人故意或因重大过失未履行上述如实告知义务，足以影响本公司决定是否同意承保或者提高保险费率的，本公司有权解除合同。该合同解除权，自本公司知道有解除事由之日起，超过三十日不行使而消灭。自本合同成立之日起二年的，本公司不得解除合同，发生保险事故的，本公司承担给付保险金的责任。投保人故意不履行如实告知义务的，本公司对于合同解除前发生的保险事故，不承担给付保险金的责任，并不退还保险费。投保人因重大过失未履行如实告知义务，对保险事故发生有严重影响的，本公司对于合同解除前发生的保险事故，不承担给付保险金的责任，但退还保费。本公司在本合同订立时已经知道投保人未如实告知的情况的，本公司不得解除合同，发生保险事故的，本公司承担给付保险金的责任。第五条：除本合同中有指定外，本合同约定的除身故保险金外的其他保险金的受益人不是被保险人本人。第六条：投保人、被保险人或受益人知道保险事故发生后，应及时通知本公司。若因故意或者因重大过失未及时通知，致使保险事故的性质、原因、损失程度等难以确定的，本公司对无法确定的部分，不承担给付保险金的责任，但本公司通过其他途径已经及时知道或者应当及时知道保险事故发生的除外。"

原告于 2012 年 7 月 20 日向被告支付保险费 7700 元。但原告未按期交付 2013 年的到期保险费。

2013 年 10 月，原告因未按保险合同约定时间缴纳保险费，保险合同效力中止。当月 23 日，经过双方协商一致，被告为原告办理了保险合同的复效手续，并变更代扣保险费的建设银行账号为 434062200033 × × × ×。2013 年 10 月 24 日，原告通过银行代扣的方式支付了当年保险费及利息 774 005. 59 元。2014 年 7 月 30 日，原告通过银行代扣的方式支付了当年的保险费用 7700 元。

2014 年 6 月 27 日，原告被复旦大学附属华山医院诊断为慢性肾功能衰竭，尿毒症期，并于同日入院进行了同种异体肾移植手术。2014 年 7 月 15 日，原告出院。2014 年 9 月 4 日，原告向被告提出理赔申请。

2014 年 9 月 24 日，被告向原告发出《拒绝给付保险金通知书》，该通知书载明："因被保险人投保前已患慢性肾功能不全，投保时未如实告知，拒付不退费，合同终止。本次事故不属于合同约定的责任范围，我公司不承担本次事故的保险责任。根据保险合同及相关法律规定，我公司解除该合同，不退还保费。"同日，被告向原告发出《解除保险合同通知书》，该通知书载明："依据《保险法》相关规定，本公司依法解除 201132052543201502 × × × × 号保险合同，请您携带身份证及保险合同到我公司办理合同解除手续。"因原告向被告理赔未果，遂起诉至法院请求判令被告给付保险金 30 万元并承担本案诉讼费用。

另，2009 年 5 月 4 日至 5 月 11 日、2009 年 7 月 11 日至 9 月 4 日、2009

年12月4日至2010年2月7日、2010年5月31日至8月10日，原告先后四次因患慢性肾功能不全、慢性肾小球肾炎在吴江市第一人民医院住院治疗。2012年10月24日至11月19日、2013年3月13日至3月22日、2013年5月14日至5月18日，原告先后三次因患慢性肾功能不全一尿毒症期、慢性肾小球肾炎在江苏省人民医院盛泽分院住院治疗。

[法院认为]

一审法院认为：《保险法》第16条规定，自保险合同成立之日起超过二年的，保险人不得解除合同，发生保险事故的，保险人应承担赔偿或给付保险金的责任。本案中，原告在订立保险合同时未将其曾患有肾脏疾病的病史如实告知被告，已明显违反了诚实信用原则，但本案所涉人身保险合同自2011年7月14日成立至2014年9月已逾二年，故被告作为保险人在2014年9月调查发现原告未如实履行告知义务后要求解除保险合同的抗辩主张不符合上述法律规定。

本案所涉保险合同的效力曾因原告未按期交纳保险费而中止，但经过原、被告双方协商一致，该保险合同效力已于2013年10月25日恢复。原告于2014年6月27日进行了肾移植手术，发生了保险合同约定的保险事故，故被告应按保险合同的约定向原告给付保险金30万元。

[裁判结果]

一审法院判决：被告某人寿保险公司给付原告吴某保险金30万元。

二审法院经主持调解，双方当事人达成了调解协议，本案审理终结。

[裁判思路]

本案需要讨论的问题有两个，一是保险人在涉案人身保险合同成立4年后，能否以投保人未履行如实告知义务为由来行使保险合同解除权？二是投保人在申请人身保险合同复效时是否还要承担如实告知义务，此时的如实告知义务与缔约时的如实告知义务有无不同？

1．关于保险人在涉案人身保险合同成立4年后，能否以投保人未履行如实告知义务为由来解除保险合同的问题。根据《保险法》第5条的规定，保险活动当事人行使权利、履行义务应当遵循诚实信用原则。《保险法》引入最大诚信原则的目的，是保障保险合同当事人双方在订立保险合同时信息的对等性，以保证保险合同是双方当事人的真实意思表示。具体而言，在保险法律关系中，投保人控制着保险标的，了解保险标的价值和实际风险状况，而保险人作为保险业的职业经营者，其所制作的具有专业性很强的保险条款，掌握着其具体含义，故而，投保人和保险人之间的信息是严重不对称的。据此，需要在保险活动中引入最大诚信原则，要求投保人应当在投保时履行如实告知义务，而保险人相应地在订立保险合同阶段应当履行提示和明确说明义务。

如果任何一方当事人违反《保险法》的规定，不履行其所承担的义务都应当依法承受相应的法律后果。其中，仅就投保人而言，其在投保时未履行如实告知义务，故意隐瞒身体状况或危险因素，则根据《保险法》第 16 条第 2 款的规定，保险人有权解除保险合同。但是，出于维护保险合同法律关系的稳定性，平衡当事人之间权利义务关系的考量，《保险法》第 16 条第 3 款对保险人行使解除权作出了一定的限制。具体表现为，一是自保险人知道有解除事由之日起超过 30 日不行使解除权的，该合同解除权被消灭；二是自保险合同成立之日起超过 2 年的，保险人不得再要求解除保险合同。从法律意义上说，上述法定的时间长度属于不变时效，也就是所谓的除斥期间，其期限届满即行产生法定的结果，并不因保险合同的失效而停止计算或者重新计算。因此，就本案例的情形而言，其涉案的人身保险合同自 2011 年 7 月 14 日成立至 2014 年 9 月保险人以投保人未履行如实告知义务为由主张解除保险合同时止，已经四年有余。其间的失效与复效均不会产生影响该时效的计算，可见，涉案的人身保险合同的存在已经超过二年，按照《保险法》第 16 条第 3 款的规定，本案的保险人已经不能再主张解除涉案的人身保险合同，而应当承担保险责任。

2. 关于投保人在申请人身保险合同复效时是否还要承担如实告知义务的问题。众所周知，人身保险合同是以被保险人的身体和寿命作为保险标的而向大家提供保险保障的保险类型，使得其法律功能具有给付和返还的特点。相应地，为了避免因投保人在合同期间不缴费而导致被保险人寻求保险保障目的的落空，《保险法》设计了独特的失效与复效制度而适用于人身保险合同，用以维持人身保险合同关系的稳定性。

因此，人身保险合同的失效与复效是相互对应的法律概念。其中的失效，按照《保险法》第 36 条的规定，表现为投保人自保险人催告之日起超过三十日，或者超过约定的期限六十日未支付当期保险费的，人身保险合同的效力中止。也就是说人身保险合同暂时失去效力，而当满足一定条件后，其效力还可以恢复，这便是所谓的人身保险合同复效制度。

不过，已经失效的人身保险合同要想复效，是应当满足一定条件的，正如《保险法》第 37 条规定的，经保险人与投保人协商并达成协议，在投保人补交保险费后，合同效力恢复。《保险法司法解释（三）》第 8 条第 1 款规定："保险合同效力依照保险法第三十六条规定中止，投保人提出恢复效力申请并同意补交保险费的，除被保险人的危险程度在中止期间显著增加外，保险人拒绝恢复效力的，人民法院不予支持。"本案例的涉案人身保险合同就是在

2014年10月失效后，经双方协商而达成，并补交保险费后得以复效。不仅如此，笔者还认为，要使得人身保险合同复效，还应当强调投保人在复效时必须履行如实告知义务。当然，对于人身保险合同复效时，投保人是否要承担如实告知义务，学术界存在不同的意见。肯定说认为，申请复效时，投保人对于保险人之书面询问负有说明义务。而否定说则提出，订立人身保险合同时，投保人履行告知义务，保险人据此已经做出了危险评估，故纵使危险程度发生变化，保险人亦应接受，则投保人在复效时应无告知危险状况的义务。而我国《保险法》对此无明文规定。至于投保人在人身保险合同复效时所应承担的如实告知义务，是否应当与该人身保险合同订立时的如实告知义务相同，《保险法》上没有规定，理论界亦鲜有讨论。对此，笔者的看法是，鉴于人身保险合同复效只是针对其效力暂时停止，而通过复效使其效力恢复如初的特殊情况，而非订立新的保险合同。因此，投保人在人身保险合同复效时所应履行的如实告知义务要与之初订立该保险合同时承担的如实告知义务有所不同，以免过于加重投保人与保险人协商复效时的义务负担和过分突出保险人的优势地位。申请人身保险合同复效时履行如实告知的不同之处，应当表现在：投保人应当如实告知的事项范围，包括其知道和应当知道的、有关保险标的在该人身保险合同失效期间发生的一切变化，其他的则在所不问；再有就是失效期间内针对保险标的是否发生了保险事故或者其他危险事故，而不限于保险人提出的询问。

[法律法规链接]

《保险法》第36条、第37条

《保险法司法解释（三）》第8条

27. 被保险人未履行如实告知义务与保险人责任的减轻或者免除

【典型案例】

李某诉某保险公司人身保险合同案①

［案号］

（2012）二中民终字第 10249 号

［案情］

李某持有《保险代理从业人员资格证》，是某保险公司保险营销员。2011年5月17日，李某作为投保人及被保险人填写了《个人人身保险投保单》，向某保险公司投保全佑一生“五合一”疾病保险，在合同上“是否患有甲状腺或甲状旁腺机能亢进或减退等”一项选择了“否”。同日，某保险公司签发了《保险单》，保险单载明：合同生效日为 2011 年 5 月 17 日；投保人、被保险人李某；保险品种全佑一生“五合一”疾病保险。李某在《人身保险投保提示书》上签名，并表示已经认真阅读并理解了提示书上有关保险合同效力、双方权利义务、免责条款提示等内容。7 月 27 日，李某曾到北京协议医院进行检查，协和医院的病案记录记载：甲状腺结节半年，甲状腺大，未见明显结节，做 B 超检查。8 月 16 日，李某在北京同仁医院住院接受治疗，B 超甲状腺偏左侧结节，性质待查，不排除微小癌，出院时诊断为甲状腺癌。9 月 29 日，李某向某保险公司提交了《保险金给付申请书》，10 月 21 日，某保险公司向李某出具了《批准赔偿通知书》，同意对李某赔付全佑一生“五合一”疾病保险金 12 万元。10 月 24 日，某保险公司向李某出具了《批准赔偿通知书》，对李某的索赔申请，某保险公司做出如下赔付，附加添益收入保障保险住院给付，批准金额为 400 元，附加添益 B 款住院费用补偿医疗保险，批准金额 5000 元，附加添益 B 款手术费补偿医疗保险，批准金额 4483. 46 元，合计 9883. 46 元。后某保险公司向李某支付 9883. 46 元的保险金，其余未付。11 月 11 日，李某向某保险公司出具情况说明称：本人对甲状腺结节没有重视，不是投保和理赔时故意未告知，本人同意扣除 9883. 46 元，希望申请退还保费。12 月 12 日，某保险公司出具《不予赔偿通知书》，对李某的索赔申请

① 案例来源：聚法案例：https: //www.jufaanli.com。

不予赔偿，原因是："李某2011年7月27日在协和医院门诊病历显示，甲状腺结节半年，某保险公司在理赔过程中发现李某既往上述病史，李某投保时未告知，此项重要健康信息对本公司当时核保决定构成了实质性的影响，经重新核保，根据保险法及相关合同约定，予自生效日2011年5月17日起解除本合同退还保险费处理。"退费冲抵本保险合同下住院理赔款，该住院理赔款总计9883.46元，本案退还的保险费冲抵2600元，剩余赔偿款7283.46元请交回。

[法院认为]

一审法院认为：本案中，某保险公司在合同中通过书面的方式向投保人说明了保险条款，在《个人人身保险投保单》中单独用方框框起一个区域，要求投保人阅读保险条款，并要求投保人签名确认；通过《客户回执》要求投保人认真阅读并理解保险合同文本，并要求投保人签名确认，且李某具备《保险代理从业人员资格证》，较普通公众对《保险法》及保险条款了解更加全面具体，其同时作为保险营销员及投保人向某保险公司购买保险，现又以投保人未履行明确说明义务，要求确认相关的格式条款无效的意见，缺乏事实依据，法院不予采信。

2011年7月27日，李某到协和医院就诊时称甲状腺结节半年，但在2011年5月17日某保险公司向李某询问是否存在甲状腺机能亢进或者减退时，李某并未向某保险公司如实告知甲状腺结节的情况。故法院认定李某对某保险公司询问，未如实告知自己的健康状况。投保人因重大过失未履行如实告知义务，对保险事故的发生有严重影响的，保险人对于合同解除前发生的保险事故，不承担赔偿或者给付保险金的责任，但应当退还保险费。按照李某出具的情况说明及某保险公司出具的《不予赔偿通知书》的内容，双方认可李某系因重大过失未履行如实告知义务，故李某退还保险金时应将保费扣除，在扣除后李某应向某保险公司返还保险金7283.46元。

二审法院认为，一审判决认定事实清楚，适用法律正确。

[裁判结果]

一审法院判决：一、李某于本判决生效之日起七日内向某保险公司返还保险金7283.43元；二、驳回某保险公司的其他反诉请求；三、驳回李某的诉讼请求。

二审法院判决：驳回上诉，维持原判。

[裁判思路]

本案中，两级法院均认定李某投保时未对自己有"甲状腺结节"尽到如实告知之义务。但是，如果考虑到李某保险从业人员的特殊身份，却令人不得不思考一个问题，保险人未尽到解释说明义务，其责任在何种情况下可以减轻甚至免除。《保险法》第 17 条规定了保险人对格式条款的解释说明义务。实践中，该条多被解释为对处于“优势地位”的保险公司的限制，即通过设立义务的形式对采用格式条款形成的“不公平”作出矫正。但是该条没有“但书”，即导致只要保险人未尽到解释说明之义务，合同条款就有被认定无效之虞。笔者认为稍欠妥当。从立法原意看，《保险法》第 17 条意在保证保险合同之公平，不在为保险公司加设“绝对义务”。该条要求在采用格式条款时，保险人应向投保人充分披露信息，其目的在于确保双方的信息对称，并保障投保人的知情权及选择权。从实施结果看，《保险法》第 17 条能达到的理想状态就是，投保人对于格式合同有着充分且正确的理解。本案中，李某本身就是经历过保险业考试、具备保险业从业资格的专业的保险产品销售人员，不难推定她对于保险合同的条款是完全理解的。即在保险合同签订之前，由于信息不对称导致的“不平等”状态根本不存在，保险人即使未履行解释说明义务也不会使投保人陷入不利境地，对于合同的签订以及履行也不产生实质性的影响，因此就不必然导致格式条款无效的后果。笔者认为，在上述类似的特殊情况下，对保险人未履行解释说明义务所需承担的责任应根据实际情况予以减轻或者免除。保险人未依法履行义务，不必然导致合同条款无效，可以以降低保险费率、退还保险费等作为承担法律责任的方式。当然，在立法技术层面，对于投保人的知识类型、教育程度、责任减免比例等难以确定具体的对应关系及数据。故笔者的建议是，《保险法》应对第 17 条增加但书，具体的裁判标准（有证据证明的某些因素，例如主观过错、当事人教育背景、历史经历等对其理解合同条款的影响）应在法官自由裁量权内，法官应当综合全案进行审查。

[法律法规链接]

《保险法》第 17 条

第五章　保险理赔

第一节　近因原则

导　读

"近因"是舶来品，英文为 proximate cause，在中文中很难找到与之完全相对应的词，如译成"直接原因"，不能完整涵盖其内涵，故现直译成"近因"。但由于英美法系重个案分析而轻抽象归纳，故近因的含义迄今也未全然明确。一位美国学者曾尖锐地指出："在这个问题上，凡是值得说的都已经说了，很多不值得说的也已经说了，近因（ proximate cause）仍然是一团乱麻和一堆荆棘，一个令人眼花缭乱、扑朔迷离的领域。"[①]《布莱克法学词典》指出："这里所谓的最近，不必是时间或空间上的最近，而是一种因果关系的最近。"英国法庭在 1907 年曾给近因下过定义："近因是指引起一连串事件，并由此导致案件结果的能动的、起决定作用的原因。"后又对近因进一步说明："是指处于支配地位或者起决定作用的原因，即使在时间上它并不是最近的。"最高人民法院 2003 年 12 月公布的《关于审理保险纠纷案件若干问题的解释》（征求意见稿）也已经采用了这一概念："人民法院对保险人提出的其赔偿责任限于以承保风险为近因造成的损失的主张应当支持。近因是指造成承保损失起决定性、有效性的原因。"[②]但其中"决定性""有效性"的含义过于模糊，缺乏可操作性，仍有待司法实践以判例的形式予以个案化和具体化。近因原则是英国海上保险法最早确立的用以认定因果关系的基本原则；《英国 1906 年海上保险法》规定："依照本法规定，且除保险单另有约定外，保险人对于以承保危险为近因所致的损失，负有责任，但对于非由以承保危险为近因所致的损失，不负责任。"[③]所谓"近因原则"，是指保险人承担赔偿责任的范围应限于以承保风险为近因造成的损失。基本含义是在风险与保险标的的损害关系中，如果近因属于被保风险，保险人应负赔偿责任；如果近因属于除外风险或未保风险，则保险人不负赔偿责任。近因原则目前被世界许多国家的

---

① Prosser,38Cal.L.Rev.369（1950）.

② 最高人民法院 2003 年 12 月公布的《关于审理保险纠纷案件若干问题的解释》（征求意见稿）第 19 条。

③《英国 1906 年海上保险法》第 55 条（1）款。

保险立法确定下来，作为保险法的基本原则。在海上保险理赔中，这一原则被普遍采用，保险人的赔偿责任范围不是保险标的发生的全部损失，而是一定范围内的原因危险，即承保风险造成的承保损失。这一原则也逐渐地被英美法系的法官和学者引申到整个保险法乃至侵权行为法领域。虽然我国现行《保险法》和《海商法》均未规定有近因原则，但在涉外关系如海上保险中遵循国际惯例普遍适用这一原则。在保险法理论上，一般认为近因原则是我国保险合同法的基本原则之一。

28. 多因一果的情况下如何确定死亡的近因

【典型案例】

刘某、杨某与某财产保险公司保险纠纷案

[案号]

（2015）二中民一终字第1318号

[案情]

2012年10月31日，中交天航港湾建设工程有限公司（以下简称中交天航公司）作为投保人，在被告处为其公司所属740名员工投保了《团体意外伤害保险（2009版）》（保险单号PEAC20121201000000×××6），刘某林系涉诉保险合同被保险人之一。保单载明，“保障项目：意外身故、残疾、烧伤给付，每人保险金额250 000元。”保险期间自2012年11月6日0时起至2013年11月5日24时止。中交天航公司于2012年11月6日一次性交清全部保险费。涉诉保险合同条款第2.1.1条第1款约定“身故保险责任在保险期间内被保险人遭受意外伤害，并且意外伤害发生之日起180日内因该意外伤害身故的，保险人按保险金额给付身故保险金。”6.3条约定“意外伤害指以外来的、突发的、非本意的、非疾病的客观事件为直接且单独的原因致使被保险人身体受到的伤害。”

2013年7月19日15时30分，刘某林在中交天航公司“津航浚217”工程船工作期间（该船于2013年7月2日~2013年7月22日在大港港区施工）回船内房间取东西时，不慎摔伤头部，坚持工作至2013年7月22日下船回家。后其头部不适感加重，于2013年7月25日送往天津市泰达医院治疗，7月26日被ICU病房收治，乘轮椅入病房。住院病案记载，刘某林入院时入院

病情有“肝硬化、休克、脑脓肿、脾机能（功能）亢进、高血压、慢性胆囊炎、皮脂腺增生”现象，无“肝硬化伴有食管静脉曲张破裂出血、代谢性酸中毒、电解质紊乱”现象。7月27日头颅CT平扫后，印象为“颅脑病变复查”，诊断证明书中记载“患者因头晕，视物不清入院，入院时顶枕部头皮挫伤及头皮血肿，特此证明。”7月28日，刘某林接受右侧脑室外引流术、后颅窝脓肿切除术。8月1日头颅、上腹部CT平扫后，印象为“颅脑病变术后复查；肝脏形态不规整，考虑肝硬化，请结合实验室检查；腹水（少量）；胆囊增大；考虑左肾囊肿及肾盂结石，结合超声检查。”8月2日胸部正位CT平扫后，印象为“双肺炎性病变”。8月13日头颅、CT增强扫描后，印象为“右小脑半球脓肿术后改变；双侧基底节区腔隙性梗死及软化灶；双侧蝶窦积液”。后刘某林救治未愈死亡，死亡记录的治疗及抢救经过记载“入院症状进行性加重，出现脑干受压表现。行颅内占位切除术，术中诊断脑脓肿。……患者仍出现高热，意识不清。考虑脓毒血症，给予腰大池引流，可见脓血性脑脊液。脑脊液培养肺炎克雷伯杆菌。而且合并肝功能损伤进行性加重，转入ICU予连续血液净化……但颅内感染持续存在，持续需抗生素治疗。2013-8-31患者突发大量呕血，并继发休克、肾功能衰竭、酸中毒。……治疗后，出血基本停止，但休克、酸中毒、肾衰无法纠正，抢救治疗无效，于2013年9月1日2时46分死亡”。9月10日诊断证明书中记载“印象：患者以脑脓肿术后转入ICU；处理意见：因颅内感染迁延不愈，继发脏器衰竭，抢救无效死亡，住院时间：2013年7月26日至2013年9月1日”。《天津市居民死亡医学证明书》中记载“直接导致死亡的疾病或情况为：休克……其他疾病诊断（促进死亡但与导致死亡无关的其他重要情况）：脑脓肿……”

2013年8月16日，中交天航公司向滨海新区人社局就刘某林一事提出延期申报工伤认定申请，12月25日，滨海新区人社局以编号S11201082013×××7《认定工伤决定书》认定“刘某林同志受到的事故伤害，符合《工伤保险条例》第14条（一）项之规定，属于工伤认定范围，现予以认定为工伤。”同日，天津市滨海新区劳动能力鉴定委员会作出《工伤职工停工留薪期确认通知》。2014年1月，原告刘某作为刘某林的法定继承人，领取了中交天航公司的天津市工伤保险一次性待遇款项，包括丧葬补助金23 232元、一次性工亡补助金491 300元、供养亲属抚恤金199 332元，共计713 864元。2014年6月9日，刘某领取了中交天航公司报销的医药费155 024.92元。原告方向被告申请理赔，被告于2015年1月21日作出《拒赔通知书》，以“根据医院住院病案和医学死亡证明书，刘某林死亡原因为食管胃底静脉曲张破裂出血导致休克，不属于团体意外伤害保险合同负责的范围”。为由拒绝赔付，双方对理赔事宜协商未果，因而成诉。原告诉讼请求：（1）判令被告支付原告保险赔偿共计人民币250 000元；（2）诉讼费由被告承担。

［**法院认为**］

一审法院认为：投保人中交天航公司与被告之间的人身保险合同系双方真实意思表示，合法有效，应当受到法律保护，双方均应如约履行各自的义务。庭审中，双方对于刘某林在工作中发生过摔伤，而后入院治疗一事并无异议。原、被告双方的主要争议焦点为：刘某林的死亡是因为工伤（工作中意外摔伤）所致，还是因多种慢性疾病（慢性乙型肝炎）所致。对此，法院分析如下：

首先，被保险人刘某林从摔伤到入院治疗，再到救治无效死亡的过程是一个整体，不能割裂。原告方所主张的摔伤头部和被告抗辩的慢性病发作与刘某林的死亡结果均有关联性，也就是说，死亡结果的产生原因是多个，而非一个。在本案中，任何一个原因都无法单独促成死亡结果的出现。

其次，这种多因一果的情况，需使用保险法中的近因原则来判断引起事故发生的原因是否属于保险责任承担的范畴。近因原则，又称为“因果关系原则”，其核心在于对“近因”的界定，即在诸多可能导致保险事故发生的原因中，只有对最后损失的发生起决定性作用的原因才是“近因”。近因不是指时间上的接近，而是指效果上的接近，其效力具有存续性，不因有其他原因而发生影响。综合原、被告双方提交的及法院调取的所有病案、病历、诊断证明书及死亡记录，本案系多个原因连续发生，导致被保险人刘某林死亡结果的产生。前因系脑部损伤导致的颅脑病变术后持续感染，属于保险责任范围，后因系多脏器衰竭及消化道出血引发的休克，属于责任免除的范围。此处的后因是前因的继发病症，也是前因合理延续、自然延长的结果，此时前因构成近因，故保险人应当承担保险责任。

最后，从间接证据角度分析，滨海新区人社局根据《工伤保险条例》的规定，已对刘某林的意外事故认定为工伤，在对其治疗过程材料的审核后，支付了相应的工亡补助金。从正常逻辑角度分析，事故发生时刘某林48周岁，其入院时已有休克状态，单纯的肝炎、肝硬化不足以导致休克，在治疗过程中脑部损伤均为主治项目，脏器衰竭是伴随脑部感染不愈产生。这一过程印证了刘某林的死亡与工伤之间具有更紧密的联系，而非普通的慢性病发作死亡。

以上分析均围绕被保险人刘某林的死亡原因是否属于涉诉保险合同的保险责任范围，是否属于责任免除的情形，而不是针对刘某林医学上的死亡原因。对被告抗辩刘某林的死亡证明书上记载的直接导致死亡的疾病或情况为休克（慢性乙型肝炎6年→肝炎后肝硬化、Child-PughC级腹水、脾功能亢进1月→上消化道出血8小时40分→休克）一项，法院认为此抗辩有一定道理，但作为其主张责任免除的依据却过于片面。纵观整个事件的过程，此处消化道出血导致的休克是“压到骆驼的最后一根稻草”，但并非造成事物性质产生根本变化的原因。

综上所述，对被告抗辩刘某林死亡原因属于保险合同责任免除一项，不予采纳。涉诉保险合同合法有效，被保险人刘某林在保险期间内发生意外导致头部外伤，符合涉诉保险合同规定的保险责任范围，被告应当全额履行赔付义务。故对原告主张被告在“人保寿险安详意外伤害保险”的保险限额内，向其赔付250 000元的诉讼请求，予以支持。

二审法院认为：投保人中交天航公司与上诉人之间的人身保险合同系双方真实意思表示，合法有效，双方均应如约履行各自的义务。上诉人主张被保险人刘某林的死亡并非意外伤害所致，故其不应承担保险责任。对此二审法院认为，被保险人刘某林系在单位工作期间摔伤头部，后经救治无效死亡，该意外事故已被相关部门认定为工伤。刘某林在入院的整个治疗过程中脑部损伤为主治项目，虽刘某林本人确患有慢性疾病，其最终死亡也系多个原因连续发生的结果，但导致该结果的最直接且起主导或支配性作用的原因系脑部损伤导致的颅脑病变术后持续感染，故对于这种因多种原因造成的结果，应适用保险法中的近因原则，对此一审已作详尽论述，二审法院认同，不再赘述。上诉人主张刘某林的死亡不属于意外伤害，而是因为其慢性病所致的理由不能成立，二审法院不予采纳。根据保险合同中约定的保险责任，上诉人应当履行赔付义务。综上，上诉人的上诉请求，二审法院不予支持。一审判决认定事实清楚，适用法律正确，判决结果并无不当，二审法院予以维持。

[裁判结果]

一审法院判决：被告某财产保险公司公司于本判决生效之日起10日内一次赔付原告刘某、杨某保险金250 000元。

二审法院判决：驳回上诉，维持原判。

[裁判思路]

本案不仅涉及保险法中关于意外险责任的判断问题，又涉及医学专业知识的问题。

1. 认定意外伤害所应适用近因原则的法律内涵。

运用近因原则确定意外伤害保险中危险与损害之间的关系，可能会产生较其他保险更为复杂的问题。因意外伤害保险所承保的是由于意外事故所造成的被保险人死亡或伤害，而意外险中通常又将被保险人的自身疾病作为除外责任。但疾病可以造成死亡或伤害，意外事故也可以造成死亡或伤害，两者不容易区分。如果因除外责任规定的疾病造成意外事故，而意外事故又引起死亡或伤害，则通常会被认为是意外事故导致，而非疾病所致。因此，必须判断死亡或伤害的直接原因，到底是意外事故还是疾病才是损害的近因。如果意外事故同时造成疾病，通常应认定近因是意外事故，保险人应承担赔偿责任。如果疾病是在意外事故发生后过了一段时间才出现的，通常认为死亡或伤害的近因因为疾病，属于保单规定的除外责任。

如果存在两个造成死亡或伤害的近因，其中一个属于除外责任，这时必须要区别死亡或伤害是由于疾病所致，或疾病仅仅是加重了其他原因所造成的伤害。如系前一种情况，疾病属于除外责任，保险人免责。而后者，即使疾病为除外责任，但并非决定性因素，意外事故仍然为近因，保险应承担赔偿责任。

如果疾病仅仅使得被保险人身体衰弱而更容易受到意外事故的伤害，则疾病仍然不能构成死亡或伤害的近因。在意外伤害保险的因果关系中也存在"新干预原因"，新干预原因可能会足以打破原先的链状因果关系。如被保险人的腿受到意外伤害，后被公共汽车撞死，他的行动不便是使他更容易被汽车撞倒的一个原因，但他的死亡并不是由于其腿部受到意外伤害'而是出现了一个新干预原因。①

2. 认定意外伤害所涉及的专业问题应由专家意见加以指导。

本案中，造成被保险人死亡的原因可能是意外事故，即原告所主张的工伤所致，也有可能是其本人自身疾病导致，同时也有可能是两种因素共同作用。在出现两个近因共同作用的情况下，还要区别被保险人死亡到底是疾病所致，或其自身疾病是仅仅加重了被撞倒后的原因所造成的伤害。而法官并非是医学专家，对于医学问题只能根据医学专家做出的诊断来进行判决。

[法律法规链接]

《保险法》第 13 条、第 14 条、第 42 条

---

① 陈欣：《保险法》，北京大学出版社 2010 年版，第 159 ~160 页。

29. 被保险人被殴打导致冠心病急性发作而死亡是否构成意外伤害

【典型案例】

侯某与某保险公司保险合同纠纷一案[①]

[案情]

1999年4月23日，侯某在某保险公司投保了人身意外伤害保险1份，保险金额为18 000元，保险费为50元，保险期限为1年，受益人为侯某自己。《保险合同》第6条第12款对除外责任作出明确规定，由于被保险人犯罪、吸毒、自杀、故意自伤身体、殴斗、酒醉造成的意外伤害和医疗费支出，保险公司不负给付保险金的责任。1999年9月7日早晨，侯某遇见刘某，意外地遭刘某殴打。侯某在反抗过程中被刘某击中胸部，于是冠心病急性发作而死亡。侯某的继承人侯某某立即通知了保险公司，要求给付保险金。

[法院认为]

一审法院认为：虽然被保险人侯某是冠心病急性发作死亡，但其冠心病发作是与被人殴打有直接关系的，其意外地被人殴打这种情况不属于保险合同规定的除外责任，所以保险公司应承担给付保险金的责任。保险公司至今未付应负纠纷的全部责任，侯某某要求保险公司给付保险金的诉讼请求符合法律规定，予以支持；其主张保险公司赔偿经济损失的请求，证据不足，不予支持。

二审法院认为：意外伤害是指遭受外来的、突发的、非本意的、非疾病的使身体受到伤害的客观事件。从侯某遭刘某殴打，侯某在反抗过程中被刘某击中胸部冠心病急性发作而死亡的过程看，其死亡并非是突发的，且死亡的主要原因是疾病，该种情况不属于意外伤害保险合同规定的承担责任的情形。

[裁判结果]

一审法院判决：保险公司向侯某某给付保险金18 000元，并驳回侯某某的其他诉讼请求。案件受理费由保险公司承担。

二审法院判决：一审法院判决上诉人支付保险金不当，应予以纠正，判

---

① 案例来源：参见李利、许崇苗：《论近因原则在保险理赔中的把握和应用》，载《保险研究》2008年第7期。

决撤销原判。

[**裁判思路**]

侯某遭刘某殴打，被刘某击中胸部，于是冠心病急性发作而死亡，其死亡的原因是非常清楚的。一审法院认为，虽然被保险人侯某是冠心病急性发作死亡，但其冠心病发作是与被人殴打有直接关系的，其意外地被人殴打这种情况不属于保险合同规定的除外责任，保险公司应承担给付保险金的责任，是错误的。因为侯某死亡的真正原因是冠心病，而不是被人殴打，殴打只是死亡的诱因，或者说是条件。二审法院则依据意外伤害的定义，从侯某遭刘某殴打，侯某在反抗过程中被刘某击中胸部冠心病急性发作而死亡的过程分析，认定侯某死亡并非是突发的，且死亡的主要原因是疾病，不属于意外伤害保险合同规定的承担责任的情形是适当的。

[**法律法规链接**]

《保险法》第 13 条

30. 游客旅游中猝死，旅行社是否有权向保险公司索赔

【典型案例】

某国际旅行社诉某财产保险公司新技术开发区营业部人身保险合同案[①]

[**案号**]

(2012) 鄂武汉中民商终字第 00896 号

[**案情**]

2011 年 1 月 1 日，某国际旅行社向某财产保险公司投保旅行责任险，约定某财产保险公司按照旅行社责任保险统保示范项目保险条款的约定承担保险责任，保险期间为 2011 年 1 月 1 日 0 时起至 2011 年 12 月 31 日 24 时止，保险单未约定事项，以《2011 年度旅行社责任保险统保示范产品框架协议书》为准。2011 年度旅行社责任保险统保示范产品适用《2011 年度旅行社责任保险统保示范项目保险条款》。2011 年 6 月 20 日，案外人杨某持张某的身份证

---

① 案例来源：参见国家法官法院、中国人民大学法学院编：《中国审判案例要览（2015 年商事审判案例卷）》，中国人民大学出版社 2015 年版，第 50 页。

复印件代表张某与某国际旅行社签订团队国内旅游合同，杨某在张某等 4 人的旅游报名表上未填写身体健康状况。合同签订当日，某国际旅行社将张某等 4 人的旅游业务委托给第三人海南南海假日旅行社有限公司（以下简称南海假日旅行社）办理，并将行程单传真给南海假日旅行社。2011 年 6 月 23 日（即旅行的第 1 天），张某等 4 人乘坐 JD5148 航班飞往三亚，因飞机晚点未能按原定行程计划抵达，该 4 人被迫在广州机场过夜。2011 年 6 月 24 日中午 13 时 15 分，张某等人到达三亚，14 时许，张某等人由第三人的导游带至三亚兴隆老榕树酒店入住，因酒店房间未打扫干净，故他们被安排在东金宵酒店吃晚餐，晚餐后约 17 时，张某等人随团观看红艺人表演（自费项目），晚 8 时许，张某等 4 人担心散场时人多，所以提前退场，导游带张某等 4 人回酒店入住，并告知注意事项，后与张某同住的游客发现张某死亡，导游立即赶到现场并拨打 110、120，经法医鉴定张某为猝死。2011 年 6 月 25 日，万宁市公安局兴隆分局河东派出所出具“张某属正常死亡”的证明，2011 年 6 月 28 日，因张某的儿子小张向某国际旅行社索赔，某国际旅行社、南海假日旅行社赔偿小张 140 000 元。原告某国际旅行社根据旅行社责任保险向被告某财产保险公司主张赔偿，被告某财产保险公司认为原告某国际旅行社无证据证明其在组织张某旅游过程中未尽到安全保障义务，张某的死亡与某国际旅行社的过错不存在因果关系，张某系猝死，属于保险合同约定的除外责任，某财产保险公司不应当承担赔偿责任。

［法院认为］

一审法院认为：原、被告双方约定原告向被告投保旅行社责任保险，双方的权利义务受《2011 年度旅行社责任保险统保示范产品框架协议书》规范，故该协议书是原、被告之间保险合同的组成部分，原、被告均应当按照该协议书的约定行使权利、履行义务。观看红艺人表演是原旅游行程所定的自费项目，第三人虽然在旅游行程中改变了行程，但其原因是当事人意志以外的原因（即飞机晚点），且行程改变并未增加张某等人的旅游负担，张某在自费观看红艺人表演后提前回酒店休息而猝死，其死亡原因从表象上看与旅游活动并无联系，但从本质上讲，张某死亡的原因未经法医鉴定，属于死因不明。某国际旅行社称因其和第三人未尽到安全保障义务导致张某死亡证据不足，故某国际旅行社关于张某的死亡与其和第三人未尽安全保障义务有关，被告应对张某的死亡承担保险责任的观点不能成立，对某国际旅行社的诉讼请求，不予支持。

二审法院认为：原判决认定事实清楚，适用法律正确。

[**裁判结果**]

一审法院判决：驳回原告某国际旅行社的全部诉讼请求。

二审法院判决：驳回上诉，维持原判。

[**裁判思路**]

本案处理重点是在旅游合同履行过程，旅行社应尽到的安全保障义务的范围、标准及因果关系的认定。

旅行社的安全保障义务是旅行社应当按照国家规定和行业惯例，以合理的注意和谨慎提供旅游合同项下的旅游服务，保障旅客的安全。旅行社安全保障义务的具体内涵包括组织义务、派遣随团人员并且督促他们履行尽责义务、警告义务、救助义务、依法办理保险、谨慎选择旅游项目提供人义务、告知义务等具体的义务。旅行社安全保障义务是在旅游法律关系中最为重要的，不论是在旅游合同关系还是旅行社责任保险合同关系中，该义务都是界定责任的分水岭。我国目前没有专门的法律对旅行社安全保障义务的具体范围、标准进行规定，司法实践中主要结合个案进行判定。尤其是关于因果关系的判定要把握两点：其一，旅行社的过错须是损害发生的充分条件。按照正常生活逻辑，旅行社未尽到安全保障义务肯定会导致损害的发生；其二，不能有其他介入因素。如果是有旅行社未尽到安全保障义务的行为，但中途有其他介入因素促成了损害结果的发生，那么不应认定两者有直接因果关系。本案中，张某与某国际旅行社签订旅游合同，旅行社通过其代理人询问了张某的身体状况，提示了可能发生的危险，尽到了其应尽的告知、警示义务。某国际旅行社选择南海假日旅行社作为地接社进行具体的导游服务，也尽到了谨慎选择义务。导游带领张某转机、进行观看表演等活动属于正常旅游服务形式，张某猝死与旅行社无直接因果关系。

[**法律法规链接**]

《保险法》第 13 条、第 14 条

第二节 保险代位求偿权

导 读

保险人对第三人行使保险代位求偿权应当以被保险人对第三者具有赔偿

请求权为前提。只有当确因第三者对保险标的的损害而致使发生保险事故，且被保险人对第三人具有赔偿请求权时，保险人才能取得对第三者的保险代位求偿权。

如果保险事故非因第三者的原因所造成，即使保险人向被保险人赔偿保险金与第三者的行为存在一定因果关系，保险人对第三者也不具有保险代位求偿权。

31. 某财产保险公司在向被保险人赔偿保险金之后，取得被保险人向第三者请求损害赔偿的权利

【典型案例】

某财产保险公司与某工程制造公司保险人代位求偿权纠纷案

［案号］

（2015）苏商终字第00473号

［案情］

2011年10月15日，某化工公司（买方）与某工程制造公司（卖方）签订一份《购销合同》，约定某化工公司向某工程制造公司购买T–401苯乙烯粗馏塔填料及塔内件1套，总台套价832万元。并约定，在任何情况下，买卖双方都无权就其间接损失（生产损失、工期损失、逾期利润损失等）索赔，双方最大的责任不超过合同总价。

2011年12月2日，某化工公司（甲方）与某工程制造公司（乙方）签订一份《补充协议》，该协议约定内容为苯乙烯装置改造项目T–401乙苯/苯乙烯分离塔由某工程制造公司提供的填料及塔内件更换就位；乙方人员进场日期：暂定2012年2月10日，如有变化，甲方提前15天书面通知乙方，工期为25个工作日（含双休日，双方一致认可的极端天气顺延），安装费用为81万元；质量标准：在确保安全、质量及工期前提下一次性通过甲方综合验收；乙方除提供填料及塔内件外，还需派专业项目经理进行每天2×12小时全方位项目管理，人员配备必须具有本业资质的熟练工，通风设备、PPE安全配备和塔内照明、常用工具及个人防护品均由乙方自备；违约责任：乙方无正当理由或管理不力及其他因违反安全操作规范引起的工期延误，甲方有权选择继续履行合同或中止合同，自延误之日起开始计算每天向甲方支付合同违

约金5000元每天，由甲方在应付款中直接扣除；经双方签字确认的相关文书作为本协议附件与本协议具有同等法律效力。如有冲突，以本协议为准。

某工程制造公司提供一份盖有双方骑缝章的《补充协议》附件《现场报备和施工设备的提供》及相关电子邮件往来情况公证书，证明双方在合同附件中约定了责任上限条款。该附件关于“全面责任限额”载明：“除了依此报价而定的合同中有任何相反规定，包括所有合同组成部分的其他文件有相反规定或者是在法律允许的最大范围内有相反规定，在任何情况下，某工程制造公司都不向买方承担任何间接的、惩戒性的、特殊的、后续的、与合同有关的损失责任，包括但不限于利润损失、生产中断损失、商业机会损失以及买方的客户的此类损失，无论此损失是依据合同责任、侵权责任（包括过失）、法律法规或其他形式的法律责任。买方的救济途径是唯一的，某工程制造公司合同责任、赔偿责任、侵权责任（包括过失）、无论是任何的保证或严格责任之和，将不超过报价或合同总价总额。”某工程制造公司在电子邮件中要求签订的《补充协议》附上该附件，某化工公司蒋某某答复时未作明确拒绝。某财产保险公司及某化工公司对该附件的真实性及效力均不予认可。经一审法院要求，某化工公司提供了一份《补充协议》原件，该《补充协议》原件有双方公司骑缝章但后面无附件。

2012年2月15日，某化工公司安环部部长赵某某与某工程制造公司现场施工经理李某签署一份《工程施工安全、环保协议》，该协议约定了某工程制造公司承担某化工公司T-401精馏塔改造工程项目中双方的权利和义务。其中，某化工公司的义务为：向某工程制造公司提供符合法律规定的有关资料，介绍施工作业环境，提供必要的安全作业，按照规定的程序及时办理施工有关安全手续；对某工程制造公司进场作业人员进行安全教育和培训；协助某工程制造公司落实施工现场安全技术措施。某工程制造公司的义务包括：对进入施工现场的所有施工单位工作人员做好安全教育，安全技术交底，同时填写书面记录；对施工工地的安全负有全面的责任。协议还约定，某工程制造公司管理不当及自身防范措施不利或某工程制造公司工人责任造成的案件、火灾、交通事故等灾害事故，事故经济责任、事故法律责任以及事故的善后处理均由某工程制造公司独自承担，若因此给某化工公司造成的经济损失由某工程制造公司负责赔偿。

某化工公司提供一份《对外来人员安全告知确认》，内容为“本人为某工程制造公司工作人员，已接受某化工公司的健康安全环保教育，确已了解某化工公司的安全卫生管理规定、企业安全健康环境危害因素及避难逃生应采取的措施，并遵守执行各项规定。”共计48人在该告知确认书上签名，其中包括吴某某和卞某某。

2012年2月20日晚上19时30分左右，某化工公司厂区内发生火灾事故。事故发生后，常州市新北区人民政府成立“2.20”某化工有限公司火灾事故调查组，并于2012年5月24日出具安监报告，该报告载明：

1. 2011年10月15日，某化工公司将“苯乙烯装置改造项目T-401乙苯/苯乙烯分离塔－填料及塔内件更换”工程发包给某工程制造公司，并由某工程制造公司提供填料，双方签订了《购销合同》《补充协议》和《工程施工安全、环保协议》。某工程制造公司又将劳务用工发包给某安装公司，双方未就该项目内容签订相关的书面协议，则是根据人工单价表来进行工程结算。

2. 经查实，某工程制造公司在施工安装前制定了施工方案，填料及塔内件更换前，由某化工公司对某工程制造公司施工人员进行了安全培训。

3. 事故经过：2012年2月16日，某工程制造公司组织施工人员对某化工公司T401粗苯乙烯塔（分6个床层）内的填料及塔内件进行更换，并逐渐完成对该塔第4、6床层的填料及塔内件的拆卸工作，且在作业过程中进行了风焊割孔洞作业，第1床层也已基本完成了拆卸工作。2012年2月20日19时左右，某安装公司现场焊工卞某某、工人吴某某进入T401粗苯乙烯塔第3段床层进行风焊作业，当时施工层配有一10升的桶装水和四只8公斤的干粉灭火器，在该塔第3床层填料上局部位置（动火位置）铺设浸水的防火毯。卞某某进行了大约3分钟的动火作业后，发现孔洞上部第2段床层填料有一圈发红并伴有火星，遂立即用安全帽装水后浇水，然后又用灭火器进行灭火，但直到一只灭火器用完后仍未能将火扑灭，火焰向上蔓延。卞某某、吴某某二人遂从塔内撤出，通过对讲机告知地面。然后卞某某和平台工作人员朱某携带水桶进入上层平台人孔，从T401粗苯乙烯塔第2床层填料上方用水灭火，但还未能将火扑灭。遂与其他人员撤离至地面。随后，现场施工人员及某化工公司从地面接消防水带上塔再次准备灭火，但始终未能将水打至塔上，只能放弃撤离至地面。当地消防部门接警后于20时15分左右进入现场组织施救，至2月21日凌晨55分左右，T401粗苯乙烯塔受火灾影响向正南方向倾倒，直至2时左右，明火被扑灭。事故造成T401粗苯乙烯塔烧毁，厂区管廊部分损坏。

4. 事故原因分析：

（1）直接原因是施工作业人员缺乏安全生产常识，未严格按照施工方案中对“高处焊割作业，要采取防止火花飞溅措施”的规定施工。

（2）间接原因：

①某工程制造公司对T401粗苯乙烯填料及塔内件更换工程作业现场安全

风险评估不到位，施工方案未能明确塔内的动火方式，高处作业防火措施不到位，公司的管理人员现场巡查不到位，隐患排查不力；

②某安装公司未与某工程制造公司针对“某化工公司施工工程项目”签订相关的书面合同，作为劳务用工的管理方负责人却未对施工作业现场进行安全生产工作检查，未能消除生产安全隐患；

③某化工公司在对施工方案的内容审核不到位，未能与某工程制造公司针对T401粗苯乙烯塔内残留可燃高聚物的这一生产安全隐患进行有效的沟通，未对其作业内容进行书面的技术交底，安全防护措施不到位。

5. 关于事故责任认定。

（1）某安装公司现场焊工卞某某、工人吴某某负有直接责任，现场监护叶某某负有间接责任，晚班负责人李某某负有管理责任，法定代表人夏某某负有管理责任。

（2）某工程制造公司现场负责人朱某某、施工经理李某负有间接责任，安全风险评估师李某川负有间接责任，授权委托人蔡某某、驻中国区塔现场服务负责人罗某某负有管理责任。

（3）某化工公司车间主任王某某、现场监督员孔某某负有管理责任，工程师李某锋，安全员张某海、马某负有管理责任，安全部经理赵某某、总经理助理兼生产部部长金某、副总经理袁某某负有部分管理责任。

另查明，2012年1月2日，某化工公司以其为被保险人在某财产保险公司投保了财产一切险，保单号为021232040600012B00×××1，保险标的为固定资产，保险金额为362 795 786元，保险期间为自2012年1月3日起至2013年1月2日止，并约定每次事故免赔额为5000元。

保险事故发生后，某财产保险公司前往保险事故发生地进行勘察，并与某化工公司共同委托泛华公估江苏分公司对损失金额予以评估。泛华公估江苏分公司于2012年10月9日作出公估报告。该报告载明的定损项目包括：①T-401粗苯乙烯塔；②E-402粗塔冷凝器；③E-302E-303低低压废热锅炉；④E-403粗塔盐冷器；⑤激冷水喷雾装置；⑥粗塔回流泵；⑦E-401粗塔再沸器、相连管道阀门；⑧管廊架及工艺管道、阀门；⑨设备基础、框架平台；⑩电气材料、仪表材料、安全消防器材等；⑪T-401塔现场组对场地硬化、T-401塔现场组对场地硬化前后围墙拆除及封堵、某化工公司生产部门人员停产维修工资；⑫修复过程中消耗的蒸汽、氮气、电。经评估定损金额为10 864 581.54元，残值金额为1 059 278.5元，净损9 805 303.04元，免赔额5000元，理算金额9 800 303.04元。

某财产保险公司于2012年12月5日向某化工公司支付保险理赔款980

万元，并承担了公估费用 15 万元。某化工公司收到上述理赔款后出具《权益转让书》，明确，如保险事故是因第三方对保险标的损害引起的，保险人支付以上金额的赔款后，保险人自向立书人赔偿保险金之日起，在上述赔偿金额范围内依法取得代位求偿权，并可以保险人或立书人的名义向责任方追偿，立书人将依法提供必要的协助。

某化工公司向一审法院起诉某工程制造公司，以侵权法律关系为请求权基础，请求判令某工程制造公司赔偿火灾各项损失 34 701 219.53 元（已扣除本案保险理赔款）。一审法院追加某安装公司为该案被告。

［**法院认为**］

一审法院认为：

1. 关于某工程制造公司的侵权责任及赔偿上限问题。

（1）关于本案的请求权基础、法律关系和性质。本案某财产保险公司的请求权基础为保险代位求偿权，权利基础来源为某化工公司所享有的对某工程制造公司的损害赔偿请求权。本案实际上是合同之诉与侵权之诉的竞合，当事人有权选择其请求权基础。而某化工公司向某工程制造公司提起的是侵权之诉，即因财产受到侵害而依据侵权法律关系提起的财产损害赔偿之诉。故某财产保险公司能够要求某工程制造公司承担的也应当是侵权责任而非合同责任。

（2）关于某工程制造公司主张的《购销合同》《补充协议》附件约定了赔偿上限的效力问题。第一，本案是因《补充协议》约定的塔内件安装工程合同履行过程中发生侵权而产生的纠纷，与《购销合同》约定的买卖合同关系无关，故不应适用《购销合同》中关于的赔偿上限的规定。第二，关于某工程制造公司提供的《补充协议》附件是否具有法律效力的问题。根据《补充协议》的约定，附件等相关文书要经双方签字才生效，而某工程制造公司提供的附件是在某化工公司蒋某某与某工程制造公司工作人员以电子邮件往来时所附，未经双方签字确认。虽然某工程制造公司提供了盖有骑缝章的《补充协议》附件，但盖骑缝章这一行为并不能认定某化工公司已经认可了附件的效力，故该附件尚未发生法律效力。第三，即使《补充协议》附件已经生效，由于该附件从形式上看，是某工程制造公司提供的免责条款，根据《合同法》第 53 条规定，合同中的下列免责条款无效：（一）造成对方人身伤害的；（二）因故意或者重大过失造成对方财产损失的。该条款因免除了某工程制造公司因重大过失造成过方财产损失的赔偿责任而无效。

2. 关于某工程制造公司承担责任的范围和比例。

（1）关于某工程制造公司的侵权责任和对于某安装公司侵权行为应当承

担的责任。根据安监报告的认定，事故单位为某工程制造公司。某化工公司将“苯乙烯装置改造项目 T–401 乙苯 / 苯乙烯分离塔 – 填料及塔内件更换”工程发包给某工程制造公司，并由某工程制造公司提供填料，双方签订《购销合同》《补充协议》和《工程施工安全、环保协议》。某工程制造公司又将劳务用工发包给某安装公司，双方未就该项目内容签订相关的书面协议，根据人工单价表来进行工程款结算。某安装公司施工作业人员缺乏安全生产常识，在塔内进行动火作业存在安全隐患的情况下，采取的防火措施远不足以对火源进行有效的控制；某工程制造公司对工程作业现场安全风险评估不到位，施工方案未能明确塔内动火方式，高处作业防火措施不到位，公司的管理人员现场巡查不到位，隐患排除不力。某安装公司未与某工程制造公司签订相关书面合同，作为劳务用工的管理方负责人却未对施工作业现场进行安全生产工作检查，未能消除生产安全隐患。某化工公司在施工方案的内容审核不到位，未能与某工程制造公司针对塔内残留可燃高聚物的这一生产安全隐患进行有效的沟通，未对其作业内容进行书面的技术交底，安全防护措施不到位。

一审法院认为，本案的事故责任主体是某工程制造公司，某安装公司作为劳务用工的承包方，应与某工程制造公司一起承担共同侵权的连带责任。第一，某工程制造公司是案涉工程的承包方，虽然其使用的施工人员是某安装公司的工作人员，但在施工期间，其作为工程承包方和工程施工方案的制定者，对某安装公司的工作人员具有直接控制、指挥的权限。而某化工公司向某工程制造公司进行安全教育告知时，某安装公司的工作人员卞某某、吴某某等是以某工程制造公司工作人员的名义签字确认的。因此，某工程制造公司应当对其承包的案涉工程的施工作业人员卞某某、吴某某在其控制和指挥下的行为承担相应的责任。第二，某安装公司作为劳务用工的管理方负责人未对施工作业现场进行安全生产工作检查，对施工人员的动火方式未进行安全技术交底，未能消除生产安全隐患，安排施工人员进行动火作业时未采取切实有效的防火措施，对事故的发生也存在过错。根据《侵权责任法》第 8 条规定，二人以上共同实施侵权行为，造成他人损害，应当承担连带责任。《最高人民法院关于审理人身损害赔偿案件适用法律若干问题的解释》第 3 条第 1 款关于共同侵权的理解是，二人以上共同故意或共同过失致人损害，或者虽无共同故意、共同过失，但其侵权行为直接结合发生同一损害后果的，构成共同侵权，应当依照《民法通则》第 130 条规定承担连带责任。本案中，某工程制造公司在制定工程施工方案和控制、指挥施工人员施工作业活动过程中的过失行为以及某安装公司在管理施工人员过程中的过失行为直接结合，发生“2.20”火灾这一损害后果，构成共同侵权，依法应当承担连带责任。因某财产保险公司仅向某工程制造公司主张承担侵权责任，未向某安装公司主张，故某工程制造公司基于共同侵权应当先向某财产保险公司承担责任，其承担责任后，有权按过错程度向某安装公司进行追偿。

（2）关于某化工公司在事故中存在的过错以及应当减轻的责任比例。根据《侵权责任法》第26条规定，被侵权人对损害的发生也有过错的，可以减轻侵权人的责任。根据安监报告的认定，某化工公司对事故的发生也存在一定的过错，基于过失相抵规则，应当减轻侵权方某工程制造公司和某安装公司的赔偿责任。因安监报告认定主要原因和直接原因为施工作业人员缺乏安全生产常识，在塔内进行动火作业存在安全隐患的情况下，采取的防火措施远不足以对火源进行有效的控制。某工程制造公司、某安装公司、某化工公司三方过失行为是间接原因，故一审法院酌定直接原因和主要原因占70%，间接原因占30%，某化工公司作为间接原因的三分之一，应当承担10%的责任。关于某工程制造公司提出的某化工公司消防设施失灵和延误报警等问题，安监报告中对此未作出认定，不予采纳。

（3）关于公估报告的证明效力及损失赔偿数额的认定。某财产保险公司提供的公估报告系某化工公司报案后，某财产保险公司和某化工公司共同委托泛华公估江苏分公司经过现场勘察和评估、定损所作，具有一定的中立性和客观性，虽然某工程制造公司未参与，但在另案中，公估报告同时作为证据提交，已有相关照片、发票等证据以及法院现场勘察记录等予以印证，而某工程制造公司未能提出相反证据予以推翻该公估报告，或能够证明该公估报告的出具违反法律和程序，故对该公估报告的证明效力予以采信。关于公估报告确认的损失项目和理赔数额，因该类损失项目为某化工公司因火灾而造成的直接财产的减少或为维护其正常维修而支出的必要的人工费用和能源费用，属于因侵权而造成的直接损失，某工程制造公司应当予以赔偿。扣除某化工公司应承担的10%的责任，某工程制造公司应当赔偿的数额为980万元 ×90%=882万元。

3. 关于公估费用15万元是否属于赔偿范围的问题。

根据《保险法》第60条第1款规定：“因第三者对保险标的的损害而造成保险事故的，保险人自向被保险人赔偿保险金之日起，在赔偿金额范围内代位行使被保险人对第三者请求赔偿的权利。”因此，保险人代位求偿的范围为因第三者对保险标的的损害而赔偿的金额。而根据《保险法》第64条的规定，保险人、被保险人为查明和确定保险事故的性质、原因和保险标的的损失程度所支付的必要的、合理的费用，由保险人承担。本案中，某财产保险公司为确定保险标的损失程度而支付的公估费用，应由其自行承担。故本案中的公估费用 15 万元不属于某化工公司的损失范围，亦不属于第三者某工程制造公司对保险标的即某化工公司财产的损害而赔偿的金额，某财产保险公司无权要求某工程制造公司承担。综上，某财产保险公司的诉讼请求部分成立，予以支持。

二审法院认为，本案争议焦点是：一审判决某工程制造公司承担责任是否正确。

《侵权责任法》第 6 条第 1 款规定："行为人因过错侵害他人民事权益，应当承担侵权责任。"第 34 条第 1 款规定："用人单位的工作人员因执行工作任务造成他人损害的，由用人单位承担侵权责任。"本案中，某化工公司系将"苯乙烯装置改造项目 T–401 乙苯 / 苯乙烯分离塔 – 填料及塔内件更换"工程发包给某工程制造公司，并由某工程制造公司提供填料，双方对此签订了《购销合同》《补充协议》和《工程施工安全、环保协议》。《工程施工安全、环保协议》约定，某工程制造公司的义务包括：对进入施工现场的所有施工单位工作人员做好安全教育，安全技术交底，同时填写书面记录；对施工工地的安全负有全面的责任。协议还约定，某工程制造公司管理不当及自身防范措施不利或某工程制造公司工人责任造成的案件、火灾、交通事故等灾害事故，事故经济责任、事故法律责任以及事故的善后处理均由某工程制造公司独自承担，若因此给某化工公司造成的经济损失由某工程制造公司负责赔偿。上述合同及协议签订后，某工程制造公司即进场施工，在施工过程中发生了火灾事故。尽管某工程制造公司使用的施工人员中有某安装公司的人员卞某某、吴某某，该二人导致火灾事故的发生，但本案中某工程制造公司与某安装公司之间、某化工公司与某安装公司之间均未就该项目内容签订相关的书面协议，且卞某某、吴某某亦是以某工程制造公司的名义在相关安全教育告知材料中签字并随某工程制造公司的人员一同前往某化工公司进行施工，某工程制造公司也未提交证据证明卞某某、吴某某系代表某安装公司前往某化工公司施工并得到了某化工公司的同意和认可。故某工程制造公司不仅系案涉工程的承包方，而且是案涉工程施工方案的制定者和实施者，在制定工程施工方案、防范火灾事故的发生和控制、指挥施工人员施工作业活动过程中均存在过错，是侵权责任主体，应当向某化工公司承担相应的侵权责任。《侵权责任法》第 26 条规定，被侵权人对损害的发生也有过错的，可以减轻侵权人的责任。本案中，安监报告载明，事故发生的主要原因和直接原因是施工作业人员缺乏安全生产常识，在塔内存在安全隐患的情况下进行动火作业。但某化工公司对施工方案内容审核不到位、未对某工程制造公司作业内容进行书面技术交底、安全防护措施不到位等行为系造成火灾事故的间接原因。故二审法院认为，某化工公司自行承担10%的责任合法有据，某工程制造公司应当承担90%的责任。

本案中，某财产保险公司系基于侵权的请求权基础向某工程制造公司主张侵权责任，一审法院判令某工程制造公司承担侵权责任并无不当。虽然安监报告认定某安装公司员工卞某某、吴某某的操作行为是造成火灾事故的直接原因和主要原因，但如前所述，某工程制造公司作为用工方，系案涉火灾事故的侵权责任承担主体，应当就卞某某、吴某某的施工行为造成的后果承担相应的侵权责任，本案不属于《侵权责任法》第8条规定的共同侵权情形。且某安装公司系作为无独立请求权第三人参加本案诉讼，并非本案被告，一审判决认定某工程制造公司与某安装公司系共同侵权并酌定直接原因和主要原因占70%，间接原因占30%，在此基础上认定某工程制造公司就某安装公司应当承担的份额部分与某安装公司共同承担连带责任，缺乏事实基础与法律依据，二审法院对此予以纠正。但从裁判结果来看，扣除某化工公司应自行承担的部分外，其余部分仍应当由某工程制造公司承担，故一审判决判令某工程制造公司承担882万元的赔偿责任结果正确，二审法院对裁判结果予以维持。

［**裁判结果**］

一审法院判决：一、某工程制造公司于判决生效之日起10日内向某财产保险公司支付损害赔偿金人民币882万元；二、驳回某财产保险公司的其他诉讼请求。

二审法院判决：驳回上诉，维持原判。

［**裁判思路**］

涉案火灾事故发生后，某财产保险公司按照泛华公估报告向某化工公司支付了赔偿金980万元。根据《保险法》第60条第1款“因第三者对保险标的的损害而造成保险事故的，保险人自向被保险人赔偿保险金之日起，在赔偿金额范围内代位行使被保险人对第三者请求赔偿的权利。”的规定，某财产保险公司在支付某化工公司赔偿金后，依法在赔偿金额范围内取得对某工程制造公司代位求偿的权利。二审判决根据安监报告的认定，在扣除某化工公司的10%责任后，判令某工程制造公司承担90%责任，并无不当。某工程制造公司认为二审判令其承担的责任超出了其与某化工公司之间的约定，同时还违反了“被保险人优先原则”，但其在二审上诉时并未对此提出上诉，故对其该项再审理由，应不予支持。二审判决在认定事实及适用法律方面均无不当之处。

[法律法规链接]
《保险法》第 60 条
《海商法》第 252 条

32. 当事人的和解协议能否抗辩社会保险基金的代位求偿权

【典型案例】

某社会保险基金管理局诉申某保险人代位求偿权案

[案号]
(2015)佛中法民二终字第 708 号
[案情]

2012 年 9 月 14 日，被告与第三人岑某发生道路交通事故致岑某受伤，交警部门认定被告负事故全部责任，岑某不负事故责任。2012 年 12 月，佛山市顺德区人力资源和社会保障局认定岑某受伤情形为工伤。岑某与被告因机动车交通事故责任纠纷一案，广东省佛山市顺德区人民法院依法作出(2013)佛顺法容民初字第 121 号民事判决书，判令被告向岑某赔偿 8 002 003.44 元(含医疗费 5 870 003.44 元)，驳回岑某的其他诉讼请求，案件受理费 98 004.50 元，由岑某负担 18 004. 50 元，被告承担 800 元。被告对该判决不服提起上诉，佛山市中级人民法院于 2013 年 5 月 24 日作出(2013)佛中法民一终字第 1087 号民事判决书，判决驳回上诉，维持原判。岑某据此申请执行。2013 年 9 月 12 日，广东省佛山市顺德区人民法院作出(2013)佛顺法执字第 2406 号执行裁定书，认为该案未执行标的为债务 81 936 元及迟延履行期间的债务利息，暂未发现被告有可供执行的财产，裁定(2013)佛顺法执字第 2406 号案终结本次执行。2013 年 9 月 17 日，第三人岑某向被告提出工伤保险基金先行支付申请。被告于 2013 年 10 月 18 日向第三人岑某支付了医疗费 47 360.36 元(医疗费单据截至 2013 年 1 月 21 日)、伙食补助 1575 元，合共 4 893 005.36 元，后于 2014 年 7 月 9 日向法院提起诉讼。

另查，2013 年 10 月 15 日，被告与第三人签订《执行和解协议》，约定"申请执行人与被执行人人身损害赔偿一案，经过佛山市中级人民法院终审判决，双方经过友好协商，以 20 000 元人民币终结该项赔偿事宜，申请执行人收取该款项后不得再向被执行人追偿判决书项下的剩余款项，被执行人于本协议签订时支付申请执行人 20 000 元人民币。被执行人承诺本协议不会上交给社保局，如被执行人不履行该承诺，申请人则按原判决书要求继续履行其余款项义务”。第三人在该协议下方空白处签注收到 20 000 元。

本案诉讼过程中，被告及第三人均确认在执行过程中没有把上述《执行和解协议》提供给法院。

[法院认为]

一审法院认为：被告与岑某发生交通事故致岑某受伤，被告负事故全部责任，应向岑某赔偿包括医疗费在内的各项赔偿，经法院审理，判决被告向岑某赔偿包括截至 2012 年 10 月 29 日止的医疗费 58 703.44 元在内的各项赔偿合共 80 023.44 元。岑某受伤的情形已被认定为工伤，其向原告申请医疗费先行支付，提交的医疗费单据包括在 2012 年 10 月 29 日后继续进行治疗，截至 2013 年 1 月 21 日止的医疗费单据，被告在本案诉讼中对该部分单据表示没有异议，故一审法院对截至 2013 年 1 月 21 日的医疗费也予以确认，原告根据岑某申请向其先行支付医疗费 47 360.35 元事实清楚，根据《社会保险法》第 42 条关于“由于第三人的原因造成工伤，第三人不支付工伤医疗费用或者无法确定第三人的，由工伤保险基金先行支付。工伤保险基金先行支付后，有权向第三人追偿”的规定，原告向岑某先行支付医疗费用后，有权向侵权人追偿。在岑某申请先行支付后，原告实际向岑某支付前，被告与岑某自行签订了《执行和解协议》，约定被告与第三人以 20 000 元终结赔偿事宜，岑某不再向被告追偿判决书项下的剩余款项，虽然被告称其不清楚岑某与原告的关系，又称对岑某申请先行支付不知情，但该协议中注明“被执行人承诺本协议不会上交给社保局，如被执行人不履行该承诺，申请人则按原判决书要求继续履行其余款项义务”，即被告与岑某主观上有向社保机构隐瞒该协议的合意，由此可知，被告与岑某签订《执行和解协议》时，已明知协议内容有可能对社保机构的权益造成影响，否则无需特别约定对社保机构隐瞒该协议；岑某向原告隐瞒了其与被告达成协议并收取 20 000 元赔偿款之事，致使原告向其先行支付了医疗费 47 360.36 元，被告持《执行和解协议》对原告的追偿提出抗辩，国家建立包括基本医疗保险、工伤保险等社会保险制度，目的在于保障公民在年老、工伤、失业、生育等情况下依法从国家和社会获得物质帮助，社会保险是带有公益性质的特殊保险，被告与岑某签订的《和解执行协议》属恶意串通损害损害国家、集体或者第三人利益的行为，不能据此对抗原告的合法权利。被告与岑某在《执行和解协议》中没有约定赔偿款 20 000 元的赔偿项目，而一审法院及佛山市中级人民法院的民事判决书判决被告除医疗费外，还需向岑某赔偿 21 320 元（80 023.44 元 – 医疗费

58 703.44 元），因此，被告向岑某支付的 20 000 元赔偿款未超出其对医疗费以外其余赔偿项目的赔偿责任，被告主张根据该 20 000 元在医疗费中所占比例计算退还金额理由不成立，一审法院不予采纳。（2013）佛顺法容民初字第 121 号、（2013）佛中法民一终字第 1087 号判决被告原告在诉讼中已明确表示其在本案中要求向被告追偿，而非要求岑某返还，是原告对自己权利的合法选择，没有违反法律规定，据此，原告请求被告偿还向岑某先行支付的工伤医疗费 47 360.36 元，并从起诉之日，即 2014 年 7 月 9 日起按中国人民银行同期同类贷款利率计付利息理由充分，一审法院予以支持。

二审法院认为：《社会保险法》第 42 条规定："由于第三人的原因造成工伤，第三人不支付工伤医疗费用或者无法确定第三人的，由工伤保险基金先行支付。工伤保险基金先行支付后，有权向第三人追偿。"《社会保险基金先行支付暂行办法》第 12 条规定："社会保险经办机构按照本办法第三条规定先行支付医疗费用或者按照第五条第一项、第二项规定先行支付工伤医疗费用后，有关部门确定了第三人责任的，应当要求第三人按照确定的责任大小依法偿还先行支付数额中的相应部分。第三人逾期不偿还的，社会保险经办机构应当依法向人民法院提起诉讼。"本案中，岑某因案涉交通事故所受之伤害已被认定为工伤，该事故伤害由于申某的原因造成，且申某并未按生效法律文书确定的期限履行己方的赔偿义务，某社会保险基金管理局基于岑某的申请先行支付了相关医疗费用后，向申某行使追偿权，符合前述法律规定，应予支持。申某现以其与岑某达成《执行和解协议》并已履行完毕作为抗辩事由。对此，法院认为，从岑某与申某关于双方在机动车交通事故责任纠纷案中的调解过程陈述，及嗣后双方订立的《执行和解协议》中关于"被执行人承诺本协议不会上交给社保局，如被执行人不履行该承诺，申请人则按原判决书要求继续履行其余款项义务"的内容，可知协议双方明知或应知其处分行为可能损害某社会保险基金管理局依法享有的权益，仍故意为之；客观上，申某亦实际持该协议对抗工伤保险基金的追偿权，故一审认定申某与岑某在《执行和解协议》项下之相关约定属恶意串通行为，不能对抗某社会保险基金管理局本案依法行使的追偿权，并无不当。至于申某向岑某支付的 20 000 元赔偿款，未超出其对医疗费以外其余赔偿项目的给付责任，故不足以认定岑某已从申某处获得医疗费用赔偿。

［裁判结果］

一审法院判决：申某于本判决发生法律效力之日起五日内向原告某社会保险基金管理局返还先行支付的工伤医疗费 47 360.36 元及利息（利息计算方法：从 2014 年 7 月 9 日起至清偿之日止，按中国人民银行公布同期同类贷款利率计算)。

二审法院判决:驳回上诉,维持原判。

[**裁判思路**]

在社会保险覆盖面日益广泛的今天,侵权行为发生后,侵权人与受害人出于各种考虑,一方面约定侵权人仅承担部分赔偿责任,受害人放弃余款的请求,另一方面由受害人基于社会保险关系向社会保险基金索赔,把社会保险基金的赔付或垫付视为侵权人赔偿责任的补充,这种现象已越来越普遍。侵权人和受害人之间的这种协议,能否对抗社会保险基金的追偿权呢?国家建立包括基本医疗保险、工伤保险等社会保险制度,目的在于保障公民在年老、疾病、工伤、失业、生育等情况下依法从国家和社会获得物质帮助,社会保险是带有公益性质的特殊保险。本案所涉的社会保险基金先行支付制度目的是在受害人不能从侵权人处及时获得赔偿的情况下,给予受害人基本物质帮助,而非减少侵权人应承担的民事责任。因此,社会保险基金向受害人先行支付医疗费后,有权向侵权人追偿。侵权人与受害人就赔偿自行达成协议,如果其内容不利于社会保险基金行使追偿权,影响社会保险基金提供社会保障能力的,属恶意串通损害国家、集体或者第三人利益的行为,不能以此对抗社会保险基金的追偿权。

[**法律法规链接**]

《社会保险法》第42条

《社会保险基金先行支付暂行办法》第12条

33. 高速公路管理者提供单方制作的路政巡查表等证据能否证明其已履行安全保障义务

【**典型案例**】

某财产保险公司诉某高速公司保险人代位求偿权案

[**案号**]

(2016)粤01民终2106号

[**案情**]

2013年7月5日23时10分,廖某驾驶粤JX××××号车在S26线(江门段)100公里处发生事故,江门市公安局交通警察局作出道路交通事故认定书。事故认定书认定：廖某驾驶粤JX××××号车，因措施不当与路中钢条发生碰撞，造成车辆右前轮、右后轮、车底损坏，廖某承担事故全部损失。上述交通事故发生之后，涉案车辆粤JX××××号车主即被保险人陆某于2013年7月6日向原告某财产保险公司申请理赔，并于2013年7月26日向原告某财产保险公司提供相应的理赔资料，并提供了粤JX××××号车辆10 970.09元维修费发票，同日，陆某向原告某财产保险公司出具权益转让书，将涉案交通事故向责任方就本次损失追偿的权益转让给原告某财产保险公司。2013年8月6日，原告某财产保险公司向陆某转账支付10 970元。

在诉讼中，被告某高速公司提交了《高速公路路政巡查记录表》《江鹤路政队过站记录表》等证据，以证明其已履行公路管理义务，另还提供了《江鹤高速公路一期委托管理合同书》，该合同书约定江门市江鹤高速公路有限公司（以下简称江鹤高速公司）将江鹤高速公路一期（龙湾至共和段K83 +613 – K102 +662）的收费营运管理（含路政管理），以及所辖蓬江主线收费站的收费管理委托给被告某高速公司，合同有效期从2013年1月1日上午8时起至2014年1月1日上午8时止。涉案车辆交通事故发生路段为S26线（江门段）100公里处，为江鹤高速公司委托被告某高速公司管理收费的路段。被告某高速公司据此认为本案责任应由江鹤高速公司承担。原告某财产保险公司提交的涉案车辆高速公路通行费发票盖章为“广东江中高速公路有限公司”。

［法院认为］

一审法院认为：本案为保险人代位求偿权纠纷。《保险法》第60条第1款规定：“因第三者对保险标的的损害而造成保险事故的，保险人自向被保险人赔偿保险金之日起，在赔偿金额范围内代位行使被保险人对第三者请求赔偿的权利。”本案保险车辆在S26线（江门段）100公里处与路上钢条发生碰撞事故并导致车辆受损的事实，有交警部门的事故认定书以及原告某财产保险公司提交的车险损失核损单、车险维修费发票、车辆受损状况照片等证据为证，一审法院予以确认。原告某财产保险公司根据保险车辆受损情况和相关维修费发票的金额向被保险人赔付保险金，属于履行保险义务的行为，在赔付保险金后，有权依照《保险法》有关规定向第三者行使代位求偿权。

《公路法》第35条规定：“公路管理机构应当按照国务院交通主管部门规定的技术规范和操作规程对公路进行养护，保证公路经常处于良好的技术状态。”《收费公路管理条例》第26条第1款规定：“收费公路经营管理者应当按照国家规定的标准和规范，对收费公路及沿线设施进行日常检查、维护，保证收费公路处于良好的技术状态，为通行车辆及人员提供优质服务。”驾驶员廖某驾车进入江门市江鹤高速S26线（江门段）即与被告某高速公司形成有偿服务合同关系，按照合同关系的权利义务一致的原则，被告某高速公司作为事故发生路段公路的营运单位，收取过往车辆通行费用，负有保持高速公路的良好技术状态，提供高效、安全的运行环境的责任。被告某高速公司提供了高速公路路政巡查记录表、江鹤路政队过站记录以证实其对公路进行了定期巡查，且认为对公路的巡查符合监管部门及相关行政法规的规定，但被告某高速公司的巡查和养护并没有达到保障公路安全通行的目的，没有及时清除路面上的钢条，致使被保险人与路面上钢条发生碰撞，足以证明被告某高速公司在公路维护、管理上存在瑕疵，应承担相应的违约责任。事发路段为被告某高速公司代江鹤高速公司收费管理，该路段的养护义务仍属于江鹤高速公司负责，因被告某高速公司与江鹤高速公司签订的《江鹤高速公路一期委托管理合同书》属两公司之间的约定，不能对抗第三人，且相关高速公路通行费发票体现的有偿服务合同关系产生于通行车辆与被告某高速公司之间，故对被告某高速公司要求江鹤高速公司承责的抗辩意见，法院不予采纳。

合同责任虽然是以严格责任为归责原则的，但当事人双方对损害结果发生是否存在过错，在确定合同责任时仍然是必须考虑的重要因素。《道路交通安全法》第 22 条第 1 款规定："机动车驾驶人应当遵守道路交通安全法律、法规的规定，按照操作规范安全驾驶、文明驾驶。"机动车驾驶人驾驶机动车时亦应当遵守交通法规，严格按照行业规章、操作规程和行业惯行安全驾驶机动车，保持高度警惕，注意观察道路情况，努力排除在各种情况下出现的险情，避免发生危险。本案中，根据交警部门的事故认定书，保险车辆发生事故的原因是驾驶员碰撞路上钢条，可证明驾驶员在驾驶方面存在过失，应适当减轻被告某高速公司的违约责任。鉴于高速公路属于高效封闭的交通设施，在高速公路正常运营中，驾驶人对高速公路设施环境处于完好、安全状态具有正当信赖。因此，综合双方的责任，被告某高速公司作为高速公路运营者，未尽到保障行车安全的义务，应承担被保险人损失的 80% 为宜。交警部门对交通事故作出驾驶人承担事故全部责任的认定，虽然道路交通事故认定书中未提及被告某高速公司，但交通事故责任认定的责任主体、判断方法、归责原则等均与合同关系中过错责任的认定有所不同，故不影响法院根据事故具体情形对过错责任作出认定。被告某高速公司以交警部门认定驾驶员廖某承担事故全部责任为由，认为其不需对交通事故承担责任，理由不成立，法院不予采纳。

关于诉讼时效问题，原告某财产保险公司于 2013 年 8 月 6 日向被保险人陆某支付保险费，故诉讼时效应从该时间起算。原告某财产保险公司于 2015 年 8 月 4 日向法院提交相关起诉材料，故其起诉未超过诉讼时效，对于被告某高速公司关于诉讼时效的抗辩，法院不予采纳。

原告某财产保险公司虽然已向陆某赔偿保险金，但在代位行使陆某对第三者请求赔偿的权利时，仍应根据第三者对保险标的的损害后果所承担的责任范围确定赔偿金额，被告某高速公司应承担的事故损失金额为8776元（10 970元 ×800%），原告某财产保险公司主张被告某高速公司支付利息，合理合法，一审法院亦予以支持。

二审法院认为：本案二审焦点问题是，某高速公司是否应承担违约赔偿责任。第一，事故车辆在江中高速管理收费路段通行，江中高速公路公司向事故车辆驾驶人员收取高速公路通行费并提供了发票，一审关于通行车辆与江中高速公路公司之间建立有偿服务合同关系的认定正确。某高速公司为确保其管辖的路段安全施工与江门市信通通信工程有限公司签订有《G94/S26高速公路施工安全协议书》，说明某高速公司对涉案路段的管理并不限于收费管理，而应包括道路安全通行的保障等职责。故某财产保险公司以某高速公司违反保障道路畅通的合同义务等为由起诉某高速公司，符合合同相对性的原理。关于某高速公司与江鹤高速公司之间的合同约定，属两公司之间的约定，一审关于该约定不能对抗第三人的认定正确，二审法院予以维持。第二，事故认定书载明的事故路段是在S26线（江门段）100公里处，与归档时间为2013年8月15日的涉案《广东省路政档案》记载的施工项目为S26K99 +700至K100 +050路段排水工程施工路段相吻合，说明涉案事故应发生在江门市信通通信工程有限公司施工路段附近。事故发生的时间是在2013年7月5日23时10分左右，而根据中江高速公路路政大队《中江高速公路路政大队施工现场安全检查记录表》载明的内容，结合某高速公司的《高速公路路政巡查记录表》《江鹤路政队过站记录》等证据，事故发生路段在事故发生时间前后，交通路标志等安全设施摆放符合规定，未有异常情况，某高速公司也依照规定对涉案路面进行了巡查并作出记录，记录内容与中江高速公路路政大队的记录表内容基本吻合。以上事实说明中江高速公司已适当履行了保障道路畅通、车辆正常行驶的义务。第三，事故路段无人施工并设置了警示标志，交警部门出具的事故认定书也认定事故是因驾驶人员措施不当与路中钢条发生碰撞而导致的，某财产保险公司并未举证证实事故发生有其他的具体原因，故某高速公司主张事故是因驾驶人员未留意安全警示标志导致的，应更符合客观事实。《合同法》第107条规定：“当事人一方不履行合同义务或者履行合同义务不符合约定的，应当承担继续履行、采取补救措施或者赔偿损失等违约责任。”某财产保险公司未举证证实事故发生系某高速公司的违约行为造成，故其请求某高速公司承担违约赔偿责任的依据不足，二审法院不予采纳。

[裁判结果]

一审法院判决：一、被告某高速公路有限公司于本判决发生法律效力之日起十日内向原告某财产保险股份有限公司江门中心支公司赔偿 8776 元及该款利息（利息按照中国人民银行规定的同期同类贷款利率从 2015 年 8 月 4 日起计至款项清偿之日止）；二、驳回原告某财产保险股份有限公司江门中心支公司的其他诉讼请求。

二审法院判决：一、撤销广东省广州市越秀区人民法院（2015）穗越法金民初字第 2998 号民事判决；二、驳回某财产保险股份有限公司江门中心支公司的诉讼请求。

[裁判思路]

本案是高速公路上的路面障碍物造成公路使用人的财产损失而引起的保险人代位求偿权诉讼。随着高速公路通车里程的不断增加，轿车更多地进入寻常百姓家，类似此类案件的纠纷也越来越多地诉之于法院，但是在审理实践中，各地法官对于该类案件的事实认定及责任认定均有不同看法，界限把握不一。

1. 保险人代位求偿权的诉讼时效起算时间的认定。

根据《民法通则》第 135 条“向人民法院请求保护民事权利的诉讼时效期间为二年，法律另有规定的除外”的规定①，通常情况下，诉讼时效的期间均为二年，但具体到本案中，两年诉讼时效的起始时间如何认定，原、被告存在争议。被告某高速公司认为原告从被保险人 2013 年 7 月 6 日向其索赔之日起就知道或者应当知道权利被侵害，被保险人是在 2013 年 7 月 26 日向某财产保险公司签署《赔款收据及权益转让书》，故不论以上述哪个日期计算，原告于 2015 年 8 月 4 日向法院提起本案诉讼已超过诉讼时效期间。过去，由于我国法律对保险代位求偿权的诉讼时效没有作出明确的规定，实践存在两种意见。第一种意见认为，应当从保险事故发生之日起计算，是因为保险代位求偿权在本质上属于债权的转让，其权利的来源、产生的原因和基础，是保险人代替被保险人向第三人行使损失赔偿的请求权，只是所获得的利益应归于保险人而已，因此，保险代位求偿权诉讼时效的起算时间应从保险事故发生之日起计算；第二种意见认为，应当从保险人向被保险人支付保险赔偿金之日起计算，根据《保险法司法解释（二）》第 16 条第 2 款规定，保险人代位求偿权的诉讼时效期间应自其取得代位求偿权之日起算。我国《保险法》

---

① 2017 年颁布的《民法总则》第 188 条第 1 款规定：“向人民法院请求保护民事权利的诉讼时效期间为三年。法律另有规定的，依照其规定。”

第 60 条“保险人自向被保险人赔偿保险金之日起，在赔偿金额范围内代位行使被保险人对第三者请求赔偿的权利”的规定，故保险人的代位求偿权应自其向被保险人赔偿保险金之日起开始计算诉讼时效。具体到本案中，原告于 2013 年 8 月 6 日向被保险人支付了保险赔偿金，原告的诉讼时效应从该日起计算，原告的起诉未超过诉讼时效。

2. 高速公路管理者按规定的频率和要求进行巡查能否证明其履行了安全保障义务。

根据《合同法》规定的违约损害赔偿的归责原则，高速公路管理者的过错是推定过错，在这种情况下，合同违约责任都是由违约一方证明自己没有过错，才能免除民事责任，事实上当车辆在高速公路上行驶，因路面有障碍而造成损害，可以推定高速公路管理部门主观上有过错。衡量这种过错的标准应该是客观标准，即高速公路管理部门只要不能证明自己对于损害的发生没有过错，就应当认定其有过错，应当负赔偿责任。我国《公路法》第四章“公路养护”部分第 35 条对公路养护作了如下规定：“公路管理机构应当按照国务院交通主管部门规定的技术规范和操作规程对公路进行养护，保证公路经常处于良好的技术状态。”国务院颁布的《公路安全保护条例》第四章“公路养护”部分第 44 条规定：“公路管理机构、公路经营企业应当加强公路养护，保证公路经常处于良好技术状态。前款所称良好技术状态，是指公路自身的物理状态符合有关技术标准的要求，包括路面平整，路肩、边坡平顺，有关设施完好。”第 47 条第 1 款对公路巡查作出规定：“公路管理机构、公路经营企业应当按照国务院交通运输主管部门的规定对公路进行巡查，并制作巡查记录……”。由此可以看出，现行法律法规规定了当由高速公路经营企业对高速公路进行管理时，其负有保证高速公路经常处于良好的技术状态以及巡查并制作巡查记录的义务。

具体到本案中来，何种情况下可以证明高速公路管理者已尽到了养护义务，还应按照国务院交通主管部门规定的技术规范和操作规程加以判断。根据交通运输部相关行业技术管理的规范性文件《公路养护技术规范》之规定，“各种路面应定期清扫，及时清除杂物，以保持路面和环境的清洁”，交通部在《关于请求明确（公路养护技术规范）有关条款含义的紧急请示的答复》（交公便字〔2001〕66 号）中亦对该条款作出过明确解释：“该条规定中的‘及时’并不等于‘随时’，《公路养护技术规范》没有也不可能要求公路养护单位对路面杂物做到随时清除。因此，如果公路养护单位按照规定的频率或有关工作要求做到了定期清扫，即不能认为其疏于养护。”本案中的交通事故认定书载明的事故路段是在 S26 线（江门段）100 公里处，与归档时间为

2013 年 8 月 15 日的涉案《广东省路政档案》记载的施工项目为 S26K99 +700 至 K100 +050 路段排水工程施工路段相吻合，说明涉案事故应发生在江门市信通通信工程有限公司施工路段附近。事故发生的时间是在 2013 年 7 月 5 日 23 时 10 分左右，而根据中江高速公路路政大队《中江高速公路路政大队施工现场安全检查记录表》载明的内容，结合某高速公司的《高速公路路政巡查记录表》《江鹤路政队过站记录》等证据，事故发生路段在事故发生时间前后，交通路标志等安全设施摆放符合规定，未有异常情况，某高速公司也依照规定对涉案路面进行了巡查并作出记录，记录内容与中江高速公路路政大队的记录表内容基本吻合。可以认定被告某高速公司在合理履行了其保障高速公路行驶环境安全、通畅的相关义务之前提下，对清扫及巡查间隔期间路面上随时可能出现障碍物无法预见，亦无法做到随时清除，就本案损害的发生而言，被告某高速公司不存在过错，无过错即无责任，故被告不需要对公路使用人进行赔偿，原告的代为求偿权亦相应不予支持。

［**法律法规链接**］

《保险法》第 60 条

《保险法司法解释（二）》第 16 条

第三节　举证责任规则

导　读

由于我国保险事业起步较晚，保险业还不够成熟与完善，各种保险合同争议也呈现出高发态势。在保险合同纠纷中，如何在保险合同纠纷当事人之间进行举证责任的分配就成为影响案件审理的一个重要实践课题。

一、保险事故发生后的当事人的义务

当事人签订的保险合同生效后，当事人应当按照合同约定，全面完成各自承担的约定义务，以满足他人权利的实现。被保险人的义务一般包括交付保险费、防止或者避免出现保险事故、危险程度增加的通知、保险事故的通知和施救等。保险人的义务一般包括积极防灾减损、支付保险金、保密等。

事故发生后，对于被保险人而言，其有责任尽力采取必要的措施，减少损失或者防止损失的进一步扩大，且应当在知悉保险事故后，及时通知保险人。通知保险人主要有两个方面的作用：一是使保险人能够迅速调查事实真相，查明证据和事实，以便确定自己应当承担的责任范围；二是便于保险人及时处理和承担责任。《保险法》并没有规定出险通知的具体时限，只是确定了“及时通知”原则。在出险通知的内容与方式上，一般要求对保险事故发生的原因、地点、时间、程度等内容以最迅速的方式通知保险人。除此之外，被保险人还应当根据合同约定提供材料证明保险事故的性质、原因、损失程度等。被保险人积极履行保险事故的通知和施救义务，不仅可以使保险人迅速了解和调查事故真相，便于理赔，还可以便于保险人及时协助被保险人抢救保险标的，减轻损失。在保险事故发生后，被保险人为了防止或者减少保险标的的损失所支付的必要的、合理的费用，应由保险人承担。

在保险事故发生后，对于保险人而言，核实财产损失额是保险人应当承担的重点工作之一。保险事故发生后，保险人应当在第一时间赶赴现场，协助被保险人消除、减轻灾害损失，并及时采取有效措施保护事故现场，对保险事故作勘查、核定和定性，为下一步核实财产损失做好准备。保险人可以要求被保险人协助，并要求其对相关书面文件、照片、影像制品进行确认。为了保证勘验、调查的结果具有公信力，可以及时通知公安、防洪、防震、气象、水利等专业机构人员进行实地勘察并出具书面证明。

二、被保险人的举证责任范围

（一）被保险人的证明责任受法律规定和保险合同约定的双重限制

根据《保险法》第22条的规定，保险事故发生后，按照保险合同请求保险人赔偿或者给付保险金时，投保人、被保险人或者受益人应当向保险人提供其所能提供的与确认保险事故的性质、原因、损失程度等有关的证明和资料。这里“其所能提供的”一词应当包含两层含义：首先，这一规定体现了对被保险人主观上为索赔而充分举证的信赖。一方面，法律推定被保险人为了及时充分获得保险赔付，在主观上具有提交其所能提供的一切证明和资料的意愿，这也符合“最大诚信原则”的立意和宗旨；另一方面，被保险人应当充分、如实提供其所能提供的全部相关证明和资料，如果被保险人存在提交伪造、变造的证明和资料的，编造虚假的事故原因、夸大损失程度或者故意制造保险事故的，为隐瞒相关事实拒绝提交其应当提交的有关证明和资料的，被保险人因此必须承担举证不能的民事法律后果；情节严重的，可能要承担保险诈骗的刑事法律后果。其次，《保险法》要求被保险人提供的证明和资料指的是被保险人在客观条件下通过合理途径所能取得的证明和资料。考虑到被保险人的能力、对相关资料获取的难易程度以及取得资料可能付出的代价大小，被保险人的举证范围不应当超出其力所能及的范围。一般情况下，除非保险合同对被保险人的索赔要求有明确规定，否则，被保险人无需特别提供专业机构出具的鉴定意见或者专门机关出具的证明。

保险人要求被保险人提供的证明和资料的范围受到保险合同约定的限制，保险人无权要求被保险人提供合同明确约定的范围以外的证明和资料。如果保险合同对被保险人应当提供的证据和资料范围未作明确约定，而是概括式地进行表述，此时，对这些概括式表述的理解也应当以有利于被保险人的方式进行解释。保险人不得要求被保险人提供超出其举证范围以外的证据。结合《保险法》及《民事诉讼证据规定》的相关规定，索赔方在提供了其客观上能够提供的材料后，且不存在故意或过失不提供其他相关材料的情形，如果根据这些证据能够初步证明事故发生在保险责任范围内，索赔方即完成了证明保险事故发生的举证责任，即法律不强加给一方苛刻并难以履行的义务，索赔方只需及时、如实提供自己能力范围内的证明材料即可。据此，可以看出，索赔方的举证责任为初步举证责任。

（二）保险人对保险财产损失的确定负最终证明责任

根据《保险法》第 23 条、第 25 条的规定，保险人收到被保险人的索赔请求及相关的证明和资料后，及时、最终核定损失即是保险人的义务。这实际上明确了保险人对保险财产损失的最终证明责任。尽管法律作了明确规定，投保人、被保险人或者受益人知道保险事故发生后，应当及时通知保险人，但唯有在被保险人具有故意或者重大过失未及时履行通知义务，并且因为这种故意或者重大过失直接导致财产损失无法确定的情况下，才能免除保险人对此类损失的证明责任。除此之外，保险人仍须对保险财产损失的确定承担最终证明责任。为了进一步强调保险人的最终证明责任，《保险法》还明确规定，即便投保人、被保险人或者受益人在保险事故发生后未及时通知保险人，保险人通过其他途径已经及时知道或者应当及时知道保险事故发生的，仍须对保险财产损失无法确定的部分承担举证责任；保险人不得以被保险人尚未通知为由推卸自身的证明责任。

保险公司如果拒绝承担保险责任，至少应当证明：（1）该事故不属于保险事故；（2）该事故虽然属于保险事故，但符合保险合同所约定的除外责任情形；（3）该事故属于保险事故，但符合保险法规定的法定免除责任情形。如果保险公司不能证明属于以上三种情形之一的，应当承担赔付责任。《保险法》第 23 条规定："保险人收到被保险人或者受益人的赔偿或者给付保险金的请求后，应当及时作出核定。”由此说明，核定保险责任是保险人履行理赔义务的关键环节，也是确定保险人是否承担保险责任的前提条件，这一过程中，保险人有权对相关事实进行调查，并对保险金请求权人提供的各项单证和其他证明材料有权进行审查，之后才能核定事故发生给保险标的造成的损失是否属于保险人赔偿责任的范围。经过调查和核定，如果保险人要拒绝保险金请求权人的索赔请求从而排除自己的赔偿责任，保险人必须为其拒绝赔偿的主张承担相应的举证责任，证明事故的发生属于除外责任。如果保险公司本身不能证明危险事故属于除外责任，即使其认为保险金请求权人提供的（出险原因）证明不具有完全的排他性，也可直接认定保险金请求权人的主张成立。关于保险纠纷中的举证责任，应区分保险事故的举证责任与免责事由的举证责任，被保险人对保险事故的发生承担举证责任，保险人对免责事由的存在承担举证责任。

34. 被保险人猝死的举证责任分配

【典型案例】

李某诉某人寿保险公司意外伤害保险合同案

［案号］

（2012）茂中法民四终字第77号

［案情］

2011年2月18日和2012年2月28日，被保险人张某向某人寿保险公司购买了两份意外伤害保险，保险单号分别为720444070183×××、720444070221×××，保险期限为一年，险种为：国寿综合意外伤害保险—意外伤害（保险金额100 000元）、国寿综合意外伤害保险—意外医疗（保险金额10 000元）、国寿附加绿舟意外住院定额给付医疗保险（保险金额3600），受益人为张某的母亲李某，受益份额100/100。保险单号为720444070183×××的意外伤害保险于2012年2月17日到期，保险到期后，被保险人张某交付了续保保险费，保险期间自届满的次日起延续有效一年。保险单所附《国寿综合意外伤害保险利益条款》第4条保险责任约定：“在本合同保险期间内，被保险人遭受意外伤害，本公司依下列约定给付保险金：一、被保险人自该意外伤害发生之日起一百八十日内因该意外伤害身故，本公司按本合同约定的意外伤害保险金额扣除已给付残疾保险金后的余额给付身故保险金，本合同终止……；第 12 条释义约定，意外伤害指遭受外来的、突发的、非本意的、非疾病的客观事件致使身体受到伤害。”2012 年 3 月 7 日晚，被保险人张某唱卡拉 ok、喝啤酒、可乐后回家睡觉，次日凌晨被发现已死亡。2012 年 3 月 8 日早，李某向某人寿信宜支公司报案，该支公司强调要尸检并要请中山大学法医鉴定中心专家作鉴定。2012 年 3 月 10 日，李某委托中山大学法医鉴定中心对尸体进行了检验，并支付了尸检鉴定费 9500 元。2012 年 4 月 17 日，中山大学法医鉴定中心作出《司法鉴定意见书》分析说明张某在饮酒及重型颅脑损伤术后，符合猝死的病理变化。《司法鉴定意见书》作出后，李某向某人寿保险公司提出索赔申请，某人寿保险公司于 2012 年 4 月 28 日作出《拒绝给付保险金通知书》，通知书称：经核实，被保险人猝死，不符合意外死亡保险责任，保险公司不承担本次事故的保险责任，合同终止。

[法院认为]

一审法院认为：张某与某人寿保险公司签订的保险合同是双方当事人的真实意思表示，不违反法律法规的强制性规定，合法有效。张某依约交纳了保险费，在其死亡后，李某作为保险合同的受益人，在本案中享有保险金受偿请求权。本案的争议焦点是被保险人张某的猝死是否属于意外伤害范围。本案所涉保险合同中，“意外伤害”指遭受外来的、突发的、非本意的、非疾病的客观事件致使身体受到的伤害。本案中，通过中山大学法医鉴定中心对被保险人张某的鉴定意见所进行的分析说明，被保险人张某的死亡可以排除机械性暴力作用致死，即缺少致死的外来原因。因此，结合本案的证据分析，被保险人张某的死亡不应属于保险合同约定的意外伤害致死。李某认为被保险人张某的死亡符合保险合同中保险责任的约定，应当对张某的死亡属于意外伤害致死负有举证责任，因李某未能提供证据证明被保险人张某的死亡属意外伤害致死，故李某请求某人寿保险公司给付保险金的诉讼请求，依法无据，不予支持。

二审法院认为：中山大学法医鉴定中心作出的《司法鉴定意见书》认定张某属于猝死，但无法查明张某的死亡原因，即无法查明张某是否为疾病所导致，该《司法鉴定意见书》排除机械性暴力作用致死，但无法排除所有的外来因素。根据《保险法》第 21 条及第 22 条第 1 款的规定，被保险人张某死亡后，李某已及时通知了某人寿保险公司，并申请中山大学法医鉴定中心对张某的死亡原因进行鉴定，李某作为保险受益人履行了被保险人张某出险后应尽的义务，并提供了相关证据。因此，李某已完成了投保人、受益人应承担的举证责任。根据《保险法》第 23 条第 1 款的规定，某人寿保险公司接到报案后，应及时履行勘查、核定等义务，核定张某的死亡原因。某人寿保险公司虽然认为张某的死亡属于免赔的范围，但其没有提供证据证实张某的死亡是由于疾病、内在原因所导致，也没有申请司法鉴定机构对张某的死亡原因进行重新鉴定，且涉案保险合同也没有将猝死列为免赔条款范围内。因此，某人寿保险公司应承担举证不能的法律后果。一审判决适用法律错误，应予以纠正。

[裁判结果]

一审法院判决：驳回李某的诉讼请求。

二审法院判决：一、撤销茂名市茂南区人民法院（2012）茂南法民初字第1007号民事判决；二、限某人寿保险公司于本判决发生法律效力之日起10日内赔付李某保险金200 000元及鉴定费9500元。

[裁判思路]

保险事故发生后，在保险合同当事人之间，存在一个举证责任分配的问题。本案争议的焦点并不是猝死是否属于意外伤害保险的责任范围，而在于猝死死因的证明责任。

《民事诉讼法》第64条规定："当事人对自己提出的主张，有责任提供证据。"《保险法》第22条规定："保险事故发生以后，按照保险合同请求保险人赔偿或者给付保险金时，投保人、被保险人或者受益人应当向保险人提供其所能提供的与确认保险事故性质、原因、损失程度等有关的证明和资料。"投保人、被保险人、受益人及保险公司均负有一定的证明责任，举证的第一阶段应由保险金请求人（即投保人、被保险人或受益人）完成，且被举证责任是有限度的，即其"向保险人提供其所能提供的与确认保险事故性质、原因、损失程度等有关的证明和资料"后，便已视为完成了初步证明责任。本案中，被保险人张某猝死后，其保险金请求人（受益人）李某在第一时间通知了保险人，并依据保险人的意见申请了司法鉴定和提供了《司法鉴定意见书》等证据，已经完成了其法律规定的初步证明责任。

在这种情况下，举证进入第二阶段，保险人应根据已有证据作进一步调查，若保险人在证明保险事故发生的原因和性质的过程中没有完全履行自己应担的证明责任，则要承担举证不利的法律后果。本案中，保险人某人寿保险公司接到受益人李某的通知和尸体解剖鉴定后，理应及时履行勘查、核定等义务，核实被保险人的死亡原因，但保险人既没有提供证据证实被保险人的死亡是由于疾病、内在原因所导致，也没有申请司法鉴定机构对被保险人的死亡原因进行重新鉴定，且涉案保险合同也没有将猝死列为免赔条款范围内，在最终没有证据证明或者不能排除被保险人张某不是由于意外伤害死亡的情况下，某人寿保险公司应承担举证不能的法律后果，即赔付保险金。

此外，本案还涉及格式条款中相关概念的理解与认定的问题。保险合同为格式合同，由保险人即保险公司提供，其中一些相关的概念和释义由保险公司确定。

本案中，保险人对“意外伤害”的释义为遭受外来的、突发的、非本意的、非疾病的客观事件致使身体受到的伤害。而关于“猝死”，一般认为，其原因包括病理性和非病理性两个方面。猝死只是一种死亡表现形式，而非死亡原因。导致猝死的原因，可能是疾病，也有可能是非疾病，不能将猝死简单等同于疾病致死。本案中，保险合同虽然没有对“猝死”进行定义和释义，但对免责条款进行了约定，对“意外伤害”进行了定义，而非病理性的“猝死”并没有排斥在保险合同所定义的“意外伤害”的内涵和外延之外。保险条款中“意外伤害”的释义存在瑕疵，对非病理性猝死是否属于意外伤害未作出界定。而保险合同属于格式合同，当保险合同出现两种不同的解释时，法院应作出不利于保险公司的解释。本案中的保险人某人寿保险公司认为被保险人张某猝死是自身疾病引起，不属于意外伤害的抗辩理由是不成立的。

[法律法规链接]

《保险法》第 21 条、第 22 条、第 23 条

35. 网络投保情形下免责条款之举证责任分配

【典型案例】

朱某、常某诉某财产保险公司人身保险合同案

[案号]

（2015）二中民（商）终字第 08403 号

[案情]

2013 年 5 月，投保人朱某祥（原告朱某之父、常某之子）在被告某财产保险公司投保渤海 e 通卡个人意外伤害险，保险单号 211010××××26257、21 1010××××26261。保险期间是 2013 年 5 月 25 日 0 时至 2014 年 5 月 24 日 24 时。在保险公司工作人员激活本保险卡时，选择的受益人是法定继承人。2013 年 8 月 12 日，原告朱某之父、常某之子朱某祥在北京某养殖场的鱼池中意外溺水身亡。事故发生前，投保人朱某祥在北京某养殖场工作，职务

是养殖工，代码是010301，属于100%赔偿职业类别系数。该笔保险由某财产保险公司工作人员张某某具体承办，由保险公司工作人员进行激活，投保人和法定受益人均没有委托张某某进行保险手续的办理，从始至终没有任何人向投保人和法定受益人解释保险内容，告知相关注意事项。被保险人朱某祥因溺水身亡后，原告及时通知了某财产保险公司进行理赔，后来某财产保险公司以被保险人不符合理赔条件为由拒绝理赔。

[**法院认为**]

一审法院认为：根据相关法律规定，对保险合同中免除保险人责任的条款，保险人在订立合同时应当在投保单、保险单或者其他保险凭证上作出足以引起投保人注意的提示，并对该条款的内容以书面或者口头形式向投保人作出明确说明；未作提示或者明确说明的，该条款不产生效力，现某财产保险公司拒赔的依据系《人身意外伤害保险条款》第6条（原因除外）和第7条（期间除外）的约定，该两条属于免除保险人责任的条款，但某财产保险公司提供的证据不足以证明其已经向朱某祥作出提示或者明确说明，故该条款并不产生效力，某财产保险公司以此为据拒赔没有合同依据。另外，现有证据亦不足以证明被保险人朱某祥系因故意犯罪而导致身故，故某财产保险公司拒赔亦无法律依据。因此，作为被保险人的朱某祥身故后，朱某、常某作为其第一顺序继承人，有权要求某财产保险公司给付相应保险金，故法院对朱某、常某的诉讼请求予以支持。

二审法院认为：根据《民事诉讼证据规定》第2条规定，当事人对自己提出的诉讼请求所依据的事实或反驳对方诉讼请求所依据的事实有责任提供证据加以证明。没有证据或证据不足以证明当事人的事实主张的，由负有举证责任的当事人承担不利后果。《保险法》第17条规定：订立保险合同，采用保险人提供的格式条款的，保险人向投保人提供的投保单应当附格式条款，保险人应当向投保人说明合同的内容。对保险合同中免除保险人责任的条款，保险人在订立合同时应当在投保单、保险单或者其他保险凭证上作出足以引起投保人注意的提示，并对该条款的内容以书面或者口头形式向投保人作出明确说明；未提示或者明确说明的，该条款不产生效力。本案中，某财产保险公司没有证据证明其对免赔条款向被保险人朱某祥说明，故该免赔条款对朱某祥不产生效力。

[**裁判结果**]

一审法院判决：某财产保险公司于本判决生效之日起十日内给付朱某、常某保险金20万元。

二审法院判决：驳回上诉，维持原判。

[裁判思路]

随着人民群众生活水平的不断提高，保险行业迎来了新的发展契机。伴随着信息化、网络化的浪潮，网络投保等新型投保方式有日渐扩大的趋势。在普及的过程中，网络投保的规范化势在必行。

1. 网络投保中，保险公司需对投保人收到保险条款承担举证责任。网络投保中，保险公司将保险类别、保险金额、保险费、保险条款等内容通过网页链接的形式予以展示。投保人投保时，一般通过输入本人身份证号码以确认本人的身份。由于网络的虚拟性，网络投保中可能出现投保人只是交纳保险费用，实际并非本人进行网络操作的情形。投保人亦不会实际在纸质文件上签收保险条款。投保人认可交纳保险费用，不认可已经收到保险条款的，保险公司主张投保人已经收到保险条款的，保险公司应当承担相应的举证责任。在网络化、无纸化的浪潮中，保险公司可以通过科技创新的方式，在投保人投保时进行同步摄影录像，确保投保人本人进行了网络投保。投保人委托他人进行网络投保的，投保人需向保险公司出具符合条件的授权委托书，保险公司审查后予以留存。双方对保险条款的交付与否有争议的，保险公司明确了投保时录像的投保规范后，保险公司可以提交投保时的录像材料等电子数据。

2. 网络投保中，保险公司需对保险合同的免责条款已尽提示及明确说明义务承担举证责任。网络投保作为新型的投保方式，保险公司无法留存投保单、保险单等纸质保险凭证，而留存有网页等电子数据作为保险凭证。投保人主张保险公司未将免责条款进行提示或明确说明的，保险公司对此应承担相应的举证责任。保险公司可以在网页中免责条款部分进行颜色加重或变色、字体加粗等形式进行凸显。同时，专门以单独的链接要求投保人对免责条款进行阅读并予以理解，并要求投保人明确是否要求保险公司的工作人员对相对条款再进行口头的明确说明。投保人在网络投保的同时，有必要的仍可以要求保险公司工作人员对免责条款进行口头说明。双方对保险条款中免责条款是否已尽提示及明确说明义务有争议的，保险公司在规范化操作中，可以采用当庭演示并提交相应网页等电子数据的形式，证明自己已经尽到了提示及口头说明义务。保险公司提交了相应证据，尽到了举证责任后，投保人对此不认可的，需提供足以反驳的证据。

[法律法规链接]

《保险法》第 17 条、第 23 条、第 45 条

36. 被保险人死亡系"意外"还是"自杀"的举证责任分配

【典型案例】

李某某诉某人寿保险公司支公司人身保险合同案

[案号]

(2015)曲少民终字第106号

[案情]

原告李某某是何某某的儿子。2014年2月26日，原告之母何某某与被告某人寿保险公司订立了《人身保险合同》(保险合同号码为P16000001111××××)投保人为何某某，被保险人为何某某，身故保险金受益人是原告李某某。投保的主险为平安智胜人生终身寿险(万能型)，保险金额为150 000元；附加一年期短险为无忧意外13(552)保险，保险金额为10 000元。保险合同成立及生效日是2014年2月26日。在合同签订后何某某向被告支付了保险费6000元。2014年8月5日，何某某在昆明市西山区大观河边千诺酒店死亡，经昆明市公安局西山分局对死亡现场及尸表进行勘验后作出何某某系高坠死亡，可排除他杀的检验意见。何某某死亡后其尸体被拉回罗平老家，并于2014年8月28日按照农村风俗予以土葬。在此期间，其丈夫即原告李某某的父亲李某刚在收拾何某某遗物时，发现何某某投保了人身保险，即于2014年8月24日向被告某人寿保险公司申请理赔，被告某人寿保险公司以被保险人本次事故属于《平安智胜人生终身寿险》《平安附加无忧意外伤害保险》条款约定的责任免除事项为由，作出了"歉难给付保险金"的决定。

[法院认为]

一审法院认为：依法成立的保险合同受法律保护。原告之母何某某与某人寿保险公司签订的《人身保险合同》是双方当事人的真实意思表示，何某某也按约支付了保费，故该保险合同合法有效。现本案双方当事人争议的焦点为:(1)被告对保险合同中免除保险人责任的条款内容是否以书面或者口头形式向投保人作出了明确说明?(2)被保险人何某某是否系自杀?举证责任由谁承担?(3)原告是否及时报案?(4)被告是否应当按照保险合同的约定对原告理赔。首先，保险合同是格式合同，条款由保险人事先拟定，极少反映投保人、被保险人或受益人的意思。且保险合同内容复杂，有许多被保险人不易理解的专业术语。因此从平衡投保人、被保险人或者受益人的利益出发，《保险法》第17条第2款规定“对保险合同中免除保险人责任的条款，保险人在订立合同时应当在投保单、保险单或者其他保险凭证上作出足以引起投保人注意的提示，并对该条款的内容以书面或者口头形式向投保人作出明确说明；未作提示或者明确说明的，该条款不产生效力。”本案中，被保险人何某某虽然在保险公司的电子投保申请确认书上签字，并按照该确认书上所书格式签写了内容为“本人已阅读保险条款、产品说明书和投保提示书，了解本产品的特点和保单利益的不确定性”的书面申请，但该申明系事前已经打好，投保人只要按照内容抄写即可，并不能足以证实被告对保险合同中免除保险人责任的条款内容以书面或者口头形式向投保人何某某作出了明确的说明。其次，被保险人何某某在被告某人寿保险公司投保了保险合同平安智胜人生终身寿险（万能型）和附加一年期无忧意外13（552）保险，此保险合同的成立这一基本事实双方当事人无异议，原、被告双方均予以认可。现在原、被告双方争议的焦点是被保险人何某某是死于“意外”还是“自杀”?《保险法》第22条第1款规定：“保险事故发生后，按照保险合同请求保险人赔偿或者给付保险金时，投保人、被保险人或者受益人应当向保险人提供其所能提供的与确认保险事故的性质、原因、损失程度等有关证明和资料。”就本案而言，原告方提供的确认保险事故性质、原因的证明材料是公安机关经过勘验调查后，作出的何某某系高坠死亡，可排除他杀的检验意见，同时公安机关并未作出被保险人何某某系自杀的意见。从保险合同来看，其“责任免除”一节中明确列举了“被保险人在主险合同成立起2年内自杀”等情形，责任免除顾名思义就是要免除自己的一些责任，其举证责任也就应由被告某人寿保险公司来承担，这样被告某人寿保险公司就应举证证实被保险人何某某的死亡是自杀，才能免除其理赔责任，否则是不能免责的。保险合同条款约定被保险人遭受意外死亡，保险人则应承担保险金给付责任。《保险法》第30条规定“采用保险人提供的格式条款订立的保险合同，保险人与投保人、被保险人或者受益人对合同条款有争议的，应当按照通常理解予以解释。对合同条款有两种以上解释的，人民法院或者仲裁机关应当作出有利于被保险人和受益人的解释。”现双方当事人对“被保险人何某某系高坠死亡，可排除他杀”的理解产生分歧，根据上述法律规定，应作出有利于被保险人和受益人的解释，并且保险公司亦未能举证证明何某某的死亡系“自杀”，故被告某人寿保险公司应向原告支付保险赔偿金。再次，李某某的父亲李某刚在庭审中解释其之前并不知道何某某购买人身保险的情况，其是在准备安葬何某某时，在收拾何某某的遗物时才发现何某某与被告签订的《人身保险合同》，并于第二日向被告某人寿保险公司报案。结合本案保险合同的投保人及被保险人均系何某某，受益人为其子李某某，保险事故发生时刚年满 3 周岁的实际，一审法院认为，原告的行为符合保险合同的约定“受益人在知道保险事故发生后 10 日内应当通知保险人”，尽到了及时报案的义务。综上，《保险法》第 14 条规定“保险合同成立后，投保人按照约定交付保险费，保险人按照约定的时间开始承担保险责任。”在合同有效期内约定的保险事故发生，某人寿保险公司理应按照保险合同的约定给付保险金。原告李某某主张被告向其赔付保险金 250 000 元符合法律规定，法院予以支持；原告提出其律师费由被告承担的诉请，无法律依据，法院不予支持。

二审法院认为：上诉人某人寿保险公司与死者何某某签订的《人身保险合同》是在双方自愿平等的基础上签订的，是双方的真实意思表示，该保险合同合法有效，依法应当予以保护。该保险合同的受益人为其子李某某，在何某某死亡后，被上诉人李某某有权向某人寿保险公司主张保险赔偿。关于上诉人认为一审程序违法的上诉理由，双方当事人在一审庭审中提举的所有证据均已进行了举证质证，根据民事诉讼“谁主张、谁举证”的证据规定，被上诉人提交的昆明市公安局西山分局出具的《死亡证明书》及《检验意见》已经明确证明死者何某某“可排除他杀，系高坠死亡”，上诉人主张何某某系自杀，应当提供证据证明，一审法院未调取相关证据，不属程序违法。本案中，双方当事人对证据中何某某是自杀还是意外的理解产生争议，根据《保险法》第 30 条“采用保险人提供的格式条款订立的保险合同，保险人与投保人、被保险人或者受益人对合同条款有争议的，应当按照通常理解予以解释。对合同条款有两种以上解释的，人民法院或者仲裁机关应当作出有利于被保险人和受益人的解释”的规定，应对此争议应作出有利于被保险人和受益人的解释，且上诉人某人寿保险公司无确切证据来证明何某某死亡系“自杀”，故一审判决据此认定何某某的死亡属意外并无不当。本案中，《人身保险合同》的投保人何某某死亡后，其丈夫李某刚在整理遗物时发现《人身保险合同》并于第二日便向上诉人某人寿保险公司报案，符合保险合同的约定以及保险法及时报案的规定，原判根据本案实际认定李某刚已经尽到了及时报案的义务并无不当。上诉人做出《理赔决定通知书》并送达被上诉人系其单方行为，并不能成为保险合同解除及上诉人免责的事由。故上诉人提出的“被保险人系自杀、被上诉人未及时报案、保险合同因其《理赔决定通知书》送达而解除”的上诉理由均不能成立，上诉人应当按照《人身保险合同》及保险法的相关规定履行义务，承担相应的保险责任。

[裁判结果]

一审法院判决：一、由某人寿保险公司支公司在本判决生效之日起十五日内赔付原告李某某保险金250 000元；二、驳回原告李某某的其他诉讼请求。

二审法院判决：驳回上诉，维持原判。

［**裁判思路**］

本案涉及被保险人或投保人死亡后，其死亡原因到底系“意外”还是“自杀”的举证责任分配问题，笔者认为，被保险人系意外无疑是肯定的，主要基于以下几点：

第一，本案被保险人何某某坠楼身亡已成既定事实，但对于坠楼身亡的具体原因，因为案发现场没有目击证人，也没有监控设备，经公安机关调查得出“可排除他杀，系高坠死亡”的结论，该结论已经排除了人为致害，属于意外或者非刑事案件。按照《保险法》第22条“保险事故发生后，按照保险合同请求保险人赔偿或者给付保险金时，投保人、被保险人或者受益人应当向保险人提供其所能提供的与确认保险事故的性质、原因、损失程度等有关的证明和资料。保险人按照合同的约定，认为有关的证明和资料不完整的，应当及时一次性通知投保人、被保险人或者受益人补充提供”的规定，虽然举证责任的第一任务仍由被保险人或受益人承担，但其规定了一个限度，即“其所能提供的”，对于保险人所要求的证明和资料无法提供的情况如何处理却没有规定。本案中，人身保险合同的受益人（原告李某某）依照其自身条件和能力已经提供其客观上所能提供的与确认保险事故性质、原因有关的证明和资料，已经完成了举证责任，而保险事故原因的举证责任由此转移给保险人，同时保险人是主张免责，也应当对其主张负有举证责任。

第二，人身意外伤害保险合同的本质是分担各种社会风险，原告已经提供了初步证明材料，如果还要负责调查、确认保险事故发生的具体原因，显然违背了人身保险合同的本质，显失公平。因此，根据《民事诉讼证据规定》第7条“在法律没有具体规定，依本规定及其他司法解释无法确定举证责任承担时，人民法院可以根据公平原则和诚实信用原则，综合当事人举证能力等因素确定举证责任的承担”的规定，保险人如认为被保险人何某某坠楼身亡系自杀，应当对此承担举证责任。而在本案中，原告李某某已经提供证据证明意外事故已经发生的事实，而被告只提供死者死亡时酒店照片三张、电子投保申请确认书、人身保险投保提示书、投保前特别提示书等证据均不属于直接证据，证明力较低，而保险事故发生的偶然性要远远大于人为因素造成的可能性，参照民事证据高度盖然性的标准，被告某人寿保险公司所提供的证据还不足以直接证明死者何某某的死亡系自杀，故某人寿保险公司应当对此承担举证不能的法律后果，按照人身保险合同的约定向受益人支付相应的保险赔偿金。

第三，本案中双方当事人对被保险人何某某到底是“自杀”还是“意外”争议较大，根据《保险法》第30条“采用保险人提供的格式条款订立的保险合同，保险人与投保人、被保险人或者受益人对合同条款有争议的，应当按照通常理解予以解释。对合同条款有两种以上解释的，人民法院或者仲裁机关应当作出有利于被保险人和受益人的解释”的规定，被告某人寿保险公司在与何某某签订人身保险合同时所提供的合同范本是为了重复使用而事先已经拟定好，并对大多数投保人和被保险人均通用的，属标准的格式合同。《保险法司法解释（三）》第21条第1款规定：“保险人以被保险人自杀为由拒绝给付保险金责任的，由保险人承担举证责任。”应由保险人负担举证责任的主要理由是：（1）故意免责条款具有决定举证责任归属的特殊法律意义。人身意外伤害保险条款于规定“非本意”之要件外，又特意设置了故意免责条款，据此，将其目的解释为保险人应承担举证责任显然更具有合理性；（2）相对于保险人举证“故意”，“非本意”的证明对于索赔请求人来说属于消极事实，当事人只有通过间接证据才能完成举证。对于保险人来说只要能证明被保险自杀就可免除给付责任，属于有利于保险人的事实，因此将“非本意”的举证责任分配给保险较为妥当。现双方当事人对“被保险人何某某系高坠死亡，可排除他杀”的理解产生分歧，且某人寿保险公司无法提供直接证据证明被保险人何某某系自杀，根据上述法律规定，对此应作出有利于被保险人和受益人的解释，应当认定被保险人何某某的死亡属“意外”，故某人寿保险公司应当按照人身意外伤害保险合同的相关规定支付保险赔偿金。

［法律法规链接］

《保险法》第22条、第30条

《保险法司法解释（三）》第21条

37. 保险合同中“意外伤害”死亡举证责任的分配及除外责任的理解和认定

【典型案例】

某人寿保险公司与李某科人身保险合同纠纷案

［案号］

（2017）冀 01 民终 2268 号

［案情］

2015 年 4 月 5 日，留营派出所接到派警任务，出警发现李某珉在石家庄市桥西区 ×× 小区 ××301 非正常死亡，经石家庄市公安局桥西分局刑警大队现场勘验，排除刑事案件。2015 年 4 月 7 日，某人寿保险公司得知李某珉死亡。

被告对留营派出所出具的证明及介绍信的真实性和合法性无异议，对关联性有异议，认为其不能证明被保险人死于意外伤害；留营派出所的证明仅仅是排除刑事案件，其不能证明李某珉死于意外，介绍信也仅仅是将案件定性为非正常死亡，其不能与意外事件等同。法院认为该证据系国家职能机关作出，记载内容为被保险人李某珉的相关情况，与本案具有关联性，故法院对该证据予以确认。原告对被告聘请第三方调查公司所出具的高澜保险调查报告不认可，认为首先调查公司无相应资质；其次该调查报告为单方记载，属于传来证据。另外，在网上查询不到第三方调查公司的相关信息，调查报告用的是调查专用章而非该公司公章，且出具该报告的员工不能提供其与公司间的劳动合同关系及无相应调查资质。法院认为，作为调查方的高澜保险没有提交相关资质，调查报告不具有合法性，故法院对该证据不予采信。原告对留营派出所侯某某警官的对话录音不认可，认为该证据属于证人证言，通话双方均非本案任何一方，所谓的调查人和侯警官均无法证实，所以该证据不具有法律效力，其证明内容不具有法律意义上的有效性。法院认为，被告无其他证据证明该录音的客观真实性，故法院对该证据不予采信。原告对被告提交的李某珉案件初次与客户家属沟通情况说明不认可，认为该证据系被告单方出具，仅有被告方签字、无相对方签字，其不具任何法律效力。法院认为该证据系被告方单方出具，且与本案其他证据无法相互印证，不具有真实性，故法院对该证据不予采信。原告对被告提交的理赔调查报告不认可，认为该证据系被告单方出具，不具任何法律效力。法院认为该证据系被告方单方出具，且与本案其他证据无法相互印证，不具有真实性，故法院对该证据不予采信。李某科、田某某、李某林、金某某向一审法院起诉请求：（1）判令被告赔偿原告保险金 16 000 000 元；（2）判令被告支付利息损失 268 733.31 元。

［**法院认为**］

一审法院认为：投保人石家庄市某药业有限公司以李某珉为被保险人，向某人寿河北公司投保贷无忧借款人意外伤害保险 C 款、贷无忧借款人意外伤害定期寿险，并签订了保险合同。该保险合同合法有效，双方均应按合同约定履行各自义务。

本案争议焦点是被保险人李某珉死亡是否属于保险合同约定的意外伤害，其举证责任由谁承担？一审法院认为，首先，依据保险条款第 27 条释义规定，意外伤害是指以外来的、突发的、非本意的、非疾病的客观事件为直接且单独的原因致使身体受到的伤害。本案中公安机关经现场勘验出具证明证实李某珉为非正常死亡，按通常理解，非正常死亡为突发的、非本意的、非疾病的、非常规导致的死亡，其与保险合同所约定的意外伤害情形相符；其次，依据保险条款第 17 条规定，在申请意外伤害身故保险金时，申请人须填写保险金给付申请书，并提供下列证明和资料：……3. 国家卫生行政部门认定的医疗机构、公安部门或其他相关机构出具的被保险人死亡证明……。依据《保险法》第 22 条关于“保险事故发生后，按照保险合同请求保险人赔偿或者给付保险金时，投保人、被保险人或者受益人应当向保险人提供其所能提供的与确认保险事故的性质、原因、损失程度等有关的证明和资料”之规定，原告提供了留营派出所出具的证明及介绍信证实李某珉系排除刑事案件的非正常死亡，作为不具备保险专业知识的普通人，原告已尽到了其所能及的证明义务。其次，被告作为保险公司，具备专业的保险知识，又作为合同的制作者，其对超出普通人证明水平的保险事故原因、性质需承担进一步的告知义务和举证证明责任。本案中，公安机关发现被保险人李某珉死亡后的第二天被告就得知了该信息，被告未能举证证明其曾要求原告进行尸检而尽到了告知义务，且本案所涉保险条款中保险公司不承担保险赔偿责任的情形中，并没有非正常死亡不予赔偿的约定，综上所述，原告已经举证证明了李某珉死亡为非正常死亡，该非正常死亡应当按照通常理解予以解释，且被告也未向一审法院提供合法有效的证据证明李某珉的死亡不属于意外伤害，故被告应当按照合同的约定向原告支付保险理赔金。

关于被告是否应向原告支付保险金利息的问题，一审法院认为，根据《保险法》第 23 条规定：保险人收到被保险人或者受益人的赔偿或者给付保险金的请求后，应当及时作出核定；情形复杂的，应当在三十日内作出核定，但合同另有约定的除外。保险人应当将核定结果通知被保险人或者受益人；对属于保险责任的，在与被保险人或者受益人达成赔偿或者给付保险金的协议后十日内，履行赔偿或者给付保险金义务。保险合同对赔偿或者给付保险金的期限有约定的，保险人应当按照约定履行赔偿或者给付保险金的义务。保险人未及时履行前款规定义务的，除支付保险金外，应当赔偿被保险人或者受益人因此受到的损失。如前所述，本案中被告某人寿保险公司于 2015 年 10 月 15 日收到原告方的理赔申请及资料，2015 年 11 月 24 日被告即作出拒赔通知，因此不能认定其未及时履行相关义务，故原告主张保险金利息损失的诉求，缺乏法律依据，一审法院不予支持。

原告对第三人某铁道支行提交的证据均无异议，对原告所欠贷款本息、诉讼费、律师费等共计 1 108 557.3 元也无异议，对此一审法院予以确认。根据所涉保险条款第 15 的规定，对于保险金，第一受益人某铁道支行优先受偿金额 1 108 557.3 元，余下部分给付原告。

综上所述，原告要求被告支付保险金 1600 万元，事实清楚，证据充分，符合法律规定，一审法院依法予以支持。

二审法院认为：各方当事人对投保人石家庄市某药业有限公司以李某珉为被保险人，向某人寿河北公司投保贷无忧借款人意外伤害保险 C 款、贷无忧借款人意外伤害定期寿险，并签订保险合同均不持异议，二审法院予以确认。保险合同约定意外伤害身故给付保险金，二审法院予以确认。本案争议的焦点为：被保险人“非正常死亡”是否属于意外伤害险的赔偿范围。一审举证分配是否合理。

首先，意外伤害词汇常用于保险行业，保险条款解释为：指外来的、突发的、非本意的、非疾病的客观事件为直接且单独的原因导致身体受到的伤害。被保险人李某珉在保险期间身故，公安机关出具的证明为非正常死亡并排除刑事案件。非正常死亡的概念在法医学上指由外部作用导致的死亡，包括火灾、溺水等自然灾难；或工伤、医疗事故、自杀、他杀、受伤害等人为事故致死。本案中排除火灾、溺水等自然灾难，排除工伤、医疗事故、自杀、他杀、受伤害等人为事故。非正常死亡概念外延虽大于意外伤害死亡概念的外延，但本案中排除了上述非正常死亡列举的原因，按照通常理解，非正常死亡与意外伤害死亡情形相符。其次，按照《保险法》第 22 条“保险事故发生后，按照保险合同请求保险人赔偿或者给付保险金时，投保人、被保险人或者受益人应当向保险人提供其所能提供的与确认保险事故的性质、原因、损失程度等有关的证明和材料”规定，被上诉人向上诉人提供了其力所能及的公安机关出具的被保险人李某珉的非正常死亡证明，已尽到了举证责任。上诉人作为保险公司，具备专业保险知识，其对超出普通人证明水平的保险事故原因、性质应承担进一步的告知和举证证明责任，上诉人提供的高澜保险调查报告“侯所长告知，根据经验判断被保险人是由疾病导致死亡”，该结论是推定，且高澜保险公司系保险公司单方委托，与保险公司有利害关系，其提供的高澜保险公司调查报告所做结论亦不具有排他性，在保险公司未尽说明义务、相关概念术语与投保人、受益人产生争议的情况下，应作对保险人不利的解释。且保险条款也没有明确约定非正常死亡不予赔偿，上诉人主张非正常死亡不是意外伤害死亡，不属于保险理赔范围理据不足，二审法院不予支持。

[裁判结果]

一审法院判决：一、被告某人寿保险公司于本判决生效之日起十日内给付第三人某铁道支行行 1 108 557.3 元，给付原告李某科、田某某、李某林、金某某 14 891 442.7 万元；二、驳回原告李某科、田某某、李某林、金某某的其他诉讼请求。

二审法院判决：驳回上诉，维持原判。

[裁判思路]

本案处理重点在于人身保险合同纠纷中“意外伤害”死亡举证责任的分配以及责任免除的理解和认定。关于举证责任的分配，受益人在知道被保险人死亡后第一时间即向保险人报案索赔，并提供了留营派出所出具的证明及介绍信证实李某珉系排除刑事案件的非正常死亡，受益人作为不具备保险专业知识的普通人，已尽到了其所能及的证明义务，完成了法律规定的初步证明责任。余下应该由保险人举证证明被保险人死亡属于保险合同约定的除外责任情形。

关于责任免除的理解和认定。本案为人身意外伤害保险合同，保险条款中将意外伤害界定为：外来的、突发的、非本意的、非疾病的使身体受到伤害的客观事件。这一界定是对意外伤害作出概括性的解释，保险条款中没有也不可能将所有意外伤害的情形一一列举，而保险条款的“责任免除”规定的不保事项非常明确，列举了投保人、受益人的故意杀害、伤害，被保险人犯罪，被保险人自杀、自伤、醉酒、吸毒、疾病等情形。因此，本案人身意外伤害险合同实际采用的是“一切险减去除外责任”方式，因此受益人只需就被保险人死亡这一保险事故发生与被保险人主观意志无关等进行初步举证，而无须证明究竟是哪一种意外情形。保险人若认为不负赔付责任，则保险人应举证证明保险事故属于除外责任确定的情形。本案中，保险人并未就被保险人死亡属于责任免除事由中的一种进行举证，即应承担赔付责任。

［法律法规链接］

《保险法》第 22 条、第 30 条

第六章　人身保险合同

第一节　受益人与受益权

导　读

受益人是民法中一个非常重要的概念，顾名思义，是指得到好处或者利益之人。我国《民法总则》第121条规定："没有法定的或者约定的义务，为避免他人利益受损失而进行管理的人，有权请求受益人偿还由此支出的必要费用。"我国《信托法》第43条规定："受益人是在信托中享有信托受益权的人。受益人可以是自然人、法人或者依法成立的其他组织。委托人可以是受益人，也可以是同一信托的唯一受益人。受托人可以是受益人但不得是同一信托的唯一受益人。"人身保险合同的受益人则有特定的含义，是专指人身保险合同中由被保险人或者投保人指定的享有保险金请求权的人。受益人可以是被保险人或者投保人，也可以是被保险人或者投保人指定的其他人。

受益人享有的受益权是一种期待权，在保险事故发生时，才能转变为现实的既得权。也就是说，只有保险事故发生时，受益人才能取得受益权，且受益人在发生保险事故时必须生存。《德国保险契约法》第166条规定："除要保人有相反的意思表示之外，被推定为受益人的第三人于保险事故发生时取得保险人给付的权利。"我国台湾地区"保险法"第110条规定："要保人得通知保险人，以保险金额之全部或一部，给付其所指定之受益人一人或数人。前项指定之受益人，以于请求保险金额时生存者为限。"这种期待权在发生保险事故前，往往会因投保人或被保险人随时撤回或者变更他人为受益人而取消。受益权与财产继承权不同：第一，受益权是受益人本身固有的权利，而不是根据继承权从被保险人那里继承取得的。因此，受益人所取得的保险金不能作为被保险人的遗产来对待，不能用以抵偿被保险人生前的债务。第二，受益人的受益权必须以有权请求给付保险金时受益人生存为前提。如果受益人先于被保险人死亡，保险金的受益权再转给被保险人，由被保险人的继承人继承，而不是由受益人的继承人继承。除合同另有约定外，受益人所取得的权利仅以保险金请求权为限。其他因保险合同而产生的权利，原则上应属于投保人享有，而不属于受益人享有，如保险费返还请求权、保险单现金价值返还请求权、人身保险单质押借款权。

38. 互为受益人的两个被保险人同时死亡又无法确认死亡顺序的应如何处理

【典型案例】

余某宾与顾某福、朱某凤等保险合同纠纷案

［案号］

（2013）宁商终字第 167 号

［案情］

余某宾为顾甲丈夫，余某为顾甲之子。宝应县曹甸镇屈舍村村民委员会（以下简称屈舍村民委员会）出具的情况说明称，顾某福与崔某某于 1982 年结婚，婚后一年生女顾甲。崔某某生下顾甲一个多月后离家出走，对顾甲未尽扶养义务。顾某福与朱某凤于 1984 年结婚，朱某凤对顾甲尽了扶养义务。2008 年 7 月 25 日，顾甲以本人为被保险人向某人寿保险公司投保康宁终身保险、康宁定期保险各一份，受益人为其子余某，保险期间分别为终身和 43 年，保险金额分别为 10 000 元、20 000 元；康宁终身保险条款规定，被保险人身故保险金按三倍基本保险金额给付；康宁定期保险条款规定，被保险人身故保险金按基本保险金额给付。2009 年 4 月 25 日，顾甲为其子余某投保国寿瑞鑫两全保险（分红型）及国寿附加瑞鑫提前给付重大疾病保险一份，受益人为顾甲，保险期限为 80 年，保险金额分别为 10 000 元，被保险人在未成年时身故，累计死亡保额不超过 5 万元。

另查明，金湖县公安局交巡警大队出具的交通事故认定书载明：2012 年 1 月 27 日，案外人高某驾驶苏 A× × × × × 号轿车（载其母赵某某，妻朱某某，妻表姐母子顾甲、余某）在金湖县境内 331 省道由西向东行驶至 164KM ＋ 100M 路段，在超越前车后操作不当，撞到路边大树及民房发生交通事故，致赵某某、顾甲、余某当场死亡，高某、朱某某受伤，朱某某后经抢救无效于当日死亡。高某负事故全部责任。事故发生后，某人寿保险公司对于余某为被保险人、顾甲为受益人的寿险合同，根据《保险法》的规定，推定受益人顾甲先死亡，余某的遗产由其父余某宾继承，并向余某宾给付了理赔款。对于案涉寿险合同，某人寿保险公司则亦根据《保险法》的规定，推定受益人余某先死亡，被保险人顾甲的遗产应当由其配偶、父母等人继承为由，故拒绝向余某宾一人给付保险金。余某宾遂诉至法院。

审理中，余某宾认为应当以尸体检验鉴定书、理赔领款通知书，以及事

故发生时顾甲、余某的座位分布及事故发生的过程，推定顾甲死亡在先。且某人寿保险公司就这次事故已经作出顾甲死亡在先的推定，不应在同一事故中作出两种不同结果的推定。余某宾还主张顾甲继母朱某凤对其未尽扶养义务，即使朱某凤与顾甲形成了扶养关系具有原告主体资格，也不享有保单对应赔款继承权。对此某人寿保险公司则认为，事故发生时的座位分布、事故认定书、死亡鉴定报告等证据，不足以证明推定顾甲先于余某死亡。顾甲分别为自己及余某投保的两份保险合同，是独立的两个法律关系。虽然《保险法》对死亡先后顺序的规定与《继承法司法解释》的规定相冲突，但《保险法》属于特别法，且是新法，应该优先适用。在同一次事故中不能确定两者死亡先后顺序的前提下，均应适用《保险法》的规定推定受益人先死亡。

以上事实，有余某宾提供的顾甲的保单及保险条款、交通事故认定书、尸体检验鉴定书两份、两人火化证、结婚证、余某出生证明、余某的保单、理赔领款通知书，朱某凤提供的屈舍村民委员会出具的情况说明，以及庭审笔录等证据予以证实。

［法院认为］

一审法院认为：投保人顾甲与某人寿保险公司所签订的保险合同合法有效，被保险人顾甲在保险责任期间内意外死亡，已构成保险事故，保险人应当承担赔偿责任。

关于顾甲和余某在同一交通事故中同时死亡的情况下，如何推定死亡先后顺序的问题，应推定受益人先于被保险人死亡，理由如下：（1）交通事故认定书载明顾甲、余某在同一事故中当场死亡。余某宾主张以尸体检验鉴定书、理赔领款通知书、顾甲和余某的座位分布，以及事故发生的过程来推定顾甲死亡在先的意见，没有事实依据，应不予采纳。（2）本案系保险合同纠纷，确定的是保险金的归属问题，应当适用《保险法》的规定。根据《保险法》的有关规定，被保险人死亡后，有下列情形之一的，保险金作为被保险人的遗产，由保险人依照《继承法》的规定履行给付保险金的义务。受益人与被保险人在同一事件中死亡，且不能确定死亡先后顺序的，推定受益人死亡在先。保险与继承是不同性质的法律关系，在两份保险合同所建立起的两个相互独立的法律关系范围内，可以对同一事件的有关事实作出不同的推定。即便某人寿保险公司已在被保险人为余某、受益人为顾甲的保险合同中作出了顾甲死亡在先的推定，在本案中又作出余某先死亡之推定，仍然符合法律规定和保险法原理。本案中，被保险人顾甲与受益人余某在同一起交通事故中死亡，应当适用《保险法》的相关规定推定受益人余某先死亡。（3）从法律适用的角度上看，《保险法》属于特别法，应当予以优先适用。根据《继承法司法解释》的有关规定，相互有继承关系的几个人在同一事件中死亡，如不能确定死亡先后时间的，推定没有继承人的人先死亡。死亡人各自都有继承人的，如几个死亡人辈分不同，推定长辈先死亡；几个死亡人辈分相同，推定同时死亡，彼此不发生继承，由他们各自的继承人分别继承。该规定解决的是相关主体是否有继承权的问题，其前提是被继承的遗产已经确定，不存在遗产归属的争议。但在本案中，被保险人顾甲与受益人余某在一起事故中同时死亡，保险金应当成为谁的遗产尚且存在争议，不存在适用上述司法解释的前提条件。同时，《继承法司法解释》只是规定了在继承过程中相互有继承关系的几个人在同一事件中死亡的情况下，遗产处理的一般原则。而相互有继承关系的几个人在同一事件中死亡，其中两人还存在被保险人与受益人这一特殊法律关系的情况下，《保险法》则作出了推定受益人先死亡的特殊规定。因此，根据特别法优于普通法的原则，上述《保险法》的规定应当予以适用。

关于本案原告主体资格问题。顾甲之夫余某宾，顾甲之父顾某福，作为顾甲的第一顺序继承人，有权向保险人主张作为顾甲遗产继承的保险金。关于朱某凤的主体问题，其系本案适格的原告。根据《继承法》的有关规定，遗产按照下列顺序继承：第一顺序：配偶、子女、父母。本法所说的父母，包括生父母、养父母和有扶养关系的继父母。宝应县星甸镇屈舍村民委员会出具的情况说明称，继母朱某凤对顾甲尽了扶养义务。虽然余某宾主张朱某凤未与顾甲形成扶养关系，但未能举证证明，对余某宾的上述意见，应不予采纳。因此，应当认定朱某凤与顾甲形成了扶养关系，作为顾甲的第一顺序继承人，有权向保险人主张作为遗产继承的保险金。关于崔某某的主体问题，其亦系本案适格的原告。根据《最高人民法院关于适用〈中华人民共和国民事诉讼法〉若干问题的意见》[①]之有关规定，人民法院追加共同诉讼的当事人时，应通知其他当事人。应当追加的原告，已明确表示放弃实体权利的，可不予追加；既不愿意参加诉讼，又不放弃实体权利的，仍追加为共同原告，其不参加诉讼，不影响人民法院对案件的审理和依法作出判决。虽然顾甲生母崔某某未到庭参加诉讼，但其并未放弃继承的实体权利，故崔某某亦有权向保险人主张作为遗产继承的保险金。综上，余某宾、顾某福、朱某凤、崔某某均有权主张赔偿保险金。余某宾主张某人寿保险公司给付保险金总额四分之一以外部分诉讼请求，无事实和法律依据，应不予支持。

保险条款约定，康宁终身保险之保险金额为10 000元，被保险人身故保

① 该意见现已失效。

险金按三倍基本保险金额给付；康宁定期保险金额为 20 000 元，被保险人身故保险金按基本保险金额给付。本案中，被保险人顾甲意外身故，赔偿保险金总额合计 50 000 元，应作为遗产由其第一顺序继承人即余某宾、顾某福、朱某凤、崔某某四人继承。因此，保险人应当给付余某宾、顾某福、朱某凤、崔某某各 12 500 元。

二审法院认为：某人寿保险公司与顾某之间的保险合同，系双方真实意思表示，合法有效，均应按约履行。被投保人顾某在合同有效期间内意外死亡，属于合同约定的保险责任范围，某人寿保险公司应承担赔偿责任。

《保险法》第 42 条规定："被保险人死亡后，有下列情形之一的，保险金作为被保险人的遗产，由保险人依照《中华人民共和国继承法》的规定履行给付保险金的义务：(一) 没有指定受益人，或者受益人指定不明无法确定的；(二) 受益人先于被保险人死亡，没有其他受益人的；(三) 受益人依法丧失受益权或者放弃受益权，没有其他受益人的。受益人与被保险人在同一事件中死亡，且不能确定死亡先后顺序的，推定受益人死亡在先。"本案中，被保险人顾某与受益人余某在同一事件中死亡，不能确定死亡先后顺序，应推定受益人余某死亡在先，该保险金应作为被保险人顾某的遗产，余某上诉称应按《继承法》推定顾某在先死亡的意见，二审法院不予采纳。

《继承法》第 10 条规定：" 遗产按照下列顺序继承：第一顺序：配偶、子女、父母。第二顺序：兄弟姐妹、祖父母、外祖父母。继承开始后，由第一顺序继承人继承，第二顺序继承人不继承。没有第一顺序继承人继承的，由第二顺序继承人继承。本法所说的子女，包括婚生子女、非婚生子女、养子女和有扶养关系的继子女。本法所说的父母，包括生父母、养父母和有扶养关系的继父母。本法所说的兄弟姐妹，包括同父母的兄弟姐妹、同父异母或者同母异父的兄弟姐妹、养兄弟姐妹、有扶养关系的继兄弟姐妹。"本案中，余某宾上诉称即使案涉保险金作为顾某的遗产分配，亦应按《继承法司法解释》第 2 条的规定重新推定顾某先于余某死亡，余某应作为继承人参与分配。本案为保险合同纠纷，二审法院在确定案涉保险金系被保险人顾某的遗产时，适用《保险法》规定推定受益人余某在先死亡，某人寿保险公司即应按《继承法》规定直接向作为顾某第一顺序继承人的配偶余某宾、生父顾某福、生母翟某某、继母朱某凤四人履行给付保险金的义务。上诉人余某虽对案涉村委会的证明持有异议，但并无证据予以反驳回，故对其相应上诉意见二审法院不予采纳。

余某宾未能举证证明顾某奶奶对顾某尽了抚养义务，且顾某奶奶亦未以此向法院主张要求参与遗产分配，故对余某宾的相应上诉意见二审法院不予采纳。

[**裁判结果**]

一审法院判决：一、被告某人寿保险公司于本判决生效后十日内一次性给付保险金 50 000 元，其中给付原告余某宾、顾某福、朱某凤、崔某某各 12 500 元；二、驳回原告余某的其他诉讼请求。

二审法院判决：驳回上诉，维持原判。

[**裁判思路**]

基于身份关系而签订的保险合同所涉及的被保险人与受益人，往往是同住家人，随着现代交通工具的迅速发展，共同外出使用同一交通工具机会多，一旦发生意外，同时死亡概率增大，厘清相关法律关系有着重要的现实意义。实务中，保险公司为避免承担继承纠纷的责任，也为防止重复理赔，通常会要求继承人起诉，通过法院诉讼程序加以解决，故而，本保险案例对于处理类似保险纠纷具有典型的借鉴价值。

1. 法律的有关规定之间存在冲突。

根据《保险法》第 42 条规定，被保险人死亡后，有下列情形之一的，保险金作为被保险人的遗产，由保险人依照《继承法》的规定履行给付保险金的义务：（1）没有指定受益人，或者受益人指定不明无法确定的；（2）受益人先于被保险人死亡，没有其他受益人的；（3）受益人依法丧失受益权或者放弃受益权，没有其他受益人的。受益人与被保险人在同一事件中死亡，且不能确定死亡先后顺序的，推定受益人死亡在先。该条规定，提供了一种简便的解决被保险人与受益人在同一事件中死亡，且死亡时间无法确定的情况下，保险金的归属问题的方法，即推定受益人死亡在先。但没有考虑到互为受益人的被保险人在同一事件中死亡，且死亡时间无法确定的情况下如何处理。换言之，适用《保险法》的上述规定，就会推出了两个看似相互矛盾的结论。即在互为受益人的两份不同的保险合同，两个被保险人同时死亡的情况下，理赔过程中推定出了两个相互矛盾的死亡顺序。

根据《继承法司法解释》第 2 条规定，相互有继承关系的几个人在同一事件中死亡，如不能确定死亡先后时间的，推定没有继承人的人先死亡。死亡人各自都有继承人的，如几个死亡人辈分不同，推定长辈先死亡；几个死亡人辈分相同，推定同时死亡，彼此不发生继承，由他们各自的继承人分别继承。

适用不同的法律规定，所得出的结论不同，对保险金的最终归属影响非常关键。但保险金与遗产性质不同。死亡保险金是以被保险人死亡为给付条件的，是保险人必须向受益人承担的债务。而遗产是公民死亡时遗留的个人合法财产。保险金的性质也不能因为受益人是否确定或死亡时间的变化，而从一种人身风险变为一种财产风险。受益权也与继承权的性质不同，受益人更是不等同于继承人。因此，《保险法》第42条规定的“被保险人死亡后，有下列情形之一的，保险金作为被保险人的遗产”的规定有待进一步研究。

2. 受益人缺失情形下的人身保险金之归属问题。

对于生死两全保险中保险金的归属需要区别对待。

生存类的保险金归属。生存类的保险金如医疗费、寿险中被保险人成年的“成年礼”、达到法定结婚年龄的“婚嫁金”、分红险中的分红等，应当由被保险人受领。实践中存在被保险人于保险事故发生后未来得及受领保险金即死亡的情形，此时受领保险金的权利属于被保险人的遗产，应由被保险人的继承人来继承，而非由被保险人的受益人来受益。

死亡类的保险金归属。不可变更的受益人先于被保险人死亡或可变更的保险受益人在未来得及受领保险金时死亡的，其保险受益权应当作为受益人的遗产由受益人的继承人继承，而非由被保险人的其他受益人享有。但相对于保险人而言，其仍属保险受益权的范畴。

可见，当受益人缺失时“将保险金作为被保险人的遗产”的立法本意，并不是指“保险金就是遗产”，而是确定在被保险人死亡之后又无受益人时保险金给付之对象问题。解决此问题之方式按遗产处理方式，即被保险人的法定继承人成为受益人。当法定继承人成为受益人后，就是以受益人之身份领受保险金而不是继承遗产，以受益人之身份行使保险受益权。[①]中国人民银行曾在1993年2月9日下发的《简易人身保险条款》第13条规定：“如果指定受益人或受益人先于被保险人死亡，被保险人的法定继承人即为受益人。”从这里也可以看出立法者的考虑。《保险法司法解释（三）》第12条规定：“投保人或者被保险人指定数人为受益人，部分受益人在保险事故发生前死亡、放弃受益权或者依法丧失受益权的，该受益人应得的受益份额按照保险合同的约定处理；保险合同没有约定或者约定不明的，该受益人应得的受益份额按照以下情形分别处理：（一）未约定受益顺序及受益份额的，由其他受益人平均享有；（二）未约定受益顺序但约定受益份额的，由其他受益人按照相应比例享有；（三）约定受益顺序但未约定受益份额的，由同顺序的其他受益人平均享有；同一顺序没有其他受益人的，由后一顺序的受益人平均享有；（四）约定受益顺序和受益份额的，由同顺序的其他受益人按照相应比例享有；同一顺序没有其他受益人的，由后一顺序的受益人按照相应比例享有。”

① 覃有土：《保险学》，高等教育出版社2003年版，第354～355页。

在人身保险实务中，除了受益人缺失情况，相当多的人身险合同受益人填写为“法定”(如航意险、学平险、公路乘客意外险等)或为空白，相当于《保险法》第42条规定的“没有指定受益人，或者受益人指定不明无法确定的”的情形。

3. 互为受益人的被保险人同时死亡的处理。

有学者认为，可以借鉴《继承法司法解释》的规定，在将来修订《保险法》时规定：互为受益人的被保险人在同一事件中死亡，且不能确定死亡先后顺序的，如果有被保险人除了已经死亡的受益人外，别无其他受益人的，应推定没有其他受益人的被保险人先死亡，有其他受益人的被保险人后死亡；如果被保险人除了已经死亡的受益人外均有其他受益人的，应推定他们同时死亡，彼此不受益，同他们各自的其他受益人受益。这样规定，一方面可以最大程度避免身故保险金成为无主财产归集体或国家所有，实现身故保险金的保障宗旨；另一方面，可以充分保障与被保险人关系密切的人受领身故保险金的利益，避免先后适用《保险法》和《继承法司法解释》作出相互矛盾的多次死亡顺序推定。并称虽然在特定情形下得出了与裁判法院同一的结果，但其推定规则简单明了，前后一致，自圆其说，充分保护了与被保险人关系密切的人的利益。[①]

笔者对于上述意见不能认同。推定死亡并不是建立在真正死亡的基础上，只是在真实死亡顺序无法确切查明时，为了妥善解决有关民事权益而设立的一种法律制度。推定死亡是一种“制度下的死亡”，推定死亡的顺序有可能与真实的死亡顺序完全相反。当然，在真正的死亡顺序可以确切查明的情况下，应当按真实性死亡顺序处理而不能采取推定的方法认定死亡顺序。[②]法律规定的死亡顺序推定，只是为了方便保险理赔过程中，确定保险金的归属。

保险合同本身具有相对的独立性，在儿子为被保险人的合同中按《保险法》规定推定出受益人母亲死亡在先，以及在母亲为被保险人的合同中推定出受益人儿子死亡在先，仅仅是按法律规定对保险金的归属加以明确，是为了妥善解决问题作出的一种制度设计。即使在两份保险合同中，按上述规则推定出了死亡时间相反的结论，也并不存在有违反保险法理的问题。而张秀全教授提出的上述修订保险法的意见，设定了被保险人是否存在其他受益人的条件，并据此得出不同结论，这种设计似乎并未如其所称“简单明了”。如

① 张秀全:《互为受益人的被保险人共同遇难时保险金给付问题研究》，载《中国保险法学研究会2014年年会论文集》，知识产权出版社2016年版，第186～187页。

② 最高人民法院保险法司法解释起草小组编著:《〈中华人民共和国保险法〉保险合同章条文理解与适用》，中国法制出版社2010年版，第283～284页。

出现空难或海难，同时遇难的人数众多，其中不乏同一家庭成员，假设存在多名互为受益人的被保险人，或存在多位受益人的被保险人，其中多人形成交叉重叠关系，因继承关系本来就非常复杂，按张教授提出的方法则让保险理赔工作更加繁琐，实务操作性不强。且法律规则并非越细致越好，成文法与案例相互补充往往能更为有效地适应司法实践，不妨通过判例来进行规范，而无须以一一列举的方式落实到成文法条款之中。

故笔者认为，《保险法》第42条可以借鉴德国、俄罗斯的相关立法例进行修改，只需要将原“保险金作为被保险人的遗产”，修改为“被保险人的继承人为受益人”即可，死亡顺序推定条款无须进行改动。如“被保险人死亡后，有下列情形之一的，被保险人的继承人为受益人，由保险人依照《继承法》的规定履行给付保险金的义务……”。这样的修改不仅符合保险法理念，也有益于实际投保目的，而且是“简单明了”，便于实务操作。

《保险法司法解释（三）》第15条规定：“受益人与被保险人存在继承关系，在同一事件中死亡不能确定死亡先后顺序的，人民法院应根据保险法第四十二条第二款的规定推定受益人死亡在先，并按照保险法及本解释的相关规定确定保险金归属。”在同一次事故中不能确定两者死亡先后顺序的前提下，应优先适用《保险法》的规定推定受益人先死亡。

［法律法规链接］

《保险法》第23条、第42条

《保险法司法解释（三）》第12条、第15条

39. 受益人实际身份关系与保单记载不符时如何认定

【典型案例】

李某甲、李某乙与魏某、某人寿保险分公司、某人寿保险公司的人身保险合同纠纷案①

［案号］

（2013）深中法民终字第1157号

① 案例来源：深圳法院网上诉讼服务平台：http://ssfw.szcourt.gov.cn。

[案情]

2011 年 10 月 18 日，李某丙作为投保人、被保险人向某人寿保险公司深圳分公司投保太平康颐终身寿险（分红型）(1112)，保险金额 30 万，身故受益人“魏某”，身份号码 ××××321，在与被保险人关系一栏中的“3. 配偶”处打“、/”。同时，李某丙还作为投保人、被保险人投保了附加险《康颐金生提前给付重大疾病保险》(1113)，基本保险金额 30 万，生存受益人李某丙。投保人李某丙当日即向某人寿保险公司深圳分公司交纳了保费，该保险合同于 2011 年 10 月 18 日生效。

2012 年 2 月 17 日，李某丙在深圳市福田区中医院诊断出原发性巨块型肝癌后，李某丙遂于同月 20 日以重大疾病向保险人申请重大疾病保险金的理赔。次月 3 日，在保险人尚未支付重大疾病保险金的情况下，李某丙死亡。后魏某去保险人处申请撤回重大疾病保险金理赔，并提出死亡保险理赔。李某甲、李某乙则坚持向某人寿保险公司深圳分公司申请理赔重大疾病保险金。某人寿保险公司深圳分公司以魏某及第三人未就保险金的分配达成合意为由拒绝理赔。

魏某与被保险人李某丙系男女朋友关系，双方自 2005 年开始相恋，2008 年 1 月份双方在李某丙老家摆酒席，此后双方未办理结婚登记。

李某甲、李某乙系被保险人李某丙的父母，其称李某丙临终前有口头遗嘱，约定身故保险金由原告魏某与第三人李某甲、李某乙均分（二审时改称口头遗嘱是重疾保险金由魏某与李某甲、李某乙均分），并向一审法院出具由他俩的儿子李某丁、女儿李某戊出具的证明。

魏某遂起诉法院，请求法院判令被告给付全部保险金 300 000 元。

[法院认为]

一审法院认为：李某丙签订的人身保险合同合法有效，投保人已履行支付保费义务，在出现保险合同约定的保险事故时，保险亦负有向受益人给付保险金的义务。我国《保险法》对受益人的资格则未作任何限制性规定。保险合同中载明的受益人与投保人的关系虽与事实不合，但并不影响投保人李某丙指定魏某为受益人的事实。因而在给付保险金条件成就的情况下，保险人负有向魏某支付保险金的义务。然此前魏某未能向保险人提供完整的理赔资料，且魏某与第三人李某甲、李某乙就保险金的分配存有争议，保险人出于必要的谨慎审查义务，拒绝给予魏某保险金，亦无不合理之处，因此，魏某要求保险人支付相关的利息请求，法院不予支持。第三人李某甲、李某乙的诉讼请求，其虽主张投保人李某丙临终前有口头遗嘱，但除提交由第三人儿子、女儿出具的证明外，未向法院提交其他证据佐证，其应承担举证不力的后果。且通常情况下变更受益人应由投保人指定保险公司在保险单作出批注或附贴批单，因而，第三人李某甲、李某乙要求保险人支付 20 万元的保险金，缺乏事实和法律依据，法院不予支持。

二审法院认为：首先，虽然被保险人李某丙在生前向保险人申请了重大疾病保险金的理赔，但在保险人对其申请进行核定期间，李某丙因病死亡。保险人尚未进行重大疾病保险金的赔付，故在李某丙与保险人尚未就附加合同约定的重大疾病保险金的赔付达成合意的情况下，发生了人身保险合同主合同约定的保险事故，主合同约定的身故保险金的赔付条件成就。涉案人身保险合同应赔付身故保险金。其次，保险法对受益人的身份未作任何限制性规定，李某丙既是投保人又是被保险人，其在投保时明确注明身故受益人“魏某”，身份号码 ××××321。虽然李某丙与魏某系男女朋友关系，仅在老家摆了酒席，未办理结婚登记，不属法定的配偶关系，保险合同中载明其二人为配偶关系与事实不符，但上述身故受益人的身份号码与被上诉人魏某的一致。故一审法院认定涉案保险的身故保险金受益人是魏某并无不当，法院予以确认。魏某是投保人李某丙明确指定的唯一身故受益人，在给付身故保险金条件成就的情况下，一审法院认定保险人负有向魏某支付保险金的义务符合法律规定，二审法院予以确认。

[**裁判结果**]

一审法院判决：保险人向魏某支付保险 30 万元，驳回第三人李某甲、李某乙的诉讼请求。

二审法院判决：驳回上诉，维持原判。

[**裁判思路**]

根据《保险法》第 39 条第 1 款规定：“受益人由被保险人或投保人指定。”《保险法司法解释（三）》第 9 条规定：“投保人指定受益人未经被保险人同意的，人民法院应认定指定行为无效。当事人对保险合同约定的受益人存在争议，除投保人、被保险人在保险合同之外另有约定外，按照以下情形分别处理：（一）受益人约定为‘法定’或者‘法定继承人’的，以继承法规定的法定继承人为受益人；（二）受益人仅约定为身份关系，投保人与被保险人同一主体的，根据保险事故发生时与被保险人的身份关系确定受益人；投保人与被保险人为不同主体的，根据保险合同成立时与被保险人的身份关系确定受益人；（三）受益人的约定包括姓名和身份关系，保险事故发生时身份关系发生变化的，认定为未指定受益人。”我国《保险法》始终贯穿以分散被保险人危险，以被保险人利益保护为重心，体现在收益认定指定权上以被保险人具有最终决定权为底线。在保险实践中，受益人的指定一般都是由保险格式条款提前拟定，由投保人或者受益人进行勾选。由于保险格式条款不够规范以及被保险人身份关系的变化，导致审判实务中受益人的确定存在争议。尤其是在保险合同约定的受益人为“配偶”时，被保险人如在保险合同存续期间离婚并与他人再婚，导致保险合同成立时的配偶与保险事故发生时的配偶不一致。此时应以成立时的配偶为受益人还是事故发生时的配偶为受益人?

本案情况是合同指定的身故受益人为“配偶魏某”，但事实上魏某从未与被保险人办理法定的婚姻登记。此时法院是否应当认可魏某为身故受益人?我们认为，法院的观点是正确的。在出现前述情形时，法院应当根据案件事实探知被保险人指定受益人时的内心真意。以本案为例，李某丙与魏某在投保前即在老家摆酒席并长期共同生活，李某丙在投保时写了魏某的名字，还抄写了其身份证号码。可见其指定受益人的具体指向是明确的。虽然李某丙勾选了配偶关系，但考虑到双方已办理结婚仪式，且格式合同上没有“同居关系”的勾选项等因素，故不能否定其指定魏某为保险受益人的真实意思。

但本案有一个值得思考的问题，即保险人应按附加重疾险赔付还是按寿险赔付?如应按重疾险赔付，因重疾险约定的生存受益人为李某丙，故在李某丙死亡的情况下，应当作为李某丙的遗产处理。反之，则应当按本案判决处理。系争的《太平康颐终身寿险（分红型）》与《太平康颐金生提前给付重大疾病保险》根据合同约定为“不可分割”“必须同时投保”“同时终止”。《太平康颐金生提前给付重大疾病保险》第6条约定:“在本附加合同保险期间内且本附加合同有效，被保险人自等待期后首次发病并经医院确诊初次患上项或多项本附加合同第18条所定义的重大疾病，我们按本附加合同基本保险金额与本附加合同第5条约定的基本保险金额给付比例相乘所得的数额给付重大疾病保险金，本附加合同的效力终止。主合同效力同时终止，我们将给付主合同累积红利保险金额对应的现金价值。”此种保险合同事实上并不是两份独立的人身保险合同，而是以附加条款的形式约定重疾发生后提前给付保险赔偿金。以死亡为给付条件的保险，需被保险人死亡后才能获得保险赔偿金。这就会导致被保险人生前因无钱治疗重大疾病而陷于经济困境。为解决上述问题，给被保险人提供更优惠便利的保险服务，保险公司设计出这种以患重疾为条件的提前给付条款。

［法律法规链接］

《保险法》第18条、第39条

《保险法司法解释（三）》第9条

40. 人身保险合同受益权能否转让

【典型案例】

杨某诉某人寿保险公司人身保险合同案[①]

［案号］

（2013）建少民初字第 0017 号

［案情］

2012 年 9 月 27 日，某经济合作有限公司为包括原告杨某之父杨某财在内的 20 名劳务工人，在被告某人寿保险公司处投保了《国寿安顺境内外意外伤害保险》团体保险，保险期间从 2012 年 10 月 5 日至 2013 年 10 月 4 日。该保险合同约定境内外意外伤害保险金限额为每人 50 万元，其中遗体处理责任保险金为 1 万元、意外伤害保险责任保险金额为 47 万元、意外伤害医疗保险责任保险金额为 1 万元、紧急救援保险责任保险金额为 1 万元。该保险合同中未指定受益人。2012 年 10 月，杨某财受某经济合作有限公司派遣到中铁十五局国际工程分公司在沙特阿拉伯王国哈伊勒省的别墅建设工程项目中从事劳务工作。2012 年 12 月 6 日，杨某财在上述工地施工过程中因交通事故意外死亡。保险事故发生后，原告杨某及其法定代理人王某某及时通知了被告某人寿保险公司，并按其要求于 2013 年 3 月 27 日将全部理赔材料交付。被告某人寿保险公司以申请材料不全为由不予理赔，并于 2013 年 6 月 26 日又邮寄一份补充材料通知书给原告杨某及其法定代理人，要求其提供中国驻沙特大使馆出具的杨某财意外伤害证明及死亡证明。

2012 年 12 月 26 日，第三人中铁十五局国际工程分公司与原告杨某及其法定代理人王某某签订了一份赔偿协议书，协议主要内容为：中铁十五局国际工程分公司一次性赔偿杨某包括丧葬费、死亡赔偿金、被抚养人生活费、精神损害抚慰金等在内的各项损失共计人民币 70 万元；杨某一方应在中铁十五局国际工程分公司向其支付清全部赔款后，将及时办理保险理赔时所需的和其有关的全部文件提交给中铁十五局国际工程分公司，由中铁十五局理赔。该一次性善后处理协议履行后，双方再无任何纠纷，中铁十五局国际工程分公司不再向杨某之外的杨某财的任何亲属承担赔偿责任。

此后，原告及其法定代理人通知了被告保险公司，并按被告保险公司要

① 案例来源：北大法宝：http://www.pkulaw.com。

求将全部理赔材料交付，被告保险公司均以认为受益权已转让不予理赔。

［法院判决］

一审法院认为：人身保险的投保人在保险合同成立时，对被保险人应当具有保险利益。本案中投保人某经济合作有限公司与被保险人杨某财存在劳动合同关系，故该《国寿安顺境内外意外伤害保险》团体保险合同合法有效，合同当事人应当全面履行合同义务。根据《保险法》规定，保险合同中没有指定受益人的，被保险人死亡后，保险金作为被保险人的遗产，由保险人依照《继承法》的规定履行给付保险金的义务。原告杨某是被保险人杨某财的唯一第一顺序法定继承人，依法享有要求保险人即被告某人寿保险公司向其给付被保险人杨某财身故保险金的请求权。保险事故发生后，原告杨某向被告某人寿保险公司提交的保险理赔材料，足以证明杨某财在境外意外死亡的事实，且符合《国寿安顺境内外意外伤害保险》合同第 10 条第 1 款中申请身故保险金所需证明和资料的要求，被告某人寿保险公司辩称原告杨某的法定代理人未能按要求提供支付保险金申请所需证明和资料的辩称不成立。因此，原告杨某请求判令被告某人寿保险公司支付身故保险金 47 万元的诉讼请求，一审法院依法予以支持。

原告杨某提出的给付保险金限额中遗体处理保险责任、意外伤害医疗保险责任、紧急救援保险责任三项保险责任限额合计 3 万元的主张，因其在庭审中未能就该主张提供相应的证据材料，故原告杨某对该项保险金的理赔请求一审法院不予支持。

人身损害赔偿请求权与保险合同受益权属性不同，法律没有作出禁止权利人同时行使两种权利的规定。死者杨某财生前在第三人中铁十五局北京分公司在沙特阿拉伯王国哈伊勒省的别墅建设工程项目施工过程中因交通事故意外身亡后，其近亲属按照规定有获得死亡赔偿金、丧葬费、被抚养人生活费等赔偿的权利。第三人中铁十五局北京分公司作为死者杨某财生前的用工单位，其履行赔偿义务后，不影响原告杨某要求保险人即被告某人寿保险公司支付被保险人杨某财的身故保险金。第三人中铁十五局北京分公司与原告杨某及其法定代理人王某某达成的赔偿协议中，虽然载有保险理赔的相关内容，但对理赔权益转让的意思表示并不具体明确，该相关内容并不能证明第三人中铁十五局北京分公司即已成为理赔权益受让人。同时，人身保险合同是以将来可能发生的保险事故为基础为受益人设立的利益，具有一定的人身依附关系。我国法律对人身保险合同受益人的范围及其变更有特殊的规定，投保人为与其有劳动关系的劳动者投保人身保险的，不得指定被保险人及其近亲属以外的人为受益人，受益人即使转让也不应超出法定的范围，故对被告某人寿保险公司辩称、第三人中铁十五局北京分公司述称原告杨某已将其享有的对被保险人杨某财身故保险金的理赔权益转让给第三人中铁十五局北京分公司、不再享有理赔请求权，以及第三人中铁十五局北京分公司认为原告杨某不履行合同约定义务的理由，一审法院不予采纳。

[**裁判结果**]

一审法院判决：一、被告某人寿保险公司在本判决发生法律效力后十日内给付原告杨某因其近亲属杨某财死亡而应赔付的身故保险金 470 000 元。二、驳回原告杨某的其余诉讼请求。三、驳回第三人中铁十五局集团有限公司北京国际工程分公司的诉讼请求。

一审判决宣判后，各方当事人均未上诉，该判决发生法律效力。

[**裁判思路**]

本案是一起典型的人身保险合同纠纷，被保险人生前所在公司为其投保了人身保险合同，保险事故发生后，被保险人的继承人与单位达成保险受益权的转让协议，导致本案审理出现难题。

（一）矛盾的根源：工伤的双重赔偿与风险转嫁

工伤赔偿权与保险合同受益权均是本案原告的合法权利，两者请求权分属不同性质的法律规定。工伤赔偿权是基于《劳动法》和《工伤保险条例》等行政性质的法规而享有的一种请求权，该请求权实质是国家对劳动者劳动权益的社会保障措施，目的是将工伤损害负担社会化，实现对劳动者利益的充分保护和补偿。人身保险受益权是保险合同所产生的请求权，不具有社会保障和补偿属性，其法律依据是《民法总则》《保险法》等民事法律规定。两种权利属性不同，法律也没有做出禁止同时行使两种权利的规定。因此，劳动者投保了人身保险，一旦发生工伤事故受伤甚至死亡，可以得到两种形式的赔偿。

市场经济环境下，用人单位出于自身利益的考虑往往会主动为劳动者购买人身保险，并试图通过转让受益权、指定受益人等方式将保险利益据为已有，以转嫁劳动者发生意外时，用人单位可能面临的风险。本案中，用人单位、用工单位为死者杨某购买人身保险合同，并在保险事故发生后以主动向死者家属赔偿为代价受让保险受益权，便是一种典型的转嫁风险的行为。

（二）焦点的分析：受益权的确定与转让限制

本案主要的焦点在于，公司作为投保人为劳动者投保人身保险且未指定受益人的情形下，保险受益权如何分配以及权利转让的可能。

1.《保险法》第 39 条的理解。

《保险法》第 39 条第 2 款规定：“投保人为与其有劳动关系的劳动者投保

人身保险的，不得指定被保险人及其近亲属以外的人为受益人。”

人身保险合同是以人的生命、健康为标的，受益人为本人或近亲属是由人身保险合同的特性所决定，也是合同的特殊要求。《保险法》第 31 条第 1 款第（四）项通过法条的形式赋予用人单位对劳动者法定的保险利益，故用人单位为劳动者投保人身保险具备法律基础。同时，《保险法》第 39 条第 2 款限定了用人单位为劳动者投保人身保险时受益人的范围，杜绝了用人单位作为受益人享有受益权的可能。

可以看出，用人单位为劳动者投保人身保险的价值，并不是用人单位可以通过为劳动者投保人身保险转嫁风险甚至获取利益，而是赋予劳动者额外的保护，进一步增加用人单位吸引劳动者的筹码。更为重要的是，政府可以通过行政法规、行业规范强制投保人身保险等手段，进一步加强对外派劳务、建筑行业等高危行业用工人员的特殊保护。反而言之，如果允许用人单位投保后通过协议的形式受让受益权，则用人单位均可以此方式规避保险法关于保险受益人的特殊限制，第 39 条第 2 款将失去实际存在价值。

因此，我们认为：其一，用人单位为劳动者投保人身保险，必须指定劳动者或其近亲属为受益人；其二，该人身保险的受益人变更或者保险金请求权转让不得超出法定受益人的范围，否则变更或者转让无效。

2. 本案中受益权的确定与转让限制。

（1）杨某是否具有保险受益权。

人身保险合同是投保人与保险人约定，当被保险人发生死亡、伤残、疾病或生存到约定年龄、期限时，保险人根据约定承担给付保险金责任的协议。由于人身保险的保险标的是人的生命或身体，而人的生命和身体的价值无法用金钱来衡量，所以对人身保险来说，只要求有无可保利益，而对可保利益并没有金额大小的限制。人身保险的投保人在保险合同成立时，对被保险人应当具有保险利益。本案中投保人宏瑞公司与被保险人杨某财为用人单位与劳动者关系，即投保人与被保险人具有保险利益，故保险事故发生后，保险人应当履行《国寿安顺境内外意外伤害保险》团体保险合同的义务。

同时，根据《保险法》第 42 条第 1 款第（一）项，保险合同中没有指定受益人的，被保险人死亡后，保险金作为被保险人的遗产，由保险人依照《继承法》的规定向被保险人的继承人履行给付保险金的义务。本案中，杨某是杨某财的唯一法定继承人，依法享有请求国寿建湖支公司给付具有遗产属性的保险金之权利。

此外，继承人所享有的请求保险人给付保险金的权利，是基于《继承法》享有的法定权利，在实际取得财产前，继承人或行使权利，或放弃，除此以外别无选择。

（2）保险金请求权转让是否实现。

如上所述，投保人为与其有劳动关系的劳动者投保人身保险的，受益人只能为被保险人或其近亲属，受益人变更或者保险金请求权转让，也不得超出法定受益人的范围。

本案中，杨某财在施工过程中意外死亡后，中铁十五局北京分公司作为其实际用工单位，主动与其唯一法定继承人杨某协商，就杨某财的死亡赔偿金、丧葬费、被抚养人生活费等与杨某达成赔偿协议并承担了赔偿责任。其责任承担后，可依据与宏瑞公司之间的劳动派遣协议约定，向宏瑞公司追偿或进行责任分担，但不能以此作为交换条件，要求杨某转让其应当享有的保险金请求权，更不能试图以人身保险弥补其承担的赔偿责任，故该赔偿并不影响杨某向国寿建湖支公司行使要求支付杨某财身故保险金的权利，也不能以其为条件交换保险受益权。

用人单位作为投保人，在为与其有劳动关系的劳动者投保人身保险时，不得指定被保险人及其近亲属以外的人为受益人，事后也不得通过变更或转让等方式确定法定受益人以外的人为受益人。

[法律法规链接]

《保险法》第 39 条、第 42 条

41. 人身保险合同中，受益人将保险金请求权转让给第三人的行为有效

【典型案例】

某财产保险公司与文某人身保险合同纠纷案

[案号]

湘 03 民终 312 号

[案情]

原告文某因承包湘乡市白田镇某小区一栋工程项目，于 2015 年 5 月 13 日与兼业代理保险业务的罗某娥签订了《建筑工程事故团体人身意外伤害保险投保单》，投保了建筑工程施工人员团体人身意外伤害保险（保额 20 万元 / 人），并投保附加意外伤害医疗保险（保额 2 万元 / 人），约定工程地址为湘

乡市白田镇分路口某小区第一栋，被保险人数共40人，但未约定40人具体人员名单。保险期间为2015年5月13日至2016年5月13日止。被告收取了原告保险费3500元，并出具了收费发票。2015年7月20日下午5时左右，原告雇请的民工文某享（男，1948年1月4日出生，住湖南省湘乡市白田镇），在原告承包的上述工地从事装模作业摔伤，后送往湘乡市二医院住院治疗，于2015年8月3日医治无效死亡，共花费医药费27 334.81元。2015年8月4日经白田镇人民调解委员会调解，原告赔付文某享家属医疗费、护理费、死亡赔偿金、丧葬费、精神损害抚慰金等费用共计235 000元。2015年11月8日原告向被告请求给付理赔申请，被告于同年12月11日向原告送达告知函，以“文某享出险时年龄不符合被保险人年龄要求，故我公司不予受理该理赔申请”为由拒绝赔偿。

[法院认为]

一审法院认为:（1）关于原告是否具有本案诉讼主体资格。原告与被保险人文某享之间有劳动关系，原告作为投保人依法对其具有保险利益。事故发生后，经白田镇人民调解委员会调解，原告与被保险人文某享家属达成调解协议，并积极进行了赔付，后又达成补充协议，约定将被保险人文某享的建筑工程事故团体人身意外保险和附加意外伤害医疗保险之保险利益转让原告文某所有。被告认为本案的属性是具有人身属性的，而并非财产权益，该转让违反法律强制性规定，属于无效转让。本案中，因原告已对被保险人的家属进行了赔偿，被保险人的家属（本案保险合同受益人）向原告转让的是保险金请求权，保险金请求权是属于合同债权，因此，原告只需遵循合同权利转让的要求，通知保险人即可。故对被告的异议不予采纳。原告具有本案的诉讼主体资格。（2）关于在本案保险合同签订的过程中原告是否有过错，被告是否可以依法拒赔。被告认为被告对相应的免责条款以及原告应当履行的相关义务已经及时、准确、全面地履行了告知义务，而原告并没有按照保险条款的相关约定对保险人真实年龄向被告予以告知，被告不应承担本案的保险赔偿责任。但原告对此予以否认，且依据证人罗某娥的证言，已无法确定签订合同时是否对年龄限制作明确说明，被告也未提供证据证明其对保险合同中该免责条款已尽到相应的告知义务。保险人应对其履行了明确说明义务负举证责任，且在签订建筑工程事故团体人身意外伤害保险合同后，被告未及时要求原告提供该40人名单信息，也未及时主张解除合同，具有明显的过错。故对被告免除责任的主张不予支持。

综上，原告文某要求被告赔付原告人身意外伤害保险金额20万元的诉讼请求符合法律规定，予以支持；被保险人文某享因事故住院花费医疗费

27 334.81 元，按保险合同约定“每次事故扣 100 元免赔额，再按 80% 比例赔付”计算，已超出附加险保额，故文某要求被告赔付附加意外伤害医疗保险金额 2 万元的诉讼请求符合法律规定，予以支持。

二审法院认为，二审各方当事人争议的焦点为：

1. 本案诉讼主体是否适格。本案中，文某在向保险公司提交投保申请并缴付保险费后，保险公司向文某出具了人身保险保险单，虽然该保单上加盖了某财保公司湘潭县支公司的保单专用章，但随后某财产保险公司向文某出具了保险费收款发票，该发票中明确注明保险公司为某财产保险公司，并加盖该公司公章。在本案事故发生后，保险理赔过程中，某财产保险公司向文某、文某享家属发出的《关于出险人文某享意外事故的理赔告知函》中载明本案保险的承保公司为某财产保险公司，并加盖了该公司公章。由此可见，本案涉案保险的承保公司为某财产保险公司，该公司在本案中诉讼主体适格。《保险法司法解释（三）》第 13 条规定：“保险事故发生后，受益人将与本次保险事故相对应的全部或者部分保险金请求权转让给第三人，当事人主张该转让行为有效的，人民法院应予支持，但根据合同性质、当事人约定或者法律规定不得转让的除外。”本案保险事故发生后，文某作为投保人即雇主，与被保险人即雇员文某享的家属进行了协商，在其家属按照约定得到赔付后，双方签订了《补充协议书》。该协议书实质为保险请求权转让协议，即文某享的家属基于保险事故的发生，本该对保险公司享有保险金请求权，因文某已支付了赔偿款，故文某享的家属将该请求权转让给文某。在保险事故发生后，人身保险合同的保险金随即成为确定性、纯财产性的债权，属于合同之债，此时的保险金请求权不具有人身依附性，可以自由转让。本案保险金请求权转让协议即不属于依据合同性质不得转让的合同，也不属于依据法律规定不得转让的合同，且文某支付的赔偿款数额超过了本案保险请求权数额，其转让行为也不存在获利的情形，因此，文某享的家属与文某签订的《补充协议书》合法有效，在协议双方将转让内容告知保险公司后，文某取得了本案保险金请求，在保险公司向其作出拒赔通知后，文某依法向法院提起诉讼，具备原告诉讼主体资格，其诉讼主体适格。综上，上诉人提出本案诉讼主体均不适格的上诉理由不能成立，二审法院依法不予支持。

2. 文某享是否为涉案保险的被保险人。本案中，文某投保的是建筑施工人员团体人身意外伤害保险，虽然保险条款中对保险人的年龄进行了限制约定，但该约定条款属于保险人提供的免责格式条款，某财产保险公司未提供证据表明在订立合同时履行了向文某足以引注意的提示，并对该条款的内容以书面或者口头形式向文某作出明确说明的义务，该条款不产生效力。综上，文某亨被雇佣在文某承接的工程从事施工工作，事故发生在保险责任期限内的事实清楚，文某亨是本案建筑工程施工人员团体人身意外伤害保险的被保险人，某财产保险公司应履行赔付义务。

3. 附加人身意外医疗险的保险金的计算是否正确。从《建筑工程施工人员团体人身意外伤害保险投保单》来看，涉案附加人身意外医疗险约定每人保险金 2 万元，每次事故免赔 100 元后按 80% 赔付。上诉人提出涉案附加人身意外医疗险的保险金计算错误，如医疗费超过 2 万元，应以 2 万元保险限额为基数进行计算。虽然保单中就保险金的限额及计算方式进行了约定，但未就保险金计算的基数即是以实际发生的医疗费为基数还是以 2 万元为基数进行计算予以约定，保险公司也未提供保险金计算基数的其他补充约定。《保险法》第 30 条规定：采用保险人提供的格式条款订立的保险合同，保险人与投保人、被保险人或者受益人对合同条款有争议的，应当按照通常理解予以解释。对合同条款有两种以上解释的，人民法院或者仲裁机构应当作出有利于被保险人和受益人的解释。按照上述规定，对于保险金计算的基数的解释，应按照有利于被保险人和受益人的解释即以实际发生的医疗费为基数，以每次事故免赔 100 元后按 80% 赔付，但最高限额不得超过 2 万元计算附加人身意外医疗险的保险金。本案中，被保险人文某亨因事故住院花费医疗费 27 334.81 元，按照每次事故扣 100 免赔额后再按 80% 比例赔付计算，已超出 2 万元保险限额，故文某要求某财产保险公司赔付附加意外伤害医疗保险金额 2 万元的请求符合法律规定。上诉人提出涉案附加人身意外医疗险的保险金计算错误的上诉理由不能成立，二审法院不予支持。

［**裁判结果**］

一审法院判决：被告某财产保险公司于本判决生效之日起十五日内赔付原告文某人身意外伤害保险金额 20 万元和附加意外伤害医疗保险金额 2 万元，共计 22 万元。

二审法院判决：驳回上诉，维持原判。

［**裁判思路**］

司法解释出台前，关于人身保险合同中保险金请求权是否可以转让，司法实践中存在争议。主要有以下三种观点：

第一种观点认为，保险金请求权属于合同债权，受益人作为债权人有权决定是否进行转让。第二种观点认为，人身保险合同的目的在于保护受益人在被保险人死亡后能够获得救济，保险金请求权以被保险人遭受事故为条件，且可能与受益人的生活密切相关，具有很强的人身性，不应允许其转让。第三种观点认为，应该根据保险事故发生前后进行判断，事故发生前，收益权是依附于特定人身关系的期待权，不能随便转让，事故发生后，收益权转化为保险金给付请求权，该请求权与普通债权并无本质区别，禁止其转让缺乏法律依据。

最终《保险法司法解释（三）》采纳了第三种观点。在第13条中规定："保险事故发生后，受益人将与本次保险事故相对应的全部或者部分保险金请求权转让给第三人，当事人主张该转让行为有效的，人民法院应予以支持，但根据合同性质、当事人约定或者法律规定不得转让的除外。"司法解释采纳第三种观点是基于以下几个方面的理由：（1）允许保险金请求权转让，符合合同法原理。合同权利转让本质上是一种交易行为，允许合同权利转让，是合同自由原则的重要体现。对于债务人而言，债权转让只是债务履行对象发生了变化，并未给债务人增加额外的负担。从鼓励交易、增加社会财富的角度出发，只要不违反法律和社会公共道德，均应允许其转让。保险金请求权作为合同权利的一种，应允许其转让。（2）区分保险事故发生与否作出规定，符合债权转让的要求。依据我国《保险法》，人身保险受益人变更的决定权是属于被保险人的，在保险事故尚未发生时，受益人无权转让其收益权，而保险事故发生后，被保险人或受益人对保险人的债权已经确定，保险金请求权具有财产性和确定性，原则上属于纯财产性质的债权，与其他普通财产权利的转让并无区别，可以自由转让。（3）允许保险金请求权转让，符合保险市场实际需求。现代人身保险已不仅仅具有给付赔偿的保障功能，还具有储蓄、投资、融资等功能。尤其是，近年来，投资连结保险迅速发展，使得保险金请求权转让的需求日益迫切。如果禁止人身保险金请求权转让，会阻碍保险市场的发展，抑制保险消费者资金流通的现实需求。（4）除外规定对保险金请求权的转让进行限制，与《合同法》第79条的规定是一脉相承的。例如，《道路交通司法解释》第24条规定："当事人主张交强险人身伤亡保险金请求权转让或者设定担保的行为无效的，人民法院应予支持。"上述规定仅禁止交强险人身伤亡保险金请求权的转让，并未禁止商业险人身伤亡保险金请求权的转让。该规定的目的是保障受害人及受害人近亲属享有保险金请求权带来的利益。本案中，团体人身保险不属于强制投保的险种，是自愿投保的商业险。被保险人的法定受益人在获得用人单位的死亡赔偿金后，同意将被保险人的死亡保险金给付用人单位，视为将保险金请求权转让给了用人单位，该转让行为并未违反法律的禁止性规定，应为有效行为，用人单位有权取得该受让的保险金。

[法律法规链接]

《保险法》第17条

《保险法司法解释（三）》第13条

第二节　保单现金价值

导　读

保险单现金价值又称为保单现金价值，是人身保险合同较为特殊的一个问题。《保险法》保险合同章人身保险部分多处提到保险单现金价值。

从合同角度来看，保险单现金价值是投保人解除保险合同或者符合法律规定条件时，保险人按照保险合同约定应退还的金额。

42. 在保险事故未发生及保险合同期限未满的情况下，投保人要求给付保险金缺乏依据

【典型案例】

余某与某保险公司保险合同纠纷案

[案号]

(2015) 鸡商终字第 171 号

[案情]

2012 年 4 月 9 日，余某、某保险公司签订了《鸿鑫人生两全保险》B 款保险合同，2012 年 4 月 10 日合同生效，合同约定：投保人每年交 5340 元的保费，连交 10 年，在投保人签订保险合同之日起每年的合同对应日都可以领取祝福金，祝福金的金额为基本保险金额的百分之九，直至被保险人身故，当被保险人身故时，受益人一次性领取所交全部保费及红利，如果被保险人不领取祝福金，祝福金将参与保单的分红。余某在投保的第一年领取了 900 元祝福金、红利 15.62 元，投保的第二年，余某因给付的红利过低故申请退保并填写了保险合同退保确认书，2014 年 4 月 17 日，余某、某保险公司签订的保险合同解除。因余某在保险合同约定的犹豫期后申请解除，根据合同约定保险公司向余某退还保险单的现金价值，余某退保时保单的现金价值为 1620 元，第二年的祝福金 900 元和 98.95 元的红利，合计退还了 2619 元。余某在

保险合同解除后，向某保险公司主张退还所交保费无果，故诉至法院。

［**法院认为**］

一审法院认为：余某、某保险公司之间所成立的保险合同未违反法律、行政法规的强制性规定，故合同合法有效。余某主张某保险公司并未按照约定每年将红利通知书给余某，因没有证据能够证实，故某保险公司对此不构成违约。余某在投保单、保险提示书中明确写明“本人已阅读保险条款、产品说明书和投保提示书，了解本产品的特点和保单利益的不确定性”以及某保险公司在对余某的电话回访中，余某也明确表示对产品特点以及条款中的保险责任、责任免除等事项知晓，上述条款某保险公司用黑体加粗，说明某保险公司对合同条款、责任免除等事项尽到了明确的提示和说明义务，故余某在双方自愿解除合同后，要求某保险公司退还剩余的保费不符合合同条款中超过犹豫期后申请解除合同，保险公司只退还保单现金价值的约定，亦无法律依据，故一审法院对余某的诉讼请求不予支持。

二审法院认为：上诉人与被上诉人签订的保险合同是双方真实意思表示，协议合法有效，应予保护。上诉人在合同生效一年后，主动到被上诉人处按约定领取了第一年的祝福金和红利，因此被上诉人在合同生效后第一年，虽未向上诉人派送红利通知书，但因上诉人已实际领取了第一年红利，故被上诉人未派送红利通知的行为，不应认定为违约。上诉人的该上诉理由不能成立。上诉人在签订保险合同时已明知，该保险合同的红利数额具有不确定性，且又未能提供证据证实被上诉人的代理人向其承诺，该保险合同的收益要高于同期银行存款收益的具体数额，故仅以上诉人自行计算的结果，不足以证实该保险合同显失公平，且上诉人未在法定期限内行使撤销权，上诉人的该上诉理由不能成立。被上诉人在上诉人申请退保后，返还了保险合同的现金价值，该行为符合双方的合同约定。上诉人的上诉请求，均不应予以支持。综上所述，一审判决认定事实清楚，证据充分，适用法律正确，应予维持。

［**裁判结果**］

一审法院判决：驳回余某诉讼请求。

二审法院判决：驳回上诉，维持原判。

［**裁判思路**］

本案中余某主张某保险公司的业务员向其出售保险时承诺该保险合同的收益要高于同期银行存款的收益，未提供证据证明。保险合同已明确告之该保险合同的红利数额具有不确定性，余某根据自己计算的银行存款收益的结果，不足以证实该保险合同的红利数额显失公平。关于某保险公司按保险单价返还保金是否适当的问题。余某在投保单、保险提示书中明确写明“本人已阅读保险条款、产品说明书和投保提示书，了解本产品的特点和保单利益的不确定性”在某保险公司的电话回访中，余某也明确表示对产品特点以及条款中的保险责任、责任免除等事项知晓，因保险合同约定犹豫期后解除合同只退还保险单的现金价值，所以余某在犹豫期后申请解除保险合同，某保险公司返还其保险单的现金价值，符合双方的合同约定，故一审未支持余某要求某保险公司返还剩余保险费的诉讼请求并无不当。某保险公司未按约定向余某提供红利通知书是否构成违约。余某在合同生效一年后，按约定领取了第一年的祝福金和红利，某保险公司虽未及时向余某提供红利通知书，但不影响保险合同的正常履行，故一审认定不构成违约亦无不当。

[法律法规链接]

《保险法》第10条、第47条

43. 投保人解除保险合同时，退还保单现金价值

【案例】

颜某与某人寿保险公司人身保险合同纠纷案

[案号]

（2015）双商终字第15号

[案情]

原告颜某作为投保人于2007年5月25日向被告某人寿保险公司宝清支公司投保了国寿鸿鑫两全保险（分红型），被保险人为颜某，保险期间31年，交费方式为年交，交费期间3年，每年保险费50万元，保险金额为748 390.96元，颜某于2007年5月28日向某人寿保险公司交纳首期保险费50万元，保险合同生效日为2007年5月28日，现颜某已经交纳3年保险费150万元；该份保险的条款中第5条保险责任内容为：“一、自本合同生效之日起，被保险人生存至每三周年的年生效对应日，本公司按基本保险金额的9%给付生存保险金；二、被保险人于本合同生效之日起一年内因疾病身故，本公司无息返还所交保险费，本合同终止；被保险人因意外伤害身故或于本合同生效之日起一年后因疾病身故，本公司按基本保险金额的200%给付身故保险金，本合同终止；三、被保险人生存至保险期满的年生效对应日，本公司按基本保险金额的150%给付满期保险金，本合同终止。”在客户服务指

南中第2条解约金额的计算方式为："未交足二年保险费的，我公司将在扣除手续费后，退还保险费；已交足二年以上保险费的，我公司将按合同所附现金价值表及有关规定的计算方法退还该合同的退保金。"颜某投保时，在某人寿保险公司提供的个人保险投保单中声明与授权部分的投保人和被保险人处签名，在分红保险声明书及人身保险投保提示书中投保人签名处签名，其中分红保险声明书中对于红利的派发进行了提示，该部分内容为："1.红利的多少根据当年度本公司分红保险的经营业绩确定；2.在红利派发日（即保单年生效对应日）前合同终止，将不享受当年度红利；3.若在红利派发日合同效力中止，您的红利将暂留本公司，在您办理复效手续，并补交欠交的保费和利息后，本公司将予以补发。红利暂留本公司期间红利不计息；4.若在红利派发日合同有到期未还借款，您的红利将暂留本公司，在您归还借款及利息后，本公司将予以补发。红利暂留本公司期间红利不计息。"其中人身保险投保提示书中第1条第5款中第（二）项内容为："签收保险单10日以后退保，保险公司要按保险单退保时所具有的价值（即保险合同中所列明的现金价值）给客户进行退保，客户要遭受一定的保险费损失。损失的金额与保险单经过的期限长短有关，期限越短损失越大，期限越长损失越小。其中，在参加保险后2年内退保，保险费损失最大，有时可能损失全部的保险费。"2009年7月24日，颜某向某人寿保险公司借款50万元，借款期间6个月，年利率为4.86%。借款申请书声明第4条为："借款期间，贵公司在给付保险金，退还合同现金价值或保险费时，有权先扣除借款及利息。"2009年12月8日颜某又向某人寿保险公司借款903 000元，借款期限6个月，年利率为4.86%。2013年10月14日，颜某向某人寿保险公司提出解除保险合同，同年10月15日人寿保险佳木斯公司为其办理了解除保险合同事项，将颜某持有的客户服务指南、保险单、现金价值表、个人保险投保单收回注销。原、被告解除合同当日，某人寿保险公司按照如下项目进行退保：退保金额1 260 629.86元、红利122 854.59元、红利利息13 725.44元、生存金134 710.38元、生存金利息8776.83元，应付金额小计1 540 697.10元，退保清算后，该保单尚存在以下应收款项，某人寿保险公司将按照合同约定进行扣除处理，应收项目为：借款还款应收金额1 102 084.66元、借款利息22 069.82元，应收金额小计1 124 154.48元，应付减应收，总计为416 542.62元，人寿财险双鸭山公司将该数额款项给付颜某。另查，被告某人寿保险公司宝清支公司在进行国寿鸿鑫两全保险（分红型）保险宣传时曾使用过的宣传单中有保本领息投资分红的宣传。

［法院认为］

一审法院认为：原告颜某作为投保人签订的个人保险投保单并按照合同

约定向被告某人寿保险公司交纳保险费，双方形成保险合同法律关系。颜某投保，某人寿保险公司予以承保，均系双方当事人的真实意思表示，保险合同成立并生效，双方均应按照合同条款的约定享有权利并履行各自的义务。颜某投保的国寿鸿鑫两全保险（分红型）条款第1条载明："保险合同由保险单及所附条款、声明、批注、批单以及有关的投保单、复效申请书、健康声明书和其他书面协议共同构成。"因此，某人寿保险公司交付给颜某的国寿鸿鑫两全保险（分红型）条款、客户服务指南、人身保险投保提示书以及现金价值表均是合同的组成部分，双方均应受此合同内容约束。《保险法》第47条规定："投保人解除保险合同的，保险人应当自收到解除合同通知之日起三十日内，按照合同约定退还保险单的现金价值。"因此，保险单的现金价值就是在投保人要求解除保险合同时，双方约定如何退费的依据。颜某投保时，某人寿保险公司向作为投保人的颜某送达了现金价值表，该表详细记载了保单年度的现金价值，实质是对保险条款中约定事项的补充说明，颜某对此现金价值表并未提出异议，依据该条款其应当知道退保不能全额给付保险费的事实，并且某人寿保险公司交付给颜某的投保提示书中对解约金额的计算及退保的风险有明确的记载并对颜某进行了提示说明，该保险条款第20条亦明确了退还现金价值的情形，因此颜某要求与某人寿保险公司解除人身保险合同时，退还保险单现金价值是保险公司的法定权利，人寿保险双鸭山分公司在颜某退保时按约定退还了其保险单的现金价值，其合同义务已经履行完毕，颜某要求某人寿保险公司全额返还保险费的请求于法无据，一审法院不予支持；颜某要求某人寿保险公司按照年利率3.5%的标准给付从2007年5月28日至2008年5月27日以保费50万元为基数计算的利息、从2008年5月28日至2009年5月27日以保费100万元为基数计算的利息以及从2009年5月28日至2013年10月14日以保费150万元为基数计算的利息，共计28 230 001.00元的诉讼请求，因该保险合同的保险条款及分红声明书中已经告知颜某该保险红利的派发是根据当年度公司分红保险的经营业绩确定，双方并未约定按照交纳保险费的金额按照年利率给付利息，并且在颜某退保时，某人寿保险公司按照合同的约定已经给付其红利及红利利息，其再要求给付所交纳保费利息的请求无据可依，一审法院不予支持。

二审法院认为：颜某作为投保人签订了个人保险投保单并向某人寿保险公司足额缴纳保险费，双方形成保险合同法律关系，双方签订的保险合同合法有效，应依据保险合同的约定确定双方各自的权利义务。因双方签订的保险合同约定该险种为分红型，且双方签订的保险合同中约定，如果投保人退保的，则应按保险单的现金价值予以退还，约定内容符合保险法规定。故颜某向被上诉人提出解除合同时，被上诉人对其进行退保的保险单现金价值、红利、红利利息、生存金、生存金利息的项目及数额符合保险合同约定。颜某在投保期间向被上诉人借款人民币90.3万元，在其退保时仍未偿还，某人寿保险公司有权按照双方签订的保险合同及借款协议在退保时予以扣除，双方约定的偿还借款本息方式内容不违背法律规定，且双方在借款协议中约定的利率较低，如比照人民银行同期贷款利率计算，并不侵害投保人颜某的利益。颜某主张宣传单及行销业务手册应当视为保险合同的内容，对双方有约束力。因当事人双方签订了保险合同，合同中并未体现宣传单及行销业务手册的内容，故不能将宣传单及行销业务手册的内容视为双方共同的意思表示，不能视为保险合同的组成部分，对颜某的该主张不予支持。颜某主张关于保险单现金价值的内容属于保险合同的格式条款，其投保时被上诉人未作出足以引起投保人注意的提示，应属无效。因《保险法》第47条明确规定，投保人解除合同的，保险人按照合同约定退还保险单的现金价值，故保险合同中关于现金价值的内容属于合同约定内容，不属于格式条款，对颜某的该主张不予支持。颜某主张一审法院认定颜某于2009年7月24日向被上诉人借款50万元的事实是错误的，导致借款金额及借款利息计算错误。因该50万元借款的本息均已全部还清，与之后颜某于2009年12月8日向某人寿保险公司借款90.3万元不发生重合，且在一审判决认定的事实中关于颜某应偿还被上诉人借款的数额中不含上述50万元，并未因此导致借款的本息计算错误，故对颜某的该项主张不予支持。

[裁判结果]

一审法院判决：驳回颜某的诉讼请求。

二审法院判决：驳回上诉，维持原判。

[裁判理由]

《保险法》保险合同章对于投保人的保护，主要通过三个制度来实现：一是保险人明确说明义务，二是疑义不利解释原则，三是无效格式条款。根据《保险法》第17条规定，保险人明确说明义务适用于“免除保险人责任的条款”，现金价值不涉及免除保险人责任问题，不属于保险人明确说明的对象；根据《保险法》第30条规定，疑义不利解释原则适用于格式条款，且以合同条款经通常理解存在两种以上争议为适用条件，现金价值虽可将其纳入格式条款，但在投保人对现金价值有不同理解时即认为应适用不利解释原则似不符合法律规定。《保险法》第47条规定：“投保人解除保险合同的，保险人应当自收到解除合同通知之日起三十日内，按照合同约定退还保险单的现金价值。”双方签订的保险合同约定，如果投保人退保的，则应按保险单现金价值予以退还，某人寿保险公司向颜某送达了保险现金价值表，该表详细记载了保单年度的现金价值，颜某对此现金价值表并未提出异议，且某人寿保险公司提供由颜某签字的人身保险投保提示书中对退保金额的计算及退保风险亦进行了提示说明。在颜某解除人身保险合同时，退还保险单现金价值是保险公司的法定权利，故一审判决并无不当。

[**法律法规链接**]

《保险法》第17条、第47条

第三节 保险合同的中止与复效

导 读

人身保险合同与财产保险合同相比期限比较长，人身保险合同的保险费通常不是一次性交付，而是分期交付。因投保人并不是总能按期及时交付保险费，为了保护投保人之前长期交付保险费的合理利益，防止保险人以投保人未及时交付为由随意解除合同，有必要对人身保险合同中的保险费交付进行特殊规定，允许投保人在逾期支付保险费之后的一定期限内补交保险费，恢复合同效力。这就是保险合同的中止与复效制度。

44. 保险公司单方改变交易习惯致使投保人未能及时交纳保费，不应据此认定保单失效

【**案例**】

陆某诉某人寿保险股份有限公司保险合同纠纷案[①]

[**案号**]

（2013）苏中商终字第0067号

---

① 案例来源：北大法宝：http://www.pkuiaw.com。

[案情]

1997年2月13日，投保人陆某向某人寿保险股份有限公司（简称保险公司）投保了《少儿一生幸福保险》，保险期限自1997年2月14日12时起，缴费期为15年，缴费方式为年缴，保险费720元。保险条款关于缴费、失效、复效约定的第11条载明，按年交纳保险费的缴费期限为保险单每年生效对应日所在的月。第12条载明，缴费期限的次月为宽限期，宽限期内保险人仍负保险责任；如果在宽限期内仍未交纳保险费，保险单自动失效，保险人不负保险责任。第13条载明，在保险单失效后的两年内，投保人及被保险人如果仍符合本条款第3条规定的投保条件，可以向保险人申请复效；经保险人审核同意后，投保人补交失效期间的保险费及利息，保险单方能恢复效力。陆某投保时，直接交纳了第一年保费，之后两年由保险公司业务员刘某每年上门向陆某收取现金保费。2000年开始，保险公司委托邮政部门向陆某发送缴费通知单，至2008年陆某每年按照缴费通知单的提示向保险公司指定的银行交纳保费，在银行直接领取保费收据。2009年，保险公司仍委托邮政部门发送缴费通知单，但陆某称并未收到缴费通知单。2010年后，保险公司终止了委托邮政部门向陆某发送缴费通知书的业务。2011年5月，刘某委托其姐姐到陆某处上门办理银行代扣保费业务时，陆某知晓自己未按期交纳保费致使保单失效，当月向保险公司申请复效遭拒绝，遂向一审法院起诉，请求判令：（1）保险公司恢复保单效力，继续收取保费；（2）赔偿陆某为保单复效的损失2000元；（3）由保险公司承担诉讼费用。

[法院认为]

一审法院认为：陆某为被保险人董某向保险公司投保，保险公司签发了保单，保险合同依法成立并生效。根据《最高人民法院关于适用〈中华人民共和国合同法〉若干问题的解释（一）》第2条的规定，合同成立于合同法实施之前，但合同约定的履行期限跨越合同法实施之日或者履行期限在合同法实施之后，因履行合同发生的纠纷，适用合同法第四章的有关规定。因此，陆某、保险公司双方也应当按照《合同法》第60条第2款的规定，履行合同时遵循诚实信用原则，根据合同交易习惯履行通知、协助、保密等义务。保险条款关于缴费、失效、复效的约定中，投保人本应在每年的二月交纳当年保险费，这是投保人应履行的义务，但保险条款中并未约定具体的交纳方式，根据保险公司业务员刘某的证言及保险公司的陈述，订立合同后的第二年和第三年保险费是刘某上门收取，之后至2008年，投保人是按照保险公司委托邮政部门发送的缴费通知书告知的时间和地点交纳保险费，双方已成就了特定的交易习惯。2009年，保险公司虽委托邮政部门发送缴费通知书，但邮政部门是否按约发送给陆某，保险公司并未提供证据证明。2010年在缴费期即将届满之时，保险公司却已不再发送缴费通知书，保险公司单方中断向陆某履行有效通知的义务，致使陆某未能及时交纳保费，且重组并未改变保险公司应履行收取保费及通知交缴等习惯形成的义务。因此，对投保人二年内未能缴费致使保单失效，应由保险公司承担责任，保险公司无权仅依《保险法》的规定和保险条款的约定中止合同效力并解除保险合同，故对陆某要求保险公司继续履行合同义务的诉讼请求一审法院予以支持。关于陆某诉请保险公司赔偿损失2000元一节，因陆某未能提供证据证明，不予支持。

二审法院认为：依据《合同法》第60条规定，当事人应当按照约定全面履行自己的义务。当事人应当遵循诚实信用原则，根据合同的性质、目的和交易习惯履行通知、协助、保密等义务。根据现已查明的事实，在案涉保险合同履行的前两年系由上诉人保险公司业务员上门向被上诉人陆某收取保费，2000年开始保险公司委托邮政部门向陆某发缴费通知单，至2008年陆某每年按照缴费通知单的提示向保险公司指定的银行交纳保费。由此可见，首先，双方已经就交纳保费形成了一定的交易习惯，即由保险公司上门收取保费或由其通知投保人按其指定交纳保费。并且，保险公司在合同履行过程中亦曾要求投保人变更缴费方式（即前二年为上门收取保费，后变更为由投保人按缴费通知要求至相关指定银行进行缴费），在该种情形下，投保人是无法确认每年缴费方式是否相同，因此，作为保险人的保险公司更应负有每年通知投保人缴费及告知缴费方式的义务。但是在案涉保险合同履行过程中，保险公司并无证据证明其于2009年向投保人陆某送达缴费通知书，2010年后更是未向陆某发送缴费通知书。据上述分析，显然造成投保人陆某二年未能缴费这一后果的主要责任在于保险人，在该种情况下其无权仅依《保险法》的相关规定及合同的相关约定中止合同效力并主张解除合同。在特别法有明确规定的情形下应当优先适用特别法，而在特别法无明确规定的情况下应当适用一般法的相关规定。因此，一审法院在《保险法》无明确规定的情况下适用《合同法》的相关规定，合法有据。保险公司主张一审法院适用法律错误的上诉理由不能成立。综上，一审判决认定事实清楚，适用法律正确，实体处理亦无不当。

[裁判结果]

一审法院判决：一、陆某与保险公司继续履行1997年2月13日签订的《少儿一生幸福保险合同》；二、保险公司于判决生效之日起10日内收取原告陆某应交纳的2009年及之后应交纳的保险费；三、驳回原告陆某的其他诉讼请求。

二审法院判决：驳回上诉，维持原判。

[**裁判思路**]

人寿保险合同未约定具体的保费交纳方式，投保人与保险人之间长期以来形成了较为固定的保费交纳方式的，应视为双方成就了特定的交易习惯。保险公司单方改变交易习惯，违反最大诚信原则，致使投保人未能及时交纳保费的，不应据此认定保单失效，保险公司无权中止合同效力并解除保险合同。

[**法律法规链接**]

《保险法》第 36 条、第 37 条

第四节　保险合同解除

导　读

保险合同的权利义务终止，是指合同约定的当事人的权利、义务消灭。保险合同终止的原因主要有合同解除、期限届满和全部履行完毕等。

根据我国《保险法》的规定，除保险法另有规定或保险合同另有约定外，投保人享有解除保险合同的绝对自由。而在以他人为被保险人的保险合同中，被保险人的寿命和身体作为保险合同的标的，但不是保险合同的当事人，不享有保险合同的解除权，对保险合同的解除也无法进行限制，因为保险合同的解除并不以被保险人是否同意为前提，这显然不利于保护被保险人的利益。为此，需要在法律上创设保护被保险人利益的法律制度：在以他人为被保险人的人身保险中，若投保人无力交纳保险费，则被保险人可以代投保人交纳保险费，保险人不得拒绝。若投保人意图解除保险合同，应通知被保险人。若被保险人不同意解除保险合同，但同意支付相当于保险合同现金价值的对价，则投保人不得解除保险合同，应把保险合同转让给该被保险人，实现保险合同当事人的变更，以此来保护被保险人的利益。在此情况下，保险人也应该同意保险合同的转让，因这种转让并不影响保险人的利益。《保险法司法解释（三）》第 17 条表述为：投保人解除保险合同，当事人以其解除合同未经被保险人或者受益人同意为由主张解除无效的，人民法院不予支持，但被保险人或者受益人已向投保人支付相当于保险单现金价值的款项并通知保险人的除外。

45. 团体人身保险的任意解除权应由投保人行使，保险合同另有限制的除外

【典型案例】

王某与某人寿保险公司、某包装材料公司确认团体人身保险合同效力纠纷案

[案号]

(2013)潍商终字第663号

[案情]

1997年某包装材料公司为包括王某在内的职工，向某人寿保险公司投保了团体“养老金还本保险”。2005年，某包装材料公司拟退保，遂征求员工意见，员工愿意承接该保险合同的可填写申请表，并向单位缴纳之前的保费。但王某当时并未填写该表格，也未缴费。某包装材料公司遂于2005年10月18日向某人寿保险公司申请解除保险合同关系，王某被列入某包装材料公司申请退保人员名单范围之内。根据投保人某包装材料公司的申请，某人寿保险公司解除保险合同，退还了保险费。因对该退保行为有异议，王某诉至人民法院，要求撤销投保人和保险人就本案所涉及的退保行为，确认涉案团体人身保险合同的效力。

[法院认为]

一审法院认为：某包装材料公司作为投保人，其提出退保申请的行为，和某人寿保险公司同意退保的行为，均符合《保险法》的规定和保险合同约定，即某包装材料公司和某人寿保险公司协商解除保险合同的行为，为合法有效的民事行为。涉案的团体人身保险合同已经解除，故王某要求依法确认解除涉案保险合同行为无效，恢复王某被保险人地位的诉讼请求，于法无据，不予支持。

二审法院认为：本案争议的焦点问题是某人寿保险公司与某包装材料公司于2005年10月18日解除涉案团体人身保险合同的效力问题。根据《保险法》第10条的规定，保险合同是投保人与保险人约定保险权利义务关系的协议。签订保险合同的双方当事人为投保人和保险人。按照《保险法》和《合同法》的规定精神，保险合同的变更、解除也应当是在保险合同的当事人即投保人和保险人之间进行。

本案涉案的团体养老还本保险合同的投保人为某包装材料公司，保险人

为某人寿保险公司，作为投保人的某包装材料公司在保险期间内提出退保申请，保险人某人寿保险公司经审核同意其退保申请，该民事行为符合法律及保险合同的规定，应为合法有效。上诉人提到的保监发〔2005〕62号文中并没有关于退保人数必须达到的数量要求，仅仅是对投保时的参保人数所做的数量限制。然而，该规定不属于法律、行政法规的范畴，不能够影响退保行为的效力。

[裁判结果]

一审法院判决：驳回王某的诉讼请求。

二审法院判决：驳回上诉，维持原判。

[裁判思路]

团体保险是与个人保险相对应的概念。团体保险是指投保人为特定团体成员投保，由保险公司以一份保险合同提供保险保障的人身保险。个人保险通常承保一个人或一个家庭，而团体保险则在一份保险合同下承保许多人，比如一个雇员群体。个人保险的保险费由投保人承担，而团体保险分为非分担型计划团体保险、分担型计划团体保险，前者由投保人交纳全部保险费，后者被保险成员需要为其所享有的保障承担部分或全部保险费。

在法律关系上，团体保险与个人保险也有一定差异。比如在英美法系，个人保险的保单持有人对保单享有所有权，而团体保险单的持有人则不享有所有权。又如，个人保险中投保人为他人投保需要具有保险利益，投保以死亡为给付条件的保险还需要被保险人同意；但在团体保险中，根据《中国保监会关于促进团体保险健康发展有关问题的通知》（保监发〔2015〕14号）第3条的规定，在三种特殊情况下可以不需要被保险人的同意。

在投保人的任意解除权问题上，团体保险是否与个体保险适用同一规则？我们认为，团体保险与个人保险存在的差异极大，在许多法律制度上都应当有所区别。对于团体保险中存在的诸多法律适用问题，最高人民法院已经在开展研究，将在适当的时候以司法解释、公报案例等方式对相关问题作出解答。

但在保险法和司法解释尚未就团体保险作出特别规定之前，法院在处理此类案件时应当按照个体保险的相关规定处理。即在任意解除权的问题上仍应认可投保人的解除权。当然，为了保障团体保险被保险人利益，团体保险的条款可以设计成为禁止投保人任意解除或被保险人同意才能解除。根据《保险法》第15条的规定，此种约定属有效约定，投保人的任意解除权因此受到限制。

[法律法规链接]

《保险法》第10条、第15条

46. 保险人能否以申报的被保险人职业与实际不符为由解除保险合同

【典型案例】

段某等诉某人寿保险公司支公司意外伤害保险合同案[①]

[案号]

(2013)菏少民终字第37号

[案情]

2013年1月17日，投保人李某军以其本人为被保险人，在某人寿保险公司投保了一份平安幸福定期寿险（A，2004）。保险合同约定保险期限为10年，年交保险费506元，基本保险金额为22万元，被保险人因意外伤害身故，保险人按保险金额给付身故保险金22万元，受益人为被保险人的法定继承人。在人身保险投保书的"投保人"栏目中，李某军的职业被记载为小型客货两用车司机。保险合同签订后，李某军交纳了首次保险费506元。2013年4月25日23时55分许，李某军驾驶鲁RF×××9号重型仓栅式货车行使至河南省范县境内时发生车祸，当场死亡。2013年5月24日，段某向某人寿保险公司提出理赔申请，某人寿保险公司于2013年6月27日作出理赔决定通知书，认为被保险人投保前存在有影响承保决定的情况，而在投保时未书面告知，作出解除保险合同、退还保险费82.94元的处理。原告不认可该处理意见，遂诉至法院。李某军的第一顺序法定继承人有妻子段某，儿子李某豪、李某乐，女儿李某欢，母亲范某。

[法院认为]

一审法院认为：该案的争议焦点为订立保险合同时，投保人是否履行了如实告知义务。投保人在回答保险人的询问时未履行如实告知义务的，保险人依法有权解除保险合同，但在保险人没有进行询问的情况下，投保人没有主动如实告知的义务。本案投保书是由某人寿保险公司设计印制的格式化文

① 案例来源：聚法案例:https://www.jufaanli.com。

件，设计有“健康告知”“财务及其他告知”栏目，在此栏目中某人寿保险公司并没有询问被保险人所从事的职业，李某军的职业信息“小型客货两用车司机”也没有填写在投保书的上述栏目中，且不是李某军亲笔书写，而是机器打印的。某人寿保险公司未能举证证明就被保险人的职业进行了询问，故其要求解除保险合同、不予赔付保险金的抗辩理由不能成立，不予采纳。双方的保险合同已经依法成立并生效，被保险人因交通事故意外死亡后，某人寿保险公司应当按照合同约定向被保险人的法定继承人支付保险金。

二审法院认为：双方当事人争议的主要问题是某人寿保险公司能否以投保书中载明的被保险人职业与其实际从事职业不符为由解除保险合同。投保人违反告知义务的，保险人依法有权解除合同，但告知义务的履行以保险人的询问为前提条件。除此之外，就投保人申报的被保险人职业与实际不符，法律并没有特别赋予保险人合同解除权，本案保险合同就此亦未约定保险人有权解除合同。本案中，对于投保时某人寿保险公司是否就李某军的职业进行了询问，双方当事人存在争议。首先，关于本案的举证责任问题。根据《保险法司法解释（二）》第 6 条之规定，某人寿保险公司就订立保险合同时对李某军的职业进行了询问的主张，应负举证责任。某人寿保险公司除了提出投保书作为支持上述主张的证据外，未能举出其他证据。其次，关于投保书能否作为证明某人寿保险公司上述主张的有效证据问题。第一，本案被保险人系投保人李某军本人，投保书“投保人”栏目内虽然设定了被保险人的职业填写项，但该投保书中没有载明就该填写项的具体内容进行询问的相关问题；第二，在投保书“声明和授权”栏目中，投保人声明“健康告知”“财务及其他告知”栏目的内容均属真实，否则某人寿保险公司有权解除合同，但投保人并未就“投保人”等栏目内容作出上述声明和授权；第三，本案实际操作上投保书先由某人寿保险公司打印填写，后经李某军签字确认完成，但其法律后果与李某军直接填写并无二致。因此，投保书不能证明某人寿保险公司对投保人进行过询问。综上，某人寿保险公司无权以投保书中被保险人的职业填写与实际不符为由解除保险合同，应当按照合同约定对保险事故承担保险责任。

［裁判结果］

一审法院判决：被告某人寿保险公司菏泽中心支公司于本判决生效之日起三日内支付原告段某、李某豪、李某乐、李某欢、范某保险金 22 万元。

二审法院判决：驳回上诉，维持原判。

［裁判思路］

我国《保险法》第 16 条规定了投保人的如实告知义务及违反的法律后

果，而在保险审判实务中，由于对保险最大诚信原则理解的偏差，围绕该条的法律适用问题较多。对于投保人如实告知义务的范围，在比较法上主要有无限告知义务模式和询问回答义务模式两种。从我国保险法及相关司法解释可见，我国采用的是询问回答义务模式，首先给保险人设定了询问义务，如果保险人未对投保人提出询问，则投保人不需要告知，也就不存在违反告知义务的问题，且对询问范围及内容有争议的，保险人负举证责任。

本案是一个因被保险人实际从事职业与投保书载明的职业信息不符，保险人能否以此为由解除保险合同的典型案例，其关键问题是保险人是否就被保险人的职业状况对投保人进行过询问，有无证据证明。保险实践中保险人为了工作上的便利，投保书大多已由投保人本人填写变为先电脑录入形成电子投保书，再打印出纸质文本后由投保人签字确认，但后者的法律后果与投保人本人直接填写的法律后果是一致的，投保书外在形式的不同不能作为保险人提出询问的有效证据。投保时被保险人的职业填写与实际不符，保险人可拒绝承保，但该保险合同生效后，在保险人不能举证证明就被保险人职业状况提出询问的情况下，保险人不能以投保书中被保险人的职业填写与实际不符为由解除保险合同。

[法律法规链接]

《保险法》第 16 条

47. 保险公司丧失合同解除权后无权行使合同撤销权

【典型案例】

某人寿保险公司诉杨某人寿保险合同案 ①

[案号]

（2015）浙甬民二终字第 561 号

[案情]

2009 年下半年，罗某经上海交通大学医学院附属瑞金医院诊断为 CA19 –9 升高原因待查、消化道其他肿瘤待排。2010 年 2 月，上海交通大学医学院附属瑞金医院出具病理诊断报告一份，病理诊断罗某“肝穿刺活检”肝内胆管高分

① 案例来源：聚法案例：https://www.jufaanli.com。

化腺癌。2010年3月23日，罗某向原告投保金泰人生（C款）终身寿险（分红型）保险三份，保险金额共计90万元（其中保单号3001××××1163保险合同的保险金额为70万元；保单号3001××××1162保险合同的保险金额为10万元；保单号3001××××1164保险合同的保险金额为10万元），三份保险合同约定的保险期间均为2010年3月24日0时起至终身止或本合同列明的终止性保险事故发生时止，保险费交费方式均为按年（20次交清），上述合同均约定被保险人系罗某，并指定身故受益人为被告（系罗某女儿）。2013年4月17日，罗某因病死亡，上海交通大学医学院附属瑞金医院出具死亡小结，死亡诊断为肝内胆管癌、梗阻性黄疸（胆道感染）、腹水、多脏器损伤。2013年7月26日，被告向原告申请保险理赔。2013年8月5日，原告作出理赔决定通知书，拒绝给付保险金，理由：合同订立前被保险人已诊断肝内胆管高分化腺癌。2014年6月6日，原告向法院提交本案诉讼材料，经原告同意，该案进入诉前调解阶段。原告认为，罗某投保时存在欺诈行为，原告有权行使《合同法》的撤销权，撤销权与《保险法》的解除权不是普通法与特别法的关系，发生竞合时，原告可以选择撤销权，故原告诉至法院，请求法院依法判令撤销原告与投保人罗某签订的人身保险合同。被告杨某辩称罗某不存在欺诈。同时，保险合同应区别于一般民事合同，在保险合同解除权行使期限已经超过的情况下，若原告还可以行使撤销权，就是滥用权利。

[法院认为]

一审法院认为：原告要求撤销保险合同的诉讼请求，缺乏依据。理由如下：首先，虽罗某投保时故意未履行如实告知义务，但保险合同和《保险法》中对该情形引起的法律后果均作了明确约定和规定，已赋予某人寿保险公司在一定的期限内行使解除合同的权利，该期限为除斥期间。因原告未在保险合同订立后2年内或在其知道解除事由之日起30日内行使解除合同的权利，故解除合同权归于消灭。其次，同一机关制定的法律适用时遵循特别法优于普通法的规则，特别法没有规定时适用普通法。本案系保险合同引发的纠纷，首先应当适用《保险法》，《保险法》没有规定时适用《合同法》。即便罗某故意未履行如实告知义务的行为符合《合同法》第54条第2款规定的“欺诈”，那么根据法律适用原则，本案仍应适用《保险法》。因为对于罗某的行为《保险法》已赋予原告相应的法律救济途径，保险合同的解除或撤销均能引起免除保险人保险责任的法律后果，原告怠于行使《保险法》赋予的解除合同的权利后再行选择适用《合同法》中关于撤销权的规定，不符合法律规定。

二审法院认为：涉案纠纷系因投保人罗某在2010年3月23日与某人寿保险公司签订三份人身保险合同时，隐瞒其此前在上海交通大学医学院附属瑞金医院、宁波李惠利医院治疗，并明确诊断其为癌症患者的病史引起，根据《保险法》第16条第2款规定，“投保人故意或者因重大过失未履行前款规定的如实告知义务，足以影响保险人决定是否同意承保或者提高保险费率的，保险人有权解除合同”，一审法院考虑到《保险法》作为规范保险活动的特别法，对投保人的上述行为又有明确规定，因此适用了《保险法》，而未采信上诉人要求适用合同法的主张，于法有据，并无不当。上诉人主张合同撤销，与《保险法》的相关规定不符，二审法院难以支持。综上，一审法院认定事实基本清楚，判决并无不当。

[裁判结果]

一审法院判决：驳回原告某人寿保险公司的诉讼请求。

二审法院判决：驳回上诉，维持原判。

[裁判思路]

本案中，投保人未履行如实告知义务时，保险公司不能根据《合同法》第54条第2款的规定行使撤销权。

《保险法》规定的解除权排除《合同法》规定的撤销权。在投保人存在欺诈的情况下，《保险法》规定的解除权系对欺诈而为的意思表示的特别规定，不再适用《合同法》规定的撤销权，即《保险法》关于解除权的规定应排除《合同法》关于撤销权的规定，若保险人的解除权之除斥期间经过后，保险人仍得行使撤销权，将使《保险法》关于解除权的规定形同具文。同时，允许保险人行使撤销权将导致法律关系长期不稳定，置投保人于完全被动而纵容保险人粗放承保。解除权作为一种形成权，其行使或者在除斥期间经过后未行使，都应使当事人之间的法律关系确定下来。若允许保险人在解除权的最长存续期间——两年经过后，仍然主张撤销权，显然会使保险合同关系长期处于不稳定的状态。这种状况对投保人和被保险人来说是极为不利的，因为，他们不知道保险人何时会行使撤销权，也就无从判断是否需要再作新的保险安排；相反，倒可能纵容保险人粗放承保，在订立保险合同时不认真审查保险标的的情况，为未来纠纷埋下隐患。

[法律法规链接]

《保险法》第16条

《保险法司法解释（二）》第8条

第七章　机动车辆保险

第一节　机动车强制保险

导　读

自 2004 年 5 月 1 日《道路交通安全法》开始实施，我国正式提出实行机动车第三者责任强制保险制度，并设立道路交通事故社会救助基金。2006 年 7 月 1 日，国务院制定的《机动车交通事故责任强制保险条例》开始施行，标志着我国机动车强制保险（以下简称交强险）制度真正开始实际运行。该条例第 3 条规定："本条例所称机动车交通事故责任强制保险，是指由保险公司对被保险机动车发生道路交通事故造成本车人员、被保险人以外的受害人的人身伤亡、财产损失，在责任限额内予以赔偿的强制性责任保险。"它是我国首个由国家法律法规实行的强制保险制度，该制度是国家为保障在交通事故中受到伤害的人员的经济权益而实施的全国性的强制性保险，其主要目的是保障交通事故中受害者能够获得基本的损害赔偿。因此，此保险具有法律的强制性，又称法定保险。

48. 醉驾、无证、驾驶人故意制造保险事故等三种高度危险情形下，交强险保险人的责任承担

【典型案例】

李某诉保险公司、陈某等机动车交通事故责任强制保险理赔纠纷案[①]

［案号］

（2011）渝四中法民再终字第 00015 号

［案情］

马某于 2009 年 4 月 19 日购买中型自卸货车一辆，号牌为 70×××8，并

① 案例来源：北大法宝：http://www.pkulaw.cn。

于同年4月20日以其妻邓成某为被保险人向保险公司投保交强险和商业第三者责任保险。邓某经营摩托车搭乘旅客生意。2009年9月25日12时许，邓某驾驶渝HH×××6号普通二轮摩托车从三河镇杜家园组接李某至三河街上，后又搭乘彭某某继续往前行驶。行进途中，由于靠左侧行驶，与相向行驶的马某所驾驶的货车相撞，导致两车受损、邓某受伤后死亡、李某和彭某某受伤住院的交通事故。之后，公安机关交警部门出具交通事故责任认定书，认定：邓某系酒后驾车，左侧（占道）行驶，载人超员等，承担本次事故的主要责任；马某严重超载，且持C1驾驶证驾驶中型自卸货车，对本次事故的发生承担次要责任；李某、彭某某不承担责任。李某于受伤当日入住石柱县人民医院，花去医疗费用6338.10元，后续检查费用115.50元，医疗费合计6453.60元。经确认，李某受伤后的具体损失费用如下：误工费1407.40元、护理费204元、医疗费6453.60元，合计8575元。

2009年12月24日，李某以邓某的继承人陈某、邓甲、邓乙以及马某、保险公司为被告，提起诉讼，请求法院判令：（1）由陈某、邓甲、邓乙、马某连带赔偿李某医药费6453.60元、住院伙食补助费360元、误工费60×（60+18）=4680元、护理费900元，合计12 393.60元。（2）保险公司在交强险保险责任限额内承担保险赔偿责任。

［法院认为］

一审法院认为：李某因道路交通事故遭受人身损害，向人民法院提起诉讼请求损害赔偿，于法有据，其诉讼请求应予支持。本次事故的发生系因邓某酒后驾驶、占道行驶以及载人超员等原因所致。因此，按过错归责原则，应由邓某的继承人陈某、邓甲、邓乙承担85%的责任。马某持Cl驾驶证驾驶中型自卸货车，违反了公安部准驾车型的规定，应认定为无证驾驶，按过错归责原则应承担15%的责任。由于马某系无证驾驶，依照《交强险条例》第22条及《最高人民法院对安徽省高级人民法院关于如何理解和适用〈机动车交通事故责任强制保险条例〉第二十二条的请示的答复》(〔2009〕民立他字第42号）之规定，保险公司在本案中不承担赔偿责任。

再审法院认为：对《道路交通安全法》第76条、《交强险条例》第21条、第22条中所指的“财产损失”应当作狭义的理解。前述条文中所称“人身伤亡”是指道路交通事故导致受害人的人身损害，包括财产性损失和精神损害抚慰金；所称“财产损失”是指道路交通事故导致受害人的车辆等实物财产毁损、灭失的损失。《交强险条例》第22条仅免除了保险公司对财产损失的赔偿责任，并没有明文免除保险公司对人身伤亡的赔偿责任。依据《交强险条例》第21条第2款的规定，发生交通事故后，保险公司的免责条件是道路交通事故的损失是由受害人故意造成的，保险公司才不予赔偿，否则均应予赔偿。同时，依据《交强险条例》第22条第2款的规定，驾驶人未取得驾驶资格或者醉酒的，发生交通事故，造成受害人的财产损失，保险公司不承担赔偿责任。如前所述，李某因本次交通事故遭受的人身伤害不属财产损失范畴，故应当纳入机动车交通事故责任强制保险赔偿范围。依照《机动车交通事故责任强制保险条款》(编号：中保协条款〔2006〕1号）第8条的规定，交强险限额项目和标准分别为死亡伤残赔偿限额为11万元、医疗费用赔偿限额1万元、财产损失限额为2000元，其三类限额项目和标准并行不悖。本案中，虽然保险公司对本次交通事故另一受害人邓某的亲属在限额赔偿责任限额内依照法院的调解予以赔偿，但只能说是在死亡伤残赔偿限额项下予以赔偿，而对医疗费用限额赔偿项下没有进行赔偿。现无证据证明另一伤者彭某某受伤住院情况，彭某某也未向人民法院提起诉讼，故保险公司应当在限额责任范围内向李某赔付。综上，一审判决认定事实正确，但适用法律错误，致使判决结果错误，应予改判。

【裁判结果】

一审法院判决：李某因道路交通事故所遭受的损失8575元，由陈某、邓甲、邓乙在邓某的遗产范围内向李某赔偿7288.75元，马某赔偿1286.25元，在判决生效后10日内付清；驳回李某的其他诉讼请求。该案一审判决已经发生法律效力。

再审法院判决：1. 撤销石柱土家族自治县人民法院（2009）石民初字第1550号民事判决；2. 由保险公司赔付李某医疗费、误工费、护理费、住院伙食补助费共计8575元；3. 驳回李某的其他诉讼请求。

[裁判思路]

《交强险条例》第22条规定：“有下列情形之一的，保险公司在机动车交通事故责任强制保险责任限额范围内垫付抢救费用，并有权向致害人追偿：（一）驾驶人未取得驾驶资格或者醉酒的；（二）被保险机动车被盗抢期间肇事的；（三）被保险人故意制造道路交通事故的。有前款所列情形之一，发生道路交通事故的，造成受害人的财产损失，保险公司不承担赔偿责任。”本条规定自交强险制度实施以来，素有争议。尤其就该条规定中的“财产损失”应当作何种理解，醉驾、无证等高度危险情形下，交强险的保险人是否要承担责任，如何承担责任，在审判实务中存在不同的理解与适用，导致不同法院对于同一类型的案件作出了截然不同的裁判结果。

关于对《交强险条例》第22条规定的理解与适用。《交强险条例》第22条第1款规定了醉驾、无证等四种高度危险情形下，保险人只垫付抢救费用，并可以向致害人追偿；第 2 款规定，前述情形下，对受害人的财产损失，保险人不承担赔偿责任。这里的“财产损失”应当如何理解，司法实践中争议极大。笔者认为，应当运用文义解释、体系解释以及目的解释的方法对《交强险条例》第 22 条进行解读，从而得出合理解释。

1. 从文义解释以及体系解释的角度来看，规制同类问题的法律法规中使用的相同词语从涵义和范围上应当保持一致性。在与交强险相关的法律、法规中，财产损失与人身伤亡一直是作为并列的两个概念。《道路交通安全法》第 76 条作为机动车交通事故损害赔偿的原则性规定，确立了机动车发生交通事故造成人身伤亡、财产损失的，由保险公司在机动车第三人责任强制保险责任限额范围内予以赔偿的交强险制度。在该条第 1 款中将人身伤亡、财产损失作为交通事故造成的两种损害后果并列。《交强险条例》是贯彻落实交强险制度的具体法律规范，该条例第 3 条开宗明义，对交强险作了法律定义，即交强险是指由保险公司对被保险机动车发生道路交通事故造成本车人员、被保险人以外的受害人的人身伤亡、财产损失在责任限额内予以赔偿的强制性责任保险。该条例第 21 条作为交强险赔偿的总则性规定，再次重申和明确了《道路交通安全法》第 76 条的规定。该条第 1 款规定了交强险的保险人应当承担的保险赔偿责任，即被保险机动车发生道路交通事故造成本车人员、被保险人以外的受害人人身伤亡、财产损失的，由保险公司依法在机动车交通事故责任强制保险责任限额范围内予以赔偿。由此对交强险赔偿范围予以界定，即包括财产损失和人身伤亡。前述法律法规中，均是将人身伤亡与财产损失分开列明，作为交通事故造成的两种损害后果，同时也是交强险应予赔偿的范围。可见两者的内涵与外延并不相同。而且，《交强险条例》第 23 条进一步细分了交强险的分项责任限额，明确规定交强险“责任限额分为死亡伤残赔偿限额、医疗费用赔偿限额、财产损失赔偿限额以及被保险人在道路交通事故中无责任的赔偿限额”。该条规定将死亡伤残赔偿限额、医疗费用赔偿限额与财产损失赔偿限额相对应地独立列明，仍然将财产损失单独分类，在财产损失赔偿限额中并不包含死亡伤残赔偿限额和医疗费用赔偿限额。

尤其值得注意的是，就有关交强险保险人免责的规定来看，《交强险条例》第 21 条第 2 款规定的是交强险保险人通用的法定免责规定，即“道路交通事故的损失是由受害人故意造成的，保险公司不予赔偿”。《交强险条例》第 22 条第 2 款则强调在醉驾、无证等四种高度危险情形下，“发生道路交通事故的，造成受害人的财产损失，保险公司不承担赔偿责任。”比较这两个法条的用语，作为交强险保险人通用的免责规定，《交强险条例》第 21 条第 2 款就保险人免责的范围并未区分是人身伤亡还是财产损失，直接用“损失”来涵盖。而《交强险条例》第22条第2款就醉驾、无证等四种特殊情形下交强险保险人的特殊免责范围则强调了对于受害人的“财产损失”保险公司不予赔偿。仔细比较两个法条的用语，两者同为保险人法定免责的规定，前者规定的保险人不予赔偿的范围是受害人的损失，后者强调保险人仅对受害人的财产损失不予赔偿，两者显然具有不同含义。如将《交强险条例》第22条第2款规定的“财产损失”作广义解释，理解为还应当包括人身伤亡造成的损失，则该条文完全可以如第21条那样直接用“损失”来表述，又何须限制性表述为“财产损失”由此可见，《交强险条例》第22条第2款所规定的“财产损失”应当作狭义解释，对应于《交强险条例》第23条第1款中的“财产损失赔偿限额”，显然不包括人身伤亡造成的死亡伤残赔偿限额、医疗费用赔偿限额等项目。

笔者认为，《最高人民法院关于对安徽省高级人民法院如何理解和适用〈机动车交通事故责任强制保险条例〉第二十二条的请示的复函》（〔2009〕民立他字第42号）中对于“财产损失”作广义解释，源于对《人身损害赔偿司法解释》规定的错误理解。该解释第1条规定：因生命、健康、身体遭受侵害，赔偿权利人起诉请求赔偿义务人赔偿财产损失和精神损害的，人民法院应予受理。《最高人民法院关于对安徽省高级人民法院如何理解和适用〈机动车交通事故责任强制保险条例〉第二十二条的请示的复函》直接将《交强险条例》第22条中的“财产损失”简单等同于该规定中的“财产损失”，却忽略了《人身损害赔偿司法解释》本身所蕴含的大前提是仅限于审理人身损害赔偿纠纷案件，所谓的“财产损失”系指侵权人造成他人人身损害后果中所蕴含的物质性损失，即与精神损害相对应的人身损害的物质性损失。而在道路交通事故中，交强险的保险人在责任限额范围内应当赔偿的不仅包括交通事故造成的人身损害，还包括车辆损毁、衣服、手机、货物等等财物损毁之类的实物财产损失，已经突破了《人身损害赔偿司法解释》规定的前提限制。所以，就交强险条例中有关概念的理解，不能因为相同的字词而忽略具体适用的前提，简单套用《人身损害赔偿司法解释》的规定。

2. 从目的解释的角度来看，责任保险制度作为侵权损害赔偿之外的一种重要的受害人救济途径扮演着越来越重要的角色，交强险是我国首个由国家法律规定实行的强制保险制度。交强险作为一种强制性的责任保险制度，不同于商业保险，其设立宗旨在于及时对交通事故的受害人进行保障性救济，具有高度的社会公益性。交强险虽然受到责任限额的制约，只能提供较低限度的保险保障，但相较于直接针对致害人所提起的侵权诉讼，在交通事故损害赔偿中的责任分担、赔偿能力等方面具有极大的便利性，交强险的赔付具有及时、简便和有效等明显特点，对弥补交通事故受害人遭受的损失方面具有重要的作用。交强险的运营不以营利为目的，通过对保险费率的控制，总体上坚持不盈利不亏损的原则。从性质上看，交强险虽然不是严格意义上的社会保险，也不是社会保障机制中的一种，但是却在功能上承载着及时赔付受害人损失、维护社会和谐稳定的重要社会职责。“要发挥强制责任保险的固有作用，必须明确优先支付责任保险金的规则，即首先应当由保险人在其赔付额度以内，根据受害人的实际损失进行理赔。”①《交强险条例》第1条就阐明了交强险制度设立的目的就是为了保障机动车道路交通事故受害人依法得到赔偿，这也是制定交强险条例的立法目的所在。如前所述，交强险的保险人在责任限额内对于受害人所负有的赔偿责任，是依法确定的法定责任，除了法律明确规定的保险人免责事由及免责范围外，保险人不能通过合同约定擅自扩大交强险的免责事由和范围。如对《交强险条例》第22条第2款的规定中的“财产损失”作出扩张性的广义解释，认为在致害人主观存在故意或严重过失的高度危险情况下，保险人可以将死亡伤残赔偿限额和医疗费用赔偿限额也一并作为财产损失不予赔偿，不仅割裂了人身伤亡和财产损失两个概念在《道路交通安全法》及《交强险条例》中前后法律概念适用的连贯性，而且完全背离《交强险条例》自身的立法目的和赔偿原则，同时也与作为《交强险条例》制定依据和上位法的《道路交通安全法》所确立的立法目的与赔偿原则严重相悖。不仅如此，《交强险条例》第22条的规定也与《侵权责任法》确立的机动车交通事故责任的赔偿原则不相符合。《交强险条例》第22条规定醉驾、无证、车辆被盗抢期间肇事、被保险人故意制造保险事故等高度危险情形下交强险的保险人仅垫付抢救费用且不赔偿财产损失，但《侵权责任法》并未采纳该观点。《侵权责任法》第52条仅规定机动车被盗抢期间发生交通事故的，交强险的保险人可以免除赔偿责任而仅垫付抢救费用，这表明对于醉驾、无证以及被保险人故意制造保险事故情形下法律的评价有所不同。这也是最高人民法院最终在相关司法解释中规定这几种情形下保险人应当赔偿除财产损失之外其他损失的主要法律基础。②《道路交通安全法》以及《交强险条例》中规定的“人身伤亡”和“财产损失”应当是根据交通事故所侵害的客体为标准进行的划分，侵害被侵权人的生命权、健康权等人身权益造成的损害，属于“人身伤亡”；侵害被侵权人的财产权益所造成的损失，属于“财产损失”。所以，《交强险条例》第22条第2款规定的“财产损

① 王利明：《建立和完善多元化的受害人救济机制》，载《中国法学》2009年第4期。

② 张先明：《最高人民法院民一庭负责人就〈关于审理道路交通事故损害赔偿案件适用法律若干问题的解释〉答记者问》，载《人民法院报》2012年12月21日，第04版。

失”应当作狭义理解，对应于交强险的财产损失赔偿限额，仅指交通事故致使受害人财产权益所遭受诸如车辆修理费用、物品损失、施救费用、重置费用以及经营性车辆的停运损失和非经营性车辆使用中断的替代费用损失等损害，不包括交通事故致使受害人的生命权、健康权等人身权益所遭受的损害。侵害受害人财产权益的损失，具体来说，应当包括维修被损坏车辆所支出的费用、车辆所载物品的损失、车辆施救费用；因车辆灭失或者无法修复，为购买交通事故发生时与被损坏车辆价值相当的车辆重置费用；依法从事货物运输、旅客运输等经营性车辆，因无法从事相关经营活动所产生的合理停运损失；非经营性车辆因无法继续使用，所产生的通常替代性交通工具的合理费用。在《交强险条例》第22条规定的醉驾、无证、驾驶人故意制造交通事故等三种高度危险情形下，保险人应当垫付抢救费用以及赔偿除财产损失之外的其他各项责任限额内的损失，之后，可以向侵权人追偿。

所幸在这个问题上，最高人民法院的立场日趋统一和明朗，采纳了符合学理与立法目的的观点。《最高人民法院关于审理道路交通事故损害适用法律若干问题的解释》（2010年4月征求意见稿）第2条关于保险公司的责任性质规定：“机动车发生交通事故致人损害的，不论机动车一方有无过错，由保险公司在机动车第三者责任强制保险责任限额范围内予以赔偿。但交通事故的损失是由非机动车驾驶人、行人故意碰撞机动车造成的除外。”该解释第4条关于人身伤亡与财产损失的理解规定：“《道路交通安全法》第76条规定的‘人身伤亡’是指因交通事故导致受害人（被侵权人）的人身损害，包括《侵权责任法》第16条所规定的物质损害和《侵权责任法》第22条规定的精神损害。《道路交通安全法》第76条规定的‘财产损失’是指因道路交通事故导致受害人的车辆等财产毁损、灭失的损失，人民法院应当依照《侵权责任法》第19条的规定计算其数额。”该司法解释历经近三年的修改，在2012年4月的公开征求意见稿中依然保留了这样的规定。该解释第6条规定：“《道路交通安全法》第76条规定的‘人身伤亡’是指机动车发生交通事故侵害被侵权人的生命权、健康权等人身权益所造成的损害，包括《侵权责任法》第16条和第22条规定的各项损害。《道路交通安全法》第76条规定的‘财产损失’是指因机动车发生交通事故侵害被侵权人的财产权益所造成的损害。”该解释第17条进一步规定：“有下列情形之一导致人身损害的，应当按照《道路交通安全法》第76条的规定，由保险公司在机动车第三者责任强制保险责任限额范围内予以赔偿：（一）驾驶人未取得驾驶资格、醉酒、吸毒、滥用麻醉药品或者精神药品后驾驶机动车发生交通事故的；（二）被保险人故意制造交通事故的；保险公司自向赔偿权利人赔偿之日起，有权向被保险人追偿。

追偿权自保险公司实际赔偿之日起计算诉讼时效。保险公司在同一诉讼中向被保险人主张追偿权的，人民法院应当一并审理并作出判决。”在最终经最高人民法院审判委员会讨论通过并且与2012年12月21日起正式开始施行的《道路交通司法解释》（法释〔2012〕19号）中延续了这样的规定。该解释第14条、第15条分别明确了“人身伤亡”与“财产损失”的内涵和外延，即《道路交通安全法》第76条规定的“人身伤亡”是指交通事故侵害被侵权人生命权、健康权等人身权益所造成的损害，具体包括《侵权责任法》第16条和第22条所规定的各项损害；“财产损失”则是指交通事故侵害被侵权人的财产权益所造成的损失。第18条进一步明确规定：驾驶人未取得驾驶资格或者未取得相应驾驶资格、醉酒或服用国家管制的精神药品或麻醉药品后驾驶机动车发生交通事故、驾驶人故意制造交通事故等情形下，要求交强险的保险人在交强险责任限额范围内予以赔偿的，人民法院应予支持。保险人在赔偿范围内向侵权人主张追偿权的，人民法院应予支持。追偿权的诉讼时效期间自保险人实际赔偿之日起计算。

[**法律法规链接**]

《道路交通安全法》第76条

《交强险条例》第21条、第22条

49.“交强险”与“商业险”合并审理后应当按照法定的赔偿顺序确定赔偿责任

当案件事实清楚、受害人损失数额确定，当事人对于赔偿数额及责任分配没有争议。在机动车交通事故纠纷为侵权法律关系、商业三者险保险合同为合同法律关系的前提下，能否将交强险与商业三者险合并审理（以下简称两险并审）。

1.两险并审的必要性及依据。随着我国汽车产业的迅猛发展，车辆引发的交通事故与日俱增，交通事故处理的关键就在于交通事故的赔偿能否快捷、合理。然而，法院对于交通事故案件，通常是由民一庭审理受害人与肇事车主的民事侵权和交强险纠纷，民二庭审理肇事车主和商业三者险保险公司的保险合同纠纷，客观上形成了“一事多案”的困局，不但增加了当事人诉累，而且不利于对受害人合法权益的及时救济。根据《保险法》第65条规定，责任保险的被保险人给第三者造成损害，被保险人对第三者应负的赔偿责任确定的，根据被保险人的请求，保险人应直接向该第三者赔偿保险金。被保险人怠于请求的，第三者有权就其应获赔偿部分直接向保险人请求赔偿保险金。该条规定了第三者享有对保险公司的损失赔偿请求权。现实生活中，两险并审也具有法律依据。根据《道路交通司法解释》第25条规定："人民法院审理道路交通事故损害赔偿案件，应当将承保交强险的保险公司列为共同被告。但该保险公司已经在交强险责任限额范围内予以赔偿且当事人无异议的除外。人民法院审理道路交通事故损害赔偿案件，当事人请求将承保商业三者险的保险公司列为共同被告的，人民法院应予准许。"

通过实践证明，将交强险与商业三者险合并审理，让承保商业三者险的保险公司加入受害人的侵权之诉中，可避免赔偿义务人多走程序，这既能一次性解决纠纷，也有利于提高审判效率，节约诉讼资源，减少当事人的诉累，更有利于受害人合法权益的及时救济。

2. 赔偿责任的认定及顺序。机动车交通事故纠纷两险并审实行过程中，关于责任承担的认定、责任分配、赔偿顺序，应根据《道路交通司法解释》第16条第1款规定："同时投保机动车第三者责任强制保险（以下简称"交强险"）和第三者责任商业保险（以下简称"商业三者险"）的机动车发生交通事故造成损害，当事人同时起诉侵权人和保险公司的，人民法院应当按照下列规则确定赔偿责任：（一）先由承保交强险的保险公司在责任限额范围内予以赔偿；（二）不足部分，由承保商业三者险的保险公司根据保险合同予以赔偿；（三）仍有不足的，依照道路交通安全法和侵权责任法的相关规定由侵权人予以赔偿。"

[法律法规链接]

《保险法》第65条

《道路交通司法解释》第16条

50. 在发生交通事故后，承保交强险的保险公司应该在责任限额的范围内先行赔偿，剩余不足的部分由承保商业三者险的保险公司继续赔偿

当发生交通事故的车辆同时投保了交强险和商业三者险的情况下，案件中的两个保险公司之间应该怎样分担赔偿责任。

1. 交强险是我国首个由国家法律明确规定的强制保险制度，该强制保险制度主要是为了使受害人的损失得到及时、有效的救济，因此，该强制保险制度具有一定的强制性，又称法定保险。我国《道路交通安全法》第17条规

定:“国家实行机动车第三者责任强制保险制度，设立道路交通事故社会救助基金。具体办法由国务院规定。”根据国务院462号令,《交强险条例》自2006年7月1日起施行。该条例第3条规定:“本条例所称机动车交通事故责任强制保险，是指由保险公司对被保险机动车发生道路交通事故造成本车人员、被保险人以外的受害人的人身伤亡、财产损失，在责任限额内予以赔偿的强制性责任保险。”商业三者险指的是被保险人或其允许的合法驾驶人在使用被保险机动车过程中发生意外事故，致使第三者遭受人身伤亡或者财产直接损失，依法应由被保险人承担的损害赔偿责任，保险人依照保险合同的约定，对于超出机动车交通事故强制责任保险各分项责任限额以外的部分负责赔偿。

判断一个保险合同是交强险还是商业三者险主要可以考量如下的因素:（1）当事人购买此保险合同时是否出于自愿。商业三者险是依据《保险法》和《合同法》建立起来的一种制度，当事人有选择是否投保和与哪家保险公司签订保险合同的自由，投保人和保险人可以讨论决定责任免除条款和繁琐的理赔程序。商业三者险在性质上不具有强制性，与普通的车损险、车盗险在性质上是一样的，而购买交强险依据相关的规定是机动车主的法定义务，如果不购买交强险的话，机动车将不能上路，甚至还要受到行政处罚。（2）保险公司承保是否自由，在一般的保险中，投保人和保险人都有相互选择的自由，但是在交强险中，保险人没有法定的理由不能拒绝投保人的承保要求。（3）根据保险合同中条款的限制程度来判断。在商业三者险中，双方当事人对保险合同中的主要条款有约定的自由，但在交强险中，主要合同的条款，如责任限额、保险费率等都是由法律明文规定的，不允许当事人自由约定。因此可看出交强险是强制性的保险。

2. 虽然交强险和商业三者险分别属于不同的险种，但是他们之间也存在诸多的联系:（1）都对受害人的损害填补发挥着一定的作用。商业三者险虽然以弥补被保险人的损失为其首要的目的，但是从最近的发展趋势来看，商业三者险的公益性日渐突出，因此无论是通过交强险还是商业三者险，受害人的利益都能够得到保护。（2）交强险和商业三者险都属于商业险的范畴，交强险不同于社会保险，虽然他们都具有强制性，并且都是为了施行一定的政策，但是他们存在着诸多不同。首先，他们的承保机构不同，社会保险是由政府承保的，而交强险则是由保险企业经营。其次，社会保险受到社会保障法的规制。而三者险以保险法为主要的依据，可见，从性质上来归类的话，交强险应该属于商业性的强制保险。（3）商业三者险是交强险一个有效的补充，交强险晚于商业三者险出现，但是商业三者险并没有因为交强险的出现而退出历史的舞台，交强险只能满足最基本的交通事故损害赔偿的要求，在交强险损害赔偿限额之外的损失，当事人可以通过投保商业三者险来分担这部分的风险。交强险与商业三者险共同组成了一个完整的交通保险体系，商业三者险成为了交强险一个有效的补充和延伸，满足了车主普遍的要求。

交强险所负载的特殊社会政策功能，使它具有不同于商业三者险的特征，它们的主要区别有：（1）两者的归责原则不同，《道路交通安全法》第76条规定“机动车发生交通事故造成人身伤亡、财产损失的，由保险公司在机动车第三者责任强制保险责任限额范围内予以赔偿；不足的部分，按照下列规定承担赔偿责任：（一）机动车之间发生交通事故的，由有过错的一方承担赔偿责任；双方都有过错的，按照各自过错的比例分担责任。（二）机动车与非机动车驾驶人、行人之间发生交通事故，非机动车驾驶人、行人没有过错的，由机动车一方承担赔偿责任；有证据证明非机动车驾驶人、行人有过错的，根据过错程度适当减轻机动车一方的赔偿责任；机动车一方没有过错的，承担不超过百分之十的赔偿责任。交通事故的损失是由非机动车驾驶人、行人故意碰撞机动车造成的，机动车一方不承担赔偿责任”。可见，对于受害人因交通事故而造成的人身伤亡、财产损失，在交强险赔偿限额内，保险人的赔偿责任不以被保险人的过错为要件，即保险人按照无过错原则承担责任。而在商业三者险中采取的是过错责任原则，商业三者险是以被保险人的责任为基础的，然后按照被保险人在交通事故中的责任比例来承担赔偿责任，在交强险中即使被保险人不用承担责任，保险公司也要对受害人的损害进行赔偿，而在商业三者险中则不用赔偿。（2）出于有效控制风险的考虑，商业三者险中保险人通常会规定较多的免责事项，而交强险的保险责任几乎涵盖了所有的道路交通风险，此外，在承保商业三者险的保险人与投保人签订的保险合同中往往会有免赔率的约定，保险人在保险单载明的责任限额内，按下列免赔率免赔：“负全部责任的免赔率为20%，负主要责任的免赔率为15%，负同等责任的免赔率为10%，负次要责任的免赔率为5%。”另外商业性第三者险对于精神损害赔偿金在保险合同中是约定不赔的。所以说交强险的保障范围大于商业三者险。（3）商业三者险以营利为目的，保险公司有充分得自由去决定采取何种保险条款、如何确定保险费率等，国家一般不加干涉，而在交强险中，承保交强险的保险公司不以营利为目的，保险公司所经营的交强险业务与其他商业保险业务实行分开管理、单独核算，无论亏损还是赢利都不参与公司的利益分配。《交强险条例》第6条规定：“机动车交通事故责任强制保险实行统一的保险条款和基础保险费率。保监会按照机动车交通事故责任强制保险业务总体上不盈利不亏损的原则审批保险费率。”（4）交强险与商业三者险在赔偿范围和赔偿限额上不同，商业三者险中只规定一个总的限额，并且此限额具有较大的灵活性，由保险人与投保人协商确定，如某保险公司的机动车商业三者险条款就将限额分为 5 万元、10 万元、20 万元、50 万元、100 万元和 100 万元以上六个档次，投保人可以自由选择。在商业三者险所赔偿的损害的类型上进行区分，可以分为人身损害赔偿和财产损害赔偿两部分，而根据现行的《机动车第三者责任保险条款》，保险人不负责精神损害的赔偿，对此种免责条款依照《保险法》的规定保险人应当向投保人作出提示和明确说明，否则，该条款不产生效力。而根据现行《交强险条例》，在交强险之中，被保险人依照法院判决或者调解承担的精神损害抚慰金，保险人在死亡伤残赔偿限额内负责赔偿。此外，交强险在规定一个总的赔偿限额的基础上，对每一个赔偿项目又规定了具体的最高的赔偿额，那么受害人的单项损失只能限于在对应的分项责任限额内获得赔偿，当某一项责任限额未用尽时其剩余额不能填补于其他损失范围内。交强险责任限额是指机动车辆发生道路交通事故，保险公司对每次事故所负责任限额最高为 122 000 元，具体又可以细分为：死亡、伤残赔偿限额 11 万元；医疗费用赔偿限额 1 万元；财产损失赔偿限额为 2000 元；无责任死亡伤残赔偿限额 11 000 元，无责任医疗费用赔偿限额为 1000 元，无责任财产损失赔偿限额为 100 元。又根据现行《交强险条例》第 8 条规定："……死亡伤残赔偿限额和无责任死亡伤残赔偿限额项下负责赔偿丧葬费、死亡补偿费、受害人亲属办理丧葬事宜支出的交通费用、残疾赔偿金、残疾辅助器具费、护理费、康复费、交通费、被扶养人生活费、住宿费、误工费，被保险人依照法院判决或者调解承担的精神损害抚慰金。医疗费用赔偿限额和无责任医疗费用赔偿限额项下负责赔偿医药费、诊疗费、住院费、住院伙食补助费，必要的、合理的后续治疗费、整容费、营养费。"可见，死亡、伤残赔偿类和医疗费用赔偿类又有更加明确的所覆盖范畴的规定。

3. 同时投保交强险和商业三者险是否构成重复保险呢？我国对重复保险的界定主要体现在《保险法》第 41 条第 3 款，其内容为："重复保险，是指投保人对同一保险标的、同一保险利益、同一保险事故分别向两个以上保险人订立保险合同的保险。"因此，构成重复保险需要满足以下几个条件：（1）同一投保人与两个以上保险人订立数个保险合同，如果是同一保险人与数个保险人订立一个保险合同的话，则为共同保险，不构成重复保险。（2）需要满足三个"同一"的要求，即同一保险标的、同一保险利益和同一保险事故。（3）必须规定了相同的保险期间，也就是说保险事故是发生在相同的时间段内，如果分别规定了不同的保险期间，就当然不构成重复保险。那么，在投保人同时投保了交强险和商业三者险的情况下，保险金额是指保险事故发生后，保险人应赔偿给被保险人的最高额，交强险保险金额是指交强险条款中规定的各个分项限额，在有责的情况下总额是122 000万元，而商业性第三者险的保险金额是保险合同的约定的数额，主要有5万元、10万元、20万元不等。交强险的赔偿责任限额决定了其不能承担被保险人的全部责任风险，则对于超过交强险的赔偿责任限额的风险实际上并没有投保，此时，被保险人就超过赔偿责任限额的部分风险单独投保并不属于重复保险。

4. 同时投保交强险和商业三者险的投保人并不构成重复保险，当发生交通事故以后，侵害人基于交强险合同和商业三者险合同在某些情况下可能同时享有两个保险金给付请求权，那么这两个请求权是否构成请求权的竞合呢？其答案应该是否定的，请求权的竞合是指发生了一个自然事实，而这个事实同时符合了多个法律的构成要件，从而产生了多个请求权，但是这些请求权都是为了实现一个目的。在发生请求权竞合的时候，当一个请求权得到实现之后，其他的请求权也就随之而消灭。通过获得交强险保险人在赔偿限额内的保险金给付，交通事故的受害人的一部分损害得到了补偿，对于超过交强险赔偿限额那部分的损失可以继续通过商业三者险来得到弥补，受害人此时实际上是享有两种真正的权利，并不会因为交强险中保险金请求权的实现而导致因商业三者险产生的请求权的消失。可见，两个保险合同下的请求权分别以补偿不同部分的损害为目的，并不发生目的上的冲突，不会产生请求权的竞合。

5.《道路交通司法解释》第16条规定："同时投保机动车第三者责任强制保险和第三者责任商业保险的机动车发生交通事故造成损害，当事人同时起诉侵权人和保险公司的，人民法院应当按照下列规则确定赔偿责任：（一）先由承保交强险的保险公司在责任限额范围内予以赔偿；（二）不足部分，由承保商业三者险的保险公司根据保险合同予以赔偿；（三）仍有不足的，依照道路交通安全法和侵权责任法的相关规定由侵权人予以赔偿；……"可见，我国在当事人既投保了交强险也投保了商业三者险时的具体赔偿规则为：在发生交通事故后，承保交强险的保险公司应该在责任限额的范围内先行赔偿。剩下不足的部分由承保商业三者险的保险公司继续赔偿，如果受害人还有未得到补偿的损害，则由侵权人赔偿。

[法律法规链接]

《交强险条例》第6条、第8条

51. 司机下车作业时被己车推前碰撞致死应为交通事故中的“第三者”

【人民司法案例】

赖某等诉王某、某运输公司、A 保险公司、B 保险公司机动车交通事故责任纠纷案①

［案号］

（2014）穗中法民一终字第 5039 号

［案情］

2013 年 2 月 22 日 4 时 25 分，被告王某驾驶粤 AH70××号重型箱式货车沿广园快速路由东往西行驶至珠吉立交桥时，遇受害人蔡某驾驶粤 A682××号中型专项作业车停在东向西第一条机动车道内作业，蔡某正处于作业车车头前方的路面上，粤 AH70××号车与粤 A682××号车发生碰撞，造成粤 A682××号车推前碰撞蔡某至水泥护墙处停下，蔡某当场死亡。事故后，交警部门作出责任认定，因被告王某超速驾驶且没有按照操作规范安全驾驶，是造成事故的主要原因，承担本次事故的主要责任；蔡某驾驶车辆作业未按照安全标准作业，在来车方向未设置警示标志也是造成事故的原因之一，承担本次事故的次要责任。粤 AH70××号车向被告 A 保险公司投保交强险和 50 万元的第三者责任保险（以下简称“商业险”，有购买不计免赔），本次事故发生在保险期限内；粤 A682××号车向被告 B 保险公司投保了交强险和 20 万元的商业险，本次事故发生在保险期限内。

原告赖某等（受害人蔡某损害赔偿请求权人）向法院起诉要求：被告人保公司及被告 A 保险公司在各自交强险和商业险赔偿限额内赔偿原告丧葬费、死亡赔偿金、被抚养人生活费、交通费、处理事故人员住宿费、伙食费、误工费、精神损害抚慰金共 1 111 670.71 元，超出保险赔偿限额的由其余被告赔偿。

被告 A 保险公司辩称：同意在保险赔偿限额范围对原告合理的损失进行赔偿。被告 B 保险公司辩称：死者是我方承保车辆的司机，并非第三者，根据，《交强险保险条例》第 5 条以及《商业保险第三者责任险条例》第 5 条第（一）项约定，机动车车上人员或驾驶人不属于交强险以及商业保险第三者责

① 案例来源：《人民司法》2012 年第 8 期。

任险赔偿范围。死者的损失不适用第三者责任险解决。其余被告主要答辩意见为由两家保险公司赔偿，其无需再赔偿。

［**法院认为**］

一审法院认为：机动车辆是一种交通工具，任何人都不可能永久地置身机动车辆之上，故机动车辆保险合同所涉及的“第三者”和“车上人员”均为在特定时空条件下的临时身份，二者可以随特定时空条件的变化而转化。该案中，受害人蔡某虽然系粤 A682×× 号车驾驶员，但在事故发生时已离开属于“第三者”，同时基于交强险系不分责任比例承担责任，故被告 B 保险公司应在粤 A682×× 号车交强险范围承担保险赔偿责任，另被告 A 保险公司亦应在粤 AH70×× 号车交强险范围承担保险赔偿责任。超出交强险的赔偿部分，基于被告王某承担事故的主要责任，故超出部分的 70% 损失本应由被告王某和某运输公司负责赔偿，但基于粤 AH70×× 号车已经在被告 B 保险公司买了 50 万元的商业险，故该 70% 的损失被告 A 保险公司在商业险范围负责赔偿。至于原告还要求被告 B 保险公司在商业险范围对其承担赔偿的问题，由于商业险赔偿的前提是基于承保一方的过错行为而导致损害而通过保险责任的方式去代替承责，而本案中死者蔡某作为粤 A681×× 号车之前的驾驶员，由于其自身之前的驾驶等行为对事故发生亦有过错，故其应就本次事故自行承担超出交强险范围的 30% 损失部分，其要求被告 B 保险公司在商业第三者责任范围险赔偿法院不予支持。

二审法院认为：关于蔡某是否属于交强险“第三者”的问题，应以发生事故时即受害人遭受损害的当时受害人身体所处的位置为依据，结合受害人因事故所损害的原因来加以分析，在该案中，蔡某在下车作业之前是驾驶员身份，属于“车上人员”，但是在车辆停止以后其下车作业时发生了交通事故，王某超速驾驶的车辆碰撞到该作业车，导致作业车推前碰撞蔡某致其当场死亡，因此，事故发生时受害人蔡某已经离开车辆，已经不属于“车上人员”，应当认定为“第三者”，被告 B 保险公司主张蔡某系“车上人员”依据不足，不予支持。

［**裁判结果**］

一审法院判决：被告 A 保险公司在交强险和商业险赔偿范围内赔偿原告赖某等 61 万元；被告 B 保险公司在交强险赔偿范围内赔偿原告 11 万元；其余被告无需再赔偿。

二审法院判决：驳回上诉，维持原判。

［**裁判思路**］

二审法院最终认定受害人的身份不属于“车上人员”而属于“第三者”

主要是基于以下几个方面进行分析。

第一，从时空角度进行分析。交强险中的“车上人员”及“第三者”是一个针对保险车辆而言的相对概念，并不是一个绝对概念，不能做机械化、绝对化的理解。现实生活中，由于保险车辆是属于机动车交通工具，任何人都不能永久地置身于保险车辆当中，“车上人员”及“第三者”应是为在一定时空条件下的临时性身份，这两种身份随着时空条件的变化而存在转化的情形，这种特定时空主要是看交通事故发生是这一特定的时间内受害人所处的位置。

第二，从近因原则进行分析。上述时空转化如果进行进一步的判断，在适用上仍然存在一定问题，例如“交通事故发生时这一特定的时间”如何理解？这一特定的时间是指交通事故产生最后损害结果的时间，还是只从交通事故发生的危险出现到最后损害发生的这一过程，常常难以判断，近因通常是指导致损失的最直接、起决定作用的原因，保险赔偿案件中通常根据近因原则判断保险事故与保险标的的损失是否存在直接的因果关系，从而确定保险赔偿责任，该原则也是认定保险责任的一项基本原则。本案中，受害人致死的原因是被告王某超速驾驶的车辆碰撞到粤A682××号车，导致粤A682××号车推前碰撞蔡某致当场死亡，可见粤A682××号车和王某驾驶的车辆碰撞时造成蔡某死亡的近因。

第三，从法律解释的角度分析。虽然交强险的保险条款是有说明本车车上人员、被保险人不属于赔偿范围，但该案中，对于受害人是否属于本车车上人员，原、被告双方都存在的不同的解释和理解，而根据《合同法》的相关规定，“对格式条款有两种以上解释的，应当作出不利于提供格式条款一方的解释”，同时《保险法》已有相关规定，对于保险合同之条款，保险人与投保人、被投保人或者受益人有争议时，人民法院或者仲裁机关应做有利于被保险人和受益人的解释，故本案中，在基于上述法律解释的基础，应作出有利于受害人一方的解释，即认定受害者蔡某属第三者而非车上人员。

第四，从立法目的和公平角度分析。交强险是一种具有社会公益性的保险险种，法律设定交强险的目的也是为了让因交通事故受到人身伤害时的受害人能够从保险人处及时获得赔偿，避免因机动车所有人或驾驶员赔偿能力不足导致受害人权益得不到保障的情形发生。因此对于交通事故引发的重大人身伤害案件，应当侧重于对受害者的保护，在不违反法律法规的前提下给予受害者一个较为充分的补偿和保障，从而减少和化解社会矛盾，实现社会公平正义。故从上述角度出发，在本案中认定受害人为“第三者”也是合法合理的。

52. “车上人员”与“车外人员”仅仅是临时的、相对的身份，可因特定时空条件的变化而发生转化

【典型案例】

王某诉钟某、王财某、某汽车运输有限公司、
某保险公司机动车交通事故责任纠纷案①

［案号］

（2011）浙甬民二终字第789号

［案情］

2010年4月15日20时50分左右，被告钟某驾驶豫PC97××号重型半挂牵引车带豫PS1××挂号重型普通半挂车从宁波北仑回镇海，原告王某坐在该车副驾驶位置上。在上招宝山大桥时，钟某发觉车子有问题，曾在大桥中间停车检查，因未查出问题而继续往前开。当车开到招宝山大桥镇海段下坡的地方时，钟某发觉车子有声响并且有点刹不住了，就对王某说：“好像要出事了。”王某回答：“我要跳下去。”钟某没有回答，王某便打开车门跳下去并因此受伤。该车在开到招宝山大桥收费站时才停住。原告受伤后被送往医院治疗，共住院167天。出院后，经鉴定原告伤势构成两个十级伤残。该起事故交警部门因无法查清事故成因，故未对事故责任作出认定。经检验，该车辆左右前轮刹车不符合技术要求。该车系挂靠在被告某汽车运输有限公司，实际车主是被告王财某，被告钟某系王财某雇佣的驾驶员。该车辆在被告某保险公司投保有两份交强险。事故发生后被告王财某已支付原告医疗费6万元、护理费1875元。

王某诉至法院，请求判令因涉案交通事故造成原告共计30.57651万元的损失，扣除被告王财某已支付的6万元，尚应赔偿24.57651万元，由被告某保险公司在交强险范围内承担赔偿责任，超过限额部分的损失由被告某汽车运输有限公司、钟某、王财某承担赔偿责任。在庭审中原告放弃对误工费2.5万元的诉请。

［法院认为］

一审法院认为：被保险机动车发生道路交通事故造成本车人员、被保险人以外的受害人人身伤亡、财产损失的，由保险公司依法在机动车交通事故

① 案例来潮：聚法案例：https://www.jufaanli.com。

责任强制保险责任限额范围内予以赔偿。雇员在从事雇佣活动中造成他人损害的，由雇主承担侵权责任。被告钟某在发现肇事车辆发生故障后，本应停车让专业维修人员进行维修，待车辆修理好后再驾驶车辆，但其却在没有经专业人员维修的情况下直接驾车继续行驶，导致肇事车辆刹车失灵，原告跳车受伤的交通事故。原告在车辆刹车发生故障，生命安全受到威胁的情况下跳车自救并无不当，被告钟某应当对该事故承担全部责任。原告在事故发生时已由车内人员转化为车外人员，被告钟某系在履行职务中造成他人损害，故原告损失应由被告某保险公司在两份交强险责任限额范围内先行赔偿，不足部分由肇事车辆实际车主和钟某的雇主王财某承担赔偿责任，被告某运输有限公司作为挂靠单位应对被告王财某之赔偿义务承担连带责任

二审法院认为：按照我国《道路交通安全法》及《交强险条例》的相关规定，被保险机动车发生道路交通事故造成本车人员、被保险人以外的受害人人身伤亡、财产损失的，由保险公司在机动车交通事故责任强制保险责任限额范围内予以赔偿。根据各方当事人陈述及在一审时提交的道路交通事故证明、交警部门所作的询问笔录等相关证据，可以认定一审被告钟某未对其驾驶的肇事车辆尽到妥善的注意和维修义务，导致肇事车辆刹车失灵，作为事故车辆的乘客即被上诉人王某在自身生命安全遭受威胁的紧急情况下选择跳车自救，其行为应属普通理性人的合理选择，一审法院判决由一审被告钟某承担被上诉人因该事故受伤的全部责任，并无不当。上诉人某保险公司上诉称，被上诉人在事故发生时其身份应为“车上人员”，故其跳车受伤并不属于交强险的赔偿范围，因被上诉人在事故发生时已由车内人员转化为车外人员，且其受伤的原因也系人体与地面撞击所致，一审据此判决由肇事车辆的承保单位即上诉人某保险公司在两份交强险的责任限额范围内先行赔偿，余额赔偿不足部分由一审被告王财某承担赔偿责任，并由一审被告某汽车运输公司对王财某之赔偿义务承担连带责任，亦无不妥。上诉人之上诉理由不足，难以采信。综上，一审认定事实清楚，适用法律正确，处理并无不当，应予维持。

［裁判结果］

一审法院判决：原告王某的损失合计 264 480.1 元。被告某保险公司在两份交强险责任限额范围内赔偿原告医疗费等 106 473.4 元。被告王财某赔偿原告剩余损失 158 006.7 元，扣除其已支付的 61 875 元，尚应支付 96 131.7 元。被告某运输有限公司对被告王财某应履行之赔偿义务承担连带责任。

二审法院判决：驳回上诉，维持原判。

［裁判思路］

根据《交强险条例》第21条的规定，交强险合同中的受害人是指因被保险机动车发生交通事故遭受人身伤亡或者财产损失的人，但不包括被保险机动车本车车上人员、被保险人。因此，所谓交强险就是指由保险公司对被保险机动车发生道路交通事故造成本车人员、被保险人以外的受害人的人身伤亡、财产损失的，在责任限额范围内予以赔偿的强制性责任保险。对“车上人员”及“第三人”的认定，在通常情况下不会发生歧义，但因人时刻处于运动之中，而非静物，当受害人由车上人员向第三人发生转化时，如何作出其身份认定，审判实践中对此存有争议。对该问题的考虑应立足于交强险的立法目的进行妥当解释，即最大限度地保障受害人的合法权益，这也符合保险学理基础。“车上人员”与“车外人员”仅仅是临时的、相对的身份，可因特定时空条件的变化而发生转化。因保险车辆发生意外事故而受害的人是否属于“车上人员”，必须以该人在事故发生当时这一特定的时间是否身处保险车辆之内为依据，在车内即为“车上人员”，在车外即为“车外人员”，即所谓的“第三者”。具体到本案，因原告系从车上跳出跌落地上而受伤，其受伤时的空间位置相对于车辆而言是在车外而非车内，与正在行驶中的被保险车辆形成相对第三者的关系，其受伤虽系人体与地面撞击所致，但亦与乘坐的车辆有直接关系，故原告王某应当作为交强险的赔付对象。

［法律法规链接］

《交强险条例》第5条

第二节 机动车商业保险

导 读

机动车商业险主要包括机动车损失险及机动车第三者责任险，机动车损失险，指保险车辆遭受保险责任范围内的自然灾害（不包括地震）或意外事故，造成保险车辆本身损失，保险人依据保险合同的规定给付保险金，其主要是保障被保险人自己人身或财产。第三者责任险，是指被保险人在使用被保险车辆过程中发生的意外事故，致使第三者遭受人身伤亡或财产的直接损失，依法应当由被保险人承担赔偿责任时，保险人按照保险合同给付保险金，其主要是保障因被保险人行为受侵害的第三者。二者均适用损害填补原则。

53. 网络预约顺风车发生交通事故的保险理赔免责事由的认定

【典型案例】

张某与某人保财险公司保险合同纠纷案

［案号］

（2016）鄂01民终626号

［案情］

2015年7月29日，原告张某在被告某人保财险公司处为鄂AS××××号小型汽车购买了机动车交通事故责任强制保险、机动车损失保险、第三者责任附带保险等险种，使用性质为家庭自用。2015年8月15日0时20分，原告张某驾驶鄂AS××××号小型汽车因未确保安全驾驶发生单方事故导致车辆受损，并负本次事故的主要原因。事故发生，被告某人保财险公司工作人员前往事故现场进行了勘查，后表示因原告张某驾驶车辆从事劳动因此拒绝理赔。原告张某将该事故车辆拖动至维修公司进行维修，该维修公司出具维修估价单，预计该车维修费用为131 005元。发生本次交通事故时，原告车辆上的乘客陆某某表示其通过"滴滴打车"软件上的"顺风车"叫的鄂AS××××号车辆，协商以10元的价格从群星城到仁和路，在仁和路地铁口处发生交通事故。原告张某对陆某某的陈述予以认可，同时表示发生交通事故原告并未向乘客陆某某收取费用。

原告提交的《某财产保险股份有限公司电话营销专用机动车辆保险单（正本）》中的"特别规定"项载明："1. 该车出险时，如为营业性用途，我公司不承担一切赔偿责任。2.……"该保单"特别约定"项的字体为蓝色加粗的标志。庭审中，原告陈述其在4S店托朋友购买保险后，保险单被朋友送到另外一个朋友那里，直到本次事故发生后原告才拿到保险单，原告购买保险标的车后通过"滴滴打车"软件的"顺风车"平台搭载乘客10余次，并按照该软件自动计算的金额收取乘客费用。

［法院认为］

一审法院认为：原告张某与被告某人保财险公司成立保险合同关系。被告在订立保险合同后提供的保险单虽为格式文本，但在保险单正本加粗字体“重要提示”项中已向原告作出提示说明，原告如对相应险种及保险条款存在异议，应及时联系被告予以变更或补充。该保险单中对“特别约定”项的字体也做了蓝色加粗的显著标志，该项标注已达到足以引起投保人注意的标准，同时也对被告的相关免责义务进行了书面说明，被告对保险负责条款已尽到了提示说明义务。原告是通过其在4S店朋友处购买电话营销专用机动车辆保险，直至本案交通事故发生后才从其朋友处取回车辆保险单，原告没有及时取回保险单应自负其责。原告在2015年7月20日购买涉案标的车，至本案交通事故发生仅20多天的时间，其自述使用“滴滴打车”软件的“顺风车”平台搭载乘客10余次，该行为明显增加了涉案标的车的行驶风险。根据《保险法》第52条的规定，原告有将该情况及时告知被告的义务，由被告决定是否对涉案保险车辆的保险费率进行调整，由于原告未履行告知义务，应自行承担不利后果。

二审法院认为：本案系保险合同纠纷案件。张某通过“滴滴打车”软件的“顺风车”平台，以约定的10元价格搭载案外人陆某某的行为，存在收取一定费用的目的，应属营运行为。本案张某所驾驶车辆使用性质为营运，虽然张某因事故的发生并未收取本次搭载乘客的费用，但并不影响双方当时所达成的约定抵达目的地后收取相应费用的意思表示。张某通过“滴滴打车”软件的“顺风车”平台搭载乘客所从事的营运行为，改变了车辆使用性质，明显增加了涉案车辆在行驶中的危险程序，作为投保人应当及时向某人保财险公司履行相关告知义务并增加相应的投保费用。由于张某未向某人保财险公司履行相关告知义务，应自行承担不利后果。对于某人保财险公司是否尽到告知义务的问题，张某是通过朋友在4S店代其购买的保险，张某现依据该保险合同起诉某人保财险公司，应视为张某接受代为购买的保险，并认可该保险合同及其条款，该保险合同合法有效。某人保财险公司对于合同中免赔条款进行了加黑加粗印刷，并在投保人声明处进行了提示，应视为某人保财险公司尽到了告知义务，该免责条款具有法律效力。根据《保险法》第52条的规定，某人保财险公司不应承担保险金的赔偿责任。

[裁判结果]

一审法院判决：驳回原告张某的诉讼请求。

二审法院判决：驳回上诉，维持原判。

[裁判思路]

本案处理重点主要在于对“网约顺风车”营运性质的认定及保险人对免责条款的告知说明义务、投保人对保险标的如实告知义务的理解。

“网约顺风车”及普通拼车合乘的行为主要不同点在于“网约顺风车”的车主将车辆上的空余座位视为一个可以出售的资源，而绝大部分拼车合乘的乘客不需要向车主支付费用，主要体现为互助性的拼车合乘行为。网络约车车主通过手机软件与不特定的乘客联系，在将乘客搭载到目的地后收取相应费用，且在行车过程中仍可以增加乘客并收取费用的行为方式符合营业性用车的特征。

保险人举证证明其已经在保险单、投保单上采用足以引起投保人注意的特定文字符号标示或者采用网页、音频、视频等方式对保险人的免责条款进行解释说明的，应当认定保险人履行了对免责条款的提示告知和解释说明义务。原告购买保险后不领取保险单，又依据该保险单提起诉讼要求保险公司对其车辆损失进行赔偿，应视为原告已认可该保险单中的约定，原告怠于行使其对保险条款提出异议的权利，应当由其自行承担不利法律后果。原告购买车辆保险直到该车发生交通事故仅 17 天，其使用“滴滴打车”软件已搭载乘客十余次，明显改变了保险标的车辆的使用性质，显著增加了保险标的车辆危险程度，且原告未向保险公司履行如实告知义务，违反了最大诚信原则，符合《保险法》第 52 条规定的保险人免责法定事由。故被告有权依法依据保险合同的约定及法定免责事由对原告的车辆损失不承担保险理赔责任。

本案是“网约顺风车”保险理赔案件，对于如何在审判实践中处理好“网络预约用车”所带来的种种法律问题具有一定的借鉴意义。

［法律法规链接］

《保险法》第 52 条

54. 投保机动车损失保险的车辆发生自燃，保险公司是否应该承担赔偿

【案例】

王某与某财产保险公司财产保险合同案

［案号］

（2015）昭中民三终字第 119 号

［案情］

2014 年 6 月 14 日，王某作为被保险人向某财产保险公司对其云

CB××××号起亚轿车投了机动车损失保险（A)、第三者责任保险（B)、车上人员责任险（司机)(D11)、车上人员责任险（乘客)(D12)、不计免赔率（M）覆盖A/B/D11/D12、机动车车上人员补充意外伤害保险及机动车交通事故责任强制保险（BZ)；其中机动车损失保险（A）保险金额为72 000元，第三者责任保险（B）保险金额为100 000元，车上人员责任险（司机)(D11)、车上人员责任险（乘客)(D12）保险金额均为10 000元，机动车交通事故责任强制保险（BZ）保险金额为122 000元，商业险和意外险的保费合计为204 003.50元，交强保险费合计为665元。保险期间为2014年6月14日至2015年6月13日。该投保单投保人声明一项载明："保险人已向本人详细介绍并提供了投保险种所使用的条款，并对其中免除保险人责任的条款（包括但不限于责任免除、投保人被保险人义务、赔偿处理、附则等)，以及本保险合同中付费约定和特别约定的内容向本人作了明确说明，本人已充分理解并接受上述内容，同意以此作为订立保险合同的依据，本人自愿投保上述险种。上述所填写的内容均属实。"王某在投保人签名一项作了签名。该财产保险股份有限公司"直通车"机动车保险单（正本）重要提示项记载了:（1）本保险公司由保险条款、投保单、保险单、批单和特别约定组成；（2）收到本保险单、承保险种对应的保险条款后，请立即核对，如有不符或疏漏，请在48小时内通知保险人并办理变更或补充手续；超过48小时未通知的，视为投保人无异议；（3）请详细阅读承保险种对应的保险条款，特别是责任免除、投保人被保险人义务、赔偿处理和附则等事项。其中某财产保险股份有限公司家庭自用汽车损失保险条款（编号：A01H01Z0209××××）的责任免除条款中第7条第（五）项规定了被保险机动车自燃以及不明原因火灾造成的损失，保险人不负责赔偿 。附加款条款的自燃损失条款（编号：A01G01F0609××××）规定投保了家庭自用汽车损失保险的机动车，可投保本附加险和对自燃的保险责任、责任免除等事项作了规定。2014年12月20日下午5时许，王某驾驶云CB××××号车行驶到母享镇陇东村寒柏岭路段时，该车在行驶过程中车辆冒烟，王某等人即将车停到路边，见车辆发生燃烧导致车辆全部烧毁。事故发生后，经双方多次协商未果。王某称，其在某财产保险公司投了机动车损失险，保险限额为72 000元，在保险期限车辆发生燃烧导致车辆全部烧毁。投保时，某财产保险公司未对其所投的险种及其适用的条款和自己的免责条款作出解释和特别说明；且对格式条款争议的，应按照通常理解解释，并作出有利于被保险人或受益人的解释；对其车辆燃烧所造成的损失，某财产保险公司应当赔偿。某财产保险公司称，车辆被烧毁的原因是不明原因的自燃，该车此次发生的事故不在保险范围内，公司不应承担保险赔偿义务。

［法院认为］

一审法院认为：王某与某财产保险公司订立的机动车辆保险单系双方当事人真实意思表示，且未违反法律、行政法规的强制性规定，应属有效。但该机动车保险单和投保单已分别作了明确的特别约定和重要提示，结合某财产保险股份公司家庭自用汽车损失保险条款和某财产保险股份有限公司附加险条款，可以看出该车损险和附加险是不同的两种保险，附加险中的大部分均属车损险的明示责任免除条款，附加险系在投了车损险的基础上对车损险补充保险，对车辆是否属于自燃，王某在车辆发生事故后，保险公司向其询问时已作了自认。故其称投保时，某财产保险公司未对其所投的险种及其适用的条款和自己的免责条款作出解释和特别说明等对原告车辆燃烧所造成的损失应当赔偿的观点，对据证实，故对其请求不予支持。

二审法院认为：在双方签订的机动车保险单和投保单中已分别作明确的特别约定和重要提示，投保人在收到保险单、承保险种对应的保险条款后，请立即核对，如有不符和疏漏，请在48小时内通知保险人并办理变更或补充手续，48小时未通知的，视为投保人无异议。王某收到保单后，未对保单提出变更或补充，结合某财产保险股份有限公司家庭自用车损失保险条款和某财产保险股份有限公司附加险条款，可以看出其所购买的车损险和附加险是不同的两种保险，附加险系在投了车损险的基础上对车损险进行了补充的保险。王某驾驶的车辆发生自燃属于保险公司应当免责的情形。据此认定一审判决事实清楚，适用法律正确，程序合法，上诉人的上诉理由不能成立，不予支持。

［裁判结果］

一审法院判决：驳回原告王某的诉讼请求。

二审法院判决：驳回上诉，维持原判。

［裁判思路］

本案处理的重点主要在于对车损险和附加险的理解。从保险合同的相关条款中我们看到车损险和附加险是不同的两种保险，附加险系在投了车损险的基础上对车损险进行补充的保险，包括自燃险、划痕险等。自1998年后投车损险的，保单上面都会明确写出“自燃”等附加险不赔。同时，保险公司也会单独出售“自燃”等附加补充险。我们在购买车险前，应该先取得相关险种的合同样本进行查阅。对于不清楚的地方要及时询问，等全面了解后，再进行购买。在签订合同的过程中，应要求保险公司对保险合同的内容，逐条进行全面、细致的说明，尤其是在对合同中提到的各种险种，更应要求保险公司重点解释，如有异议书面提出，同时对每份保险合同含有的免责条款，应让保险公司特别告知，同时书面固定证据，以保障自身的权益，对所签保险合同应在知晓适合内容后，再进行签字，以免在执行时产生争议。

55. 投保车辆交通事故发生时未年检是否可作为保险公司拒赔理由

【典型案例】

杨某等诉某财产保险公司债权人代位权案

［案号］

（2015）穗中法少民终字第344号

［案情］

2012年3月21日，第三人某服装公司为其所有的粤A××××号车辆向某财产保险公司投保了商业险，包括机动车交通事故责任强制保险、第三者责任保险（保险金额200 000元）、机动车损失保险等，被保险人为某服装公司，保险期间自2012年3月31日起至2013年3月30日止。第三者责任保险条款第26条规定："保险人依据被保险机动车驾驶人在事故中所负的事故责任比例，承担相应的赔偿责任。其中被保险机动车方负主要责任的，事故责任比例为70%。"此外，该条款责任免除部分规定："发生保险事故时被保险机动车无公安机关交通管理部门合法的行驶证或号牌，或未按规定检验或检验不合格的情况下，不论任何原因造成的对第三者的损害赔偿责任，保险人均不负责赔偿。"

2012年5月28日晚，驾驶员颜某驾驶粤A××××号轻型厢式货车与李某驾驶的无号牌二轮摩托车（搭载乘客曾某）在广州市增城区发生碰撞，造成曾某受伤经医院抢救无效死亡、车辆损坏的交通事故。增城区公安局交通警察支队作出道路交通事故认定书，认定颜某驾驶货车左转弯时未让在道路内正常行驶的车辆优先通行，其行为过错是导致事故的主要原因，承担事故的主要责任；李某依法取得机动车驾驶证驾驶无号牌二轮摩托车时，驾驶人及乘车人均未戴安全头盔，其过错行为是导致事故发生的次要原因，承担事故的次要责任；曾某不承担事故责任。根据《机动车信息查询结果单》显示，粤A××××号车辆检验有效期至2012年3月31日，即交通事故发生时，车辆未年检。但增城区公安局交通警察大队科学技术鉴定书证实粤A××××号车辆的制动系性能、灯光系性能、雨刮系性能均合格。

事故发生后，曾某之父曾某海将颜某、某服装公司、李某、某财产保险公司以机动车交通事故赔偿责任纠纷一案起诉至广州市增城区人民法院，该院判令某财产保险公司在交强险医疗费用赔偿限额及死亡伤残赔偿限额内赔付曾某海共计120 000元；某服装公司赔付曾某海各项损失合计39 1130.16元。该院在判决中认定某服装公司按其事故责任承担70%的赔偿责任。某财产保险公司不服判决，向广州市中级人民法院提起上诉，中院判决驳回上诉，维持原判。某财产保险公司履行完毕该赔偿义务，某服装公司赔付曾某海191 130.16元，剩余200 000元赔偿金未履行。在上述案件的审理过程中，曾某海去世。此后，曾某海的配偶杨某，子女曾某甲、曾某忠，母亲黄某某向广州市越秀区人民法院提起债权人代位权诉讼，即本案讼争。

[法院认为]

一审法院认为：根据《保险法》第65条第2款“责任保险的被保险人给第三者造成损害，被保险人对第三者应负的赔偿责任确定的，根据被保险人的请求，保险人应当直接向该第三者赔偿保险金。被保险人怠于请求的，第三者有权就其应获赔偿部分直接向保险人请求赔偿保险金”之规定，本案所涉之交通事故的赔偿责任及赔偿数额，已经广州市增城区人民法院的生效判决予以明确，某服装公司在该判决生效后，未能完全履行赔偿义务，也怠于向某财产保险公司请求赔偿保险金，故杨某、曾某甲、曾某忠、黄某某有权就其应获赔偿部分直接向某财产保险公司请求赔偿保险金。交通事故发生时，虽然某服装公司向某财产保险公司投保的车辆粤A××××号车辆未在规定检验期限内进行机动车安全技术检验，但是根据交通事故认定书可知车辆各部位性能均合格，该货车在事故发生前不存在导致事故发生的安全隐患，颜某驾驶的行为过错是导致事故的主要原因，肇事车辆没有及时年检与发生本案所涉之交通事故没有必然的因果关系。

二审法院认为：根据《保险法》第65条的规定、道路交通事故认定书及相关生效判决可认定，某服装公司的赔偿属保险责任范围、负有赔偿义务，而该公司怠于履行该义务，杨某、曾某甲、曾某忠、黄某某有权对某财产保险公司提起代位权诉讼。广州市增城区法院处理的是赔偿问题，本案处理的是怠于行使赔偿的问题，本案的诉讼焦点与前文提到的生效判决并不一致，不存在一事不再理的问题。本案中，虽然双方在保险合同中约定“投保机动车未按规定检验”属责任免除的条款，但该条款属格式条款，也属免责条款。根据《保险法》第17条规定保险人应向投保人提示并说明、解释责任免除条款内容及后果，否则条款不具约束力。同时，《保险法司法解释（二）》第13条规定保险人对其履行了明确说明义务负举证责任。某财产保险公司未能提供证据证实其已履行了明确说明义务，应承担举证不能的法律后果，故该免责条款不产生效力。此外，发生事故时虽被保险机动车未按规定检验，但机动车行驶证年检是交管部门对车辆进行行政管理的一种措施，未按期年检并不能说明车辆必然存在安全技术隐患，没有证据证明被保险车辆未办理年审手续与涉案保险事故的发生有任何直接的因果关系。被上诉人对于涉案保险事故的发生并没有直接的过错，上诉人以被上诉人未依法办理车辆年审手续为抗辩理由拒绝赔付，不予支持。一审判决论据充分，说理清晰，认定事实清楚，适用法律正确，应予维持。

［裁判结果］

一审法院判决：某财产保险公司应在判决发生法律效力之日起十日内向杨某、曾某甲、曾某忠、黄某某支付保险赔偿金200 000元。

二审法院判决：驳回上诉，维持原判。

［裁判思路］

本案中，保险合同中约定的“车辆未年检免赔”属于免责条款，保险公司以此作为拒赔理由。从订立该条款的目的来看，未经年检的车辆可能因未及时检验出车辆存在的安全隐患而导致发生交通事故的概率上升，被保险人没有及时年检的行为具有主观过错，因此，保险公司通过测定风险与成本，将其作为免责事由具有其合理性和必要性，免责条款并不当然无效。

车辆年检是交管部门的行政行为，保险合同是基于投保人与保险人的民事行为，未按期年检并不能说明车辆必然存在安全技术隐患，因此不能单以发生事故时肇事车辆未年检而支持保险人拒赔，应从多方考虑：一方面，保险合同属于格式合同，保险人应依照《保险法》第17条的规定，向投保人尽到提示及明确说明义务并负有已履行说明义务的举证责任；另一方面，保险本身具有分散社会风险的缔约目的，若简单适用肇事车辆未年检均属于免责情形，不考虑车辆发生交通事故时与是否年检有无因果关系的情况，有违当事人的缔约目的及诚实信用的原则。如何判断保险人是否承担保险责任，应考察保险人主张的免责事由与保险事故的发生是否具有直接因果关系。如保险事故的发生与保险标的的危险程度显著增加，而被保险人未及时通知保险人的，保险人不承担赔偿保险金的责任。而保险事故的发生与保险合同免责条款约定的免责事由之间不存在直接因果关系的，即便存在该免责事由，保险人仍应承担保险责任。

［法律法规链接］

《保险法》第17条、第65条

《保险法司法解释解释（二）》第13条

56. 家庭自用车辆从事网约车未通知保险人的，保险人在商业三者险范围内免责

【公报案例】

程某诉张某、某财产保险公司机动车交通事故责任纠纷案①

［案情］

2015年7月28日下午，被告张某通过打车软件接到网约车订单一份，订单内容为将乘客从南瑞集团送至恒大绿洲小区。张某驾驶其自有轿车至南瑞集团，接到网约车乘客。17时5分许，张某驾车搭载网约车乘客，沿前庄路由西向东行驶至清水亭东路丁字路口往南右转弯过程中，遇原告程某驾驶电动自行车沿清水亭东路由北向南通过该路口，两车碰撞，致程某受伤、车辆损坏。南京市公安局江宁分局交通警察大队以无法查清程某遵守交通信号灯的情况为由，出具宁公交证字［2015］第0018号道路交通事故证明。

原告程某受伤住院治疗，医院诊断其急性闭合性重型颅脑损伤。经鉴定，程某颅脑损伤所致轻度精神障碍，日常活动能力部分受限构成九级伤残；颅骨缺损6平方厘米以上构成十级伤残；误工期限180日，护理期限90日，营养期限90日。经审查确认原告因本次事故产生医疗费99 122.26元（其中张某垫付59 321元，某财产保险公司垫付10 000元）、住院伙食补助费560元、营养费1350元、误工费3427.48元、护理费7650元、残疾赔偿金156 126.6元、精神损害抚慰金10 500元、交通费500元，合计279 236.34元。

被告张某驾驶的轿车行驶证上的使用性质为“非营运”。2015年3月27日，张某在被告某财产保险公司为该车投保了交强险、保额为100万的商业三者险，保险期间均自2015年3月28日起至2016年3月27日止。保单上的使用性质为“家庭自用汽车”。

① 案例来源：《最高人民法院公报》2017年第4期。

［法院认为］

一审法院认为：公民的健康权受法律保护。行为人因过错侵害他人权益的承担侵权责任。

关于本次交通事故责任划分问题。《道路交通安全法》第76条规定机动车发生交通事故造成损失的，首先由保险公司在交强险责任限额内赔偿，不足部分，机动车与非机动车驾驶人之间发生交通事故，非机动车驾驶人无过错的，由机动车一方承担赔偿责任；有证据证明非机动车驾驶人有过错的，根据过错程度适当减轻机动车一方的赔偿责任。本案中，被告张某驾驶机动车向右转弯，原告程某驾驶非机动车直行，转弯应当避让直行，张某未能避让存在过错。被告不能证明原告程某存在闯红灯等过错行为，故张某应负事故全部责任，程某因本次交通事故产生的损失首先由被告某财产保险公司在交强险责任限额内赔偿，不足部分，由机动车一方赔偿。

关于被告某财产保险公司是否应当在商业三者险内赔偿的问题。《保险法》第52条规定："在合同有效期内，保险标的的危险程度显著增加的，被保险人应当按照合同约定及时通知保险人，保险人可以按照合同约定增加保险费或者解除合同。……被保险人未履行前款规定的通知义务的，因保险标的的危险程度显著增加而发生的保险事故，保险人不承担赔偿保险金的责任。"保险合同是双务合同，保险费与保险赔偿金为对价关系，保险人依据投保人告知的情况，评估危险程度而决定是否承保以及收取多少保险费。保险合同订立后，如果危险程度显著增加，保险事故发生的概率超过了保险人在订立保险合同时对事故发生的合理预估，如果仍然按照之前保险合同的约定要求保险人承担保险责任，对保险人显失公平。

在当前车辆保险领域中，保险公司根据被保险车辆的用途，将其分为家庭自用和营运车辆两种，并设置了不同的保险费率，营运车辆的保费接近家庭自用的两倍。这是因为，相较于家庭自用车辆，营运车辆的运行里程多，使用频率高，发生交通事故的概率也自然更大，这既是社会常识也是保险公司对风险的预估，车辆的危险程度与保险费是对价关系，家庭自用车辆的风险小，支付的保费低；营运车辆风险大，支付的保费高。以家庭自用名义投保的车辆，从事营运活动，车辆的风险显著增加，投保人应当及时通知保险公司，保险公司可以增加保费或者解除合同并返还剩余保费，投保人未通知保险公司而要求保险公司赔偿营运造成的事故损失，显失公平。

营运活动与家庭自用的区别在于：第一，营运以收取费用为目的，家庭自用一般不收取费用。第二，营运的服务对象是不特定的人，与车主没有特定的关系；家庭自用的服务对象一般为家人、朋友等与车主具有特定关系的人。而本案中，被告张某通过打车软件接下网约车订单，其有收取费用的意图，且所载乘客与其没有特定关系，符合营运的特征。

被告张某的营运行为使被保险车辆危险程度显著增加，张某应当及时通知被告某财产保险公司，某财产保险公司可以增加保险费或者解除合同返还剩余保险费。张某未履行通知义务，且其营运行为导致了本次交通事故的发生，某财产保险公司在商业三者险内不负赔偿责任。

[裁判结果]

一审法院判决：一、被告某财产保险公司在交强险责任限额内赔偿原告程某 110 000 元，被告张某赔偿原告程某 99 915.34 元；均于本判决发生法律效力之日起 10 日内付清。二、驳回原告程某其他诉讼请求。

一审宣判后，双方当事人均未在法定期限内提起上诉，一审判决发生法律效力。

[裁判思路]

网约车满足了社会公众多样化出行需求，但由于尚处起步阶段，相关配套制度并未健全，网约车参与人的权利义务缺乏清晰界定，一定程度上影响了行业的健康发展。本案中，人民法院在现有法律框架内积极探索纠纷解决方案，对交强险和商业三者险进行区分处理，并认定由于以家庭自用名义投保的车辆从事网约车载客活动增加了车辆的风险，被保险人应当及时通知保险公司，被保险人未通知的，因载客活动发生的交通事故，保险公司在商业三者险内不负赔偿责任。该裁判规则基于对各方合法权益的平等保护，体现了对保险法基本原则的贯彻，对于规范网约车保险行为、促进网约车行业和保险业的健康持续发展，具有积极意义。

[法律法规链接]

《保险法》第 52 条

《道路交通安全法》第 76 条

57. 乘坐出租车发生意外伤害可向出租车公司投保的保险公司主张理赔

【典型案例】

沈某诉某汽车出租公司等意外伤害保险合同案

［案号］

（2014）沪一中民六（商）终字第322号

［案情］

2011年10月19日23时40分许，原告沈某乘坐某出租公司出租车行驶至上海市金沙江路、真光路口处时，遭韩某驾驶的小型客车碰撞，导致沈某受伤。经交警部门认定，韩某转弯未让直行，负事故全部责任。后经鉴定，沈某右腿骨折，多处软组织伤，构成交通事故十级伤残，休息期120～150日、护理期90日、营养期60日。事故各方协商赔偿事宜未果，沈某提起道路交通事故侵权责任纠纷诉讼。2012年8月30日，法院审理后依法判决韩某小型客车投保的保险公司赔偿原告医药费282 005.70元、营养费1800元，共计462 005.70元；赔偿精神损害抚慰金5000元、残疾赔偿金72 460元、误工费13 250元、护理费3600元、残疾辅助器具费190元、交通费262元，共计94 762元。另外韩某赔偿原告鉴定费1930元、律师代理费5000元共计6930元。

后沈某得知，某出租公司已向被告某人寿保险公司投保出租汽车乘客意外伤害保险，保险项目及限额分别为：意外伤害身体残疾保险金10万元；医疗费用5万元；补偿费用5万元。由于事故发生后某出租公司被某汽车出租公司收购，故沈某以某汽车出租公司、某出租公司和某人寿保险公司为被告，向上海市浦东新区人民法院提起诉讼，要求某人寿保险公司按照伤残等级系数赔偿意外伤害身体残疾保险金1万元；医疗费282 005.70元；补偿费用106 880元。同时要求某汽车出租公司、某出租公司赔偿交通费262元、律师费1万元、精神损害抚慰金1万元、公证费1000元，以及前述要求某人寿保险公司赔偿的费用中未获支持的部分等。

［法院认为］

一审法院认为：根据《上海市出租汽车管理条例》（2006年修正）第20条的规定，经营者及其从业人员应当执行由市场物价部门批准的收费标准，并且按照规定使用由交通局会同税务部门印制的车费发票，客运车费中包括乘客意外伤害保险费。原告乘坐出租客车发生交通事故，当然可以获得相应的乘客意外伤害保险的保障。被告某人寿保险公司对涉案保险关系予以确认，并确认上诉人乘坐事故车辆发生事故亦在保险期限内，故原告具有保险金的请求权。涉案乘客意外伤害保险属人身险范畴，遭受了保险合同约定的交通意外伤害事故，被告某人寿保险公司应当根据法律规定和保险合同约定予以理赔。关于意外伤害身体残疾保险金，原告按限额 100 000 元根据残疾等级十级，按 10% 主张 10 000 元。被告某人寿保险公司对此没有异议，同意赔付。故予以认定。关于意外伤害医疗费用 2825.70 元争议，保险理赔实施细则关于医疗费赔偿明确约定需扣除被保险人从当地社会基本医疗保险、公费医疗或其他途径获得补偿或给付。该约定有效，对双方均有约束力。生效侵权案件已判决韩某向原告赔偿该项目金额 2825.70 元，原告亦明确已获得赔偿，故根据上述约定，被告不予赔付该项目的抗辩理由成立，对原告该项请求不予支持。关于意外伤害补偿费用争议，该项目的赔付限额明确约定为 50 000 元，故被告某人寿保险公司应在 50 000 元的限额内核赔。原告主张的项目及金额为误工费 38 230.35 元、护理费 3600 元、营养费 2400 元、残疾辅助器具费 190 元、残疾补偿金 62 460 元，已经生效判决确定的为误工费 13 250 元、护理费 3 600 元、营养费 1800 元、残疾辅助器具费 190 元、残疾补偿金 72 460 元，上述项目均不属保险合同约定的除外费用，属被告某人寿保险公司应核赔的范围，依据约定残疾赔偿金项目扣除意外伤害身体残疾保险金 10 000 元后应为 62 460 元，上述项目总金额已超过限额 50 000 元。在补偿费用项目中明确约定上述法院判决的项目被告某人寿保险公司根据交通事故责任认定结果在限额内按比例补偿，在保险责任赔偿处理说明中，并未明确约定出租车驾驶员无责，被告某人寿保险公司补偿的比例，亦未约定被告某人寿保险公司可以免赔。从合同约定驾驶员承担事故责任比例从次责至全责由低到高承担相应比例来看，主要是对驾驶员未起到安全驾驶的行为进行惩罚，合同约定驾驶员承担次责被告某人寿保险公司应承担 95% 的赔付责任，而本次事故中，出租车驾驶员已尽到谨慎驾驶义务，在事故中不承担责任，被告某人寿保险公司反而主张不承担赔付责任，显然不能达到当初的保险合同缔约目的，失去了乘客意外伤害保险的保障作用。故被告某人寿保险公司应当承担该项目的理赔责任。因原告主张的项目已超过限额 50 000 元，故被告某人寿保险公司应赔付原告保险金 50 000 元。对原告超过限额部分的请求，不予支持。关于原告要求被告某汽车出租公司、被告某出租公司共同赔偿原告交通费 262 元、律师费 10 000 元、精神损害抚慰金 10 000 元、鉴定费 1930 元、公证费 1000 元以及赔偿被告某人寿保险公司赔偿不足部分的金额。其中律师费 10 000 元、公证费 1000 元，系原告为本次诉讼支出的费用，不属依法应由被告某汽车出租公司、被告某出租公司承担，故对原告该请求不予支持。关于交通费 262 元、精神损害抚慰金 10 000 元、鉴定费 1930 元，系侵权生效判决确定由侵权方向原告赔偿，原告亦已获得赔偿，而被告某汽车出租公司、被告某出租公司在本次事故中不承担责任，故原告要求被告某汽车出租公司、被告某出租公司赔偿，缺乏依据，不予支持。同理，原告要求被告某汽车出租公司、被告某出租公司赔偿被告某人寿保险公司赔偿不足部分的金额，亦不予支持。

二审法院认为:《保险法》第 12 条规定：人身保险是以人的寿命和身体为保险标的的保险。财产保险是以财产及其有关利益为保险标的的保险。本案所涉意外伤害保险承保范围既包括伤残及身故赔偿金，亦包含医疗费、误工费等财产性损失，而此类财产性损失显然并非寿命和身体类的保险标的，故上述意外伤害保险实质系一兼容财产险及人身险的综合性保险。依照《保险法》第 2 条之规定，财产保险系指投保人根据合同约定，向保险人支付保险费，保险人对于合同约定的可能发生的事故因其发生所造成的财产损失承担赔偿保险金责任的保险。依照上述法律规定，财产险被保险人保险金理赔请求权成立的前提为存在因保险事故而造成的财产损失，如被保险人的该种损失已通过其他法律关系的当事人承担其他民事责任而得以填补的，则被保险人亦将丧失相应的保险金理赔请求权。现原告要求被告某人寿保险公司予以赔付的钱款中，除身体残疾保险金外，其余均为财产性损失，原告亦已明确该种损失均已由第三人实际赔偿，故一审判决被告某人寿保险公司给付的保险金已超出原告的权利范围，原告再行要求被告某人寿保险公司予以赔付，缺乏事实与法律依据，二审法院对其主张不予采信。

就原告还主张由被告某汽车出租公司、某出租公司承担本案的律师费、公证费，二审法院认为，本案原告的诉请为基于被保险人的合同地位，向保险人主张保险金请求权，而原告为提起本案诉讼支付的上述费用，并非本案保险合同约定的赔付范围，亦与本案保险合同法律关系并非同一法律关系，前述两被告是否应对原告的此种费用承担赔偿责任，并非本案审理范围，原告可另行主张其权利。且原告上述主张的基础为前述两被告存在怠于行使权利的过错，而原告作为系争保险合同的被保险人行使其相应保险金理赔请求权，并不以前述两被告履行相关义务为前提，故原告所称的相关过错并不成立，原告的上述主张，缺乏事实与法律依据，二审法院不予采信。

[裁判结果]

一审法院判决：一、被告中国人寿保险股份有限公司上海市分公司应于本判决生效之日起十日内赔付原告沈某保险金人民币 60 000 元；二、驳回原告沈某的其余诉讼请求。

二审法院判决：驳回上诉，维持原判。

[裁判思路]

《上海市出租汽车管理条例》(2011 年修正) 第 20 条规定：“经营者及其从业人员应当执行由市场物价部门批准的收费标准，并且按照规定使用由市交通局会同市税务部门印制的车费发票，客运车费中包括乘客意外伤害保险费。”原告乘坐出租客车发生交通事故，当然可以获得相应的乘客意外伤害保险的保障。在某人寿保险公司对涉案保险关系予以确认，并确认原告乘坐事故车辆发生事故亦在保险期限内的情况下，作为出租车乘客的原告具有保险金的请求权。

本案中，由于出租行业涉及民生且出租车数量庞大，此类案件的裁判结果将会引起一定的社会关注度。本案的研究意义在于，通常情况下，作为乘客的被保险人对出租车意外伤害保险是不知情的。实际上，相关出租车公司也依照该规定实际投保了乘客意外伤害保险，然而涉案出租车费发票上并未明确载明该项内容，且目前出租汽车所用发票上均普遍未明确告知乘客客运车费中包含意外伤害保险，侵犯了乘客作为被保险人对该项保障项目的知情权，导致绝大部分乘客在乘坐出租车发生交通事故后，并不知晓有获得相应保险理赔的权利。案件的判决支持了作为乘客的原告主张理赔的权利，其依法获得理赔也对其他消费者起到了示范作用。

[法律法规链接]

《保险法》第 12 条

58. 车辆转卖未通知保险公司亦不能免除其保险责任

【人民法院报案例】

蔡某诉李某、某保险公司保险合同纠纷案[①]

［案情］

2010年3月，李某向王某购买了某小型货车一辆，并办理了车辆所有权变更手续，将车辆及相关的材料进行了移交，但并未通知保险公司，也未办理保险批改手续。2010年5月，李某驾驶小货车与蔡某驾驶的轿车相撞，造成双方受伤、两车受损的交通事故。经交警部门认定，李某负本次事故的主要责任，蔡某负次要责任。李某向保险公司提出索赔，保险公司以与李某不存在保险合同关系为由拒绝理赔。蔡某诉至法院，要求李某赔偿各项损失，保险公司在保险限额内予以赔偿。

［法院认为］

法院经审理认为：本案的争议焦点是李某向王某购买车辆，在未通知保险公司并办理保险变更登记的情形下发生事故，保险公司是否可以拒赔，即李某对该车是否享有保险利益。本案中，李某受让车辆虽然没有履行保险变更手续，但保险标的转让只是变更了所有权人，其车辆用途和危险系数没有变化，受让人继续对保险标的享有保险利益，在车辆发生事故时，应继续享有保险利益，保险合同仍然发生效力，保险公司应当承担保险责任。

［裁判结果］

法院判决：某保险公司在保险合同约定的保险限额范围内承担赔偿责任；不足部分由李某赔偿。

［裁判思路］

本案中，保险公司不能免除自身的保险责任，具体分析如下：

首先，受让人对保险标的具有保险利益。根据我国《保险法》第49条规定，保险标的转让的，保险标的受让人承继被保险人的权利和义务。受让人未履行通知义务的，因转让导致保险标的危险程度显著增加而发生的保险事故，保险人不承担赔偿保险金的责任。根据该规定，当被保险机动车所有权转移时，受让人即享有车辆保险合同的权利和义务。其次，本案保险车辆的

---

① 案例来源：汤姗姗：《转卖车辆未通知保险公司应否赔》，载《人民法院报》2011年6月2日，第07版。

用途和危险程度并未变化。机动车保险合同的第三者责任险属于强制性保险，保险责任自动产生，无须投保人和保险人约定，保险人不能随意拒绝承担赔偿责任。虽然《保险法》规定保险车辆转让保险合同需要变更，但并没有规定保险合同未作变更，保险人可以因此解除保险合同或不承担保险责任，只是说因转让导致保险标的危险程度显著增加而发生保险事故时，保险人不承担赔偿责任。本案中，李某受让保险车辆未办理保险变更，虽存在履行保险合同的缺陷，但在法律没有禁止性规定的情况下，保险车辆的用途并未变化，危险程度并未增加。因此，保险人的保险责任也没有变化，不履行通知义务并不能构成保险人免责的法定事由。再次，机动车辆保险合同具有社会公益性。机动车辆保险合同的功能是保护交通事故的受害者，具有社会公益性。王某已经实际交付了车辆，受让人李某对该车辆也已占有、使用、收益，根据《合同法》第142条的规定，已经成为风险的真正负担者。对于原车主王某而言，车辆价值的减损或者灭失对其都没有利益可言，而受让人李某在承担风险的同时应该享有保险权利，故保险公司仍应在原保险合同约定的保险限额内承担理赔责任。

[法律法规链接]

《保险法》第12条、第49条

附　录

一、法律

中华人民共和国保险法

（1995年6月30日第八届全国人民代表大会常务委员会第十四次会议通过　根据2002年10月28日第九届全国人民代表大会常务委员会第三十次会议《关于修改〈中华人民共和国保险法〉的决定》第一次修正　2009年2月28日第十一届全国人民代表大会常务委员会第七次会议修订　根据2014年8月31日第十二届全国人民代表大会常务委员会第十次会议《关于修改〈中华人民共和国保险法〉等五部法律的决定》第二次修正　根据2015年4月24日第十二届全国人民代表大会常务委员会第十四次会议《关于修改〈中华人民共和国计量法〉等五部法律的决定》第三次修正）

第一章　总　则

第一条　为了规范保险活动，保护保险活动当事人的合法权益，加强对保险业的监督管理，维护社会经济秩序和社会公共利益，促进保险事业的健康发展，制定本法。

第二条　本法所称保险，是指投保人根据合同约定，向保险人支付保险费，保险人对于合同约定的可能发生的事故因其发生所造成的财产损失承担赔偿保险金责任，或者当被保险人死亡、伤残、疾病或者达到合同约定的年龄、期限等条件时承担给付保险金责任的商业保险行为。

第三条　在中华人民共和国境内从事保险活动，适用本法。

第四条　从事保险活动必须遵守法律、行政法规，尊重社会公德，不得损害社会公共利益。

第五条　保险活动当事人行使权利、履行义务应当遵循诚实信用原则。

第六条　保险业务由依照本法设立的保险公司以及法律、行政法规规定的其他保险组织经营，其他单位和个人不得经营保险业务。

第七条　在中华人民共和国境内的法人和其他组织需要办理境内保险的，应当向中华人民共和国境内的保险公司投保。

第八条　保险业和银行业、证券业、信托业实行分业经营、分业管理，保险公司与银行、证券、信托业务机构分别设立。国家另有规定的除外。

第九条　国务院保险监督管理机构依法对保险业实施监督管理。

国务院保险监督管理机构根据履行职责的需要设立派出机构。派出机构按照国务院保险监督管理机构的授权履行监督管理职责。

第二章　保险合同

第一节　一般规定

第十条　保险合同是投保人与保险人约定保险权利义务关系的协议。

投保人是指与保险人订立保险合同，并按照合同约定负有支付保险费义务的人。

保险人是指与投保人订立保险合同，并按照合同约定承担赔偿或者给付保险金责任的保险公司。

第十一条　订立保险合同，应当协商一致，遵循公平原则确定各方的权利和义务。

除法律、行政法规规定必须保险的外，保险合同自愿订立。

第十二条　人身保险的投保人在保险合同订立时，对被保险人应当具有保险利益。

财产保险的被保险人在保险事故发生时，对保险标的应当具有保险利益。

人身保险是以人的寿命和身体为保险标的的保险。

财产保险是以财产及其有关利益为保险标的的保险。

被保险人是指其财产或者人身受保险合同保障，享有保险金请求权的人。投保人可以为被保险人。

保险利益是指投保人或者被保险人对保险标的具有的法律上承认的利益。

第十三条　投保人提出保险要求，经保险人同意承保，保险合同成立。保险人应当及时向投保人签发保险单或者其他保险凭证。

保险单或者其他保险凭证应当载明当事人双方约定的合同内容。当事人也可以约定采用其他书面形式载明合同内容。

依法成立的保险合同，自成立时生效。投保人和保险人可以对合同的效力约定附条件或者附期限。

第十四条　保险合同成立后，投保人按照约定交付保险费，保险人按照约定的时间开始承担保险责任。

第十五条　除本法另有规定或者保险合同另有约定外，保险合同成立后，投保人可以解除合同，保险人不得解除合同。

第十六条　订立保险合同，保险人就保险标的或者被保险人的有关情况提出询问的，投保人应当如实告知。

投保人故意或者因重大过失未履行前款规定的如实告知义务，足以影响保险人决定是否同意承保或者提高保险费率的，保险人有权解除合同。

前款规定的合同解除权，自保险人知道有解除事由之日起，超过三十日不行使而消灭。自合同成立之日起超过二年的，保险人不得解除合同；发生保险事故的，保险人应当承担赔偿或者给付保险金的责任。

投保人故意不履行如实告知义务的，保险人对于合同解除前发生的保险事故，不承担赔偿或者给付保险金的责任，并不退还保险费。

投保人因重大过失未履行如实告知义务，对保险事故的发生有严重影响的，保险人对于合同解除前发生的保险事故，不承担赔偿或者给付保险金的责任，但应当退还保险费。

保险人在合同订立时已经知道投保人未如实告知的情况的，保险人不得解除合同；发生保险事故的，保险人应当承担赔偿或者给付保险金的责任。

保险事故是指保险合同约定的保险责任范围内的事故。

第十七条 订立保险合同，采用保险人提供的格式条款的，保险人向投保人提供的投保单应当附格式条款，保险人应当向投保人说明合同的内容。

对保险合同中免除保险人责任的条款，保险人在订立合同时应当在投保单、保险单或者其他保险凭证上作出足以引起投保人注意的提示，并对该条款的内容以书面或者口头形式向投保人作出明确说明；未作提示或者明确说明的，该条款不产生效力。

第十八条 保险合同应当包括下列事项：

（一）保险人的名称和住所；

（二）投保人、被保险人的姓名或者名称、住所，以及人身保险的受益人的姓名或者名称、住所；

（三）保险标的；

（四）保险责任和责任免除；

（五）保险期间和保险责任开始时间；

（六）保险金额；

（七）保险费以及支付办法；

（八）保险金赔偿或者给付办法；

（九）违约责任和争议处理；

（十）订立合同的年、月、日。

投保人和保险人可以约定与保险有关的其他事项。

受益人是指人身保险合同中由被保险人或者投保人指定的享有保险金请求权的人。投保人、被保险人可以为受益人。

保险金额是指保险人承担赔偿或者给付保险金责任的最高限额。

第十九条 采用保险人提供的格式条款订立的保险合同中的下列条款无效：

（一）免除保险人依法应承担的义务或者加重投保人、被保险人责任的；

（二）排除投保人、被保险人或者受益人依法享有的权利的。

第二十条 投保人和保险人可以协商变更合同内容。

变更保险合同的，应当由保险人在保险单或者其他保险凭证上批注或者附贴批单，或者由投保人和保险人订立变更的书面协议。

第二十一条 投保人、被保险人或者受益人知道保险事故发生后，应当及时通知保险人。故意或者因重大过失未及时通知，致使保险事故的性质、原因、损失程度等难以确定的，保险人对无法确定的部分，不承担赔偿或者给付保险金的责任，但保险人通过其他途径已经及时知道或者应当及时知道保险事故发生的除外。

第二十二条 保险事故发生后，按照保险合同请求保险人赔偿或者给付保险金时，投保人、被保险人或者受益人应当向保险人提供其所能提供的与确认保险事故的性质、原因、损失程度等有关的证明和资料。

保险人按照合同的约定，认为有关的证明和资料不完整的，应当及时一次性通知投保人、被保险人或者受益人补充提供。

第二十三条 保险人收到被保险人或者受益人的赔偿或者给付保险金的请求后，应当及时作出核定；情形复杂的，应当在三十日内作出核定，但合同另有约定的除外。保险人应当将核定结果通知被保险人或者受益人；对属于保险责任的，在与被保险人或者受益人达成赔偿或者给付保险金的协议后十日内，履行赔偿或者给付保险金义务。保险合同对赔偿或者给付保险金的期限有约定的，保险人应当按照约定履行赔偿或者给付保险金义务。

保险人未及时履行前款规定义务的，除支付保险金外，应当赔偿被保险人或者受益人因此受到的损失。

任何单位和个人不得非法干预保险人履行赔偿或者给付保险金的义务，也不得限制被保险人或者受益人取得保险金的权利。

第二十四条 保险人依照本法第二十三条的规定作出核定后，对不属于保险责任的，应当自作出核定之日起三日内向被保险人或者受益人发出拒绝赔偿或者拒绝给付保险金通知书，并说明理由。

第二十五条 保险人自收到赔偿或者给付保险金的请求和有关证明、资料之日起六十日内，对其赔偿或者给付保险金的数额不能确定的，应当根据已有证明和资料可以确定的数额先予支付；保险人最终确定赔偿或者给付保险金的数额后，应当支付相应的差额。

第二十六条 人寿保险以外的其他保险的被保险人或者受益人，向保险人请求赔偿或者给付保险金的诉讼时效期间为二年，自其知道或者应当知道保险事故发生之日起计算。

人寿保险的被保险人或者受益人向保险人请求给付保险金的诉讼时效期间为五年，自其知道或者应当知道保险事故发生之日起计算。

第二十七条 未发生保险事故，被保险人或者受益人谎称发生了保险事故，向保险人提出赔偿或者给付保险金请求的，保险人有权解除合同，并不退还保险费。

投保人、被保险人故意制造保险事故的，保险人有权解除合同，不承担赔偿或者给付保险金的责任；除本法第四十三条规定外，不退还保险费。

保险事故发生后，投保人、被保险人或者受益人以伪造、变造的有关证明、资料或者其他证据，编造虚假的事故原因或者夸大损失程度的，保险人对其虚报的部分不承担赔偿或者给付保险金的责任。

投保人、被保险人或者受益人有前三款规定行为之一，致使保险人支付保险金或者支出费用的，应当退回或者赔偿。

第二十八条 保险人将其承担的保险业务，以分保形式部分转移给其他保险人的，为再保险。

应再保险接受人的要求，再保险分出人应当将其自负责任及原保险的有关情况书面告知再保险接受人。

第二十九条 再保险接受人不得向原保险的投保人要求支付保险费。

原保险的被保险人或者受益人不得向再保险接受人提出赔偿或者给付保险金的请求。

再保险分出人不得以再保险接受人未履行再保险责任为由，拒绝履行或者迟延履行其原保险责任。

第三十条 采用保险人提供的格式条款订立的保险合同，保险人与投保人、被保险人或者受益人对合同条款有争议的，应当按照通常理解予以解释。对合同条款有两种以上解释的，人民法院或者仲裁机构应当作出有利于被保险人和受益人的解释。

第二节 人身保险合同

第三十一条 投保人对下列人员具有保险利益：

(一)本人；

(二)配偶、子女、父母；

(三)前项以外与投保人有抚养、赡养或者扶养关系的家庭其他成员、近亲属；

(四)与投保人有劳动关系的劳动者。

除前款规定外，被保险人同意投保人为其订立合同的，视为投保人对被保险人具有保险利益。

订立合同时，投保人对被保险人不具有保险利益的，合同无效。

第三十二条 投保人申报的被保险人年龄不真实，并且其真实年龄不符合合同约定的年龄限制的，保险人可以解除合同，并按照合同约定退还保险单的现金价值。保险人行使合同解除权，适用本法第十六条第三款、第六款的规定。

投保人申报的被保险人年龄不真实，致使投保人支付的保险费少于应付保险费的，保险人有权更正并要求投保人补交保险费，或者在给付保险金时按照实付保险费与应付保险费的比例支付。

投保人申报的被保险人年龄不真实，致使投保人支付的保险费多于应付保险费的，保险人应当将多收的保险费退还投保人。

第三十三条 投保人不得为无民事行为能力人投保以死亡为给付保险金条件的人身保险，保险人也不得承保。

父母为其未成年子女投保的人身保险，不受前款规定限制。但是，因被保险人死亡给付的保险金总和不得超过国务院保险监督管理机构规定的限额。

第三十四条 以死亡为给付保险金条件的合同，未经被保险人同意并认可保险金额的，合同无效。

按照以死亡为给付保险金条件的合同所签发的保险单，未经被保险人书面同意，不得转让或者质押。

父母为其未成年子女投保的人身保险，不受本条第一款规定限制。

第三十五条 投保人可以按照合同约定向保险人一次支付全部保险费或者分期支

付保险费。

第三十六条 合同约定分期支付保险费，投保人支付首期保险费后，除合同另有约定外，投保人自保险人催告之日起超过三十日未支付当期保险费，或者超过约定的期限六十日未支付当期保险费的，合同效力中止，或者由保险人按照合同约定的条件减少保险金额。

被保险人在前款规定期限内发生保险事故的，保险人应当按照合同约定给付保险金，但可以扣减欠交的保险费。

第三十七条 合同效力依照本法第三十六条规定中止的，经保险人与投保人协商并达成协议，在投保人补交保险费后，合同效力恢复。但是，自合同效力中止之日起满二年双方未达成协议的，保险人有权解除合同。

保险人依照前款规定解除合同的，应当按照合同约定退还保险单的现金价值。

第三十八条 保险人对人寿保险的保险费，不得用诉讼方式要求投保人支付。

第三十九条 人身保险的受益人由被保险人或者投保人指定。

投保人指定受益人时须经被保险人同意。投保人为与其有劳动关系的劳动者投保人身保险，不得指定被保险人及其近亲属以外的人为受益人。

被保险人为无民事行为能力人或者限制民事行为能力人的，可以由其监护人指定受益人。

第四十条 被保险人或者投保人可以指定一人或者数人为受益人。

受益人为数人的，被保险人或者投保人可以确定受益顺序和受益份额；未确定受益份额的，受益人按照相等份额享有受益权。

第四十一条 被保险人或者投保人可以变更受益人并书面通知保险人。保险人收到变更受益人的书面通知后，应当在保险单或者其他保险凭证上批注或者附贴批单。

投保人变更受益人时须经被保险人同意。

第四十二条 被保险人死亡后，有下列情形之一的，保险金作为被保险人的遗产，由保险人依照《中华人民共和国继承法》的规定履行给付保险金的义务：

(一)没有指定受益人，或者受益人指定不明无法确定的；

(二)受益人先于被保险人死亡，没有其他受益人的；

(三)受益人依法丧失受益权或者放弃受益权，没有其他受益人的。

受益人与被保险人在同一事件中死亡，且不能确定死亡先后顺序的，推定受益人死亡在先。

第四十三条 投保人故意造成被保险人死亡、伤残或者疾病的，保险人不承担给付保险金的责任。投保人已交足二年以上保险费的，保险人应当按照合同约定向其他权利人退还保险单的现金价值。

受益人故意造成被保险人死亡、伤残、疾病的，或者故意杀害被保险人未遂的，该受益人丧失受益权。

第四十四条 以被保险人死亡为给付保险金条件的合同，自合同成立或者合同效力恢复之日起二年内，被保险人自杀的，保险人不承担给付保险金的责任，但被保险人自杀时为无民事行为能力人的除外。

保险人依照前款规定不承担给付保险金责任的，应当按照合同约定退还保险单的现金价值。

第四十五条 因被保险人故意犯罪或者抗拒依法采取的刑事强制措施导致其伤残或者死亡的，保险人不承担给付保险金的责任。投保人已交足二年以上保险费的，保险人应当按照合同约定退还保险单的现金价值。

第四十六条 被保险人因第三者的行为而发生死亡、伤残或者疾病等保险事故的，保险人向被保险人或者受益人给付保险金后，不享有向第三者追偿的权利，但被保险人或者受益人仍有权向第三者请求赔偿。

第四十七条 投保人解除合同的，保险人应当自收到解除合同通知之日起三十日内，按照合同约定退还保险单的现金价值。

第三节 财产保险合同

第四十八条 保险事故发生时，被保险人对保险标的不具有保险利益的，不得向保险人请求赔偿保险金。

第四十九条 保险标的转让的，保险标的的受让人承继被保险人的权利和义务。

保险标的转让的，被保险人或者受让人应当及时通知保险人，但货物运输保险合同和另有约定的合同除外。

因保险标的转让导致危险程度显著增加的，保险人自收到前款规定的通知之日起三十日内，可以按照合同约定增加保险费或者解除合同。保险人解除合同的，应当将已收取的保险费，按照合同约定扣除自保险责任开始之日起至合同解除之日止应收的部分后，退还投保人。

被保险人、受让人未履行本条第二款规定的通知义务的，因转让导致保险标的危险程度显著增加而发生的保险事故，保险人不承担赔偿保险金的责任。

第五十条 货物运输保险合同和运输工具航程保险合同，保险责任开始后，合同当事人不得解除合同。

第五十一条 被保险人应当遵守国家有关消防、安全、生产操作、劳动保护等方面的规定，维护保险标的的安全。

保险人可以按照合同约定对保险标的的安全状况进行检查，及时向投保人、被保险人提出消除不安全因素和隐患的书面建议。

投保人、被保险人未按照约定履行其对保险标的的安全应尽责任的，保险人有权要求增加保险费或者解除合同。

保险人为维护保险标的的安全，经被保险人同意，可以采取安全预防措施。

第五十二条 在合同有效期内，保险标的的危险程度显著增加的，被保险人应当按照合同约定及时通知保险人，保险人可以按照合同约定增加保险费或者解除合同。保险人解除合同的，应当将已收取的保险费，按照合同约定扣除自保险责任开始之日起至合同解除之日止应收的部分后，退还投保人。

被保险人未履行前款规定的通知义务的，因保险标的的危险程度显著增加而发生的保险事故，保险人不承担赔偿保险金的责任。

第五十三条 有下列情形之一的，除合同另有约定外，保险人应当降低保险费，并按日计算退还相应的保险费：

(一)据以确定保险费率的有关情况发生变化，保险标的的危险程度明显减少的；

(二)保险标的的保险价值明显减少的。

第五十四条 保险责任开始前，投保人要求解除合同的，应当按照合同约定向保险人支付手续费，保险人应当退还保险费。保险责任开始后，投保人要求解除合同的，保险人应当将已收取的保险费，按照合同约定扣除自保险责任开始之日起至合同解除之日止应收的部分后，退还投保人。

第五十五条 投保人和保险人约定保险标的的保险价值并在合同中载明的，保险标的发生损失时，以约定的保险价值为赔偿计算标准。

投保人和保险人未约定保险标的的保险价值的，保险标的发生损失时，以保险事故发生时保险标的的实际价值为赔偿计算标准。

保险金额不得超过保险价值。超过保险价值的，超过部分无效，保险人应当退还相应的保险费。

保险金额低于保险价值的，除合同另有约定外，保险人按照保险金额与保险价值的比例承担赔偿保险金的责任。

第五十六条 重复保险的投保人应当将重复保险的有关情况通知各保险人。

重复保险的各保险人赔偿保险金的总和不得超过保险价值。除合同另有约定外，各保险人按照其保险金额与保险金额总和的比例承担赔偿保险金的责任。

重复保险的投保人可以就保险金额总和超过保险价值的部分，请求各保险人按比例返还保险费。

重复保险是指投保人对同一保险标的、同一保险利益、同一保险事故分别与两个以上保险人订立保险合同，且保险金额总和超过保险价值的保险。

第五十七条 保险事故发生时，被保险人应当尽力采取必要的措施，防止或者减少损失。

保险事故发生后，被保险人为防止或者减少保险标的的损失所支付的必要的、合理的费用，由保险人承担；保险人所承担的费用数额在保险标的损失赔偿金额以外另行计算，最高不超过保险金额的数额。

第五十八条 保险标的发生部分损失的，自保险人赔偿之日起三十日内，投保人可以解除合同；除合同另有约定外，保险人也可以解除合同，但应当提前十五日通知投保人。

合同解除的，保险人应当将保险标的未受损失部分的保险费，按照合同约定扣除自保险责任开始之日起至合同解除之日止应收的部分后，退还投保人。

第五十九条 保险事故发生后，保险人已支付了全部保险金额，并且保险金额等于保险价值的，受损保险标的的全部权利归于保险人；保险金额低于保险价值的，保险人按照保险金额与保险价值的比例取得受损保险标的的部分权利。

第六十条 因第三者对保险标的的损害而造成保险事故的，保险人自向被保险人赔偿保险金之日起，在赔偿金额范围内代位行使被保险人对第三者请求赔偿的权利。

前款规定的保险事故发生后，被保险人已经从第三者取得损害赔偿的，保险人赔偿保险金时，可以相应扣减被保险人从第三者已取得的赔偿金额。

保险人依照本条第一款规定行使代位请求赔偿的权利，不影响被保险人就未取得赔偿的部分向第三者请求赔偿的权利。

第六十一条 保险事故发生后，保险人未赔偿保险金之前，被保险人放弃对第三者请求赔偿的权利的，保险人不承担赔偿保险金的责任。

保险人向被保险人赔偿保险金后，被保险人未经保险人同意放弃对第三者请求赔偿的权利的，该行为无效。

被保险人故意或者因重大过失致使保险人不能行使代位请求赔偿的权利的，保险人可以扣减或者要求返还相应的保险金。

第六十二条 除被保险人的家庭成员或者其组成人员故意造成本法第六十条第一款规定的保险事故外，保险人不得对被保险人的家庭成员或者其组成人员行使代位请求赔偿的权利。

第六十三条 保险人向第三者行使代位请求赔偿的权利时，被保险人应当向保险人提供必要的文件和所知道的有关情况。

第六十四条 保险人、被保险人为查明和确定保险事故的性质、原因和保险标的的损失程度所支付的必要的、合理的费用，由保险人承担。

第六十五条 保险人对责任保险的被保险人给第三者造成的损害，可以依照法律的规定或者合同的约定，直接向该第三者赔偿保险金。

责任保险的被保险人给第三者造成损害，被保险人对第三者应负的赔偿责任确定的，根据被保险人的请求，保险人应当直接向该第三者赔偿保险金。被保险人怠于请求的，第三者有权就其应获赔偿部分直接向保险人请求赔偿保险金。

责任保险的被保险人给第三者造成损害，被保险人未向该第三者赔偿的，保险人不得向被保险人赔偿保险金。

责任保险是指以被保险人对第三者依法应负的赔偿责任为保险标的的保险。

第六十六条 责任保险的被保险人因给第三者造成损害的保险事故而被提起仲裁或者诉讼的，被保险人支付的仲裁或者诉讼费用以及其他必要的、合理的费用，除合同另有约定外，由保险人承担。

第三章 保险公司

第六十七条 设立保险公司应当经国务院保险监督管理机构批准。

国务院保险监督管理机构审查保险公司的设立申请时，应当考虑保险业的发展和公平竞争的需要。

第六十八条 设立保险公司应当具备下列条件：

（一）主要股东具有持续盈利能力，信誉良好，最近三年内无重大违法违规记录，净资产不低于人民币二亿元；

（二）有符合本法和《中华人民共和国公司法》规定的章程；

（三）有符合本法规定的注册资本；

（四）有具备任职专业知识和业务工作经验的董事、监事和高级管理人员；

（五）有健全的组织机构和管理制度；

（六）有符合要求的营业场所和与经营业务有关的其他设施；

（七）法律、行政法规和国务院保险监督管理机构规定的其他条件。

第六十九条 设立保险公司，其注册资本的最低限额为人民币二亿元。

国务院保险监督管理机构根据保险公司的业务范围、经营规模，可以调整其注册资本的最低限额，但不得低于本条第一款规定的限额。

保险公司的注册资本必须为实缴货币资本。

第七十条 申请设立保险公司，应当向国务院保险监督管理机构提出书面申请，并提交下列材料：

（一）设立申请书，申请书应当载明拟设立的保险公司的名称、注册资本、业务范围等；

（二）可行性研究报告；

（三）筹建方案；

（四）投资人的营业执照或者其他背景资料，经会计师事务所审计的上一年度财务会计报告；

（五）投资人认可的筹备组负责人和拟任董事长、经理名单及本人认可证明；

（六）国务院保险监督管理机构规定的其他材料。

第七十一条 国务院保险监督管理机构应当对设立保险公司的申请进行审查，自受理之日起六个月内作出批准或者不批准筹建的决定，并书面通知申请人。决定不批准的，应当书面说明理由。

第七十二条 申请人应当自收到批准筹建通知之日起一年内完成筹建工作；筹建期间不得从事保险经营活动。

第七十三条 筹建工作完成后，申请人具备本法第六十八条规定的设立条件的，可以向国务院保险监督管理机构提出开业申请。

国务院保险监督管理机构应当自受理开业申请之日起六十日内，作出批准或者不批准开业的决定。决定批准的，颁发经营保险业务许可证；决定不批准的，应当书面通知申请人并说明理由。

第七十四条 保险公司在中华人民共和国境内设立分支机构，应当经保险监督管理机构批准。

保险公司分支机构不具有法人资格，其民事责任由保险公司承担。

第七十五条 保险公司申请设立分支机构，应当向保险监督管理机构提出书面申请，并提交下列材料：

（一）设立申请书；

（二）拟设机构三年业务发展规划和市场分析材料；

（三）拟任高级管理人员的简历及相关证明材料；

（四）国务院保险监督管理机构规定的其他材料。

第七十六条 保险监督管理机构应当对保险公司设立分支机构的申请进行审查，自受理之日起六十日内作出批准或者不批准的决定。决定批准的，颁发分支机构经营保险业务许可证；决定不批准的，应当书面通知申请人并说明理由。

第七十七条 经批准设立的保险公司及其分支机构，凭经营保险业务许可证向工商行政管理机关办理登记，领取营业执照。

第七十八条 保险公司及其分支机构自取得经营保险业务许可证之日起六个月内，无正当理由未向工商行政管理机关办理登记的，其经营保险业务许可证失效。

第七十九条 保险公司在中华人民共和国境外设立子公司、分支机构，应当经国务院保险监督管理机构批准。

第八十条 外国保险机构在中华人民共和国境内设立代表机构，应当经国务院保险监督管理机构批准。代表机构不得从事保险经营活动。

第八十一条 保险公司的董事、监事和高级管理人员，应当品行良好，熟悉与保险相关的法律、行政法规，具有履行职责所需的经营管理能力，并在任职前取得保险监督管理机构核准的任职资格。

保险公司高级管理人员的范围由国务院保险监督管理机构规定。

第八十二条 有《中华人民共和国公司法》第一百四十六条规定的情形或者下列情形之一的，不得担任保险公司的董事、监事、高级管理人员：

（一）因违法行为或者违纪行为被金融监督管理机构取消任职资格的金融机构的董事、监事、高级管理人员，自被取消任职资格之日起未逾五年的；

（二）因违法行为或者违纪行为被吊销执业资格的律师、注册会计师或者资产评估机构、验证机构等机构的专业人员，自被吊销执业资格之日起未逾五年的。

第八十三条 保险公司的董事、监事、高级管理人员执行公司职务时违反法律、行政法规或者公司章程的规定，给公司造成损失的，应当承担赔偿责任。

第八十四条 保险公司有下列情形之一的，应当经保险监督管理机构批准：

（一）变更名称；

（二）变更注册资本；

（三）变更公司或者分支机构的营业场所；

（四）撤销分支机构；

（五）公司分立或者合并；

（六）修改公司章程；

（七）变更出资额占有限责任公司资本总额百分之五以上的股东，或者变更持有股份有限公司股份百分之五以上的股东；

（八）国务院保险监督管理机构规定的其他情形。

第八十五条 保险公司应当聘用专业人员，建立精算报告制度和合规报告制度。

第八十六条 保险公司应当按照保险监督管理机构的规定，报送有关报告、报表、文件和资料。

保险公司的偿付能力报告、财务会计报告、精算报告、合规报告及其他有关报告、报表、文件和资料必须如实记录保险业务事项，不得有虚假记载、误导性陈述和重大遗漏。

第八十七条 保险公司应当按照国务院保险监督管理机构的规定妥善保管业务经营活动的完整账簿、原始凭证和有关资料。

前款规定的账簿、原始凭证和有关资料的保管期限，自保险合同终止之日起计算，保险期间在一年以下的不得少于五年，保险期间超过一年的不得少于十年。

第八十八条 保险公司聘请或者解聘会计师事务所、资产评估机构、资信评级机构等中介服务机构，应当向保险监督管理机构报告；解聘会计师事务所、资产评估机构、资信评级机构等中介服务机构，应当说明理由。

第八十九条 保险公司因分立、合并需要解散，或者股东会、股东大会决议解散，或者公司章程规定的解散事由出现，经国务院保险监督管理机构批准后解散。

经营有人寿保险业务的保险公司，除因分立、合并或者被依法撤销外，不得解散。

保险公司解散，应当依法成立清算组进行清算。

第九十条 保险公司有《中华人民共和国企业破产法》第二条规定情形的，经国务院保险监督管理机构同意，保险公司或者其债权人可以依法向人民法院申请重整、和解或者破产清算；国务院保险监督管理机构也可以依法向人民法院申请对该保险公司进行重整或者破产清算。

第九十一条 破产财产在优先清偿破产费用和共益债务后，按照下列顺序清偿：

(一)所欠职工工资和医疗、伤残补助、抚恤费用，所欠应当划入职工个人账户的基本养老保险、基本医疗保险费用，以及法律、行政法规规定应当支付给职工的补偿金；

(二)赔偿或者给付保险金；

(三)保险公司欠缴的除第(一)项规定以外的社会保险费用和所欠税款；

(四)普通破产债权。

破产财产不足以清偿同一顺序的清偿要求的，按照比例分配。

破产保险公司的董事、监事和高级管理人员的工资，按照该公司职工的平均工资计算。

第九十二条 经营有人寿保险业务的保险公司被依法撤销或者被依法宣告破产的，其持有的人寿保险合同及责任准备金，必须转让给其他经营有人寿保险业务的保险公司；不能同其他保险公司达成转让协议的，由国务院保险监督管理机构指定经营有人寿保险业务的保险公司接受转让。

转让或者由国务院保险监督管理机构指定接受转让前款规定的人寿保险合同及责任准备金的，应当维护被保险人、受益人的合法权益。

第九十三条 保险公司依法终止其业务活动，应当注销其经营保险业务许可证。

第九十四条 保险公司，除本法另有规定外，适用《中华人民共和国公司法》的规定。

第四章 保险经营规则

第九十五条 保险公司的业务范围：

(一)人身保险业务，包括人寿保险、健康保险、意外伤害保险等保险业务；

(二)财产保险业务，包括财产损失保险、责任保险、信用保险、保证保险等保险业务；

(三)国务院保险监督管理机构批准的与保险有关的其他业务。

保险人不得兼营人身保险业务和财产保险业务。但是，经营财产保险业务的保险公司经国务院保险监督管理机构批准，可以经营短期健康保险业务和意外伤害保险业务。

保险公司应当在国务院保险监督管理机构依法批准的业务范围内从事保险经营活动。

第九十六条 经国务院保险监督管理机构批准，保险公司可以经营本法第九十五条规定的保险业务的下列再保险业务：

(一)分出保险；

(二)分入保险。

第九十七条 保险公司应当按照其注册资本总额的百分之二十提取保证金，存入国务院保险监督管理机构指定的银行，除公司清算时用于清偿债务外，不得动用。

第九十八条 保险公司应当根据保障被保险人利益、保证偿付能力的原则，提取各项责任准备金。

保险公司提取和结转责任准备金的具体办法，由国务院保险监督管理机构制定。

第九十九条 保险公司应当依法提取公积金。

第一百条 保险公司应当缴纳保险保障基金。

保险保障基金应当集中管理，并在下列情形下统筹使用：

(一)在保险公司被撤销或者被宣告破产时，向投保人、被保险人或者受益人提供救济；

(二)在保险公司被撤销或者被宣告破产时，向依法接受其人寿保险合同的保险公司提供救济；

(三)国务院规定的其他情形。

保险保障基金筹集、管理和使用的具体办法，由国务院制定。

第一百零一条 保险公司应当具有与其业务规模和风险程度相适应的最低偿付能力。保险公司的认可资产减去认可负债的差额不得低于国务院保险监督管理机构规定的数额；低于规定数额的，应当按照国务院保险监督管理机构的要求采取相应措施达到规定的数额。

第一百零二条 经营财产保险业务的保险公司当年自留保险费，不得超过其实有资本金加公积金总和的四倍。

第一百零三条 保险公司对每一危险单位，即对一次保险事故可能造成的最大损失范围所承担的责任，不得超过其实有资本金加公积金总和的百分之十；超过的部分应当办理再保险。

保险公司对危险单位的划分应当符合国务院保险监督管理机构的规定。

第一百零四条 保险公司对危险单位的划分方法和巨灾风险安排方案，应当报国务院保险监督管理机构备案。

第一百零五条 保险公司应当按照国务院保险监督管理机构的规定办理再保险，并审慎选择再保险接受人。

第一百零六条 保险公司的资金运用必须稳健，遵循安全性原则。

保险公司的资金运用限于下列形式：

(一) 银行存款；

(二) 买卖债券、股票、证券投资基金份额等有价证券；

(三) 投资不动产；

(四) 国务院规定的其他资金运用形式。

保险公司资金运用的具体管理办法，由国务院保险监督管理机构依照前两款的规定制定。

第一百零七条 经国务院保险监督管理机构会同国务院证券监督管理机构批准，保险公司可以设立保险资产管理公司。

保险资产管理公司从事证券投资活动，应当遵守《中华人民共和国证券法》等法律、行政法规的规定。

保险资产管理公司的管理办法，由国务院保险监督管理机构会同国务院有关部门制定。

第一百零八条 保险公司应当按照国务院保险监督管理机构的规定，建立对关联交易的管理和信息披露制度。

第一百零九条 保险公司的控股股东、实际控制人、董事、监事、高级管理人员不得利用关联交易损害公司的利益。

第一百一十条 保险公司应当按照国务院保险监督管理机构的规定，真实、准确、完整地披露财务会计报告、风险管理状况、保险产品经营情况等重大事项。

第一百一十一条 保险公司从事保险销售的人员应当品行良好，具有保险销售所需的专业能力。保险销售人员的行为规范和管理办法，由国务院保险监督管理机构规定。

第一百一十二条 保险公司应当建立保险代理人登记管理制度，加强对保险代理人的培训和管理，不得唆使、诱导保险代理人进行违背诚信义务的活动。

第一百一十三条 保险公司及其分支机构应当依法使用经营保险业务许可证，不得转让、出租、出借经营保险业务许可证。

第一百一十四条 保险公司应当按照国务院保险监督管理机构的规定，公平、合理拟订保险条款和保险费率，不得损害投保人、被保险人和受益人的合法权益。

保险公司应当按照合同约定和本法规定，及时履行赔偿或者给付保险金义务。

第一百一十五条 保险公司开展业务，应当遵循公平竞争的原则，不得从事不正当竞争。

第一百一十六条 保险公司及其工作人员在保险业务活动中不得有下列行为：

(一)欺骗投保人、被保险人或者受益人；

(二)对投保人隐瞒与保险合同有关的重要情况；

(三)阻碍投保人履行本法规定的如实告知义务，或者诱导其不履行本法规定的如实告知义务；

(四)给予或者承诺给予投保人、被保险人、受益人保险合同约定以外的保险费回扣或者其他利益；

(五)拒不依法履行保险合同约定的赔偿或者给付保险金义务；

(六)故意编造未曾发生的保险事故、虚构保险合同或者故意夸大已经发生的保险事故的损失程度进行虚假理赔，骗取保险金或者牟取其他不正当利益；

(七)挪用、截留、侵占保险费；

(八)委托未取得合法资格的机构从事保险销售活动；

(九)利用开展保险业务为其他机构或者个人牟取不正当利益；

(十)利用保险代理人、保险经纪人或者保险评估机构，从事以虚构保险中介业务或者编造退保等方式套取费用等违法活动；

(十一)以捏造、散布虚假事实等方式损害竞争对手的商业信誉，或者以其他不正当竞争行为扰乱保险市场秩序；

(十二)泄露在业务活动中知悉的投保人、被保险人的商业秘密；

(十三)违反法律、行政法规和国务院保险监督管理机构规定的其他行为。

第五章 保险代理人和保险经纪人

第一百一十七条 保险代理人是根据保险人的委托，向保险人收取佣金，并在保险人授权的范围内代为办理保险业务的机构或者个人。

保险代理机构包括专门从事保险代理业务的保险专业代理机构和兼营保险代理业务的保险兼业代理机构。

第一百一十八条 保险经纪人是基于投保人的利益，为投保人与保险人订立保险合同提供中介服务，并依法收取佣金的机构。

第一百一十九条 保险代理机构、保险经纪人应当具备国务院保险监督管理机构规定的条件，取得保险监督管理机构颁发的经营保险代理业务许可证、保险经纪业务许可证。

第一百二十条 以公司形式设立保险专业代理机构、保险经纪人，其注册资本最低限额适用《中华人民共和国公司法》的规定。

国务院保险监督管理机构根据保险专业代理机构、保险经纪人的业务范围和经营规模，可以调整其注册资本的最低限额，但不得低于《中华人民共和国公司法》规定的限额。

保险专业代理机构、保险经纪人的注册资本或者出资额必须为实缴货币资本。

第一百二十一条 保险专业代理机构、保险经纪人的高级管理人员，应当品行良好，熟悉保险法律、行政法规，具有履行职责所需的经营管理能力，并在任职前取得保险监督管理机构核准的任职资格。

第一百二十二条 个人保险代理人、保险代理机构的代理从业人员、保险经纪人的经纪从业人员，应当品行良好，具有从事保险代理业务或者保险经纪业务所需的专业能力。

第一百二十三条 保险代理机构、保险经纪人应当有自己的经营场所，设立专门账簿记载保险代理业务、经纪业务的收支情况。

第一百二十四条 保险代理机构、保险经纪人应当按照国务院保险监督管理机构的规定缴存保证金或者投保职业责任保险。

第一百二十五条 个人保险代理人在代为办理人寿保险业务时，不得同时接受两个以上保险人的委托。

第一百二十六条 保险人委托保险代理人代为办理保险业务，应当与保险代理人签订委托代理协议，依法约定双方的权利和义务。

第一百二十七条 保险代理人根据保险人的授权代为办理保险业务的行为，由保险人承担责任。

保险代理人没有代理权、超越代理权或者代理权终止后以保险人名义订立合同，使投保人有理由相信其有代理权的，该代理行为有效。保险人可以依法追究越权的保险代理人的责任。

第一百二十八条 保险经纪人因过错给投保人、被保险人造成损失的，依法承担赔偿责任。

第一百二十九条 保险活动当事人可以委托保险公估机构等依法设立的独立评估机构或者具有相关专业知识的人员，对保险事故进行评估和鉴定。

接受委托对保险事故进行评估和鉴定的机构和人员，应当依法、独立、客观、公正地进行评估和鉴定，任何单位和个人不得干涉。

前款规定的机构和人员，因故意或者过失给保险人或者被保险人造成损失的，依法承担赔偿责任。

第一百三十条 保险佣金只限于向保险代理人、保险经纪人支付，不得向其他人支付。

第一百三十一条 保险代理人、保险经纪人及其从业人员在办理保险业务活动中不得有下列行为：

(一) 欺骗保险人、投保人、被保险人或者受益人；

(二) 隐瞒与保险合同有关的重要情况；

(三)阻碍投保人履行本法规定的如实告知义务，或者诱导其不履行本法规定的如实告知义务；

(四)给予或者承诺给予投保人、被保险人或者受益人保险合同约定以外的利益；

(五)利用行政权力、职务或者职业便利以及其他不正当手段强迫、引诱或者限制投保人订立保险合同；

(六)伪造、擅自变更保险合同，或者为保险合同当事人提供虚假证明材料；

(七)挪用、截留、侵占保险费或者保险金；

(八)利用业务便利为其他机构或者个人牟取不正当利益；

(九)串通投保人、被保险人或者受益人，骗取保险金；

(十)泄露在业务活动中知悉的保险人、投保人、被保险人的商业秘密。

第一百三十二条 本法第八十六条第一款、第一百一十三条的规定，适用于保险代理机构和保险经纪人。

第六章 保险业监督管理

第一百三十三条 保险监督管理机构依照本法和国务院规定的职责，遵循依法、公开、公正的原则，对保险业实施监督管理，维护保险市场秩序，保护投保人、被保险人和受益人的合法权益。

第一百三十四条 国务院保险监督管理机构依照法律、行政法规制定并发布有关保险业监督管理的规章。

第一百三十五条 关系社会公众利益的保险险种、依法实行强制保险的险种和新开发的人寿保险险种等的保险条款和保险费率，应当报国务院保险监督管理机构批准。国务院保险监督管理机构审批时，应当遵循保护社会公众利益和防止不正当竞争的原则。其他保险险种的保险条款和保险费率，应当报保险监督管理机构备案。

保险条款和保险费率审批、备案的具体办法，由国务院保险监督管理机构依照前款规定制定。

第一百三十六条 保险公司使用的保险条款和保险费率违反法律、行政法规或者国务院保险监督管理机构的有关规定的，由保险监督管理机构责令停止使用，限期修改；情节严重的，可以在一定期限内禁止申报新的保险条款和保险费率。

第一百三十七条 国务院保险监督管理机构应当建立健全保险公司偿付能力监管体系，对保险公司的偿付能力实施监控。

第一百三十八条 对偿付能力不足的保险公司，国务院保险监督管理机构应当将其列为重点监管对象，并可以根据具体情况采取下列措施：

(一)责令增加资本金、办理再保险；

(二)限制业务范围；

(三)限制向股东分红；

(四)限制固定资产购置或者经营费用规模；

(五)限制资金运用的形式、比例；

（六）限制增设分支机构；

（七）责令拍卖不良资产、转让保险业务；

（八）限制董事、监事、高级管理人员的薪酬水平；

（九）限制商业性广告；

（十）责令停止接受新业务。

第一百三十九条 保险公司未依照本法规定提取或者结转各项责任准备金，或者未依照本法规定办理再保险，或者严重违反本法关于资金运用的规定的，由保险监督管理机构责令限期改正，并可以责令调整负责人及有关管理人员。

第一百四十条 保险监督管理机构依照本法第一百四十条的规定作出限期改正的决定后，保险公司逾期未改正的，国务院保险监督管理机构可以决定选派保险专业人员和指定该保险公司的有关人员组成整顿组，对公司进行整顿。

整顿决定应当载明被整顿公司的名称、整顿理由、整顿组成员和整顿期限，并予以公告。

第一百四十一条 整顿组有权监督被整顿保险公司的日常业务。被整顿公司的负责人及有关管理人员应当在整顿组的监督下行使职权。

第一百四十二条 整顿过程中，被整顿保险公司的原有业务继续进行。但是，国务院保险监督管理机构可以责令被整顿公司停止部分原有业务、停止接受新业务，调整资金运用。

第一百四十三条 被整顿保险公司经整顿已纠正其违反本法规定的行为，恢复正常经营状况的，由整顿组提出报告，经国务院保险监督管理机构批准，结束整顿，并由国务院保险监督管理机构予以公告。

第一百四十四条 保险公司有下列情形之一的，国务院保险监督管理机构可以对其实行接管：

（一）公司的偿付能力严重不足的；

（二）违反本法规定，损害社会公共利益，可能严重危及或者已经严重危及公司的偿付能力的。

被接管的保险公司的债权债务关系不因接管而变化。

第一百四十五条 接管组的组成和接管的实施办法，由国务院保险监督管理机构决定，并予以公告。

第一百四十六条 接管期限届满，国务院保险监督管理机构可以决定延长接管期限，但接管期限最长不得超过二年。

第一百四十七条 接管期限届满，被接管的保险公司已恢复正常经营能力的，由国务院保险监督管理机构决定终止接管，并予以公告。

第一百四十八条 被整顿、被接管的保险公司有《中华人民共和国企业破产法》第二条规定情形的，国务院保险监督管理机构可以依法向人民法院申请对该保险公司进行重整或者破产清算。

第一百四十九条 保险公司因违法经营被依法吊销经营保险业务许可证的，或者偿付能力低于国务院保险监督管理机构规定标准，不予撤销将严重危害保险市场秩序、损害公共利益的，由国务院保险监督管理机构予以撤销并公告，依法及时组织清算组进行清算。

第一百五十条 国务院保险监督管理机构有权要求保险公司股东、实际控制人在指定的期限内提供有关信息和资料。

第一百五十一条 保险公司的股东利用关联交易严重损害公司利益，危及公司偿付能力的，由国务院保险监督管理机构责令改正。在按照要求改正前，国务院保险监督管理机构可以限制其股东权利；拒不改正的，可以责令其转让所持的保险公司股权。

第一百五十二条 保险监督管理机构根据履行监督管理职责的需要，可以与保险公司董事、监事和高级管理人员进行监督管理谈话，要求其就公司的业务活动和风险管理的重大事项作出说明。

第一百五十三条 保险公司在整顿、接管、撤销清算期间，或者出现重大风险时，国务院保险监督管理机构可以对该公司直接负责的董事、监事、高级管理人员和其他直接责任人员采取以下措施：

（一）通知出境管理机关依法阻止其出境；

（二）申请司法机关禁止其转移、转让或者以其他方式处分财产，或者在财产上设定其他权利。

第一百五十四条 保险监督管理机构依法履行职责，可以采取下列措施：

（一）对保险公司、保险代理人、保险经纪人、保险资产管理公司、外国保险机构的代表机构进行现场检查；

（二）进入涉嫌违法行为发生场所调查取证；

（三）询问当事人及与被调查事件有关的单位和个人，要求其对与被调查事件有关的事项作出说明；

（四）查阅、复制与被调查事件有关的财产权登记等资料；

（五）查阅、复制保险公司、保险代理人、保险经纪人、保险资产管理公司、外国保险机构的代表机构以及与被调查事件有关的单位和个人的财务会计资料及其他相关文件和资料；对可能被转移、隐匿或者毁损的文件和资料予以封存；

（六）查询涉嫌违法经营的保险公司、保险代理人、保险经纪人、保险资产管理公司、外国保险机构的代表机构以及与涉嫌违法事项有关的单位和个人的银行账户；

（七）对有证据证明已经或者可能转移、隐匿违法资金等涉案财产或者隐匿、伪造、毁损重要证据的，经保险监督管理机构主要负责人批准，申请人民法院予以冻结或者查封。

保险监督管理机构采取前款第（一）项、第（二）项、第（五）项措施的，应当经保险监督管理机构负责人批准；采取第（六）项措施的，应当经国务院保险监督管理机构负责人批准。

保险监督管理机构依法进行监督检查或者调查，其监督检查、调查的人员不得少于二人，并应当出示合法证件和监督检查、调查通知书；监督检查、调查的人员少于二人或者未出示合法证件和监督检查、调查通知书的，被检查、调查的单位和个人有权拒绝。

第一百五十五条 保险监督管理机构依法履行职责，被检查、调查的单位和个人应当配合。

第一百五十六条 保险监督管理机构工作人员应当忠于职守，依法办事，公正廉洁，不得利用职务便利牟取不正当利益，不得泄露所知悉的有关单位和个人的商业秘密。

第一百五十七条 国务院保险监督管理机构应当与中国人民银行、国务院其他金融监督管理机构建立监督管理信息共享机制。

保险监督管理机构依法履行职责，进行监督检查、调查时，有关部门应当予以配合。

第七章 法律责任

第一百五十八条 违反本法规定，擅自设立保险公司、保险资产管理公司或者非法经营商业保险业务的，由保险监督管理机构予以取缔，没收违法所得，并处违法所得一倍以上五倍以下的罚款；没有违法所得或者违法所得不足二十万元的，处二十万元以上一百万元以下的罚款。

第一百五十九条 违反本法规定，擅自设立保险专业代理机构、保险经纪人，或者未取得经营保险代理业务许可证、保险经纪业务许可证从事保险代理业务、保险经纪业务的，由保险监督管理机构予以取缔，没收违法所得，并处违法所得一倍以上五倍以下的罚款；没有违法所得或者违法所得不足五万元的，处五万元以上三十万元以下的罚款。

第一百六十条 保险公司违反本法规定，超出批准的业务范围经营的，由保险监督管理机构责令限期改正，没收违法所得，并处违法所得一倍以上五倍以下的罚款；没有违法所得或者违法所得不足十万元的，处十万元以上五十万元以下的罚款。逾期不改正或者造成严重后果的，责令停业整顿或者吊销业务许可证。

第一百六十一条 保险公司有本法第一百一十六条规定行为之一的，由保险监督管理机构责令改正，处五万元以上三十万元以下的罚款；情节严重的，限制其业务范围、责令停止接受新业务或者吊销业务许可证。

第一百六十二条 保险公司违反本法第八十四条规定的，由保险监督管理机构责令改正，处一万元以上十万元以下的罚款。

第一百六十三条 保险公司违反本法规定，有下列行为之一的，由保险监督管理机构责令改正，处五万元以上三十万元以下的罚款：

(一) 超额承保，情节严重的；

(二) 为无民事行为能力人承保以死亡为给付保险金条件的保险的。

第一百六十四条 违反本法规定，有下列行为之一的，由保险监督管理机构责令改正，处五万元以上三十万元以下的罚款；情节严重的，可以限制其业务范围、责令停止接受新业务或者吊销业务许可证：

(一)未按照规定提存保证金或者违反规定动用保证金的；

(二)未按照规定提取或者结转各项责任准备金的；

(三)未按照规定缴纳保险保障基金或者提取公积金的；

(四)未按照规定办理再保险的；

(五)未按照规定运用保险公司资金的；

(六)未经批准设立分支机构的；

(七)未按照规定申请批准保险条款、保险费率的。

第一百六十五条 保险代理机构、保险经纪人有本法第一百三十一条规定行为之一的，由保险监督管理机构责令改正，处五万元以上三十万元以下的罚款；情节严重的，吊销业务许可证。

第一百六十六条 保险代理机构、保险经纪人违反本法规定，有下列行为之一的，由保险监督管理机构责令改正，处二万元以上十万元以下的罚款；情节严重的，责令停业整顿或者吊销业务许可证：

(一)未按照规定缴存保证金或者投保职业责任保险的；

(二)未按照规定设立专门账簿记载业务收支情况的。

第一百六十七条 违反本法规定，聘任不具有任职资格的人员的，由保险监督管理机构责令改正，处二万元以上十万元以下的罚款。

第一百六十八条 违反本法规定，转让、出租、出借业务许可证的，由保险监督管理机构处一万元以上十万元以下的罚款；情节严重的，责令停业整顿或者吊销业务许可证。

第一百六十九条 违反本法规定，有下列行为之一的，由保险监督管理机构责令限期改正；逾期不改正的，处一万元以上十万元以下的罚款：

(一)未按照规定报送或者保管报告、报表、文件、资料的，或者未按照规定提供有关信息、资料的；

(二)未按照规定报送保险条款、保险费率备案的；

(三)未按照规定披露信息的。

第一百七十条 违反本法规定，有下列行为之一的，由保险监督管理机构责令改正，处十万元以上五十万元以下的罚款；情节严重的，可以限制其业务范围、责令停止接受新业务或者吊销业务许可证：

(一)编制或者提供虚假的报告、报表、文件、资料的；

(二)拒绝或者妨碍依法监督检查的；

(三)未按照规定使用经批准或者备案的保险条款、保险费率的。

第一百七十一条 保险公司、保险资产管理公司、保险专业代理机构、保险经纪人违反本法规定的，保险监督管理机构除分别依照本法第一百六十条至第一百七十条的规定对该单位给予处罚外，对其直接负责的主管人员和其他直接责任人员给予警告，并处一万元以上十万元以下的罚款；情节严重的，撤销任职资格。

第一百七十二条 个人保险代理人违反本法规定的，由保险监督管理机构给予警告，可以并处二万元以下的罚款；情节严重的，处二万元以上十万元以下的罚款

第一百七十三条 外国保险机构未经国务院保险监督管理机构批准，擅自在中华人民共和国境内设立代表机构的，由国务院保险监督管理机构予以取缔，处五万元以上三十万元以下的罚款。

外国保险机构在中华人民共和国境内设立的代表机构从事保险经营活动的，由保险监督管理机构责令改正，没收违法所得，并处违法所得一倍以上五倍以下的罚款；没有违法所得或者违法所得不足二十万元的，处二十万元以上一百万元以下的罚款；对其首席代表可以责令撤换；情节严重的，撤销其代表机构。

第一百七十四条 投保人、被保险人或者受益人有下列行为之一，进行保险诈骗活动，尚不构成犯罪的，依法给予行政处罚：

(一) 投保人故意虚构保险标的，骗取保险金的；

(二) 编造未曾发生的保险事故，或者编造虚假的事故原因或者夸大损失程度，骗取保险金的；

(三) 故意造成保险事故，骗取保险金的。

保险事故的鉴定人、评估人、证明人故意提供虚假的证明文件，为投保人、被保险人或者受益人进行保险诈骗提供条件的，依照前款规定给予处罚。

第一百七十五条 违反本法规定，给他人造成损害的，依法承担民事责任。

第一百七十六条 拒绝、阻碍保险监督管理机构及其工作人员依法行使监督检查、调查职权，未使用暴力、威胁方法的，依法给予治安管理处罚。

第一百七十七条 违反法律、行政法规的规定，情节严重的，国务院保险监督管理机构可以禁止有关责任人员一定期限直至终身进入保险业。

第一百七十八条 保险监督管理机构从事监督管理工作的人员有下列情形之一的，依法给予处分：

(一) 违反规定批准机构的设立的；

(二) 违反规定进行保险条款、保险费率审批的；

(三) 违反规定进行现场检查的；

(四) 违反规定查询账户或者冻结资金的；

(五) 泄露其知悉的有关单位和个人的商业秘密的；

(六) 违反规定实施行政处罚的；

(七) 滥用职权、玩忽职守的其他行为。

第一百七十九条 违反本法规定，构成犯罪的，依法追究刑事责任。

第八章 附 则

第一百八十条 保险公司应当加入保险行业协会。保险代理人、保险经纪人、保险公估机构可以加入保险行业协会。

保险行业协会是保险业的自律性组织，是社会团体法人。

第一百八十一条 保险公司以外的其他依法设立的保险组织经营的商业保险业务，适用本法。

第一百八十二条 海上保险适用《中华人民共和国海商法》的有关规定；《中华人民共和国海商法》未规定的，适用本法的有关规定。

第一百八十三条 中外合资保险公司、外资独资保险公司、外国保险公司分公司适用本法规定；法律、行政法规另有规定的，适用其规定。

第一百八十四条 国家支持发展为农业生产服务的保险事业。农业保险由法律、行政法规另行规定。

强制保险，法律、行政法规另有规定的，适用其规定。

第一百八十五条 本法自2009年10月1日起施行。

中华人民共和国海商法

（1992年11月7日第七届全国人民代表大会常务委员会第二十八次会议通过 1992年11月7日中华人民共和国主席令第64号公布 自1993年7月1日起施行）

第一章 总 则

第一条 为了调整海上运输关系、船舶关系，维护当事人各方的合法权益，促进海上运输和经济贸易的发展，制定本法。

第二条 本法所称海上运输，是指海上货物运输和海上旅客运输，包括海江之间、江海之间的直达运输。

本法第四章海上货物运输合同的规定，不适用于中华人民共和国港口之间的海上货物运输。

第三条 本法所称船舶，是指海船和其他海上移动式装置，但是用于军事的、政府公务的船舶和20总吨以下的小型船艇除外。

前款所称船舶，包括船舶属具。

第四条 中华人民共和国港口之间的海上运输和拖航，由悬挂中华人民共和国国旗的船舶经营。但是，法律、行政法规另有规定的除外。

非经国务院交通主管部门批准，外国籍船舶不得经营中华人民共和国港口之间的海上运输和拖航。

第五条 船舶经依法登记取得中华人民共和国国籍，有权悬挂中华人民共和国国旗航行。

船舶非法悬挂中华人民共和国国旗航行的，由有关机关予以制止，处以罚款。

第六条 海上运输由国务院交通主管部门统一管理，具体办法由国务院交通主管部门制定，报国务院批准后施行。

第二章 船 舶

第一节 船舶所有权

第七条 船舶所有权，是指船舶所有人依法对其船舶享有占有、使用、收益和处分的权利。

第八条 国家所有的船舶由国家授予具有法人资格的全民所有制企业经营管理的，本法有关船舶所有人的规定适用于该法人。

第九条 船舶所有权的取得、转让和消灭，应当向船舶登记机关登记；未经登记的，不得对抗第三人。

船舶所有权的转让，应当签订书面合同。

第十条 船舶由两个以上的法人或者个人共有的，应当向船舶登记机关登记；未经登记的，不得对抗第三人。

第二节 船舶抵押权

第十一条 船舶抵押权，是指抵押权人对于抵押人提供的作为债务担保的船舶，在抵押人不履行债务时，可以依法拍卖，从卖得的价款中优先受偿的权利。

第十二条 船舶所有人或者船舶所有人授权的人可以设定船舶抵押权。

船舶抵押权的设定，应当签订书面合同。

第十三条 设定船舶抵押权，由抵押权人和抵押人共同向船舶登记机关办理抵押权登记；未经登记的，不得对抗第三人。

船舶抵押权登记，包括下列主要项目：

(一) 船舶抵押权人和抵押人的姓名或者名称、地址；

(二) 被抵押船舶的名称、国籍、船舶所有权证书的颁发机关和证书号码；

(三) 所担保的债权数额、利息率、受偿期限。

船舶抵押权的登记状况，允许公众查询。

第十四条 建造中的船舶可以设定船舶抵押权。

建造中的船舶办理抵押权登记，还应当向船舶登记机关提交船舶建造合同。

第十五条 除合同另有约定外，抵押人应当对被抵押船舶进行保险；未保险的，抵押权人有权对该船舶进行保险，保险费由抵押人负担。

第十六条 船舶共有人就共有船舶设定抵押权，应当取得持有 2/3 以上份额的共有人的同意，共有人之间另有约定的除外。

船舶共有人设定的抵押权，不因船舶的共有权的分割而受影响。

第十七条 船舶抵押权设定后，未经抵押权人同意，抵押人不得将被抵押船舶转让给他人。

第十八条 抵押权人将被抵押船舶所担保的债权全部或者部分转让他人的，抵押权随之转移。

第十九条 同一船舶可以设定两个以上抵押权，其顺序以登记的先后为准。

同一船舶设定两个以上抵押权的，抵押权人按照抵押权登记的先后顺序，从船舶拍卖所得价款中依次受偿。同日登记的抵押权，按照同一顺序受偿。

第二十条 被抵押船舶灭失，抵押权随之消灭。由于船舶灭失得到的保险赔偿，抵押权人有权优先于其他债权人受偿。

第三节 船舶优先权

第二十一条 船舶优先权，是指海事请求人依照本法第二十二条的规定，向船舶所有人、光船承租人、船舶经营人提出海事请求，对产生该海事请求的船舶具有优先受偿的权利。

第二十二条 下列各项海事请求具有船舶优先权：

(一)船长、船员和在船上工作的其他在编人员根据劳动法律、行政法规或者劳动合同所产生的工资、其他劳动报酬、船员遣返费用和社会保险费用的给付请求；

(二)在船舶营运中发生的人身伤亡的赔偿请求；

(三)船舶吨税、引航费、港务费和其他港口规费的缴付请求；

(四)海难救助的救助款项的给付请求；

(五)船舶在营运中因侵权行为产生的财产赔偿请求。

载运2000吨以上的散装货油的船舶，持有有效的证书，证明已经进行油污损害民事责任保险或者具有相应的财务保证的，对其造成的油污损害的赔偿请求，不属于前款第(五)项规定的范围。

第二十三条 本法第二十二条第一款所列各项海事请求，依照顺序受偿。但是，第(四)项海事请求，后于第(一)项至第(三)项发生的，应当先于第(一)项至第(三)项受偿。

本法第二十二条第一款第(一)、(二)、(三)、(五)项中有两个以上海事请求的，不分先后，同时受偿；不足受偿的，按照比例受偿。第(四)项中有两个以上海事请求的，后发生的先受偿。

第二十四条 因行使船舶优先权产生的诉讼费用，保存、拍卖船舶和分配船舶价款产生的费用，以及为海事请求人的共同利益而支付的其他费用，应当从船舶拍卖所得价款中先行拨付。

第二十五条 船舶优先权先于船舶留置权受偿，船舶抵押权后于船舶留置权受偿。

前款所称船舶留置权，是指造船人、修船人在合同另一方未履行合同时，可以留置所占有的船舶，以保证造船费用或者修船费用得以偿还的权利。船舶留置权在造船人、修船人不再占有所造或者所修的船舶时消灭。

第二十六条 船舶优先权不因船舶所有权的转让而消灭。但是，船舶转让时，船舶优先权自法院应受让人申请予以公告之日起满60日不行使的除外。

第二十七条 本法第二十二条规定的海事请求权转移的，其船舶优先权随之转移。

第二十八条 船舶优先权应当通过法院扣押产生优先权的船舶行使。

第二十九条 船舶优先权，除本法第二十六条规定的外，因下列原因之一而消灭：

(一) 具有船舶优先权的海事请求，自优先权产生之日起满1年不行使；

(二) 船舶经法院强制出售；

(三) 船舶灭失。

前款第(一)项的1年期限，不得中止或者中断。

第三十条 本节规定不影响本法第十一章关于海事赔偿责任限制规定的实施。

第三章 船 员

第一节 一般规定

第三十一条 船员，是指包括船长在内的船上一切任职人员。

第三十二条 船长、驾驶员、轮机长、轮机员、电机员、报务员，必须由持有相应适任证书的人担任。

第三十三条 从事国际航行的船舶的中国籍船员，必须持有中华人民共和国港务监督机构颁发的海员证和有关证书。

第三十四条 船员的任用和劳动方面的权利、义务，本法没有规定的，适用有关法律、行政法规的规定。

第二节 船 长

第三十五条 船长负责船舶的管理和驾驶。

船长在其职权范围内发布的命令，船员、旅客和其他在船人员都必须执行。

船长应当采取必要的措施，保护船舶和在船人员、文件、邮件、货物以及其他财产。

第三十六条 为保障在船人员和船舶的安全，船长有权对在船上进行违法、犯罪活动的人采取禁闭或者其他必要措施，并防止其隐匿、毁灭、伪造证据。

船长采取前款措施，应当制作案情报告书，由船长和两名以上在船人员签字，连同人犯送交有关当局处理。

第三十七条 船长应当将船上发生的出生或者死亡事件记入航海日志，并在两名证人的参加下制作证明书。死亡证明书应当附有死者遗物清单。死者有遗嘱的，船长应当予以证明。死亡证明书和遗嘱由船长负责保管，并送交家属或者有关方面。

第三十八条 船舶发生海上事故，危及在船人员和财产的安全时，船长应当组织船员和其他在船人员尽力施救。在船舶的沉没、毁灭不可避免的情况下，船长可以作出弃船决定；但是，除紧急情况外，应当报经船舶所有人同意。

弃船时，船长必须采取一切措施，首先组织旅客安全离船，然后安排船员离船，船长应当最后离船。在离船前，船长应当指挥船员尽力抢救航海日志、机舱日志、油类记录簿、无线电台日志、本航次使用过的海图和文件，以及贵重物品、邮件和现金。

第三十九条 船长管理船舶和驾驶船舶的责任，不因引航员引领船舶而解除。

第四十条 船长在航行中死亡或者因故不能执行职务时，应当由驾驶员中职务最高的人代理船长职务；在下一个港口开航前，船舶所有人应当指派新船长接任。

第四章 海上货物运输合同

第一节 一般规定

第四十一条 海上货物运输合同，是指承运人收取运费，负责将托运人托运的货物经海路由一港运至另一港的合同。

第四十二条 本章下列用语的含义：

（一）“承运人”，是指本人或者委托他人以本人名义与托运人订立海上货物运输合同的人。

（二）“实际承运人”，是指接受承运人委托，从事货物运输或者部分运输的人，包括接受转委托从事此项运输的其他人。

（三）“托运人”，是指：

1. 本人或者委托他人以本人名义或者委托他人为本人与承运人订立海上货物运输合同的人；

2. 本人或者委托他人以本人名义或者委托他人为本人将货物交给与海上货物运输合同有关的承运人的人。

（四）“收货人”，是指有权提取货物的人。

（五）“货物”，包括活动物和由托运人提供的用于集装货物的集装箱、货盘或者类似的装运器具。

第四十三条 承运人或者托运人可以要求书面确认海上货物运输合同的成立。但是，航次租船合同应当书面订立。电报、电传和传真具有书面效力。

第四十四条 海上货物运输合同和作为合同凭证的提单或者其他运输单证中的条款，违反本章规定的，无效。此类条款的无效，不影响该合同和提单或者其他运输单证中其他条款的效力。将货物的保险利益转让给承运人的条款或者类似条款，无效。

第四十五条 本法第四十四条的规定不影响承运人在本章规定的承运人责任和义务之外，增加其责任和义务。

第二节 承运人的责任

第四十六条 承运人对集装箱装运的货物的责任期间，是指从装货港接收货物时起至卸货港交付货物时止，货物处于承运人掌管之下的全部期间。承运人对非集装箱装运的货物的责任期间，是指从货物装上船时起至卸下船时止，货物处于承运人掌管之下的全部期间。在承运人的责任期间，货物发生灭失或者损坏，除本节另有规定外，承运人应当负赔偿责任。

前款规定，不影响承运人就非集装箱装运的货物，在装船前和卸船后所承担的责任，达成任何协议。

第四十七条 承运人在船舶开航前和开航当时，应当谨慎处理，使船舶处于适航状态，妥善配备船员、装备船舶和配备供应品，并使货舱、冷藏舱、冷气舱和其他载货处所适于并能安全收受、载运和保管货物。

第四十八条　承运人应当妥善地、谨慎地装载、搬移、积载、运输、保管、照料和卸载所运货物。

第四十九条　承运人应当按照约定的或者习惯的或者地理上的航线将货物运往卸货港。

船舶在海上为救助或者企图救助人命或者财产而发生的绕航或者其他合理绕航，不属于违反前款规定的行为。

第五十条　货物未能在明确约定的时间内，在约定的卸货港交付的，为迟延交付。

除依照本章规定承运人不负赔偿责任的情形外，由于承运人的过失，致使货物因迟延交付而灭失或者损坏的，承运人应当负赔偿责任。

除依照本章规定承运人不负赔偿责任的情形外，由于承运人的过失，致使货物因迟延交付而遭受经济损失的，即使货物没有灭失或者损坏，承运人仍然应当负赔偿责任。

承运人未能在本条第一款规定的时间届满60日内交付货物，有权对货物灭失提出赔偿请求的人可以认为货物已经灭失。

第五十一条　在责任期间货物发生的灭失或者损坏是由于下列原因之一造成的，承运人不负赔偿责任：

（一）船长、船员、引航员或者承运人的其他受雇人在驾驶船舶或者管理船舶中的过失；

（二）火灾，但是由于承运人本人的过失所造成的除外；

（三）天灾，海上或者其他可航水域的危险或者意外事故；

（四）战争或者武装冲突；

（五）政府或者主管部门的行为、检疫限制或者司法扣押；

（六）罢工、停工或者劳动受到限制；

（七）在海上救助或者企图救助人命或者财产；

（八）托运人、货物所有人或者他们的代理人的行为；

（九）货物的自然特性或者固有缺陷；

（十）货物包装不良或者标志欠缺、不清；

（十一）经谨慎处理仍未发现的船舶潜在缺陷；

（十二）非由于承运人或者承运人的受雇人、代理人的过失造成的其他原因。

承运人依照前款规定免除赔偿责任的，除第（二）项规定的原因外，应当负举证责任。

第五十二条　因运输活动物的固有的特殊风险造成活动物灭失或者损害的，承运人不负赔偿责任。但是，承运人应当证明业已履行托运人关于运输活动物的特别要求，并证明根据实际情况，灭失或者损害是由于此种固有的特殊风险造成的。

第五十三条　承运人在舱面上装载货物，应当同托运人达成协议，或者符合航运惯例，或者符合有关法律、行政法规的规定。

承运人依照前款规定将货物装载在舱面上，对由于此种装载的特殊风险造成的货物灭失或者损坏，不负赔偿责任。

承运人违反本条第一款规定将货物装载在舱面上，致使货物遭受灭失或者损坏的，应当负赔偿责任。

第五十四条 货物的灭失、损坏或者迟延交付是由于承运人或者承运人的受雇人、代理人的不能免除赔偿责任的原因和其他原因共同造成的，承运人仅在其不能免除赔偿责任的范围内负赔偿责任；但是，承运人对其他原因造成的灭失、损坏或者迟延交付应当负举证责任。

第五十五条 货物灭失的赔偿额，按照货物的实际价值计算；货物损坏的赔偿额，按照货物受损前后实际价值的差额或者货物的修复费用计算。

货物的实际价值，按照货物装船时的价值加保险费加运费计算。

前款规定的货物实际价值，赔偿时应当减去因货物灭失或者损坏而少付或者免付的有关费用。

第五十六条 承运人对货物的灭失或者损坏的赔偿限额，按照货物件数或者其他货运单位数计算，每件或者每个其他货运单位为666.67计算单位，或者按照货物毛重计算，每公斤为2计算单位，以二者中赔偿限额较高的为准。但是，托运人在货物装运前已经申报其性质和价值，并在提单中载明的，或者承运人与托运人已经另行约定高于本条规定的赔偿限额的除外。

货物用集装箱、货盘或者类似装运器具集装的，提单中载明装在此类装运器具中的货物件数或者其他货运单位数，视为前款所指的货物件数或者其他货运单位数；未载明的，每一装运器具视为一件或者一个单位。

装运器具不属于承运人所有或者非由承运人提供的，装运器具本身应当视为一件或者一个单位。

第五十七条 承运人对货物因迟延交付造成经济损失的赔偿限额，为所迟延交付的货物的运费数额。货物的灭失或者损坏和迟延交付同时发生的，承运人的赔偿责任限额适用本法第五十六条第一款规定的限额。

第五十八条 就海上货物运输合同所涉及的货物灭失、损坏或者迟延交付对承运人提起的任何诉讼，不论海事请求人是否合同的一方，也不论是根据合同或者是根据侵权行为提起的，均适用本章关于承运人的抗辩理由和限制赔偿责任的规定。

前款诉讼是对承运人的受雇人或者代理人提起的，经承运人的受雇人或者代理人证明，其行为是在受雇或者受委托的范围之内的，适用前款规定。

第五十九条 经证明，货物的灭失、损坏或者迟延交付是由于承运人的故意或者明知可能造成损失而轻率地作为或者不作为造成的，承运人不得援用本法第五十六条或者第五十七条限制赔偿责任的规定。

经证明，货物的灭失、损坏或者迟延交付是由于承运人的受雇人、代理人的故意或者明知可能造成损失而轻率地作为或者不作为造成的，承运人的受雇人或者代理人不得援用本法第五十六条或者第五十七条限制赔偿责任的规定。

第六十条 承运人将货物运输或者部分运输委托给实际承运人履行的，承运人仍然应当依照本章规定对全部运输负责。对实际承运人承担的运输，承运人应当对实际承运人的行为或者实际承运人的受雇人、代理人在受雇或者受委托的范围内的行为负责。

虽有前款规定，在海上运输合同中明确约定合同所包括的特定的部分运输由承运人以外的指定的实际承运人履行的，合同可以同时约定，货物在指定的实际承运人掌管期间发生的灭失、损坏或者迟延交付，承运人不负赔偿责任。

第六十一条 本章对承运人责任的规定，适用于实际承运人。对实际承运人的受雇人、代理人提起诉讼的，适用本法第五十八条第二款和第五十九条第二款的规定。

第六十二条 承运人承担本章未规定的义务或者放弃本章赋予的权利的任何特别协议，经实际承运人书面明确同意的，对实际承运人发生效力；实际承运人是否同意，不影响此项特别协议对承运人的效力。

第六十三条 承运人与实际承运人都负有赔偿责任的，应当在此项责任范围内负连带责任。

第六十四条 就货物的灭失或者损坏分别向承运人、实际承运人以及他们的受雇人、代理人提出赔偿请求的，赔偿总额不超过本法第五十六条规定的限额。

第六十五条 本法第六十条至第六十四条的规定，不影响承运人和实际承运人之间相互追偿。

第三节 托运人的责任

第六十六条 托运人托运货物，应当妥善包装，并向承运人保证，货物装船时所提供的货物的品名、标志、包数或者件数、重量或者体积的正确性；由于包装不良或者上述资料不正确，对承运人造成损失的，托运人应当负赔偿责任。

承运人依照前款规定享有的受偿权利，不影响其根据货物运输合同对托运人以外的人所承担的责任。

第六十七条 托运人应当及时向港口、海关、检疫、检验和其他主管机关办理货物运输所需要的各项手续，并将已办理各项手续的单证送交承运人；因办理各项手续的有关单证送交不及时、不完备或者不正确，使承运人的利益受到损害的，托运人应当负赔偿责任。

第六十八条 托运人托运危险货物，应当依照有关海上危险货物运输的规定，妥善包装，作出危险品标志和标签，并将其正式名称和性质以及应当采取的预防危害措施书面通知承运人；托运人未通知或者通知有误的，承运人可以在任何时间、任何地点根据情况需要将货物卸下、销毁或者使之不能为害，而不负赔偿责任。托运人对承运人因运输此类货物所受到的损害，应当负赔偿责任。

承运人知道危险货物的性质并已同意装运的，仍然可以在该项货物对于船舶、人员或者其他货物构成实际危险时，将货物卸下、销毁或者使之不能为害，而不负赔偿责任。但是，本款规定不影响共同海损的分摊。

第六十九条 托运人应当按照约定向承运人支付运费。

托运人与承运人可以约定运费由收货人支付；但是，此项约定应当在运输单证中载明。

第七十条 托运人对承运人、实际承运人所遭受的损失或者船舶所遭受的损坏，不负赔偿责任；但是，此种损失或者损坏是由于托运人或者托运人的受雇人、代理人的过失造成的除外。

托运人的受雇人、代理人对承运人、实际承运人所遭受的损失或者船舶所遭受的损坏，不负赔偿责任；但是，这种损失或者损坏是由于托运人的受雇人、代理人的过失造成的除外。

第四节 运输单证

第七十一条 提单，是指用以证明海上货物运输合同和货物已经由承运人接收或者装船，以及承运人保证据以交付货物的单证。提单中载明的向记名人交付货物，或者按照指示人的指示交付货物，或者向提单持有人交付货物的条款，构成承运人据以交付货物的保证。

第七十二条 货物由承运人接收或者装船后，应托运人的要求，承运人应当签发提单。

提单可以由承运人授权的人签发。提单由载货船舶的船长签发的，视为代表承运人签发。

第七十三条 提单内容，包括下列各项：

(一) 货物的品名、标志、包数或者件数、重量或者体积，以及运输危险货物时对危险性质的说明；

(二) 承运人的名称和主营业所；

(三) 船舶名称；

(四) 托运人的名称；

(五) 收货人的名称；

(六) 装货港和在装货港接收货物的日期；

(七) 卸货港；

(八) 多式联运提单增列接收货物地点和交付货物地点；

(九) 提单的签发日期、地点和份数；

(十) 运费的支付；

(十一) 承运人或者其代表的签字。

提单缺少前款规定的一项或者几项的，不影响提单的性质；但是，提单应当符合本法第七十一条的规定。

第七十四条 货物装船前，承运人已经应托运人的要求签发收货待运提单或者其他单证的，货物装船完毕，托运人可以将收货待运提单或者其他单证退还承运人，以换取已装船提单；承运人也可以在收货待运提单上加注承运船舶的船名和装船日期，加注后的收货待运提单视为已装船提单。

第七十五条 承运人或者代其签发提单的人，知道或者有合理的根据怀疑提单记载的货物的品名、标志、包数或者件数、重量或者体积与实际接收的货物不符，在签发已装船提单的情况下怀疑与已装船的货物不符，或者没有适当的方法核对提单记载的，可以在提单上批注，说明不符之处、怀疑的根据或者说明无法核对。

第七十六条 承运人或者代其签发提单的人未在提单上批注货物表面状况的，视为货物的表面状况良好。

第七十七条 除依照本法第七十五条的规定作出保留外，承运人或者代其签发提单的人签发的提单，是承运人已经按照提单所载状况收到货物或者货物已经装船的初步证据；承运人向善意受让提单的包括收货人在内的第三人提出的与提单所载状况不同的证据，不予承认。

第七十八条 承运人同收货人、提单持有人之间的权利、义务关系，依据提单的规定确定。

收货人、提单持有人不承担在装货港发生的滞期费、亏舱费和其他与装货有关的费用，但是提单中明确载明上述费用由收货人、提单持有人承担的除外。

第七十九条 提单的转让，依照下列规定执行：

(一) 记名提单：不得转让；

(二) 指示提单：经过记名背书或者空白背书转让；

(三) 不记名提单：无需背书，即可转让。

第八十条 承运人签发提单以外的单证用以证明收到待运货物的，此项单证即为订立海上货物运输合同和承运人接收该单证中所列货物的初步证据。

承运人签发的此类单证不得转让。

第五节 货物交付

第八十一条 承运人向收货人交付货物时，收货人未将货物灭失或者损坏的情况书面通知承运人的，此项交付视为承运人已经按照运输单证的记载交付以及货物状况良好的初步证据。

货物灭失或者损坏的情况非显而易见的，在货物交付的次日起连续 7 日内，集装箱货物交付的次日起连续 15 日内，收货人未提交书面通知的，适用前款规定。

货物交付时，收货人已经会同承运人对货物进行联合检查或者检验的，无需就所查明的灭失或者损坏的情况提交书面通知。

第八十二条 承运人自向收货人交付货物的次日起连续 60 日内，未收到收货人就货物因迟延交付造成经济损失而提交的书面通知的，不负赔偿责任。

第八十三条 收货人在目的港提取货物前或者承运人在目的港交付货物前，可以要求检验机构对货物状况进行检验；要求检验的一方应当支付检验费用，但是有权向造成货物损失的责任方追偿。

第八十四条 承运人和收货人对本法第八十一条和第八十三条规定的检验，应当相互提供合理的便利条件。

第八十五条 货物由实际承运人交付的，收货人依照本法第八十一条的规定向实际承运人提交的书面通知，与向承运人提交书面通知具有同等效力；向承运人提交的书面通知，与向实际承运人提交书面通知具有同等效力。

第八十六条 在卸货港无人提取货物或者收货人迟延、拒绝提取货物的，船长可以将货物卸在仓库或者其他适当场所，由此产生的费用和风险由收货人承担。

第八十七条 应当向承运人支付的运费、共同海损分摊、滞期费和承运人为货物垫付的必要费用以及应当向承运人支付的其他费用没有付清，又没有提供适当担保的，承运人可以在合理的限度内留置其货物。

第八十八条 承运人根据本法第八十七条规定留置的货物，自船舶抵达卸货港的次日起满60日无人提取的，承运人可以申请法院裁定拍卖；货物易腐烂变质或者货物的保管费用可能超过其价值的，可以申请提前拍卖。

拍卖所得价款，用于清偿保管、拍卖货物的费用和运费以及应当向承运人支付的其他有关费用；不足的金额，承运人有权向托运人追偿；剩余的金额，退还托运人；无法退还、自拍卖之日起满1年又无人领取的，上缴国库。

第六节 合同的解除

第八十九条 船舶在装货港开航前，托运人可以要求解除合同。但是，除合同另有约定外，托运人应当向承运人支付约定运费的一半；货物已经装船的，并应当负担装货、卸货和其他与此有关的费用。

第九十条 船舶在装货港开航前，因不可抗力或者其他不能归责于承运人和托运人的原因致使合同不能履行的，双方均可以解除合同，并互相不负赔偿责任。除合同另有约定外，运费已经支付的，承运人应当将运费退还给托运人；货物已经装船的，托运人应当承担装卸费用；已经签发提单的，托运人应当将提单退还承运人。

第九十一条 因不可抗力或者其他不能归责于承运人和托运人的原因致使船舶不能在合同约定的目的港卸货的，除合同另有约定外，船长有权将货物在目的港邻近的安全港口或者地点卸载，视为已经履行合同。

船长决定将货物卸载的，应当及时通知托运人或者收货人，并考虑托运人或者收货人的利益。

第七节 航次租船合同的特别规定

第九十二条 航次租船合同，是指船舶出租人向承租人提供船舶或者船舶的部分舱位，装运约定的货物，从一港运至另一港，由承租人支付约定运费的合同。

第九十三条 航次租船合同的内容，主要包括出租人和承租人的名称、船名、船籍、载货重量、容积、货名、装货港和目的港、受载期限、装卸期限、运费、滞期费、速遣费以及其他有关事项。

第九十四条 本法第四十七条和第四十九条的规定，适用于航次租船合同的出租人。

本章其他有关合同当事人之间的权利、义务的规定，仅在航次租船合同没有约定或者没有不同约定时，适用于航次租船合同的出租人和承租人。

第九十五条 对按照航次租船合同运输的货物签发的提单，提单持有人不是承租人的，承运人与该提单持有人之间的权利、义务关系适用提单的约定。但是，提单中载明适用航次租船合同条款的，适用该航次租船合同的条款。

第九十六条 出租人应当提供约定的船舶；经承租人同意，可以更换船舶。但是，提供的船舶或者更换的船舶不符合合同约定的，承租人有权拒绝或者解除合同。

因出租人过失未提供约定的船舶致使承租人遭受损失的，出租人应当负赔偿责任。

第九十七条 出租人在约定的受载期限内未能提供船舶的，承租人有权解除合同。但是，出租人将船舶延误情况和船舶预期抵达装货港的日期通知承租人的，承租人应当自收到通知时起 48 小时内，将是否解除合同的决定通知出租人。

因出租人过失延误提供船舶致使承租人遭受损失的，出租人应当负赔偿责任。

第九十八条 航次租船合同的装货、卸货期限及其计算办法，超过装货、卸货期限后的滞期费和提前完成装货、卸货的速遣费，由双方约定。

第九十九条 承租人可以将其租用的船舶转租；转租后，原合同约定的权利和义务不受影响。

第一百条 承租人应当提供约定的货物；经出租人同意，可以更换货物。但是，更换的货物对出租人不利的，出租人有权拒绝或者解除合同。

因未提供约定的货物致使出租人遭受损失的，承租人应当负赔偿责任。

第一百零一条 出租人应当在合同约定的卸货港卸货。合同订有承租人选择卸货港条款的，在承租人未按照合同约定及时通知确定的卸货港时，船长可以从约定的选卸港中自行选定一港卸货。承租人未按照合同约定及时通知确定的卸货港，致使出租人遭受损失的，应当负赔偿责任。出租人未按照合同约定，擅自选定港口卸货致使承租人遭受损失的，应当负赔偿责任。

第八节 多式联运合同的特别规定

第一百零二条 本法所称多式联运合同，是指多式联运经营人以两种以上的不同运输方式，其中一种是海上运输方式，负责将货物从接收地运至目的地交付收货人，并收取全程运费的合同。

前款所称多式联运经营人，是指本人或者委托他人以本人名义与托运人订立多式联运合同的人。

第一百零三条 多式联运经营人对多式联运货物的责任期间，自接收货物时起至交付货物时止。

第一百零四条 多式联运经营人负责履行或者组织履行多式联运合同，并对全程运输负责。

多式联运经营人与参加多式联运的各区段承运人，可以就多式联运合同的各区段运输，另以合同约定相互之间的责任。但是，此项合同不得影响多式联运经营人对全程运输所承担的责任。

第一百零五条 货物的灭失或者损坏发生于多式联运的某一运输区段的，多式联运经营人的赔偿责任和责任限额，适用调整该区段运输方式的有关法律规定。

第一百零六条 货物的灭失或者损坏发生的运输区段不能确定的，多式联运经营人应当依照本章关于承运人赔偿责任和责任限额的规定负赔偿责任。

第五章 海上旅客运输合同

第一百零七条 海上旅客运输合同，是指承运人以适合运送旅客的船舶经海路将旅客及其行李从一港运送至另一港，由旅客支付票款的合同。

第一百零八条 本章下列用语的含义：

（一）“承运人”，是指本人或者委托他人以本人名义与旅客订立海上旅客运输合同的人。

（二）“实际承运人”，是指接受承运人委托，从事旅客运送或者部分运送的人，包括接受转委托从事此项运送的其他人。

（三）“旅客”，是指根据海上旅客运输合同运送的人；经承运人同意，根据海上货物运输合同，随船护送货物的人，视为旅客。

（四）“行李”，是指根据海上旅客运输合同由承运人载运的任何物品和车辆，但是活动物除外。

（五）“自带行李”，是指旅客自行携带、保管或者放置在客舱中的行李。

第一百零九条 本章关于承运人责任的规定，适用于实际承运人。本章关于承运人的受雇人、代理人责任的规定，适用于实际承运人的受雇人、代理人。

第一百一十条 旅客客票是海上旅客运输合同成立的凭证。

第一百一十一条 海上旅客运输的运送期间，自旅客登船时起至旅客离船时止。客票票价含接送费用的，运送期间并包括承运人经水路将旅客从岸上接到船上和从船上送到岸上的时间，但是不包括旅客在港站内、码头上或者在港口其他设施内的时间。

旅客的自带行李，运送期间同前款规定。旅客自带行李以外的其他行李，运送期间自旅客将行李交付承运人或者承运人的受雇人、代理人时起至承运人或者承运人的受雇人、代理人交还旅客时止。

第一百一十二条 旅客无票乘船、越级乘船或者超程乘船，应当按照规定补足票款，承运人可以按照规定加收票款；拒不交付的，船长有权在适当地点令其离船，承运人有权向其追偿。

第一百一十三条 旅客不得随身携带或者在行李中夹带违禁品或者易燃、易爆、有毒、有腐蚀性、有放射性以及有可能危及船上人身和财产安全的其他危险品。

承运人可以在任何时间、任何地点将旅客违反前款规定随身携带或者在行李中夹带的违禁品、危险品卸下、销毁或者使之不能为害，或者送交有关部门，而不负赔偿责任。

旅客违反本条第一款规定，造成损害的，应当负赔偿责任。

第一百一十四条 在本法第一百一十一条规定的旅客及其行李的运送期间，因承运人或者承运人的受雇人、代理人在受雇或者受委托的范围内的过失引起事故，造成旅客人身伤亡或者行李灭失、损坏的，承运人应当负赔偿责任。

请求人对承运人或者承运人的受雇人、代理人的过失，应当负举证责任；但是，本条第三款和第四款规定的情形除外。

旅客的人身伤亡或者自带行李的灭失、损坏，是由于船舶的沉没、碰撞、搁浅、爆炸、火灾所引起或者是由于船舶的缺陷所引起的，承运人或者承运人的受雇人、代理人除非提出反证，应当视为其有过失。

旅客自带行李以外的其他行李的灭失或者损坏，不论由于何种事故所引起，承运人或者承运人的受雇人、代理人除非提出反证，应当视为其有过失。

第一百一十五条　经承运人证明，旅客的人身伤亡或者行李的灭失、损坏，是由于旅客本人的过失或者旅客和承运人的共同过失造成的，可以免除或者相应减轻承运人的赔偿责任。

经承运人证明，旅客的人身伤亡或者行李的灭失、损坏，是由于旅客本人的故意造成的，或者旅客的人身伤亡是由于旅客本人健康状况造成的，承运人不负赔偿责任。

第一百一十六条　承运人对旅客的货币、金银、珠宝、有价证券或者其他贵重物品所发生的灭失、损坏，不负赔偿责任。

旅客与承运人约定将前款规定的物品交由承运人保管的，承运人应当依照本法第一百一十七条的规定负赔偿责任；双方以书面约定的赔偿限额高于本法第一百一十七条的规定的，承运人应当按照约定的数额负赔偿责任。

第一百一十七条　除本条第四款规定的情形外，承运人在每次海上旅客运输中的赔偿责任限额，依照下列规定执行：

(一) 旅客人身伤亡的，每名旅客不超过 46666 计算单位；

(二) 旅客自带行李灭失或者损坏的，每名旅客不超过 833 计算单位；

(三) 旅客车辆包括该车辆所载行李灭失或者损坏的，每一车辆不超过 3333 计算单位；

(四) 本款第 (二)、(三) 项以外的旅客其他行李灭失或者损坏的，每名旅客不超过 1200 计算单位。

承运人和旅客可以约定，承运人对旅客车辆和旅客车辆以外的其他行李损失的免赔额。但是，对每一车辆损失的免赔额不得超过 117 计算单位，对每名旅客的车辆以外的其他行李损失的免赔额不得超过 13 计算单位。在计算每一车辆或者每名旅客的车辆以外的其他行李的损失赔偿数额时，应当扣除约定的承运人免赔额。

承运人和旅客可以书面约定高于本条第一款规定的赔偿责任限额。

中华人民共和国港口之间的海上旅客运输，承运人的赔偿责任限额，由国务院交通主管部门制定，报国务院批准后施行。

第一百一十八条　经证明，旅客的人身伤亡或者行李的灭失、损坏，是由于承运人的故意或者明知可能造成损害而轻率地作为或者不作为造成的，承运人不得援用本法第一百一十六条和第一百一十七条限制赔偿责任的规定。

经证明，旅客的人身伤亡或者行李的灭失、损坏，是由于承运人的受雇人、代理人的故意或者明知可能造成损害而轻率地作为或者不作为造成的，承运人的受雇人、代理人不得援用本法第一百一十六条和第一百一十七条限制赔偿责任的规定。

第一百一十九条 行李发生明显损坏的，旅客应当依照下列规定向承运人或者承运人的受雇人、代理人提交书面通知：

(一)自带行李，应当在旅客离船前或者离船时提交；

(二)其他行李，应当在行李交还前或者交还时提交。

行李的损坏不明显，旅客在离船时或者行李交还时难以发现的，以及行李发生灭失的，旅客应当在离船或者行李交还或者应当交还之日起15日内，向承运人或者承运人的受雇人、代理人提交书面通知。

旅客未依照本条第一、二款规定及时提交书面通知的，除非提出反证，视为已经完整无损地收到行李。

行李交还时，旅客已经会同承运人对行李进行联合检查或者检验的，无需提交书面通知。

第一百二十条 向承运人的受雇人、代理人提出的赔偿请求，受雇人或者代理人证明其行为是在受雇或者受委托的范围内的，有权援用本法第一百一十五条、第一百一十六条和第一百一十七条的抗辩理由和赔偿责任限制的规定。

第一百二十一条 承运人将旅客运送或者部分运送委托给实际承运人履行的，仍然应当依照本章规定，对全程运送负责。实际承运人履行运送的，承运人应当对实际承运人的行为或者实际承运人的受雇人、代理人在受雇或者受委托的范围内的行为负责。

第一百二十二条 承运人承担本章未规定的义务或者放弃本章赋予的权利的任何特别协议，经实际承运人书面明确同意的，对实际承运人发生效力；实际承运人是否同意，不影响此项特别协议对承运人的效力。

第一百二十三条 承运人与实际承运人均负有赔偿责任的，应当在此项责任限度内负连带责任。

第一百二十四条 就旅客的人身伤亡或者行李的灭失、损坏，分别向承运人、实际承运人以及他们的受雇人、代理人提出赔偿请求的，赔偿总额不得超过本法第一百一十七条规定的限额。

第一百二十五条 本法第一百二十一条至第一百二十四条的规定，不影响承运人和实际承运人之间相互追偿。

第一百二十六条 海上旅客运输合同中含有下列内容之一的条款无效：

(一)免除承运人对旅客应当承担的法定责任；

(二)降低本章规定的承运人责任限额；

(三)对本章规定的举证责任作出相反的约定；

(四)限制旅客提出赔偿请求的权利。

前款规定的合同条款的无效，不影响合同其他条款的效力。

第六章 船舶租用合同

第一节 一般规定

第一百二十七条 本章关于出租人和承租人之间权利、义务的规定，仅在船舶租用合同没有约定或者没有不同约定时适用。

第一百二十八条 船舶租用合同，包括定期租船合同和光船租赁合同，均应当书面订立。

第二节 定期租船合同

第一百二十九条 定期租船合同，是指船舶出租人向承租人提供约定的由出租人配备船员的船舶，由承租人在约定的期间内按照约定的用途使用，并支付租金的合同。

第一百三十条 定期租船合同的内容，主要包括出租人和承租人的名称、船名、船籍、船级、吨位、容积、船速、燃料消耗、航区、用途、租船期间、交船和还船的时间和地点以及条件、租金及其支付，以及其他有关事项。

第一百三十一条 出租人应当按照合同约定的时间交付船舶。

出租人违反前款规定的，承租人有权解除合同。出租人将船舶延误情况和船舶预期抵达交船港的日期通知承租人的，承租人应当自接到通知时起 48 小时内，将解除合同或者继续租用船舶的决定通知出租人。

因出租人过失延误提供船舶致使承租人遭受损失的，出租人应当负赔偿责任。

第一百三十二条 出租人交付船舶时，应当做到谨慎处理，使船舶适航。交付的船舶应当适于约定的用途。

出租人违反前款规定的，承租人有权解除合同，并有权要求赔偿因此遭受的损失。

第一百三十三条 船舶在租期内不符合约定的适航状态或者其他状态，出租人应当采取可能采取的合理措施，使之尽快恢复。

船舶不符合约定的适航状态或者其他状态而不能正常营运连续满 24 小时的，对因此而损失的营运时间，承租人不付租金，但是上述状态是由承租人造成的除外。

第一百三十四条 承租人应当保证船舶在约定航区内的安全港口或者地点之间从事约定的海上运输。

承租人违反前款规定的，出租人有权解除合同，并有权要求赔偿因此遭受的损失。

第一百三十五条 承租人应当保证船舶用于运输约定的合法的货物。

承租人将船舶用于运输活动物或者危险货物的，应当事先征得出租人的同意。

承租人违反本条第一款或者第二款的规定致使出租人遭受损失的，应当负赔偿责任。

第一百三十六条 承租人有权就船舶的营运向船长发出指示，但是不得违反定期租船合同的约定。

第一百三十七条 承租人可以将租用的船舶转租，但是应当将转租的情况及时通知出租人。租用的船舶转租后，原租船合同约定的权利和义务不受影响。

第一百三十八条 船舶所有人转让已经租出的船舶的所有权，定期租船合同约定的当事人的权利和义务不受影响，但是应当及时通知承租人。船舶所有权转让后，原租船合同由受让人和承租人继续履行。

第一百三十九条 在合同期间，船舶进行海难救助的，承租人有权获得扣除救助费用、损失赔偿、船员应得部分以及其他费用后的救助款项的一半。

第一百四十条 承租人应当按照合同约定支付租金。承租人未按照合同约定支付租金的，出租人有权解除合同，并有权要求赔偿因此遭受的损失。

第一百四十一条 承租人未向出租人支付租金或者合同约定的其他款项的，出租人对船上属于承租人的货物和财产以及转租船舶的收入有留置权。

第一百四十二条 承租人向出租人交还船舶时，该船舶应当具有与出租人交船时相同的良好状态，但是船舶本身的自然磨损除外。

船舶未能保持与交船时相同的良好状态的，承租人应当负责修复或者给予赔偿。

第一百四十三条 经合理计算，完成最后航次的日期约为合同约定的还船日期，但可能超过合同约定的还船日期的，承租人有权超期用船以完成该航次。超期期间，承租人应当按照合同约定的租金率支付租金；市场的租金率高于合同约定的租金率的，承租人应当按照市场租金率支付租金。

第三节 光船租赁合同

第一百四十四条 光船租赁合同，是指船舶出租人向承租人提供不配备船员的船舶，在约定的期间内由承租人占有、使用和营运，并向出租人支付租金的合同。

第一百四十五条 光船租赁合同的内容，主要包括出租人和承租人的名称、船名、船籍、船级、吨位、容积、航区、用途、租船期间、交船和还船的时间和地点以及条件、船舶检验、船舶的保养维修、租金及其支付、船舶保险、合同解除的时间和条件，以及其他有关事项。

第一百四十六条 出租人应当在合同约定的港口或者地点，按照合同约定的时间，向承租人交付船舶以及船舶证书。交船时，出租人应当做到谨慎处理，使船舶适航。交付的船舶应当适于合同约定的用途。

出租人违反前款规定的，承租人有权解除合同，并有权要求赔偿因此遭受的损失。

第一百四十七条 在光船租赁期间，承租人负责船舶的保养、维修。

第一百四十八条 在光船租赁期间，承租人应当按照合同约定的船舶价值，以出租人同意的保险方式为船舶进行保险，并负担保险费用。

第一百四十九条 在光船租赁期间，因承租人对船舶占有、使用和营运的原因使出租人的利益受到影响或者遭受损失的，承租人应当负责消除影响或者赔偿损失。

因船舶所有权争议或者出租人所负的债务致使船舶被扣押的，出租人应当保证承租人的利益不受影响；致使承租人遭受损失的，出租人应当负赔偿责任。

第一百五十条 在光船租赁期间，未经出租人书面同意，承租人不得转让合同的权利和义务或者以光船租赁的方式将船舶进行转租。

第一百五十一条 未经承租人事先书面同意，出租人不得在光船租赁期间对船舶设定抵押权。

出租人违反前款规定，致使承租人遭受损失的，应当负赔偿责任。

第一百五十二条 承租人应当按照合同约定支付租金。承租人未按照合同约定的时间支付租金连续超过 7 日的，出租人有权解除合同，并有权要求赔偿因此遭受的损失。

船舶发生灭失或者失踪的，租金应当自船舶灭失或者得知其最后消息之日起停止支付，预付租金应当按照比例退还。

第一百五十三条 本法第一百三十四条、第一百三十五条第一款、第一百四十二条和第一百四十三条的规定，适用于光船租赁合同。

第一百五十四条 订有租购条款的光船租赁合同，承租人按照合同约定向出租人付清租购费时，船舶所有权即归于承租人。

第七章 海上拖航合同

第一百五十五条 海上拖航合同，是指承拖方用拖轮将被拖物经海路从一地拖至另一地，而由被拖方支付拖航费的合同。

本章规定不适用于在港区内对船舶提供的拖轮服务。

第一百五十六条 海上拖航合同应当书面订立。海上拖航合同的内容，主要包括承拖方和被拖方的名称和住所、拖轮和被拖物的名称和主要尺度、拖轮马力、起拖地和目的地、起拖日期、拖航费及其支付方式，以及其他有关事项。

第一百五十七条 承拖方在起拖前和起拖当时，应当谨慎处理，使拖轮处于适航、适拖状态，妥善配备船员，配置拖航索具和配备供应品以及该航次必备的其他装置、设备。

被拖方在起拖前和起拖当时，应当做好被拖物的拖航准备，谨慎处理，使被拖物处于适拖状态，并向承拖方如实说明被拖物的情况，提供有关检验机构签发的被拖物适合拖航的证书和有关文件。

第一百五十八条 起拖前，因不可抗力或者其他不能归责于双方的原因致使合同不能履行的，双方均可以解除合同，并互相不负赔偿责任。除合同另有约定外，拖航费已经支付的，承拖方应当退还给被拖方。

第一百五十九条 起拖后，因不可抗力或者其他不能归责于双方的原因致使合同不能继续履行的，双方均可以解除合同，并互相不负赔偿责任。

第一百六十条 因不可抗力或者其他不能归责于双方的原因致使被拖物不能拖至目的地的，除合同另有约定外，承拖方可以在目的地的邻近地点或者拖轮船长选定的安全的港口或者锚泊地，将被拖物移交给被拖方或者其代理人，视为已经履行合同。

第一百六十一条 被拖方未按照约定支付拖航费和其他合理费用的，承拖方对被拖物有留置权。

第一百六十二条 在海上拖航过程中，承拖方或者被拖方遭受的损失，由一方的过失造成的，有过失的一方应当负赔偿责任；由双方过失造成的，各方按照过失程度的比例负赔偿责任。

虽有前款规定，经承拖方证明，被拖方的损失是由于下列原因之一造成的，承拖方不负赔偿责任：

（一）拖轮船长、船员、引航员或者承拖方的其他受雇人、代理人在驾驶拖轮或者管理拖轮中的过失；

（二）拖轮在海上救助或者企图救助人命或者财产时的过失。

本条规定仅在海上拖航合同没有约定或者没有不同约定时适用。

第一百六十三条 在海上拖航过程中，由于承拖方或者被拖方的过失，造成第三人人身伤亡或者财产损失的，承拖方和被拖方对第三人负连带赔偿责任。除合同另有约定外，一方连带支付的赔偿超过其应当承担的比例的，对另一方有追偿权。

第一百六十四条 拖轮所有人拖带其所有的或者经营的驳船载运货物，经海路由一港运至另一港的，视为海上货物运输。

第八章 船舶碰撞

第一百六十五条 船舶碰撞，是指船舶在海上或者与海相通的可航水域发生接触造成损害的事故。

前款所称船舶，包括与本法第三条所指船舶碰撞的任何其他非用于军事的或者政府公务的船艇。

第一百六十六条 船舶发生碰撞，当事船舶的船长在不严重危及本船和船上人员安全的情况下，对于相碰的船舶和船上人员必须尽力施救。

碰撞船舶的船长应当尽可能将其船舶名称、船籍港、出发港和目的港通知对方。

第一百六十七条 船舶发生碰撞，是由于不可抗力或者其他不能归责于任何一方的原因或者无法查明的原因造成的，碰撞各方互相不负赔偿责任。

第一百六十八条 船舶发生碰撞，是由于一船的过失造成的，由有过失的船舶负赔偿责任。

第一百六十九条 船舶发生碰撞，碰撞的船舶互有过失的，各船按照过失程度的比例负赔偿责任；过失程度相当或者过失程度的比例无法判定的，平均负赔偿责任。

互有过失的船舶，对碰撞造成的船舶以及船上货物和其他财产的损失，依照前款规定的比例负赔偿责任。碰撞造成第三人财产损失的，各船的赔偿责任均不超过其应当承担的比例。

互有过失的船舶，对造成的第三人的人身伤亡，负连带赔偿责任。一船连带支付的赔偿超过本条第一款规定的比例的，有权向其他有过失的船舶追偿。

第一百七十条 船舶因操纵不当或者不遵守航行规章，虽然实际上没有同其他船舶发生碰撞，但是使其他船舶以及船上的人员、货物或者其他财产遭受损失的，适用本章的规定。

第九章 海难救助

第一百七十一条 本章规定适用于在海上或者与海相通的可航水域，对遇险的船舶和其他财产进行的救助。

第一百七十二条 本章下列用语的含义：

(一)“船舶”，是指本法第三条所称的船舶和与其发生救助关系的任何其他非用于军事的或者政府公务的船艇。

(二)“财产”，是指非永久地和非有意地依附于岸线的任何财产，包括有风险的运费。

(三)“救助款项”，是指依照本章规定，被救助方应当向救助方支付的任何救助报酬、酬金或者补偿。

第一百七十三条 本章规定，不适用于海上已经就位的从事海底矿物资源的勘探、开发或者生产的固定式、浮动式平台和移动式近海钻井装置。

第一百七十四条 船长在不严重危及本船和船上人员安全的情况下，有义务尽力救助海上人命。

第一百七十五条 救助方与被救助方就海难救助达成协议，救助合同成立。

遇险船舶的船长有权代表船舶所有人订立救助合同。遇险船舶的船长或者船舶所有人有权代表船上财产所有人订立救助合同。

第一百七十六条 有下列情形之一，经一方当事人起诉或者双方当事人协议仲裁的，受理争议的法院或者仲裁机构可以判决或者裁决变更救助合同：

(一)合同在不正当的或者危险情况的影响下订立，合同条款显失公平的；

(二)根据合同支付的救助款项明显过高或者过低于实际提供的救助服务的。

第一百七十七条 在救助作业过程中，救助方对被救助方负有下列义务：

(一)以应有的谨慎进行救助；

(二)以应有的谨慎防止或者减少环境污染损害；

(三)在合理需要的情况下，寻求其他救助方援助；

(四)当被救助方合理地要求其他救助方参与救助作业时，接受此种要求，但是要求不合理的，原救助方的救助报酬金额不受影响。

第一百七十八条 在救助作业过程中，被救助方对救助方负有下列义务：

(一)与救助方通力合作；

(二)以应有的谨慎防止或者减少环境污染损害；

(三)当获救的船舶或者其他财产已经被送至安全地点时，及时接受救助方提出的合理的移交要求。

第一百七十九条 救助方对遇险的船舶和其他财产的救助，取得效果的，有权获得救助报酬；救助未取得效果的，除本法第一百八十二条或者其他法律另有规定或者合同另有约定外，无权获得救助款项。

第一百八十条 确定救助报酬，应当体现对救助作业的鼓励，并综合考虑下列各项因素：

（一）船舶和其他财产的获救的价值；

（二）救助方在防止或者减少环境污染损害方面的技能和努力；

（三）救助方的救助成效；

（四）危险的性质和程度；

（五）救助方在救助船舶、其他财产和人命方面的技能和努力；

（六）救助方所用的时间、支出的费用和遭受的损失；

（七）救助方或者救助设备所冒的责任风险和其他风险；

（八）救助方提供救助服务的及时性；

（九）用于救助作业的船舶和其他设备的可用性和使用情况；

（十）救助设备的备用状况、效能和设备的价值。

救助报酬不得超过船舶和其他财产的获救价值。

第一百八十一条 船舶和其他财产的获救价值，是指船舶和其他财产获救后的估计价值或者实际出卖的收入，扣除有关税款和海关、检疫、检验费用以及进行卸载、保管、估价、出卖而产生的费用后的价值。

前款规定的价值不包括船员的获救的私人物品和旅客的获救的自带行李的价值。

第一百八十二条 对构成环境污染损害危险的船舶或者船上货物进行的救助，救助方依照本法第一百八十条规定获得的救助报酬，少于依照本条规定可以得到的特别补偿的，救助方有权依照本条规定，从船舶所有人处获得相当于救助费用的特别补偿。

救助人进行前款规定的救助作业，取得防止或者减少环境污染损害效果的，船舶所有人依照前款规定应当向救助方支付的特别补偿可以另行增加，增加的数额可以达到救助费用的30%。受理争议的法院或者仲裁机构认为适当，并且考虑到本法第一百八十条第一款的规定，可以判决或者裁决进一步增加特别补偿数额；但是，在任何情况下，增加部分不得超过救助费用的100%。

本条所称救助费用，是指救助方在救助作业中直接支付的合理费用以及实际使用救助设备、投入救助人员的合理费用。确定救助费用应当考虑本法第一百八十条第一款第（八）、（九）、（十）项的规定。

在任何情况下，本条规定的全部特别补偿，只有在超过救助方依照本法第一百八十条规定能够获得的救助报酬时，方可支付，支付金额为特别补偿超过救助报酬的差额部分。

由于救助方的过失未能防止或者减少环境污染损害的，可以全部或者部分地剥夺救助方获得特别补偿的权利。

本条规定不影响船舶所有人对其他被救助方的追偿权。

第一百八十三条 救助报酬的金额，应当由获救的船舶和其他财产的各所有人，按照船舶和其他各项财产各自的获救价值占全部获救价值的比例承担。

第一百八十四条 参加同一救助作业的各救助方的救助报酬，应当根据本法第一百八十条规定的标准，由各方协商确定；协商不成的，可以提请受理争议的法院判决或者经各方协议提请仲裁机构裁决。

第一百八十五条 在救助作业中救助人命的救助方，对获救人员不得请求酬金，但是有权从救助船舶或者其他财产、防止或者减少环境污染损害的救助方获得的救助款项中，获得合理的份额。

第一百八十六条 下列救助行为无权获得救助款项：

(一) 正常履行拖航合同或者其他服务合同的义务进行救助的，但是提供不属于履行上述义务的特殊劳务除外；

(二) 不顾遇险的船舶的船长、船舶所有人或者其他财产所有人明确的和合理的拒绝，仍然进行救助的。

第一百八十七条 由于救助方的过失致使救助作业成为必需或者更加困难的，或者救助方有欺诈或者其他不诚实行为的，应当取消或者减少向救助方支付的救助款项。

第一百八十八条 被救助方在救助作业结束后，应当根据救助方的要求，对救助款项提供满意的担保。

在不影响前款规定的情况下，获救船舶的船舶所有人应当在获救的货物交还前，尽力使货物的所有人对其应当承担的救助款项提供满意的担保。

在未根据救助人的要求对获救的船舶或者其他财产提供满意的担保以前，未经救助方同意，不得将获救的船舶和其他财产从救助作业完成后最初到达的港口或者地点移走。

第一百八十九条 受理救助款项请求的法院或者仲裁机构，根据具体情况，在合理的条件下，可以裁定或者裁决被救助方向救助方先行支付适当的金额。

被救助方根据前款规定先行支付金额后，其根据本法第一百八十八条规定提供的担保金额应当相应扣减。

第一百九十条 对于获救满 90 日的船舶和其他财产，如果被救助方不支付救助款项也不提供满意的担保，救助方可以申请法院裁定强制拍卖；对于无法保管、不易保管或者保管费用可能超过其价值的获救的船舶和其他财产，可以申请提前拍卖。

拍卖所得价款，在扣除保管和拍卖过程中的一切费用后，依照本法规定支付救助款项；剩余的金额，退还被救助方；无法退还、自拍卖之日起满 1 年又无人认领的，上缴国库；不足的金额，救助方有权向被救助方追偿。

第一百九十一条 同一船舶所有人的船舶之间进行的救助，救助方获得救助款项的权利适用本章规定。

第一百九十二条 国家有关主管机关从事或者控制的救助作业，救助方有权享受本章规定的关于救助作业的权利和补偿。

第十章 共同海损

第一百九十三条 共同海损，是指在同一海上航程中，船舶、货物和其他财产遭遇共同危险，为了共同安全，有意地合理地采取措施所直接造成的特殊牺牲、支付的特殊费用。

无论在航程中或者在航程结束后发生的船舶或者货物因迟延所造成的损失，包括船期损失和行市损失以及其他间接损失，均不得列入共同海损。

第一百九十四条 船舶因发生意外、牺牲或者其他特殊情况而损坏时，为了安全完成本航程，驶入避难港口、避难地点或者驶回装货港口、装货地点进行必要的修理，在该港口或者地点额外停留期间所支付的港口费，船员工资、给养，船舶所消耗的燃料、物料，为修理而卸载、储存、重装或者搬移船上货物、燃料、物料以及其他财产所造成的损失、支付的费用，应当列入共同海损。

第一百九十五条 为代替可以列为共同海损的特殊费用而支付的额外费用，可以作为代替费用列入共同海损；但是，列入共同海损的代替费用的金额，不得超过被代替的共同海损的特殊费用。

第一百九十六条 提出共同海损分摊请求的一方应当负举证责任，证明其损失应当列入共同海损。

第一百九十七条 引起共同海损特殊牺牲、特殊费用的事故，可能是由航程中一方的过失造成的，不影响该方要求分摊共同海损的权利；但是，非过失方或者过失方可以就此项过失提出赔偿请求或者进行抗辩。

第一百九十八条 船舶、货物和运费的共同海损牺牲的金额，依照下列规定确定：

（一）船舶共同海损牺牲的金额，按照实际支付的修理费，减除合理的以新换旧的扣减额计算。船舶尚未修理的，按照牺牲造成的合理贬值计算，但是不得超过估计的修理费。

船舶发生实际全损或者修理费用超过修复后的船舶价值的，共同海损牺牲金额按照该船舶在完好状态下的估计价值，减除不属于共同海损损坏的估计的修理费和该船舶受损后的价值的余额计算。

（二）货物共同海损牺牲的金额，货物灭失的，按照货物在装船时的价值加保险费加运费，减除由于牺牲无需支付的运费计算。货物损坏，在就损坏程度达成协议前售出的，按照货物在装船时的价值加保险费加运费，与出售货物净得的差额计算。

（三）运费共同海损牺牲的金额，按照货物遭受牺牲造成的运费的损失金额，减除为取得这笔运费本应支付，但是由于牺牲无需支付的营运费用计算。

第一百九十九条 共同海损应当由受益方按照各自的分摊价值的比例分摊。

船舶、货物和运费的共同海损分摊价值，分别依照下列规定确定：

（一）船舶共同海损分摊价值，按照船舶在航程终止时的完好价值，减除不属于共同海损的损失金额计算，或者按照船舶在航程终止时的实际价值，加上共同海损牺牲的金额计算。

（二）货物共同海损分摊价值，按照货物在装船时的价值加保险费加运费，减除不属于共同海损的损失金额和承运人承担风险的运费计算。货物在抵达目的港以前售出的，按照出售净得金额，加上共同海损牺牲的金额计算。

旅客的行李和私人物品，不分摊共同海损。

（三）运费分摊价值，按照承运人承担风险并于航程终止时有权收取的运费，减除为取得该项运费而在共同海损事故发生后，为完成本航程所支付的营运费用，加上共同海损牺牲的金额计算。

第二百条 未申报的货物或者谎报的货物，应当参加共同海损分摊；其遭受的特殊牺牲，不得列入共同海损。

不正当地以低于货物实际价值作为申报价值的，按照实际价值分摊共同海损；在发生共同海损牺牲时，按照申报价值计算牺牲金额。

第二百零一条 对共同海损特殊牺牲和垫付的共同海损特殊费用，应当计算利息。对垫付的共同海损特殊费用，除船员工资、给养和船舶消耗的燃料、物料外，应当计算手续费。

第二百零二条 经利益关系人要求，各分摊方应当提供共同海损担保。

以提供保证金方式进行共同海损担保的，保证金应当交由海损理算师以保管人名义存入银行。

保证金的提供、使用或者退还，不影响各方最终的分摊责任。

第二百零三条 共同海损理算，适用合同约定的理算规则；合同未约定的，适用本章的规定。

第十一章 海事赔偿责任限制

第二百零四条 船舶所有人、救助人，对本法第二百零七条所列海事赔偿请求，可以依照本章规定限制赔偿责任。

前款所称的船舶所有人，包括船舶承租人和船舶经营人。

第二百零五条 本法第二百零七条所列海事赔偿请求，不是向船舶所有人、救助人本人提出，而是向他们对其行为、过失负有责任的人员提出的，这些人员可以依照本章规定限制赔偿责任。

第二百零六条 被保险人依照本章规定可以限制赔偿责任的，对该海事赔偿请求承担责任的保险人，有权依照本章规定享受相同的赔偿责任限制。

第二百零七条 下列海事赔偿请求，除本法第二百零八条和第二百零九条另有规定外，无论赔偿责任的基础有何不同，责任人均可以依照本章规定限制赔偿责任：

（一）在船上发生的或者与船舶营运、救助作业直接相关的人身伤亡或者财产的灭失、损坏，包括对港口工程、港池、航道和助航设施造成的损坏，以及由此引起的相应损失的赔偿请求；

（二）海上货物运输因迟延交付或者旅客及其行李运输因迟延到达造成损失的赔偿请求；

(三)与船舶营运或者救助作业直接相关的，侵犯非合同权利的行为造成其他损失的赔偿请求；

(四)责任人以外的其他人，为避免或者减少责任人依照本章规定可以限制赔偿责任的损失而采取措施的赔偿请求，以及因此项措施造成进一步损失的赔偿请求。

前款所列赔偿请求，无论提出的方式有何不同，均可以限制赔偿责任。但是，第(四)项涉及责任人以合同约定支付的报酬，责任人的支付责任不得援用本条赔偿责任限制的规定。

第二百零八条 本章规定不适用于下列各项：

(一)对救助款项或者共同海损分摊的请求；

(二)中华人民共和国参加的国际油污损害民事责任公约规定的油污损害的赔偿请求；

(三)中华人民共和国参加的国际核能损害责任限制公约规定的核能损害的赔偿请求；

(四)核动力船舶造成的核能损害的赔偿请求；

(五)船舶所有人或者救助人的受雇人提出的赔偿请求，根据调整劳务合同的法律，船舶所有人或者救助人对该类赔偿请求无权限制赔偿责任，或者该项法律作了高于本章规定的赔偿限额的规定。

第二百零九条 经证明，引起赔偿请求的损失是由于责任人的故意或者明知可能造成损失而轻率地作为或者不作为造成的，责任人无权依照本章规定限制赔偿责任。

第二百一十条 除本法第二百一十一条另有规定外，海事赔偿责任限制，依照下列规定计算赔偿限额：

(一)关于人身伤亡的赔偿请求

1. 总吨位300吨至500吨的船舶，赔偿限额为333000计算单位；

2. 总吨位超过500吨的船舶，500吨以下部分适用本项第1目的规定，500吨以上的部分，应当增加下列数额：

501吨至3000吨的部分，每吨增加500计算单位；

3001吨至30000吨的部分，每吨增加333计算单位；

30001吨至70000吨的部分，每吨增加250计算单位；

超过70000吨的部分，每吨增加167计算单位。

(二)关于非人身伤亡的赔偿请求

1. 总吨位300吨至500吨的船舶，赔偿限额为167000计算单位；

2. 总吨位超过500吨的船舶，500吨以下部分适用本项第1目的规定，500吨以上的部分，应当增加下列数额：

501吨至30000吨的部分，每吨增加167计算单位；

30001吨至70000吨的部分，每吨增加125计算单位；

超过70000吨的部分，每吨增加83计算单位。

(三)依照第(一)项规定的限额，不足以支付全部人身伤亡的赔偿请求的，其差额应当与非人身伤亡的赔偿请求并列，从第(二)项数额中按照比例受偿。

(四)在不影响第(三)项关于人身伤亡赔偿请求的情况下，就港口工程、港池、航道和助航设施的损害提出的赔偿请求，应当较第(二)项中的其他赔偿请求优先受偿。

(五)不以船舶进行救助作业或者在被救船舶上进行救助作业的救助人，其责任限额按照总吨位为1500吨的船舶计算。

总吨位不满300吨的船舶，从事中华人民共和国港口之间的运输的船舶，以及从事沿海作业的船舶，其赔偿限额由国务院交通主管部门制定，报国务院批准后施行。

第二百一十一条 海上旅客运输的旅客人身伤亡赔偿责任限制，按照46666计算单位乘以船舶证书规定的载客定额计算赔偿限额，但是最高不超过25000000计算单位。

中华人民共和国港口之间海上旅客运输的旅客人身伤亡，赔偿限额由国务院交通主管部门制定，报国务院批准后施行。

第二百一十二条 本法第二百一十条和第二百一十一条规定的赔偿限额，适用于特定场合发生的事故引起的，向船舶所有人、救助人本人和他们对其行为、过失负有责任的人员提出的请求的总额。

第二百一十三条 责任人要求依照本法规定限制赔偿责任的，可以在有管辖权的法院设立责任限制基金。基金数额分别为本法第二百一十条、第二百一十一条规定的限额，加上自责任产生之日起至基金设立之日止的相应利息。

第二百一十四条 责任人设立责任限制基金后，向责任人提出请求的任何人，不得对责任人的任何财产行使任何权利；已设立责任限制基金的责任人的船舶或者其他财产已经被扣押，或者基金设立人已经提交抵押物的，法院应当及时下令释放或者责令退还。

第二百一十五条 享受本章规定的责任限制的人，就同一事故向请求人提出反请求的，双方的请求金额应当相互抵销，本章规定的赔偿限额仅适用于两个请求金额之间的差额。

第十二章 海上保险合同

第一节 一般规定

第二百一十六条 海上保险合同，是指保险人按照约定，对被保险人遭受保险事故造成保险标的的损失和产生的责任负责赔偿，而由被保险人支付保险费的合同。

前款所称保险事故，是指保险人与被保险人约定的任何海上事故，包括与海上航行有关的发生于内河或者陆上的事故。

第二百一十七条 海上保险合同的内容，主要包括下列各项：

(一)保险人名称；

(二)被保险人名称；

(三)保险标的；

（四）保险价值；

（五）保险金额；

（六）保险责任和除外责任；

（七）保险期间；

（八）保险费。

第二百一十八条 下列各项可以作为保险标的：

（一）船舶；

（二）货物；

（三）船舶营运收入，包括运费、租金、旅客票款；

（四）货物预期利润；

（五）船员工资和其他报酬；

（六）对第三人的责任；

（七）由于发生保险事故可能受到损失的其他财产和产生的责任、费用。

保险人可以将对前款保险标的的保险进行再保险。除合同另有约定外，原被保险人不得享有再保险的利益。

第二百一十九条 保险标的的保险价值由保险人与被保险人约定。

保险人与被保险人未约定保险价值的，保险价值依照下列规定计算：

（一）船舶的保险价值，是保险责任开始时船舶的价值，包括船壳、机器、设备的价值，以及船上燃料、物料、索具、给养、淡水的价值和保险费的总和；

（二）货物的保险价值，是保险责任开始时货物在起运地的发票价格或者非贸易商品在起运地的实际价值以及运费和保险费的总和；

（三）运费的保险价值，是保险责任开始时承运人应收运费总额和保险费的总和；

（四）其他保险标的的保险价值，是保险责任开始时保险标的的实际价值和保险费的总和。

第二百二十条 保险金额由保险人与被保险人约定。保险金额不得超过保险价值；超过保险价值的，超过部分无效。

第二节 合同的订立、解除和转让

第二百二十一条 被保险人提出保险要求，经保险人同意承保，并就海上保险合同的条款达成协议后，合同成立。保险人应当及时向被保险人签发保险单或者其他保险单证，并在保险单或者其他保险单证中载明当事人双方约定的合同内容。

第二百二十二条 合同订立前，被保险人应当将其知道的或者在通常业务中应当知道的有关影响保险人据以确定保险费率或者确定是否同意承保的重要情况，如实告知保险人。

保险人知道或者在通常业务中应当知道的情况，保险人没有询问的，被保险人无需告知。

第二百二十三条 由于被保险人的故意，未将本法第二百二十二条第一款规定的重要情况如实告知保险人的，保险人有权解除合同，并不退还保险费。合同解除前发生保险事故造成损失的，保险人不负赔偿责任。

不是由于被保险人的故意，未将本法第二百二十二条第一款规定的重要情况如实告知保险人的，保险人有权解除合同或者要求相应增加保险费。保险人解除合同的，对于合同解除前发生保险事故造成的损失，保险人应当负赔偿责任；但是，未告知或者错误告知的重要情况对保险事故的发生有影响的除外。

第二百二十四条 订立合同时，被保险人已经知道或者应当知道保险标的已经因发生保险事故而遭受损失的，保险人不负赔偿责任，但是有权收取保险费；保险人已经知道或者应当知道保险标的已经不可能因发生保险事故而遭受损失的，被保险人有权收回已经支付的保险费。

第二百二十五条 被保险人对同一保险标的就同一保险事故向几个保险人重复订立合同，而使该保险标的的保险金额总和超过保险标的的价值的，除合同另有约定外，被保险人可以向任何保险人提出赔偿请求。被保险人获得的赔偿金额总和不得超过保险标的的受损价值。各保险人按照其承保的保险金额同保险金额总和的比例承担赔偿责任。任何一个保险人支付的赔偿金额超过其应当承担的赔偿责任的，有权向未按照其应当承担的赔偿责任支付赔偿金额的保险人追偿。

第二百二十六条 保险责任开始前，被保险人可以要求解除合同，但是应当向保险人支付手续费，保险人应当退还保险费。

第二百二十七条 除合同另有约定外，保险责任开始后，被保险人和保险人均不得解除合同。

根据合同约定在保险责任开始后可以解除合同的，被保险人要求解除合同，保险人有权收取自保险责任开始之日起至合同解除之日止的保险费，剩余部分予以退还；保险人要求解除合同，应当将自合同解除之日起至保险期间届满之日止的保险费退还被保险人。

第二百二十八条 虽有本法第二百二十七条规定，货物运输和船舶的航次保险，保险责任开始后，被保险人不得要求解除合同。

第二百二十九条 海上货物运输保险合同可以由被保险人背书或者以其他方式转让，合同的权利、义务随之转移。合同转让时尚未支付保险费的，被保险人和合同受让人负连带支付责任。

第二百三十条 因船舶转让而转让船舶保险合同的，应当取得保险人同意。未经保险人同意，船舶保险合同从船舶转让时起解除；船舶转让发生在航次之中的，船舶保险合同至航次终了时解除。

合同解除后，保险人应当将自合同解除之日起至保险期间届满之日止的保险费退还被保险人。

第二百三十一条 被保险人在一定期间分批装运或者接受货物的，可以与保险人订立预约保险合同。预约保险合同应当由保险人签发预约保险单证加以确认。

第二百三十二条 应被保险人要求，保险人应当对依据预约保险合同分批装运的货物分别签发保险单证。

保险人分别签发的保险单证的内容与预约保险单证的内容不一致的，以分别签发的保险单证为准。

第二百三十三条 被保险人知道经预约保险合同保险的货物已经装运或者到达的情况时，应当立即通知保险人。通知的内容包括装运货物的船名、航线、货物价值和保险金额。

第三节 被保险人的义务

第二百三十四条 除合同另有约定外，被保险人应当在合同订立后立即支付保险费；被保险人支付保险费前，保险人可以拒绝签发保险单证。

第二百三十五条 被保险人违反合同约定的保证条款时，应当立即书面通知保险人。保险人收到通知后，可以解除合同，也可以要求修改承保条件、增加保险费。

第二百三十六条 一旦保险事故发生，被保险人应当立即通知保险人，并采取必要的合理措施，防止或者减少损失。被保险人收到保险人发出的有关采取防止或者减少损失的合理措施的特别通知的，应当按照保险人通知的要求处理。

对于被保险人违反前款规定所造成的扩大的损失，保险人不负赔偿责任。

第四节 保险人的责任

第二百三十七条 发生保险事故造成损失后，保险人应当及时向被保险人支付保险赔偿。

第二百三十八条 保险人赔偿保险事故造成的损失，以保险金额为限。保险金额低于保险价值的，在保险标的发生部分损失时，保险人按照保险金额与保险价值的比例负赔偿责任。

第二百三十九条 保险标的在保险期间发生几次保险事故所造成的损失，即使损失金额的总和超过保险金额，保险人也应当赔偿。但是，对发生部分损失后未经修复又发生全部损失的，保险人按照全部损失赔偿。

第二百四十条 被保险人为防止或者减少根据合同可以得到赔偿的损失而支出的必要的合理费用，为确定保险事故的性质、程度而支出的检验、估价的合理费用，以及为执行保险人的特别通知而支出的费用，应当由保险人在保险标的损失赔偿之外另行支付。

保险人对前款规定的费用的支付，以相当于保险金额的数额为限。

保险金额低于保险价值的，除合同另有约定外，保险人应当按照保险金额与保险价值的比例，支付本条规定的费用。

第二百四十一条 保险金额低于共同海损分摊价值的，保险人按照保险金额同分摊价值的比例赔偿共同海损分摊。

第二百四十二条 对于被保险人故意造成的损失，保险人不负赔偿责任。

第二百四十三条 除合同另有约定外，因下列原因之一造成货物损失的，保险人不负赔偿责任：

（一）航行迟延、交货迟延或者行市变化；

（二）货物的自然损耗、本身的缺陷和自然特性；

(三) 包装不当。

第二百四十四条 除合同另有约定外，因下列原因之一造成保险船舶损失的，保险人不负赔偿责任：

(一) 船舶开航时不适航，但是在船舶定期保险中被保险人不知道的除外；

(二) 船舶自然磨损或者锈蚀。

运费保险比照适用本条的规定。

第五节 保险标的的损失和委付

第二百四十五条 保险标的发生保险事故后灭失，或者受到严重损坏完全失去原有形体、效用，或者不能再归被保险人所拥有的，为实际全损。

第二百四十六条 船舶发生保险事故后，认为实际全损已经不可避免，或者为避免发生实际全损所需支付的费用超过保险价值的，为推定全损。

货物发生保险事故后，认为实际全损已经不可避免，或者为避免发生实际全损所需支付的费用与继续将货物运抵目的地的费用之和超过保险价值的，为推定全损。

第二百四十七条 不属于实际全损和推定全损的损失，为部分损失。

第二百四十八条 船舶在合理时间内未从被获知最后消息的地点抵达目的地，除合同另有约定外，满两个月后仍没有获知其消息的，为船舶失踪。船舶失踪视为实际全损。

第二百四十九条 保险标的发生推定全损，被保险人要求保险人按照全部损失赔偿的，应当向保险人委付保险标的。保险人可以接受委付，也可以不接受委付，但是应当在合理的时间内将接受委付或者不接受委付的决定通知被保险人。

委付不得附带任何条件。委付一经保险人接受，不得撤回。

第二百五十条 保险人接受委付的，被保险人对委付财产的全部权利和义务转移给保险人。

第六节 保险赔偿的支付

第二百五十一条 保险事故发生后，保险人向被保险人支付保险赔偿前，可以要求被保险人提供与确认保险事故性质和损失程度有关的证明和资料。

第二百五十二条 保险标的发生保险责任范围内的损失是由第三人造成的，被保险人向第三人要求赔偿的权利，自保险人支付赔偿之日起，相应转移给保险人。

被保险人应当向保险人提供必要的文件和其所需要知道的情况，并尽力协助保险人向第三人追偿。

第二百五十三条 被保险人未经保险人同意放弃向第三人要求赔偿的权利，或者由于过失致使保险人不能行使追偿权利的，保险人可以相应扣减保险赔偿。

第二百五十四条 保险人支付保险赔偿时，可以从应支付的赔偿额中相应扣减被保险人已经从第三人取得的赔偿。

保险人从第三人取得的赔偿，超过其支付的保险赔偿的，超过部分应当退还给被保险人。

第二百五十五条 发生保险事故后，保险人有权放弃对保险标的的权利，全额支付合同约定的保险赔偿，以解除对保险标的的义务。

保险人行使前款规定的权利，应当自收到被保险人有关赔偿损失的通知之日起的7日内通知被保险人；被保险人在收到通知前，为避免或者减少损失而支付的必要的合理费用，仍然应当由保险人偿还。

第二百五十六条 除本法第二百五十五条的规定外，保险标的发生全损，保险人支付全部保险金额的，取得对保险标的的全部权利；但是，在不足额保险的情况下，保险人按照保险金额与保险价值的比例取得对保险标的的部分权利。

第十三章 时 效

第二百五十七条 就海上货物运输向承运人要求赔偿的请求权，时效期间为1年，自承运人交付或者应当交付货物之日起计算；在时效期间内或者时效期间届满后，被认定为负有责任的人向第三人提起追偿请求的，时效期间为90日，自追偿请求人解决原赔偿请求之日起或者收到受理对其本人提起诉讼的法院的起诉状副本之日起计算。

有关航次租船合同的请求权，时效期间为2年，自知道或者应当知道权利被侵害之日起计算。

第二百五十八条 就海上旅客运输向承运人要求赔偿的请求权，时效期间为2年，分别依照下列规定计算：

(一)有关旅客人身伤害的请求权，自旅客离船或者应当离船之日起计算；

(二)有关旅客死亡的请求权，发生在运送期间的，自旅客应当离船之日起计算；因运送期间内的伤害而导致旅客离船后死亡的，自旅客死亡之日起计算，但是此期限自离船之日起不得超过3年；

(三)有关行李灭失或者损坏的请求权，自旅客离船或者应当离船之日起计算。

第二百五十九条 有关船舶租用合同的请求权，时效期间为2年，自知道或者应当知道权利被侵害之日起计算。

第二百六十条 有关海上拖航合同的请求权，时效期间为1年，自知道或者应当知道权利被侵害之日起计算。

第二百六十一条 有关船舶碰撞的请求权，时效期间为2年，自碰撞事故发生之日起计算；本法第一百六十九条第三款规定的追偿请求权，时效期间为1年，自当事人连带支付损害赔偿之日起计算。

第二百六十二条 有关海难救助的请求权，时效期间为2年，自救助作业终止之日起计算。

第二百六十三条 有关共同海损分摊的请求权，时效期间为1年，自理算结束之日起计算。

第二百六十四条 根据海上保险合同向保险人要求保险赔偿的请求权，时效期间为2年，自保险事故发生之日起计算。

第二百六十五条 有关船舶发生油污损害的请求权，时效期间为3年，自损害发生之日起计算；但是，在任何情况下时效期间不得超过从造成损害的事故发生之日起6年。

第二百六十六条 在时效期间的最后6个月内，因不可抗力或者其他障碍不能行使请求权的，时效中止。自中止时效的原因消除之日起，时效期间继续计算。

第二百六十七条 时效因请求人提起诉讼、提交仲裁或者被请求人同意履行义务而中断。但是，请求人撤回起诉、撤回仲裁或者起诉被裁定驳回的，时效不中断。

请求人申请扣船的，时效自申请扣船之日起中断。

自中断时起，时效期间重新计算。

第十四章 涉外关系的法律适用

第二百六十八条 中华人民共和国缔结或者参加的国际条约同本法有不同规定的，适用国际条约的规定；但是，中华人民共和国声明保留的条款除外。

中华人民共和国法律和中华人民共和国缔结或者参加的国际条约没有规定的，可以适用国际惯例。

第二百六十九条 合同当事人可以选择合同适用的法律，法律另有规定的除外。合同当事人没有选择的，适用与合同有最密切联系的国家的法律。

第二百七十条 船舶所有权的取得、转让和消灭，适用船旗国法律。

第二百七十一条 船舶抵押权适用船旗国法律。

船舶在光船租赁以前或者光船租赁期间，设立船舶抵押权的，适用原船舶登记国的法律。

第二百七十二条 船舶优先权，适用受理案件的法院所在地法律。

第二百七十三条 船舶碰撞的损害赔偿，适用侵权行为地法律。

船舶在公海上发生碰撞的损害赔偿，适用受理案件的法院所在地法律。

同一国籍的船舶，不论碰撞发生于何地，碰撞船舶之间的损害赔偿适用船旗国法律。

第二百七十四条 共同海损理算，适用理算地法律。

第二百七十五条 海事赔偿责任限制，适用受理案件的法院所在地法律。

第二百七十六条 依照本章规定适用外国法律或者国际惯例，不得违背中华人民共和国的社会公共利益。

第十五章 附 则

第二百七十七条 本法所称计算单位，是指国际货币基金组织规定的特别提款权；其人民币数额为法院判决之日、仲裁机构裁决之日或者当事人协议之日，按照国家外汇主管机关规定的国际货币基金组织的特别提款权对人民币的换算办法计算得出的人民币数额。

第二百七十八条 本法自1993年7月1日起施行。

中华人民共和国侵权责任法

（2009 年 12 月 26 日第十一届全国人民代表大会常务委员会第十二次会议通过　2009 年 12 月 26 日中华人民共和国主席令第 21 号公布　自 2010 年 7 月 1 日起施行）

第一章　一般规定

第一条　为保护民事主体的合法权益，明确侵权责任，预防并制裁侵权行为，促进社会和谐稳定，制定本法。

第二条　侵害民事权益，应当依照本法承担侵权责任。

本法所称民事权益，包括生命权、健康权、姓名权、名誉权、荣誉权、肖像权、隐私权、婚姻自主权、监护权、所有权、用益物权、担保物权、著作权、专利权、商标专用权、发现权、股权、继承权等人身、财产权益。

第三条　被侵权人有权请求侵权人承担侵权责任。

第四条　侵权人因同一行为应当承担行政责任或者刑事责任的，不影响依法承担侵权责任。

因同一行为应当承担侵权责任和行政责任、刑事责任，侵权人的财产不足以支付的，先承担侵权责任。

第五条　其他法律对侵权责任另有特别规定的，依照其规定。

第二章　责任构成和责任方式

第六条　行为人因过错侵害他人民事权益，应当承担侵权责任。

根据法律规定推定行为人有过错，行为人不能证明自己没有过错的，应当承担侵权责任。

第七条　行为人损害他人民事权益，不论行为人有无过错，法律规定应当承担侵权责任的，依照其规定。

第八条　二人以上共同实施侵权行为，造成他人损害的，应当承担连带责任。

第九条　教唆、帮助他人实施侵权行为的，应当与行为人承担连带责任。

教唆、帮助无民事行为能力人、限制民事行为能力人实施侵权行为的，应当承担侵权责任；该无民事行为能力人、限制民事行为能力人的监护人未尽到监护责任的，应当承担相应的责任。

第十条　二人以上实施危及他人人身、财产安全的行为，其中一人或者数人的行为造成他人损害，能够确定具体侵权人的，由侵权人承担责任；不能确定具体侵权人的，行为人承担连带责任。

第十一条　二人以上分别实施侵权行为造成同一损害，每个人的侵权行为都足以造成全部损害的，行为人承担连带责任。

第十二条 二人以上分别实施侵权行为造成同一损害，能够确定责任大小的，各自承担相应的责任；难以确定责任大小的，平均承担赔偿责任。

第十三条 法律规定承担连带责任的，被侵权人有权请求部分或者全部连带责任人承担责任。

第十四条 连带责任人根据各自责任大小确定相应的赔偿数额；难以确定责任大小的，平均承担赔偿责任。

支付超出自己赔偿数额的连带责任人，有权向其他连带责任人追偿。

第十五条 承担侵权责任的方式主要有：

(一)停止侵害；

(二)排除妨碍；

(三)消除危险；

(四)返还财产；

(五)恢复原状；

(六)赔偿损失；

(七)赔礼道歉；

(八)消除影响、恢复名誉。

以上承担侵权责任的方式，可以单独适用，也可以合并适用。

第十六条 侵害他人造成人身损害的，应当赔偿医疗费、护理费、交通费等为治疗和康复支出的合理费用，以及因误工减少的收入。造成残疾的，还应当赔偿残疾生活辅助具费和残疾赔偿金。造成死亡的，还应当赔偿丧葬费和死亡赔偿金。

第十七条 因同一侵权行为造成多人死亡的，可以以相同数额确定死亡赔偿金。

第十八条 被侵权人死亡的，其近亲属有权请求侵权人承担侵权责任。被侵权人为单位，该单位分立、合并的，承继权利的单位有权请求侵权人承担侵权责任。

被侵权人死亡的，支付被侵权人医疗费、丧葬费等合理费用的人有权请求侵权人赔偿费用，但侵权人已支付该费用的除外。

第十九条 侵害他人财产的，财产损失按照损失发生时的市场价格或者其他方式计算。

第二十条 侵害他人人身权益造成财产损失的，按照被侵权人因此受到的损失赔偿；被侵权人的损失难以确定，侵权人因此获得利益的，按照其获得的利益赔偿；侵权人因此获得的利益难以确定，被侵权人和侵权人就赔偿数额协商不一致，向人民法院提起诉讼的，由人民法院根据实际情况确定赔偿数额。

第二十一条 侵权行为危及他人人身、财产安全的，被侵权人可以请求侵权人承担停止侵害、排除妨碍、消除危险等侵权责任。

第二十二条 侵害他人人身权益，造成他人严重精神损害的，被侵权人可以请求精神损害赔偿。

第二十三条 因防止、制止他人民事权益被侵害而使自己受到损害的，由侵权人承担责任。侵权人逃逸或者无力承担责任，被侵权人请求补偿的，受益人应当给予适当补偿。

第二十四条 受害人和行为人对损害的发生都没有过错的，可以根据实际情况，由双方分担损失。

第二十五条 损害发生后，当事人可以协商赔偿费用的支付方式。协商不一致的，赔偿费用应当一次性支付；一次性支付确有困难的，可以分期支付，但应当提供相应的担保。

第三章 不承担责任和减轻责任的情形

第二十六条 被侵权人对损害的发生也有过错的，可以减轻侵权人的责任。

第二十七条 损害是因受害人故意造成的，行为人不承担责任。

第二十八条 损害是因第三人造成的，第三人应当承担侵权责任。

第二十九条 因不可抗力造成他人损害的，不承担责任。法律另有规定的，依照其规定。

第三十条 因正当防卫造成损害的，不承担责任。正当防卫超过必要的限度，造成不应有的损害的，正当防卫人应当承担适当的责任。

第三十一条 因紧急避险造成损害的，由引起险情发生的人承担责任。如果危险是由自然原因引起的，紧急避险人不承担责任或者给予适当补偿。紧急避险采取措施不当或者超过必要的限度，造成不应有的损害的，紧急避险人应当承担适当的责任。

第四章 关于责任主体的特殊规定

第三十二条 无民事行为能力人、限制民事行为能力人造成他人损害的，由监护人承担侵权责任。监护人尽到监护责任的，可以减轻其侵权责任。

有财产的无民事行为能力人、限制民事行为能力人造成他人损害的，从本人财产中支付赔偿费用。不足部分，由监护人赔偿。

第三十三条 完全民事行为能力人对自己的行为暂时没有意识或者失去控制造成他人损害有过错的，应当承担侵权责任；没有过错的，根据行为人的经济状况对受害人适当补偿。

完全民事行为能力人因醉酒、滥用麻醉药品或者精神药品对自己的行为暂时没有意识或者失去控制造成他人损害的，应当承担侵权责任。

第三十四条 用人单位的工作人员因执行工作任务造成他人损害的，由用人单位承担侵权责任。

劳务派遣期间，被派遣的工作人员因执行工作任务造成他人损害的，由接受劳务派遣的用工单位承担侵权责任；劳务派遣单位有过错的，承担相应的补充责任。

第三十五条 个人之间形成劳务关系，提供劳务一方因劳务造成他人损害的，由接受劳务一方承担侵权责任。提供劳务一方因劳务自己受到损害的，根据双方各自的过错承担相应的责任。

第三十六条 网络用户、网络服务提供者利用网络侵害他人民事权益的，应当承担侵权责任。

网络用户利用网络服务实施侵权行为的，被侵权人有权通知网络服务提供者采取删除、屏蔽、断开链接等必要措施。网络服务提供者接到通知后未及时采取必要措施的，对损害的扩大部分与该网络用户承担连带责任。

网络服务提供者知道网络用户利用其网络服务侵害他人民事权益，未采取必要措施的，与该网络用户承担连带责任。

第三十七条 宾馆、商场、银行、车站、娱乐场所等公共场所的管理人或者群众性活动的组织者，未尽到安全保障义务，造成他人损害的，应当承担侵权责任。

因第三人的行为造成他人损害的，由第三人承担侵权责任；管理人或者组织者未尽到安全保障义务的，承担相应的补充责任。

第三十八条 无民事行为能力人在幼儿园、学校或者其他教育机构学习、生活期间受到人身损害的，幼儿园、学校或者其他教育机构应当承担责任，但能够证明尽到教育、管理职责的，不承担责任。

第三十九条 限制民事行为能力人在学校或者其他教育机构学习、生活期间受到人身损害，学校或者其他教育机构未尽到教育、管理职责的，应当承担责任。

第四十条 无民事行为能力人或者限制民事行为能力人在幼儿园、学校或者其他教育机构学习、生活期间，受到幼儿园、学校或者其他教育机构以外的人员人身损害的，由侵权人承担侵权责任；幼儿园、学校或者其他教育机构未尽到管理职责的，承担相应的补充责任。

第五章 产品责任

第四十一条 因产品存在缺陷造成他人损害的，生产者应当承担侵权责任。

第四十二条 因销售者的过错使产品存在缺陷，造成他人损害的，销售者应当承担侵权责任。

销售者不能指明缺陷产品的生产者也不能指明缺陷产品的供货者的，销售者应当承担侵权责任。

第四十三条 因产品存在缺陷造成损害的，被侵权人可以向产品的生产者请求赔偿，也可以向产品的销售者请求赔偿。

产品缺陷由生产者造成的，销售者赔偿后，有权向生产者追偿。

因销售者的过错使产品存在缺陷的，生产者赔偿后，有权向销售者追偿。

第四十四条 因运输者、仓储者等第三人的过错使产品存在缺陷，造成他人损害的，产品的生产者、销售者赔偿后，有权向第三人追偿。

第四十五条 因产品缺陷危及他人人身、财产安全的，被侵权人有权请求生产者、销售者承担排除妨碍、消除危险等侵权责任。

第四十六条 产品投入流通后发现存在缺陷的，生产者、销售者应当及时采取警示、召回等补救措施。未及时采取补救措施或者补救措施不力造成损害的，应当承担侵权责任。

第四十七条 明知产品存在缺陷仍然生产、销售，造成他人死亡或者健康严重损害的，被侵权人有权请求相应的惩罚性赔偿。

第六章 机动车交通事故责任

第四十八条 机动车发生交通事故造成损害的，依照道路交通安全法的有关规定承担赔偿责任。

第四十九条 因租赁、借用等情形机动车所有人与使用人不是同一人时，发生交通事故后属于该机动车一方责任的，由保险公司在机动车强制保险责任限额范围内予以赔偿。不足部分，由机动车使用人承担赔偿责任；机动车所有人对损害的发生有过错的，承担相应的赔偿责任。

第五十条 当事人之间已经以买卖等方式转让并交付机动车但未办理所有权转移登记，发生交通事故后属于该机动车一方责任的，由保险公司在机动车强制保险责任限额范围内予以赔偿。不足部分，由受让人承担赔偿责任。

第五十一条 以买卖等方式转让拼装或者已达到报废标准的机动车，发生交通事故造成损害的，由转让人和受让人承担连带责任。

第五十二条 盗窃、抢劫或者抢夺的机动车发生交通事故造成损害的，由盗窃人、抢劫人或者抢夺人承担赔偿责任。保险公司在机动车强制保险责任限额范围内垫付抢救费用的，有权向交通事故责任人追偿。

第五十三条 机动车驾驶人发生交通事故后逃逸，该机动车参加强制保险的，由保险公司在机动车强制保险责任限额范围内予以赔偿；机动车不明或者该机动车未参加强制保险，需要支付被侵权人人身伤亡的抢救、丧葬等费用的，由道路交通事故社会救助基金垫付。道路交通事故社会救助基金垫付后，其管理机构有权向交通事故责任人追偿。

第七章 医疗损害责任

第五十四条 患者在诊疗活动中受到损害，医疗机构及其医务人员有过错的，由医疗机构承担赔偿责任。

第五十五条 医务人员在诊疗活动中应当向患者说明病情和医疗措施。需要实施手术、特殊检查、特殊治疗的，医务人员应当及时向患者说明医疗风险、替代医疗方案等情况，并取得其书面同意；不宜向患者说明的，应当向患者的近亲属说明，并取得其书面同意。

医务人员未尽到前款义务，造成患者损害的，医疗机构应当承担赔偿责任。

第五十六条 因抢救生命垂危的患者等紧急情况，不能取得患者或者其近亲属意见的，经医疗机构负责人或者授权的负责人批准，可以立即实施相应的医疗措施。

第五十七条 医务人员在诊疗活动中未尽到与当时的医疗水平相应的诊疗义务，造成患者损害的，医疗机构应当承担赔偿责任。

第五十八条 患者有损害，因下列情形之一的，推定医疗机构有过错：

(一)违反法律、行政法规、规章以及其他有关诊疗规范的规定；

(二)隐匿或者拒绝提供与纠纷有关的病历资料；

(三)伪造、篡改或者销毁病历资料。

第五十九条 因药品、消毒药剂、医疗器械的缺陷，或者输入不合格的血液造成患者损害的，患者可以向生产者或者血液提供机构请求赔偿，也可以向医疗机构请求赔偿。患者向医疗机构请求赔偿的，医疗机构赔偿后，有权向负有责任的生产者或者血液提供机构追偿。

第六十条 患者有损害，因下列情形之一的，医疗机构不承担赔偿责任：

(一)患者或者其近亲属不配合医疗机构进行符合诊疗规范的诊疗；

(二)医务人员在抢救生命垂危的患者等紧急情况下已经尽到合理诊疗义务；

(三)限于当时的医疗水平难以诊疗。

前款第一项情形中，医疗机构及其医务人员也有过错的，应当承担相应的赔偿责任。

第六十一条 医疗机构及其医务人员应当按照规定填写并妥善保管住院志、医嘱单、检验报告、手术及麻醉记录、病理资料、护理记录、医疗费用等病历资料。

患者要求查阅、复制前款规定的病历资料的，医疗机构应当提供。

第六十二条 医疗机构及其医务人员应当对患者的隐私保密。泄露患者隐私或者未经患者同意公开其病历资料，造成患者损害的，应当承担侵权责任。

第六十三条 医疗机构及其医务人员不得违反诊疗规范实施不必要的检查。

第六十四条 医疗机构及其医务人员的合法权益受法律保护。干扰医疗秩序，妨害医务人员工作、生活的，应当依法承担法律责任。

第八章 环境污染责任

第六十五条 因污染环境造成损害的，污染者应当承担侵权责任。

第六十六条 因污染环境发生纠纷，污染者应当就法律规定的不承担责任或者减轻责任的情形及其行为与损害之间不存在因果关系承担举证责任。

第六十七条 两个以上污染者污染环境，污染者承担责任的大小，根据污染物的种类、排放量等因素确定。

第六十八条 因第三人的过错污染环境造成损害的，被侵权人可以向污染者请求赔偿，也可以向第三人请求赔偿。污染者赔偿后，有权向第三人追偿。

第九章 高度危险责任

第六十九条 从事高度危险作业造成他人损害的，应当承担侵权责任。

第七十条 民用核设施发生核事故造成他人损害的，民用核设施的经营者应当承担侵权责任，但能够证明损害是因战争等情形或者受害人故意造成的，不承担责任。

第七十一条 民用航空器造成他人损害的，民用航空器的经营者应当承担侵权责任，但能够证明损害是因受害人故意造成的，不承担责任。

第七十二条 占有或者使用易燃、易爆、剧毒、放射性等高度危险物造成他人损害的，占有人或者使用人应当承担侵权责任，但能够证明损害是因受害人故意或者不可抗力造成的，不承担责任。被侵权人对损害的发生有重大过失的，可以减轻占有人或者使用人的责任。

第七十三条 从事高空、高压、地下挖掘活动或者使用高速轨道运输工具造成他人损害的，经营者应当承担侵权责任，但能够证明损害是因受害人故意或者不可抗力造成的，不承担责任。被侵权人对损害的发生有过失的，可以减轻经营者的责任。

第七十四条 遗失、抛弃高度危险物造成他人损害的，由所有人承担侵权责任。所有人将高度危险物交由他人管理的，由管理人承担侵权责任；所有人有过错的，与管理人承担连带责任。

第七十五条 非法占有高度危险物造成他人损害的，由非法占有人承担侵权责任。所有人、管理人不能证明对防止他人非法占有尽到高度注意义务的，与非法占有人承担连带责任。

第七十六条 未经许可进入高度危险活动区域或者高度危险物存放区域受到损害，管理人已经采取安全措施并尽到警示义务的，可以减轻或者不承担责任。

第七十七条 承担高度危险责任，法律规定赔偿限额的，依照其规定。

第十章 饲养动物损害责任

第七十八条 饲养的动物造成他人损害的，动物饲养人或者管理人应当承担侵权责任，但能够证明损害是因被侵权人故意或者重大过失造成的，可以不承担或者减轻责任。

第七十九条 违反管理规定，未对动物采取安全措施造成他人损害的，动物饲养人或者管理人应当承担侵权责任。

第八十条 禁止饲养的烈性犬等危险动物造成他人损害的，动物饲养人或者管理人应当承担侵权责任。

第八十一条 动物园的动物造成他人损害的，动物园应当承担侵权责任，但能够证明尽到管理职责的，不承担责任。

第八十二条 遗弃、逃逸的动物在遗弃、逃逸期间造成他人损害的，由原动物饲养人或者管理人承担侵权责任。

第八十三条 因第三人的过错致使动物造成他人损害的，被侵权人可以向动物饲养人或者管理人请求赔偿，也可以向第三人请求赔偿。动物饲养人或者管理人赔偿后，有权向第三人追偿。

第八十四条 饲养动物应当遵守法律，尊重社会公德，不得妨害他人生活。

第十一章 物件损害责任

第八十五条 建筑物、构筑物或者其他设施及其搁置物、悬挂物发生脱落、坠落造成他人损害，所有人、管理人或者使用人不能证明自己没有过错的，应当承担侵权责任。所有人、管理人或者使用人赔偿后，有其他责任人的，有权向其他责任人追偿。

第八十六条　建筑物、构筑物或者其他设施倒塌造成他人损害的，由建设单位与施工单位承担连带责任。建设单位、施工单位赔偿后，有其他责任人的，有权向其他责任人追偿。

因其他责任人的原因，建筑物、构筑物或者其他设施倒塌造成他人损害的，由其他责任人承担侵权责任。

第八十七条　从建筑物中抛掷物品或者从建筑物上坠落的物品造成他人损害，难以确定具体侵权人的，除能够证明自己不是侵权人的外，由可能加害的建筑物使用人给予补偿。

第八十八条　堆放物倒塌造成他人损害，堆放人不能证明自己没有过错的，应当承担侵权责任。

第八十九条　在公共道路上堆放、倾倒、遗撒妨碍通行的物品造成他人损害的，有关单位或者个人应当承担侵权责任。

第九十条　因林木折断造成他人损害，林木的所有人或者管理人不能证明自己没有过错的，应当承担侵权责任。

第九十一条　在公共场所或者道路上挖坑、修缮安装地下设施等，没有设置明显标志和采取安全措施造成他人损害的，施工人应当承担侵权责任。

窨井等地下设施造成他人损害，管理人不能证明尽到管理职责的，应当承担侵权责任。

第十二章　附　则

第九十二条　本法自 2010 年 7 月 1 日起施行。

中华人民共和国道路交通安全法

（2003 年 10 月 28 日第十届全国人民代表大会常务委员会第五次会议通过　根据 2007 年 12 月 29 日第十届全国人民代表大会常务委员会第三十一次会议《关于修改〈中华人民共和国道路交通安全法〉的决定》第一次修正　根据 2011 年 4 月 22 日第十一届全国人民代表大会常务委员会第二十次会议《关于修改〈中华人民共和国道路交通安全法〉的决定》第二次修正）

第一章　总　则

第一条　为了维护道路交通秩序，预防和减少交通事故，保护人身安全，保护公民、法人和其他组织的财产安全及其他合法权益，提高通行效率，制定本法。

第二条 中华人民共和国境内的车辆驾驶人、行人、乘车人以及与道路交通活动有关的单位和个人，都应当遵守本法。

第三条 道路交通安全工作，应当遵循依法管理、方便群众的原则，保障道路交通有序、安全、畅通。

第四条 各级人民政府应当保障道路交通安全管理工作与经济建设和社会发展相适应。

县级以上地方各级人民政府应当适应道路交通发展的需要，依据道路交通安全法律、法规和国家有关政策，制定道路交通安全管理规划，并组织实施。

第五条 国务院公安部门负责全国道路交通安全管理工作。县级以上地方各级人民政府公安机关交通管理部门负责本行政区域内的道路交通安全管理工作。

县级以上各级人民政府交通、建设管理部门依据各自职责，负责有关的道路交通工作。

第六条 各级人民政府应当经常进行道路交通安全教育，提高公民的道路交通安全意识。

公安机关交通管理部门及其交通警察执行职务时，应当加强道路交通安全法律、法规的宣传，并模范遵守道路交通安全法律、法规。

机关、部队、企业事业单位、社会团体以及其他组织，应当对本单位的人员进行道路交通安全教育。

教育行政部门、学校应当将道路交通安全教育纳入法制教育的内容。

新闻、出版、广播、电视等有关单位，有进行道路交通安全教育的义务。

第七条 对道路交通安全管理工作，应当加强科学研究，推广、使用先进的管理方法、技术、设备。

第二章　车辆和驾驶人

第一节　机动车、非机动车

第八条 国家对机动车实行登记制度。机动车经公安机关交通管理部门登记后，方可上道路行驶。尚未登记的机动车，需要临时上道路行驶的，应当取得临时通行牌证。

第九条 申请机动车登记，应当提交以下证明、凭证：

(一) 机动车所有人的身份证明；

(二) 机动车来历证明；

(三) 机动车整车出厂合格证明或者进口机动车进口凭证；

(四) 车辆购置税的完税证明或者免税凭证；

(五) 法律、行政法规规定应当在机动车登记时提交的其他证明、凭证。

公安机关交通管理部门应当自受理申请之日起五个工作日内完成机动车登记审查工作，对符合前款规定条件的，应当发放机动车登记证书、号牌和行驶证；对不符合前款规定条件的，应当向申请人说明不予登记的理由。

公安机关交通管理部门以外的任何单位或者个人不得发放机动车号牌或者要求机动车悬挂其他号牌，本法另有规定的除外。

机动车登记证书、号牌、行驶证的式样由国务院公安部门规定并监制。

第十条 准予登记的机动车应当符合机动车国家安全技术标准。申请机动车登记时，应当接受对该机动车的安全技术检验。但是，经国家机动车产品主管部门依据机动车国家安全技术标准认定的企业生产的机动车型，该车型的新车在出厂时经检验符合机动车国家安全技术标准，获得检验合格证的，免予安全技术检验。

第十一条 驾驶机动车上道路行驶，应当悬挂机动车号牌，放置检验合格标志、保险标志，并随车携带机动车行驶证。

机动车号牌应当按照规定悬挂并保持清晰、完整，不得故意遮挡、污损。

任何单位和个人不得收缴、扣留机动车号牌。

第十二条 有下列情形之一的，应当办理相应的登记：

(一) 机动车所有权发生转移的；

(二) 机动车登记内容变更的；

(三) 机动车用作抵押的；

(四) 机动车报废的。

第十三条 对登记后上道路行驶的机动车，应当依照法律、行政法规的规定，根据车辆用途、载客载货数量、使用年限等不同情况，定期进行安全技术检验。对提供机动车行驶证和机动车第三者责任强制保险单的，机动车安全技术检验机构应当予以检验，任何单位不得附加其他条件。对符合机动车国家安全技术标准的，公安机关交通管理部门应当发给检验合格标志。

对机动车的安全技术检验实行社会化。具体办法由国务院规定。

机动车安全技术检验实行社会化的地方，任何单位不得要求机动车到指定的场所进行检验。

公安机关交通管理部门、机动车安全技术检验机构不得要求机动车到指定的场所进行维修、保养。

机动车安全技术检验机构对机动车检验收取费用，应当严格执行国务院价格主管部门核定的收费标准。

第十四条 国家实行机动车强制报废制度，根据机动车的安全技术状况和不同用途，规定不同的报废标准。

应当报废的机动车必须及时办理注销登记。

达到报废标准的机动车不得上道路行驶。报废的大型客、货车及其他营运车辆应当在公安机关交通管理部门的监督下解体。

第十五条 警车、消防车、救护车、工程救险车应当按照规定喷涂标志图案，安装警报器、标志灯具。其他机动车不得喷涂、安装、使用上述车辆专用的或者与其相类似的标志图案、警报器或者标志灯具。

警车、消防车、救护车、工程救险车应当严格按照规定的用途和条件使用。

公路监督检查的专用车辆，应当依照公路法的规定，设置统一的标志和示警灯。

第十六条 任何单位或者个人不得有下列行为：

(一)拼装机动车或者擅自改变机动车已登记的结构、构造或者特征；

(二)改变机动车型号、发动机号、车架号或者车辆识别代号；

(三)伪造、变造或者使用伪造、变造的机动车登记证书、号牌、行驶证、检验合格标志、保险标志；

(四)使用其他机动车的登记证书、号牌、行驶证、检验合格标志、保险标志。

第十七条 国家实行机动车第三者责任强制保险制度，设立道路交通事故社会救助基金。具体办法由国务院规定。

第十八条 依法应当登记的非机动车，经公安机关交通管理部门登记后，方可上道路行驶。

依法应当登记的非机动车的种类，由省、自治区、直辖市人民政府根据当地实际情况规定。

非机动车的外形尺寸、质量、制动器、车铃和夜间反光装置，应当符合非机动车安全技术标准。

第二节 机动车驾驶人

第十九条 驾驶机动车，应当依法取得机动车驾驶证。

申请机动车驾驶证，应当符合国务院公安部门规定的驾驶许可条件；经考试合格后，由公安机关交通管理部门发给相应类别的机动车驾驶证。

持有境外机动车驾驶证的人，符合国务院公安部门规定的驾驶许可条件，经公安机关交通管理部门考核合格的，可以发给中国的机动车驾驶证。

驾驶人应当按照驾驶证载明的准驾车型驾驶机动车；驾驶机动车时，应当随身携带机动车驾驶证。

公安机关交通管理部门以外的任何单位或者个人，不得收缴、扣留机动车驾驶证。

第二十条 机动车的驾驶培训实行社会化，由交通主管部门对驾驶培训学校、驾驶培训班实行资格管理，其中专门的拖拉机驾驶培训学校、驾驶培训班由农业(农业机械)主管部门实行资格管理。

驾驶培训学校、驾驶培训班应当严格按照国家有关规定，对学员进行道路交通安全法律、法规、驾驶技能的培训，确保培训质量。

任何国家机关以及驾驶培训和考试主管部门不得举办或者参与举办驾驶培训学校、驾驶培训班。

第二十一条 驾驶人驾驶机动车上道路行驶前，应当对机动车的安全技术性能进行认真检查；不得驾驶安全设施不全或者机件不符合技术标准等具有安全隐患的机动车。

第二十二条 机动车驾驶人应当遵守道路交通安全法律、法规的规定，按照操作规范安全驾驶、文明驾驶。

饮酒、服用国家管制的精神药品或者麻醉药品，或者患有妨碍安全驾驶机动车的疾病，或者过度疲劳影响安全驾驶的，不得驾驶机动车。

任何人不得强迫、指使、纵容驾驶人违反道路交通安全法律、法规和机动车安全驾驶要求驾驶机动车。

第二十三条 公安机关交通管理部门依照法律、行政法规的规定，定期对机动车驾驶证实施审验。

第二十四条 公安机关交通管理部门对机动车驾驶人违反道路交通安全法律、法规的行为，除依法给予行政处罚外，实行累积记分制度。公安机关交通管理部门对累积记分达到规定分值的机动车驾驶人，扣留机动车驾驶证，对其进行道路交通安全法律、法规教育，重新考试；考试合格的，发还其机动车驾驶证。

对遵守道路交通安全法律、法规，在一年内无累积记分的机动车驾驶人，可以延长机动车驾驶证的审验期。具体办法由国务院公安部门规定。

第三章 道路通行条件

第二十五条 全国实行统一的道路交通信号。

交通信号包括交通信号灯、交通标志、交通标线和交通警察的指挥。

交通信号灯、交通标志、交通标线的设置应当符合道路交通安全、畅通的要求和国家标准，并保持清晰、醒目、准确、完好。

根据通行需要，应当及时增设、调换、更新道路交通信号。增设、调换、更新限制性的道路交通信号，应当提前向社会公告，广泛进行宣传。

第二十六条 交通信号灯由红灯、绿灯、黄灯组成。红灯表示禁止通行，绿灯表示准许通行，黄灯表示警示。

第二十七条 铁路与道路平面交叉的道口，应当设置警示灯、警示标志或者安全防护设施。无人看守的铁路道口，应当在距道口一定距离处设置警示标志。

第二十八条 任何单位和个人不得擅自设置、移动、占用、损毁交通信号灯、交通标志、交通标线。

道路两侧及隔离带上种植的树木或者其他植物，设置的广告牌、管线等，应当与交通设施保持必要的距离，不得遮挡路灯、交通信号灯、交通标志，不得妨碍安全视距，不得影响通行。

第二十九条 道路、停车场和道路配套设施的规划、设计、建设，应当符合道路交通安全、畅通的要求，并根据交通需求及时调整。

公安机关交通管理部门发现已经投入使用的道路存在交通事故频发路段，或者停车场、道路配套设施存在交通安全严重隐患的，应当及时向当地人民政府报告，并提出防范交通事故、消除隐患的建议，当地人民政府应当及时作出处理决定。

第三十条 道路出现坍塌、坑漕、水毁、隆起等损毁或者交通信号灯、交通标志、交通标线等交通设施损毁、灭失的，道路、交通设施的养护部门或者管理部门应当设置警示标志并及时修复。

公安机关交通管理部门发现前款情形，危及交通安全，尚未设置警示标志的，应当及时采取安全措施，疏导交通，并通知道路、交通设施的养护部门或者管理部门。

第三十一条 未经许可，任何单位和个人不得占用道路从事非交通活动。

第三十二条 因工程建设需要占用、挖掘道路，或者跨越、穿越道路架设、增设管线设施，应当事先征得道路主管部门的同意；影响交通安全的，还应当征得公安机关交通管理部门的同意。

施工作业单位应当在经批准的路段和时间内施工作业，并在距离施工作业地点来车方向安全距离处设置明显的安全警示标志，采取防护措施；施工作业完毕，应当迅速清除道路上的障碍物，消除安全隐患，经道路主管部门和公安机关交通管理部门验收合格，符合通行要求后，方可恢复通行。

对未中断交通的施工作业道路，公安机关交通管理部门应当加强交通安全监督检查，维护道路交通秩序。

第三十三条 新建、改建、扩建的公共建筑、商业街区、居住区、大(中)型建筑等，应当配建、增建停车场；停车泊位不足的，应当及时改建或者扩建；投入使用的停车场不得擅自停止使用或者改作他用。

在城市道路范围内，在不影响行人、车辆通行的情况下，政府有关部门可以施划停车泊位。

第三十四条 学校、幼儿园、医院、养老院门前的道路没有行人过街设施的，应当施划人行横道线，设置提示标志。

城市主要道路的人行道，应当按照规划设置盲道。盲道的设置应当符合国家标准。

第四章 道路通行规定

第一节 一般规定

第三十五条 机动车、非机动车实行右侧通行。

第三十六条 根据道路条件和通行需要，道路划分为机动车道、非机动车道和人行道的，机动车、非机动车、行人实行分道通行。没有划分机动车道、非机动车道和人行道的，机动车在道路中间通行，非机动车和行人在道路两侧通行。

第三十七条 道路划设专用车道的，在专用车道内，只准许规定的车辆通行，其他车辆不得进入专用车道内行驶。

第三十八条 车辆、行人应当按照交通信号通行；遇有交通警察现场指挥时，应当按照交通警察的指挥通行；在没有交通信号的道路上，应当在确保安全、畅通的原则下通行。

第三十九条 公安机关交通管理部门根据道路和交通流量的具体情况，可以对机动车、非机动车、行人采取疏导、限制通行、禁止通行等措施。遇有大型群众性活动、大范围施工等情况，需要采取限制交通的措施，或者作出与公众的道路交通活动直接有关的决定，应当提前向社会公告。

第四十条 遇有自然灾害、恶劣气象条件或者重大交通事故等严重影响交通安全的情形，采取其他措施难以保证交通安全时，公安机关交通管理部门可以实行交通管制。

第四十一条 有关道路通行的其他具体规定，由国务院规定。

第二节 机动车通行规定

第四十二条 机动车上道路行驶，不得超过限速标志标明的最高时速。在没有限速标志的路段，应当保持安全车速。

夜间行驶或者在容易发生危险的路段行驶，以及遇有沙尘、冰雹、雨、雪、雾、结冰等气象条件时，应当降低行驶速度。

第四十三条 同车道行驶的机动车，后车应当与前车保持足以采取紧急制动措施的安全距离。有下列情形之一的，不得超车：

(一)前车正在左转弯、掉头、超车的；

(二)与对面来车有会车可能的；

(三)前车为执行紧急任务的警车、消防车、救护车、工程救险车的；

(四)行经铁路道口、交叉路口、窄桥、弯道、陡坡、隧道、人行横道、市区交通流量大的路段等没有超车条件的。

第四十四条 机动车通过交叉路口，应当按照交通信号灯、交通标志、交通标线或者交通警察的指挥通过；通过没有交通信号灯、交通标志、交通标线或者交通警察指挥的交叉路口时，应当减速慢行，并让行人和优先通行的车辆先行。

第四十五条 机动车遇有前方车辆停车排队等候或者缓慢行驶时，不得借道超车或者占用对面车道，不得穿插等候的车辆。

在车道减少的路段、路口，或者在没有交通信号灯、交通标志、交通标线或者交通警察指挥的交叉路口遇到停车排队等候或者缓慢行驶时，机动车应当依次交替通行。

第四十六条 机动车通过铁路道口时，应当按照交通信号或者管理人员的指挥通行；没有交通信号或者管理人员的，应当减速或者停车，在确认安全后通过。

第四十七条 机动车行经人行横道时，应当减速行驶；遇行人正在通过人行横道，应当停车让行。

机动车行经没有交通信号的道路时，遇行人横过道路，应当避让。

第四十八条 机动车载物应当符合核定的载质量，严禁超载；载物的长、宽、高不得违反装载要求，不得遗洒、飘散载运物。

机动车运载超限的不可解体的物品，影响交通安全的，应当按照公安机关交通管理部门指定的时间、路线、速度行驶，悬挂明显标志。在公路上运载超限的不可解体的物品，并应当依照公路法的规定执行。

机动车载运爆炸物品、易燃易爆化学物品以及剧毒、放射性等危险物品，应当经公安机关批准后，按指定的时间、路线、速度行驶，悬挂警示标志并采取必要的安全措施。

第四十九条 机动车载人不得超过核定的人数，客运机动车不得违反规定载货。

第五十条 禁止货运机动车载客。

货运机动车需要附载作业人员的，应当设置保护作业人员的安全措施。

第五十一条 机动车行驶时，驾驶人、乘坐人员应当按规定使用安全带，摩托车驾驶人及乘坐人员应当按规定戴安全头盔。

第五十二条 机动车在道路上发生故障，需要停车排除故障时，驾驶人应当立即开启危险报警闪光灯，将机动车移至不妨碍交通的地方停放；难以移动的，应当持续开启危险报警闪光灯，并在来车方向设置警告标志等措施扩大示警距离，必要时迅速报警。

第五十三条 警车、消防车、救护车、工程救险车执行紧急任务时，可以使用警报器、标志灯具；在确保安全的前提下，不受行驶路线、行驶方向、行驶速度和信号灯的限制，其他车辆和行人应当让行。

警车、消防车、救护车、工程救险车非执行紧急任务时，不得使用警报器、标志灯具，不享有前款规定的道路优先通行权。

第五十四条 道路养护车辆、工程作业车进行作业时，在不影响过往车辆通行的前提下，其行驶路线和方向不受交通标志、标线限制，过往车辆和人员应当注意避让。

洒水车、清扫车等机动车应当按照安全作业标准作业；在不影响其他车辆通行的情况下，可以不受车辆分道行驶的限制，但是不得逆向行驶。

第五十五条 高速公路、大中城市中心城区内的道路，禁止拖拉机通行。其他禁止拖拉机通行的道路，由省、自治区、直辖市人民政府根据当地实际情况规定。

在允许拖拉机通行的道路上，拖拉机可以从事货运，但是不得用于载人。

第五十六条 机动车应当在规定地点停放。禁止在人行道上停放机动车；但是，依照本法第三十三条规定施划的停车泊位除外。

在道路上临时停车的，不得妨碍其他车辆和行人通行。

第三节 非机动车通行规定

第五十七条 驾驶非机动车在道路上行驶应当遵守有关交通安全的规定。非机动车应当在非机动车道内行驶；在没有非机动车道的道路上，应当靠车行道的右侧行驶。

第五十八条 残疾人机动轮椅车、电动自行车在非机动车道内行驶时，最高时速不得超过十五公里。

第五十九条 非机动车应当在规定地点停放。未设停放地点的，非机动车停放不得妨碍其他车辆和行人通行。

第六十条 驾驭畜力车，应当使用驯服的牲畜；驾驭畜力车横过道路时，驾驭人应当下车牵引牲畜；驾驭人离开车辆时，应当拴系牲畜。

第四节　行人和乘车人通行规定

第六十一条　行人应当在人行道内行走，没有人行道的靠路边行走。

第六十二条　行人通过路口或者横过道路，应当走人行横道或者过街设施；通过有交通信号灯的人行横道，应当按照交通信号灯指示通行；通过没有交通信号灯、人行横道的路口，或者在没有过街设施的路段横过道路，应当在确认安全后通过。

第六十三条　行人不得跨越、倚坐道路隔离设施，不得扒车、强行拦车或者实施妨碍道路交通安全的其他行为。

第六十四条　学龄前儿童以及不能辨认或者不能控制自己行为的精神疾病患者、智力障碍者在道路上通行，应当由其监护人、监护人委托的人或者对其负有管理、保护职责的人带领。

盲人在道路上通行，应当使用盲杖或者采取其他导盲手段，车辆应当避让盲人。

第六十五条　行人通过铁路道口时，应当按照交通信号或者管理人员的指挥通行；没有交通信号和管理人员的，应当在确认无火车驶临后，迅速通过。

第六十六条　乘车人不得携带易燃易爆等危险物品，不得向车外抛洒物品，不得有影响驾驶人安全驾驶的行为。

第五节　高速公路的特别规定

第六十七条　行人、非机动车、拖拉机、轮式专用机械车、铰接式客车、全挂拖斗车以及其他设计最高时速低于七十公里的机动车，不得进入高速公路。高速公路限速标志标明的最高时速不得超过一百二十公里。

第六十八条　机动车在高速公路上发生故障时，应当依照本法第五十二条的有关规定办理；但是，警告标志应当设置在故障车来车方向一百五十米以外，车上人员应当迅速转移到右侧路肩上或者应急车道内，并且迅速报警。

机动车在高速公路上发生故障或者交通事故，无法正常行驶的，应当由救援车、清障车拖曳、牵引。

第六十九条　任何单位、个人不得在高速公路上拦截检查行驶的车辆，公安机关的人民警察依法执行紧急公务除外。

第五章　交通事故处理

第七十条　在道路上发生交通事故，车辆驾驶人应当立即停车，保护现场；造成人身伤亡的，车辆驾驶人应当立即抢救受伤人员，并迅速报告执勤的交通警察或者公安机关交通管理部门。因抢救受伤人员变动现场的，应当标明位置。乘车人、过往车辆驾驶人、过往行人应当予以协助。

在道路上发生交通事故，未造成人身伤亡，当事人对事实及成因无争议的，可以即行撤离现场，恢复交通，自行协商处理损害赔偿事宜；不即行撤离现场的，应当迅速报告执勤的交通警察或者公安机关交通管理部门。

在道路上发生交通事故，仅造成轻微财产损失，并且基本事实清楚的，当事人应当先撤离现场再进行协商处理。

第七十一条 车辆发生交通事故后逃逸的，事故现场目击人员和其他知情人员应当向公安机关交通管理部门或者交通警察举报。举报属实的，公安机关交通管理部门应当给予奖励。

第七十二条 公安机关交通管理部门接到交通事故报警后，应当立即派交通警察赶赴现场，先组织抢救受伤人员，并采取措施，尽快恢复交通。

交通警察应当对交通事故现场进行勘验、检查，收集证据；因收集证据的需要，可以扣留事故车辆，但是应当妥善保管，以备核查。

对当事人的生理、精神状况等专业性较强的检验，公安机关交通管理部门应当委托专门机构进行鉴定。鉴定结论应当由鉴定人签名。

第七十三条 公安机关交通管理部门应当根据交通事故现场勘验、检查、调查情况和有关的检验、鉴定结论，及时制作交通事故认定书，作为处理交通事故的证据。交通事故认定书应当载明交通事故的基本事实、成因和当事人的责任，并送达当事人。

第七十四条 对交通事故损害赔偿的争议，当事人可以请求公安机关交通管理部门调解，也可以直接向人民法院提起民事诉讼。

经公安机关交通管理部门调解，当事人未达成协议或者调解书生效后不履行的，当事人可以向人民法院提起民事诉讼。

第七十五条 医疗机构对交通事故中的受伤人员应当及时抢救，不得因抢救费用未及时支付而拖延救治。肇事车辆参加机动车第三者责任强制保险的，由保险公司在责任限额范围内支付抢救费用；抢救费用超过责任限额的，未参加机动车第三者责任强制保险或者肇事后逃逸的，由道路交通事故社会救助基金先行垫付部分或者全部抢救费用，道路交通事故社会救助基金管理机构有权向交通事故责任人追偿。

第七十六条 机动车发生交通事故造成人身伤亡、财产损失的，由保险公司在机动车第三者责任强制保险责任限额范围内予以赔偿；不足的部分，按照下列规定承担赔偿责任：

（一）机动车之间发生交通事故的，由有过错的一方承担赔偿责任；双方都有过错的，按照各自过错的比例分担责任。

（二）机动车与非机动车驾驶人、行人之间发生交通事故，非机动车驾驶人、行人没有过错的，由机动车一方承担赔偿责任；有证据证明非机动车驾驶人、行人有过错的，根据过错程度适当减轻机动车一方的赔偿责任；机动车一方没有过错的，承担不超过百分之十的赔偿责任。

交通事故的损失是由非机动车驾驶人、行人故意碰撞机动车造成的，机动车一方不承担赔偿责任。

第七十七条 车辆在道路以外通行时发生的事故，公安机关交通管理部门接到报案的，参照本法有关规定办理。

第六章 执法监督

第七十八条 公安机关交通管理部门应当加强对交通警察的管理，提高交通警察的素质和管理道路交通的水平。

公安机关交通管理部门应当对交通警察进行法制和交通安全管理业务培训、考核。交通警察经考核不合格的，不得上岗执行职务。

第七十九条 公安机关交通管理部门及其交通警察实施道路交通安全管理，应当依据法定的职权和程序，简化办事手续，做到公正、严格、文明、高效。

第八十条 交通警察执行职务时，应当按照规定着装，佩带人民警察标志，持有人民警察证件，保持警容严整，举止端庄，指挥规范。

第八十一条 依照本法发放牌证等收取工本费，应当严格执行国务院价格主管部门核定的收费标准，并全部上缴国库。

第八十二条 公安机关交通管理部门依法实施罚款的行政处罚，应当依照有关法律、行政法规的规定，实施罚款决定与罚款收缴分离；收缴的罚款以及依法没收的违法所得，应当全部上缴国库。

第八十三条 交通警察调查处理道路交通安全违法行为和交通事故，有下列情形之一的，应当回避：

（一）是本案的当事人或者当事人的近亲属；

（二）本人或者其近亲属与本案有利害关系；

（三）与本案当事人有其他关系，可能影响案件的公正处理。

第八十四条 公安机关交通管理部门及其交通警察的行政执法活动，应当接受行政监察机关依法实施的监督。

公安机关督察部门应当对公安机关交通管理部门及其交通警察执行法律、法规和遵守纪律的情况依法进行监督。

上级公安机关交通管理部门应当对下级公安机关交通管理部门的执法活动进行监督。

第八十五条 公安机关交通管理部门及其交通警察执行职务，应当自觉接受社会和公民的监督。

任何单位和个人都有权对公安机关交通管理部门及其交通警察不严格执法以及违法违纪行为进行检举、控告。收到检举、控告的机关，应当依据职责及时查处。

第八十六条 任何单位不得给公安机关交通管理部门下达或者变相下达罚款指标；公安机关交通管理部门不得以罚款数额作为考核交通警察的标准。

公安机关交通管理部门及其交通警察对超越法律、法规规定的指令，有权拒绝执行，并同时向上级机关报告。

第七章 法律责任

第八十七条 公安机关交通管理部门及其交通警察对道路交通安全违法行为，应当及时纠正。

公安机关交通管理部门及其交通警察应当依据事实和本法的有关规定对道路交通安全违法行为予以处罚。对于情节轻微，未影响道路通行的，指出违法行为，给予口头警告后放行。

第八十八条 对道路交通安全违法行为的处罚种类包括：警告、罚款、暂扣或者吊销机动车驾驶证、拘留。

第八十九条 行人、乘车人、非机动车驾驶人违反道路交通安全法律、法规关于道路通行规定的，处警告或者五元以上五十元以下罚款；非机动车驾驶人拒绝接受罚款处罚的，可以扣留其非机动车。

第九十条 机动车驾驶人违反道路交通安全法律、法规关于道路通行规定的，处警告或者二十元以上二百元以下罚款。本法另有规定的，依照规定处罚。

第九十一条 饮酒后驾驶机动车的，处暂扣六个月机动车驾驶证，并处一千元以上二千元以下罚款。因饮酒后驾驶机动车被处罚，再次饮酒后驾驶机动车的，处十日以下拘留，并处一千元以上二千元以下罚款，吊销机动车驾驶证。

醉酒驾驶机动车的，由公安机关交通管理部门约束至酒醒，吊销机动车驾驶证，依法追究刑事责任；五年内不得重新取得机动车驾驶证。

饮酒后驾驶营运机动车的，处十五日拘留，并处五千元罚款，吊销机动车驾驶证，五年内不得重新取得机动车驾驶证。

醉酒驾驶营运机动车的，由公安机关交通管理部门约束至酒醒，吊销机动车驾驶证，依法追究刑事责任；十年内不得重新取得机动车驾驶证，重新取得机动车驾驶证后，不得驾驶营运机动车。

饮酒后或者醉酒驾驶机动车发生重大交通事故，构成犯罪的，依法追究刑事责任，并由公安机关交通管理部门吊销机动车驾驶证，终生不得重新取得机动车驾驶证。

第九十二条 公路客运车辆载客超过额定乘员的，处二百元以上五百元以下罚款；超过额定乘员百分之二十或者违反规定载货的，处五百元以上二千元以下罚款。

货运机动车超过核定载质量的，处二百元以上五百元以下罚款；超过核定载质量百分之三十或者违反规定载客的，处五百元以上二千元以下罚款。

有前两款行为的，由公安机关交通管理部门扣留机动车至违法状态消除。

运输单位的车辆有本条第一款、第二款规定的情形，经处罚不改的，对直接负责的主管人员处二千元以上五千元以下罚款。

第九十三条 对违反道路交通安全法律、法规关于机动车停放、临时停车规定的，可以指出违法行为，并予以口头警告，令其立即驶离。

机动车驾驶人不在现场或者虽在现场但拒绝立即驶离，妨碍其他车辆、行人通行的，处二十元以上二百元以下罚款，并可以将该机动车拖移至不妨碍交通的地点或者公安机关交通管理部门指定的地点停放。公安机关交通管理部门拖车不得向当事人收取费用，并应当及时告知当事人停放地点。

因采取不正确的方法拖车造成机动车损坏的，应当依法承担补偿责任。

第九十四条 机动车安全技术检验机构实施机动车安全技术检验超过国务院价格主管部门核定的收费标准收取费用的，退还多收取的费用，并由价格主管部门依照《中华人民共和国价格法》的有关规定给予处罚。

机动车安全技术检验机构不按照机动车国家安全技术标准进行检验，出具虚假检验结果的，由公安机关交通管理部门处所收检验费用五倍以上十倍以下罚款，并依法撤销其检验资格；构成犯罪的，依法追究刑事责任。

第九十五条 上道路行驶的机动车未悬挂机动车号牌，未放置检验合格标志、保险标志，或者未随车携带行驶证、驾驶证的，公安机关交通管理部门应当扣留机动车，通知当事人提供相应的牌证、标志或者补办相应手续，并可以依照本法第九十条的规定予以处罚。当事人提供相应的牌证、标志或者补办相应手续的，应当及时退还机动车。

故意遮挡、污损或者不按规定安装机动车号牌的，依照本法第九十条的规定予以处罚。

第九十六条 伪造、变造或者使用伪造、变造的机动车登记证书、号牌、行驶证、驾驶证的，由公安机关交通管理部门予以收缴，扣留该机动车，处十五日以下拘留，并处二千元以上五千元以下罚款；构成犯罪的，依法追究刑事责任。

伪造、变造或者使用伪造、变造的检验合格标志、保险标志的，由公安机关交通管理部门予以收缴，扣留该机动车，处十日以下拘留，并处一千元以上三千元以下罚款；构成犯罪的，依法追究刑事责任。

使用其他车辆的机动车登记证书、号牌、行驶证、检验合格标志、保险标志的，由公安机关交通管理部门予以收缴，扣留该机动车，处二千元以上五千元以下罚款。

当事人提供相应的合法证明或者补办相应手续的，应当及时退还机动车。

第九十七条 非法安装警报器、标志灯具的，由公安机关交通管理部门强制拆除，予以收缴，并处二百元以上二千元以下罚款。

第九十八条 机动车所有人、管理人未按照国家规定投保机动车第三者责任强制保险的，由公安机关交通管理部门扣留车辆至依照规定投保后，并处依照规定投保最低责任限额应缴纳的保险费的二倍罚款。

依照前款缴纳的罚款全部纳入道路交通事故社会救助基金。具体办法由国务院规定。

第九十九条 有下列行为之一的，由公安机关交通管理部门处二百元以上二千元以下罚款：

（一）未取得机动车驾驶证、机动车驾驶证被吊销或者机动车驾驶证被暂扣期间驾驶机动车的；

（二）将机动车交由未取得机动车驾驶证或者机动车驾驶证被吊销、暂扣的人驾驶的；

（三）造成交通事故后逃逸，尚不构成犯罪的；

（四）机动车行驶超过规定时速百分之五十的；

（五）强迫机动车驾驶人违反道路交通安全法律、法规和机动车安全驾驶要求驾驶机动车，造成交通事故，尚不构成犯罪的；

（六）违反交通管制的规定强行通行，不听劝阻的；

（七）故意损毁、移动、涂改交通设施，造成危害后果，尚不构成犯罪的；

（八）非法拦截、扣留机动车辆，不听劝阻，造成交通严重阻塞或者较大财产损失的。

行为人有前款第二项、第四项情形之一的，可以并处吊销机动车驾驶证；有第一项、第三项、第五项至第八项情形之一的，可以并处十五日以下拘留。

第一百条 驾驶拼装的机动车或者已达到报废标准的机动车上道路行驶的，公安机关交通管理部门应当予以收缴，强制报废。

对驾驶前款所列机动车上道路行驶的驾驶人，处二百元以上二千元以下罚款，并吊销机动车驾驶证。

出售已达到报废标准的机动车的，没收违法所得，处销售金额等额的罚款，对该机动车依照本条第一款的规定处理。

第一百零一条 违反道路交通安全法律、法规的规定，发生重大交通事故，构成犯罪的，依法追究刑事责任，并由公安机关交通管理部门吊销机动车驾驶证。

造成交通事故后逃逸的，由公安机关交通管理部门吊销机动车驾驶证，且终生不得重新取得机动车驾驶证。

第一百零二条 对六个月内发生二次以上特大交通事故负有主要责任或者全部责任的专业运输单位，由公安机关交通管理部门责令消除安全隐患，未消除安全隐患的机动车，禁止上道路行驶。

第一百零三条 国家机动车产品主管部门未按照机动车国家安全技术标准严格审查，许可不合格机动车型投入生产的，对负有责任的主管人员和其他直接责任人员给予降级或者撤职的行政处分。

机动车生产企业经国家机动车产品主管部门许可生产的机动车型，不执行机动车国家安全技术标准或者不严格进行机动车成品质量检验，致使质量不合格的机动车出厂销售的，由质量技术监督部门依照《中华人民共和国产品质量法》的有关规定给予处罚。

擅自生产、销售未经国家机动车产品主管部门许可生产的机动车型的，没收非法生产、销售的机动车成品及配件，可以并处非法产品价值三倍以上五倍以下罚款；有营业执照的，由工商行政管理部门吊销营业执照，没有营业执照的，予以查封。

生产、销售拼装的机动车或者生产、销售擅自改装的机动车的，依照本条第三款的规定处罚。

有本条第二款、第三款、第四款所列违法行为，生产或者销售不符合机动车国家安全技术标准的机动车，构成犯罪的，依法追究刑事责任。

第一百零四条 未经批准，擅自挖掘道路、占用道路施工或者从事其他影响道路交通安全活动的，由道路主管部门责令停止违法行为，并恢复原状，可以依法给予罚款；致使通行的人员、车辆及其他财产遭受损失的，依法承担赔偿责任。

有前款行为，影响道路交通安全活动的，公安机关交通管理部门可以责令停止违法行为，迅速恢复交通。

第一百零五条 道路施工作业或者道路出现损毁，未及时设置警示标志、未采取防护措施，或者应当设置交通信号灯、交通标志、交通标线而没有设置或者应当及时变更交通信号灯、交通标志、交通标线而没有及时变更，致使通行的人员、车辆及其他财产遭受损失的，负有相关职责的单位应当依法承担赔偿责任。

第一百零六条 在道路两侧及隔离带上种植树木、其他植物或者设置广告牌、管线等，遮挡路灯、交通信号灯、交通标志，妨碍安全视距的，由公安机关交通管理部门责令行为人排除妨碍；拒不执行的，处二百元以上二千元以下罚款，并强制排除妨碍，所需费用由行为人负担。

第一百零七条 对道路交通违法行为人予以警告、二百元以下罚款，交通警察可以当场作出行政处罚决定，并出具行政处罚决定书。

行政处罚决定书应当载明当事人的违法事实、行政处罚的依据、处罚内容、时间、地点以及处罚机关名称，并由执法人员签名或者盖章。

第一百零八条 当事人应当自收到罚款的行政处罚决定书之日起十五日内，到指定的银行缴纳罚款。

对行人、乘车人和非机动车驾驶人的罚款，当事人无异议的，可以当场予以收缴罚款。

罚款应当开具省、自治区、直辖市财政部门统一制发的罚款收据；不出具财政部门统一制发的罚款收据的，当事人有权拒绝缴纳罚款。

第一百零九条 当事人逾期不履行行政处罚决定的，作出行政处罚决定的行政机关可以采取下列措施：

(一) 到期不缴纳罚款的，每日按罚款数额的百分之三加处罚款；

(二) 申请人民法院强制执行。

第一百一十条 执行职务的交通警察认为应当对道路交通违法行为人给予暂扣或者吊销机动车驾驶证处罚的，可以先予扣留机动车驾驶证，并在二十四小时内将案件移交公安机关交通管理部门处理。

道路交通违法行为人应当在十五日内到公安机关交通管理部门接受处理。无正当理由逾期未接受处理的，吊销机动车驾驶证。

公安机关交通管理部门暂扣或者吊销机动车驾驶证的，应当出具行政处罚决定书。

第一百一十一条 对违反本法规定予以拘留的行政处罚，由县、市公安局、公安分局或者相当于县一级的公安机关裁决。

第一百一十二条 公安机关交通管理部门扣留机动车、非机动车，应当当场出具凭证，并告知当事人在规定期限内到公安机关交通管理部门接受处理。

公安机关交通管理部门对被扣留的车辆应当妥善保管，不得使用。

逾期不来接受处理，并且经公告三个月仍不来接受处理的，对扣留的车辆依法处理。

第一百一十三条 暂扣机动车驾驶证的期限从处罚决定生效之日起计算；处罚决定生效前先予扣留机动车驾驶证的，扣留一日折抵暂扣期限一日。

吊销机动车驾驶证后重新申请领取机动车驾驶证的期限，按照机动车驾驶证管理规定办理。

第一百一十四条 公安机关交通管理部门根据交通技术监控记录资料，可以对违法的机动车所有人或者管理人依法予以处罚。对能够确定驾驶人的，可以依照本法的规定依法予以处罚。

第一百一十五条 交通警察有下列行为之一的，依法给予行政处分：

(一)为不符合法定条件的机动车发放机动车登记证书、号牌、行驶证、检验合格标志的；

(二)批准不符合法定条件的机动车安装、使用警车、消防车、救护车、工程救险车的警报器、标志灯具，喷涂标志图案的；

(三)为不符合驾驶许可条件、未经考试或者考试不合格人员发放机动车驾驶证的；

(四)不执行罚款决定与罚款收缴分离制度或者不按规定将依法收取的费用、收缴的罚款及没收的违法所得全部上缴国库的；

(五)举办或者参与举办驾驶学校或者驾驶培训班、机动车修理厂或者收费停车场等经营活动的；

(六)利用职务上的便利收受他人财物或者谋取其他利益的；

(七)违法扣留车辆、机动车行驶证、驾驶证、车辆号牌的；

(八)使用依法扣留的车辆的；

(九)当场收取罚款不开具罚款收据或者不如实填写罚款额的；

(十)徇私舞弊，不公正处理交通事故的；

(十一)故意刁难，拖延办理机动车牌证的；

(十二)非执行紧急任务时使用警报器、标志灯具的；

(十三)违反规定拦截、检查正常行驶的车辆的；

(十四)非执行紧急公务时拦截搭乘机动车的；

(十五)不履行法定职责的。

公安机关交通管理部门有前款所列行为之一的，对直接负责的主管人员和其他直接责任人员给予相应的行政处分。

第一百一十六条 依照本法第一百一十五条的规定，给予交通警察行政处分的，在作出行政处分决定前，可以停止其执行职务；必要时，可以予以禁闭。

依照本法第一百一十五条的规定，交通警察受到降级或者撤职行政处分的，可以予以辞退。

交通警察受到开除处分或者被辞退的，应当取消警衔；受到撤职以下行政处分的交通警察，应当降低警衔。

第一百一十七条 交通警察利用职权非法占有公共财物，索取、收受贿赂，或者滥用职权、玩忽职守，构成犯罪的，依法追究刑事责任。

第一百一十八条 公安机关交通管理部门及其交通警察有本法第一百一十五条所列行为之一，给当事人造成损失的，应当依法承担赔偿责任。

第八章 附 则

第一百一十九条 本法中下列用语的含义：

（一）“道路”，是指公路、城市道路和虽在单位管辖范围但允许社会机动车通行的地方，包括广场、公共停车场等用于公众通行的场所。

（二）“车辆”，是指机动车和非机动车。

（三）“机动车”，是指以动力装置驱动或者牵引，上道路行驶的供人员乘用或者用于运送物品以及进行工程专项作业的轮式车辆。

（四）“非机动车”，是指以人力或者畜力驱动，上道路行驶的交通工具，以及虽有动力装置驱动但设计最高时速、空车质量、外形尺寸符合有关国家标准的残疾人机动轮椅车、电动自行车等交通工具。

（五）“交通事故”，是指车辆在道路上因过错或者意外造成的人身伤亡或者财产损失的事件。

第一百二十条 中国人民解放军和中国人民武装警察部队在编机动车牌证、在编机动车检验以及机动车驾驶人考核工作，由中国人民解放军、中国人民武装警察部队有关部门负责。

第一自二十一条 对上道路行驶的拖拉机，由农业（农业机械）主管部门行使本法第八条、第九条、第十三条、第十九条、第二十三条规定的公安机关交通管理部门的管理职权。

农业（农业机械）主管部门依照前款规定行使职权，应当遵守本法有关规定，并接受公安机关交通管理部门的监督；对违反规定的，依照本法有关规定追究法律责任。

本法施行前由农业（农业机械）主管部门发放的机动车牌证，在本法施行后继续有效。

第一百二十二条 国家对入境的境外机动车的道路交通安全实施统一管理。

第一百二十三条 省、自治区、直辖市人民代表大会常务委员会可以根据本地区的实际情况，在本法规定的罚款幅度内，规定具体的执行标准。

第一百二十四条 本法自 2004 年 5 月 1 日起施行。

二、行政法规、部门规范性文件

机动车交通事故责任强制保险条例

（2006年3月21日中华人民共和国国务院令第462号公布　根据2012年3月30日《国务院关于修改〈机动车交通事故责任强制保险条例〉的决定》第一次修订　根据2012年12月17日《国务院关于修改〈机动车交通事故责任强制保险条例〉的决定》第二次修订　根据2016年2月6日《国务院关于修改部分行政法规的决定》第三次修订）

第一章　总　则

第一条　为了保障机动车道路交通事故受害人依法得到赔偿，促进道路交通安全，根据《中华人民共和国道路交通安全法》《中华人民共和国保险法》，制定本条例。

第二条　在中华人民共和国境内道路上行驶的机动车的所有人或者管理人，应当依照《中华人民共和国道路交通安全法》的规定投保机动车交通事故责任强制保险。

机动车交通事故责任强制保险的投保、赔偿和监督管理，适用本条例。

第三条　本条例所称机动车交通事故责任强制保险，是指由保险公司对被保险机动车发生道路交通事故造成本车人员、被保险人以外的受害人的人身伤亡、财产损失，在责任限额内予以赔偿的强制性责任保险。

第四条　国务院保险监督管理机构（以下称保监会）依法对保险公司的机动车交通事故责任强制保险业务实施监督管理。

公安机关交通管理部门、农业（农业机械）主管部门（以下统称机动车管理部门）应当依法对机动车参加机动车交通事故责任强制保险的情况实施监督检查。对未参加机动车交通事故责任强制保险的机动车，机动车管理部门不得予以登记，机动车安全技术检验机构不得予以检验。

公安机关交通管理部门及其交通警察在调查处理道路交通安全违法行为和道路交通事故时，应当依法检查机动车交通事故责任强制保险的保险标志。

第二章　投　保

第五条　保险公司可以从事机动车交通事故责任强制保险业务。

为了保证机动车交通事故责任强制保险制度的实行，保监会有权要求保险公司从事机动车交通事故责任强制保险业务。

除保险公司外，任何单位或者个人不得从事机动车交通事故责任强制保险业务。

第六条　机动车交通事故责任强制保险实行统一的保险条款和基础保险费率。保监会按照机动车交通事故责任强制保险业务总体上不盈利不亏损的原则审批保险费率。

保监会在审批保险费率时，可以聘请有关专业机构进行评估，可以举行听证会听取公众意见。

第七条 保险公司的机动车交通事故责任强制保险业务，应当与其他保险业务分开管理，单独核算。

保监会应当每年对保险公司的机动车交通事故责任强制保险业务情况进行核查，并向社会公布；根据保险公司机动车交通事故责任强制保险业务的总体盈利或者亏损情况，可以要求或者允许保险公司相应调整保险费率。

调整保险费率的幅度较大的，保监会应当进行听证。

第八条 被保险机动车没有发生道路交通安全违法行为和道路交通事故的，保险公司应当在下一年度降低其保险费率。在此后的年度内，被保险机动车仍然没有发生道路交通安全违法行为和道路交通事故的，保险公司应当继续降低其保险费率，直至最低标准。被保险机动车发生道路交通安全违法行为或者道路交通事故的，保险公司应当在下一年度提高其保险费率。多次发生道路交通安全违法行为、道路交通事故，或者发生重大道路交通事故的，保险公司应当加大提高其保险费率的幅度。在道路交通事故中被保险人没有过错的，不提高其保险费率。降低或者提高保险费率的标准，由保监会会同国务院公安部门制定。

第九条 保监会、国务院公安部门、国务院农业主管部门以及其他有关部门应当逐步建立有关机动车交通事故责任强制保险、道路交通安全违法行为和道路交通事故的信息共享机制。

第十条 投保人在投保时应当选择从事机动车交通事故责任强制保险业务的保险公司，被选择的保险公司不得拒绝或者拖延承保。

保监会应当将从事机动车交通事故责任强制保险业务的保险公司向社会公示。

第十一条 投保人投保时，应当向保险公司如实告知重要事项。

重要事项包括机动车的种类、厂牌型号、识别代码、牌照号码、使用性质和机动车所有人或者管理人的姓名（名称）、性别、年龄、住所、身份证或者驾驶证号码（组织机构代码）、续保前该机动车发生事故的情况以及保监会规定的其他事项。

第十二条 签订机动车交通事故责任强制保险合同时，投保人应当一次支付全部保险费；保险公司应当向投保人签发保险单、保险标志。保险单、保险标志应当注明保险单号码、车牌号码、保险期限、保险公司的名称、地址和理赔电话号码。

被保险人应当在被保险机动车上放置保险标志。

保险标志式样全国统一。保险单、保险标志由保监会监制。任何单位或者个人不得伪造、变造或者使用伪造、变造的保险单、保险标志。

第十三条 签订机动车交通事故责任强制保险合同时，投保人不得在保险条款和保险费率之外，向保险公司提出附加其他条件的要求。

签订机动车交通事故责任强制保险合同时，保险公司不得强制投保人订立商业保险合同以及提出附加其他条件的要求。

第十四条 保险公司不得解除机动车交通事故责任强制保险合同；但是，投保人对重要事项未履行如实告知义务的除外。

投保人对重要事项未履行如实告知义务，保险公司解除合同前，应当书面通知投保人，投保人应当自收到通知之日起 5 日内履行如实告知义务；投保人在上述期限内履行如实告知义务的，保险公司不得解除合同。

第十五条 保险公司解除机动车交通事故责任强制保险合同的，应当收回保险单和保险标志，并书面通知机动车管理部门。

第十六条 投保人不得解除机动车交通事故责任强制保险合同，但有下列情形之一的除外：

（一）被保险机动车被依法注销登记的；

（二）被保险机动车办理停驶的；

（三）被保险机动车经公安机关证实丢失的。

第十七条 机动车交通事故责任强制保险合同解除前，保险公司应当按照合同承担保险责任。

合同解除时，保险公司可以收取自保险责任开始之日起至合同解除之日止的保险费，剩余部分的保险费退还投保人。

第十八条 被保险机动车所有权转移的，应当办理机动车交通事故责任强制保险合同变更手续。

第十九条 机动车交通事故责任强制保险合同期满，投保人应当及时续保，并提供上一年度的保险单。

第二十条 机动车交通事故责任强制保险的保险期间为 1 年，但有下列情形之一的，投保人可以投保短期机动车交通事故责任强制保险：

（一）境外机动车临时入境的；

（二）机动车临时上道路行驶的；

（三）机动车距规定的报废期限不足 1 年的；

（四）保监会规定的其他情形。

第三章 赔 偿

第二十一条 被保险机动车发生道路交通事故造成本车人员、被保险人以外的受害人人身伤亡、财产损失的，由保险公司依法在机动车交通事故责任强制保险责任限额范围内予以赔偿。

道路交通事故的损失是由受害人故意造成的，保险公司不予赔偿。

第二十二条 有下列情形之一的，保险公司在机动车交通事故责任强制保险责任限额范围内垫付抢救费用，并有权向致害人追偿：

（一）驾驶人未取得驾驶资格或者醉酒的；

（二）被保险机动车被盗抢期间肇事的；

（三）被保险人故意制造道路交通事故的。

有前款所列情形之一，发生道路交通事故的，造成受害人的财产损失，保险公司不承担赔偿责任。

第二十三条 机动车交通事故责任强制保险在全国范围内实行统一的责任限额。责任限额分为死亡伤残赔偿限额、医疗费用赔偿限额、财产损失赔偿限额以及被保险人在道路交通事故中无责任的赔偿限额。

机动车交通事故责任强制保险责任限额由保监会会同国务院公安部门、国务院卫生主管部门、国务院农业主管部门规定。

第二十四条 国家设立道路交通事故社会救助基金（以下简称救助基金）。有下列情形之一时，道路交通事故中受害人人身伤亡的丧葬费用、部分或者全部抢救费用，由救助基金先行垫付，救助基金管理机构有权向道路交通事故责任人追偿：

（一）抢救费用超过机动车交通事故责任强制保险责任限额的；

（二）肇事机动车未参加机动车交通事故责任强制保险的；

（三）机动车肇事后逃逸的。

第二十五条 救助基金的来源包括：

（一）按照机动车交通事故责任强制保险的保险费的一定比例提取的资金；

（二）对未按照规定投保机动车交通事故责任强制保险的机动车的所有人、管理人的罚款；

（三）救助基金管理机构依法向道路交通事故责任人追偿的资金；

（四）救助基金孳息；

（五）其他资金。

第二十六条 救助基金的具体管理办法，由国务院财政部门会同保监会、国务院公安部门、国务院卫生主管部门、国务院农业主管部门制定试行。

第二十七条 被保险机动车发生道路交通事故，被保险人或者受害人通知保险公司的，保险公司应当立即给予答复，告知被保险人或者受害人具体的赔偿程序等有关事项。

第二十八条 被保险机动车发生道路交通事故的，由被保险人向保险公司申请赔偿保险金。保险公司应当自收到赔偿申请之日起 1 日内，书面告知被保险人需要向保险公司提供的与赔偿有关的证明和资料。

第二十九条 保险公司应当自收到被保险人提供的证明和资料之日起 5 日内，对是否属于保险责任作出核定，并将结果通知被保险人；对不属于保险责任的，应当书面说明理由；对属于保险责任的，在与被保险人达成赔偿保险金的协议后 10 日内，赔偿保险金。

第三十条 被保险人与保险公司对赔偿有争议的，可以依法申请仲裁或者向人民法院提起诉讼。

第三十一条 保险公司可以向被保险人赔偿保险金，也可以直接向受害人赔偿保险金。但是，因抢救受伤人员需要保险公司支付或者垫付抢救费用的，保险公司在接到公安机关交通管理部门通知后，经核对应当及时向医疗机构支付或者垫付抢救费用。

因抢救受伤人员需要救助基金管理机构垫付抢救费用的，救助基金管理机构在接到公安机关交通管理部门通知后，经核对应当及时向医疗机构垫付抢救费用。

第三十二条 医疗机构应当参照国务院卫生主管部门组织制定的有关临床诊疗指南，抢救、治疗道路交通事故中的受伤人员。

第三十三条 保险公司赔偿保险金或者垫付抢救费用，救助基金管理机构垫付抢救费用，需要向有关部门、医疗机构核实有关情况的，有关部门、医疗机构应当予以配合。

第三十四条 保险公司、救助基金管理机构的工作人员对当事人的个人隐私应当保密。

第三十五条 道路交通事故损害赔偿项目和标准依照有关法律的规定执行。

第四章 罚 则

第三十六条 保险公司以外的单位或者个人，非法从事机动车交通事故责任强制保险业务的，由保监会予以取缔；构成犯罪的，依法追究刑事责任；尚不构成犯罪的，由保监会没收违法所得，违法所得20万元以上的，并处违法所得1倍以上5倍以下罚款；没有违法所得或者违法所得不足20万元的，处20万元以上100万元以下罚款。

第三十七条 保险公司违反本条例规定，有下列行为之一的，由保监会责令改正，处5万元以上30万元以下罚款；情节严重的，可以限制业务范围、责令停止接受新业务或者吊销经营保险业务许可证：

（一）拒绝或者拖延承保机动车交通事故责任强制保险的；

（二）未按照统一的保险条款和基础保险费率从事机动车交通事故责任强制保险业务的；

（三）未将机动车交通事故责任强制保险业务和其他保险业务分开管理，单独核算的；

（四）强制投保人订立商业保险合同的；

（五）违反规定解除机动车交通事故责任强制保险合同的；

（六）拒不履行约定的赔偿保险金义务的；

（七）未按照规定及时支付或者垫付抢救费用的。

第三十八条 机动车所有人、管理人未按照规定投保机动车交通事故责任强制保险的，由公安机关交通管理部门扣留机动车，通知机动车所有人、管理人依照规定投保，处依照规定投保最低责任限额应缴纳的保险费的2倍罚款。

机动车所有人、管理人依照规定补办机动车交通事故责任强制保险的，应当及时退还机动车。

第三十九条 上道路行驶的机动车未放置保险标志的，公安机关交通管理部门应当扣留机动车，通知当事人提供保险标志或者补办相应手续，可以处警告或者20元以上200元以下罚款。

当事人提供保险标志或者补办相应手续的，应当及时退还机动车。

第四十条 伪造、变造或者使用伪造、变造的保险标志，或者使用其他机动车的保险标志，由公安机关交通管理部门予以收缴，扣留该机动车，处200元以上2000元以下罚款；构成犯罪的，依法追究刑事责任。

当事人提供相应的合法证明或者补办相应手续的，应当及时退还机动车。

第五章 附 则

第四十一条 本条例下列用语的含义：

（一）投保人，是指与保险公司订立机动车交通事故责任强制保险合同，并按照合同负有支付保险费义务的机动车的所有人、管理人。

（二）被保险人，是指投保人及其允许的合法驾驶人。

（三）抢救费用，是指机动车发生道路交通事故导致人员受伤时，医疗机构参照国务院卫生主管部门组织制定的有关临床诊疗指南，对生命体征不平稳和虽然生命体征平稳但如果不采取处理措施会产生生命危险，或者导致残疾、器官功能障碍，或者导致病程明显延长的受伤人员，采取必要的处理措施所发生的医疗费用。

第四十二条 挂车不投保机动车交通事故责任强制保险。发生道路交通事故造成人身伤亡、财产损失的，由牵引车投保的保险公司在机动车交通事故责任强制保险责任限额范围内予以赔偿；不足的部分，由牵引车方和挂车方依照法律规定承担赔偿责任。

第四十三条 机动车在道路以外的地方通行时发生事故，造成人身伤亡、财产损失的赔偿，比照适用本条例。

第四十四条 中国人民解放军和中国人民武装警察部队在编机动车参加机动车交通事故责任强制保险的办法，由中国人民解放军和中国人民武装警察部队另行规定。

第四十五条 机动车所有人、管理人自本条例施行之日起3个月内投保机动车交通事故责任强制保险；本条例施行前已经投保商业性机动车第三者责任保险的，保险期满，应当投保机动车交通事故责任强制保险。

第四十六条 本条例自2006年7月1日起施行。

中国保监会关于父母为其未成年子女投保以死亡为给付保险金条件人身保险有关问题的通知

2015年9月14日　　　　保监发〔2015〕90号

各保险公司：

为保护未成年人的合法权益，根据《中华人民共和国保险法》第三十三条规定，现就规范父母作为投保人为其未成年子女投保以死亡为给付保险金条件人身保险的有关问题通知如下：

一、对于父母为其未成年子女投保的人身保险，在被保险人成年之前，各保险合同约定的被保险人死亡给付的保险金额总和、被保险人死亡时各保险公司实际给付的保险金总和按以下限额执行：

（一）对于被保险人不满10周岁的，不得超过人民币20万元。

（二）对于被保险人已满10周岁但未满18周岁的，不得超过人民币50万元。

二、对于投保人为其未成年子女投保以死亡为给付保险金条件的每一份保险合同，以下三项可以不计算在前款规定限额之中：

（一）投保人已交保险费或被保险人死亡时合同的现金价值；对于投资连结保险合同、万能保险合同，该项为投保人已交保险费或被保险人死亡时合同的账户价值。

（二）合同约定的航空意外死亡保险金额。此处航空意外死亡保险金额是指航空意外伤害保险合同约定的死亡保险金额，或其他人身保险合同约定的航空意外身故责任对应的死亡保险金额。

（三）合同约定的重大自然灾害意外死亡保险金额。此处重大自然灾害意外死亡保险金额是指重大自然灾害意外伤害保险合同约定的死亡保险金额，或其他人身保险合同约定的重大自然灾害意外身故责任对应的死亡保险金额。

三、保险公司在订立保险合同前，应向投保人说明父母为其未成年子女投保以死亡为给付保险金条件人身保险的有关政策规定，询问并记录其未成年子女在本公司及其他保险公司已经参保的以死亡为给付保险金条件人身保险的有关情况。各保险合同约定的被保险人死亡给付的保险金额总和已经达到限额的，保险公司不得超过限额继续承保；尚未达到限额的，保险公司可以就差额部分进行承保，保险公司应在保险合同中载明差额部分的计算过程。

四、保险公司应在保险合同中明确约定因未成年人死亡给付的保险金额，不得以批单、批注（包括特别约定）等方式改变保险责任或超过本通知规定的限额进行承保。

五、保险公司应积极引导投保人树立正确的保险理念，在注重自身保险保障的基础上，为未成年人购买切合实际的人身保险产品。

六、保险公司应进一步完善未成年人人身保险的有关业务流程，强化投保、核保等环节的风险管控，在防范道德风险的同时，为未成年人提供更加丰富多样的保险保障，保护未成年人合法权益。

七、本通知自2016年1月1日起执行。中国保监会《关于父母为其未成年子女投保以死亡为给付保险金条件人身保险有关问题的通知》（保监发〔2010〕95号）自本通知执行之日起废止。

中国保监会

三、司法解释、批复等

最高人民法院
关于适用《中华人民共和国保险法》若干问题的解释（一）

法释〔2009〕12 号

（2009 年 9 月 14 日最高人民法院审判委员会第 1473 次会议通过 2009 年 9 月 21 日最高人民法院公告公布 自 2009 年 10 月 1 日起施行）

为正确审理保险合同纠纷案件，切实维护当事人的合法权益，现就人民法院适用 2009 年 2 月 28 日第十一届全国人大常委会第七次会议修订的《中华人民共和国保险法》(以下简称保险法)的有关问题规定如下：

第一条 保险法施行后成立的保险合同发生的纠纷，适用保险法的规定。保险法施行前成立的保险合同发生的纠纷，除本解释另有规定外，适用当时的法律规定；当时的法律没有规定的，参照适用保险法的有关规定。

认定保险合同是否成立，适用合同订立时的法律。

第二条 对于保险法施行前成立的保险合同，适用当时的法律认定无效而适用保险法认定有效的，适用保险法的规定。

第三条 保险合同成立于保险法施行前而保险标的转让、保险事故、理赔、代位求偿等行为或事件，发生于保险法施行后的，适用保险法的规定。

第四条 保险合同成立于保险法施行前，保险法施行后，保险人以投保人未履行如实告知义务或者申报被保险人年龄不真实为由，主张解除合同的，适用保险法的规定。

第五条 保险法施行前成立的保险合同，下列情形下的期间自 2009 年 10 月 1 日起计算：

(一)保险法施行前，保险人收到赔偿或者给付保险金的请求，保险法施行后，适用保险法第二十三条规定的三十日的；

(二)保险法施行前，保险人知道解除事由，保险法施行后，按照保险法第十六条、第三十二条的规定行使解除权，适用保险法第十六条规定的三十日的；

(三)保险法施行后，保险人按照保险法第十六条第二款的规定请求解除合同，适用保险法第十六条规定的二年的；

(四)保险法施行前，保险人收到保险标的转让通知，保险法施行后，以保险标的转让导致危险程度显著增加为由请求按照合同约定增加保险费或者解除合同，适用保险法第四十九条规定的三十日的。

第六条 保险法施行前已经终审的案件，当事人申请再审或者按照审判监督程序提起再审的案件，不适用保险法的规定。

最高人民法院
关于适用《中华人民共和国保险法》若干问题的解释（二）

法释〔2013〕14号

（2013年5月6日最高人民法院审判委员会第1577次会议通过　2013年5月31日最高人民法院公告公布　自2013年6月8日起施行）

为正确审理保险合同纠纷案件，切实维护当事人的合法权益，根据《中华人民共和国保险法》《中华人民共和国合同法》《中华人民共和国民事诉讼法》等法律规定，结合审判实践，就保险法中关于保险合同一般规定部分有关法律适用问题解释如下：

第一条　财产保险中，不同投保人就同一保险标的分别投保，保险事故发生后，被保险人在其保险利益范围内依据保险合同主张保险赔偿的，人民法院应予支持。

第二条　人身保险中，因投保人对被保险人不具有保险利益导致保险合同无效，投保人主张保险人退还扣减相应手续费后的保险费的，人民法院应予支持。

第三条　投保人或者投保人的代理人订立保险合同时没有亲自签字或者盖章，而由保险人或者保险人的代理人代为签字或者盖章的，对投保人不生效。但投保人已经交纳保险费的，视为其对代签字或者盖章行为的追认。

保险人或者保险人的代理人代为填写保险单证后经投保人签字或者盖章确认的，代为填写的内容视为投保人的真实意思表示。但有证据证明保险人或者保险人的代理人存在保险法第一百一十六条、第一百三十一条相关规定情形的除外。

第四条　保险人接受了投保人提交的投保单并收取了保险费，尚未作出是否承保的意思表示，发生保险事故，被保险人或者受益人请求保险人按照保险合同承担赔偿或者给付保险金责任，符合承保条件的，人民法院应予支持；不符合承保条件的，保险人不承担保险责任，但应当退还已经收取的保险费。

保险人主张不符合承保条件的，应承担举证责任。

第五条　保险合同订立时，投保人明知的与保险标的或者被保险人有关的情况，属于保险法第十六条第一款规定的投保人“应当如实告知”的内容。

第六条　投保人的告知义务限于保险人询问的范围和内容。当事人对询问范围及内容有争议的，保险人负举证责任。

保险人以投保人违反了对投保单询问表中所列概括性条款的如实告知义务为由请求解除合同的，人民法院不予支持。但该概括性条款有具体内容的除外。

第七条　保险人在保险合同成立后知道或者应当知道投保人未履行如实告知义务，仍然收取保险费，又依照保险法第十六条第二款的规定主张解除合同的，人民法院不予支持。

第八条　保险人未行使合同解除权，直接以存在保险法第十六条第四款、第五款规定的情形为由拒绝赔偿的，人民法院不予支持。但当事人就拒绝赔偿事宜及保险合同存续另行达成一致的情况除外。

第九条 保险人提供的格式合同文本中的责任免除条款、免赔额、免赔率、比例赔付或者给付等免除或者减轻保险人责任的条款，可以认定为保险法第十七条第二款规定的“免除保险人责任的条款”。

保险人因投保人、被保险人违反法定或者约定义务，享有解除合同权利的条款，不属于保险法第十七条第二款规定的“免除保险人责任的条款”。

第十条 保险人将法律、行政法规中的禁止性规定情形作为保险合同免责条款的免责事由，保险人对该条款作出提示后，投保人、被保险人或者受益人以保险人未履行明确说明义务为由主张该条款不生效的，人民法院不予支持。

第十一条 保险合同订立时，保险人在投保单或者保险单等其他保险凭证上，对保险合同中免除保险人责任的条款，以足以引起投保人注意的文字、字体、符号或者其他明显标志作出提示的，人民法院应当认定其履行了保险法第十七条第二款规定的提示义务。

保险人对保险合同中有关免除保险人责任条款的概念、内容及其法律后果以书面或者口头形式向投保人作出常人能够理解的解释说明的，人民法院应当认定保险人履行了保险法第十七条第二款规定的明确说明义务。

第十二条 通过网络、电话等方式订立的保险合同，保险人以网页、音频、视频等形式对免除保险人责任条款予以提示和明确说明的，人民法院可以认定其履行了提示和明确说明义务。

第十三条 保险人对其履行了明确说明义务负举证责任。

投保人对保险人履行了符合本解释第十一条第二款要求的明确说明义务在相关文书上签字、盖章或者以其他形式予以确认的，应当认定保险人履行了该项义务。但另有证据证明保险人未履行明确说明义务的除外。

第十四条 保险合同中记载的内容不一致的，按照下列规则认定：

(一)投保单与保险单或者其他保险凭证不一致的，以投保单为准。但不一致的情形系经保险人说明并经投保人同意的，以投保人签收的保险单或者其他保险凭证载明的内容为准；

(二)非格式条款与格式条款不一致的，以非格式条款为准；

(三)保险凭证记载的时间不同的，以形成时间在后的为准；

(四)保险凭证存在手写和打印两种方式的，以双方签字、盖章的手写部分的内容为准。

第十五条 保险法第二十三条规定的三十日核定期间，应自保险人初次收到索赔请求及投保人、被保险人或者受益人提供的有关证明和资料之日起算。

保险人主张扣除投保人、被保险人或者受益人补充提供有关证明和资料期间的，人民法院应予支持。扣除期间自保险人根据保险法第二十二条规定作出的通知到达投保人、被保险人或者受益人之日起，至投保人、被保险人或者受益人按照通知要求补充提供的有关证明和资料到达保险人之日止。

第十六条 保险人应以自己的名义行使保险代位求偿权。

根据保险法第六十条第一款的规定，保险人代位求偿权的诉讼时效期间应自其取得代位求偿权之日起算。

第十七条 保险人在其提供的保险合同格式条款中对非保险术语所作的解释符合专业意义，或者虽不符合专业意义，但有利于投保人、被保险人或者受益人的，人民法院应予认可。

第十八条 行政管理部门依据法律规定制作的交通事故认定书、火灾事故认定书等，人民法院应当依法审查并确认其相应的证明力，但有相反证据能够推翻的除外。

第十九条 保险事故发生后，被保险人或者受益人起诉保险人，保险人以被保险人或者受益人未要求第三者承担责任为由抗辩不承担保险责任的，人民法院不予支持。

财产保险事故发生后，被保险人就其所受损失从第三者取得赔偿后的不足部分提起诉讼，请求保险人赔偿的，人民法院应予依法受理。

第二十条 保险公司依法设立并取得营业执照的分支机构属于《中华人民共和国民事诉讼法》第四十八条规定的其他组织，可以作为保险合同纠纷案件的当事人参加诉讼。

第二十一条 本解释施行后尚未终审的保险合同纠纷案件，适用本解释；本解释施行前已经终审，当事人申请再审或者按照审判监督程序决定再审的案件，不适用本解释。

最高人民法院
关于适用《中华人民共和国保险法》若干问题的解释（三）

法释〔2015〕21号

（2015年9月21日最高人民法院审判委员会第1661次会议通过 2015年11月25日最高人民法院公告公布 自2015年12月1日起施行）

为正确审理保险合同纠纷案件，切实维护当事人的合法权益，根据《中华人民共和国保险法》《中华人民共和国合同法》《中华人民共和国民事诉讼法》等法律规定，结合审判实践，就保险法中关于保险合同章人身保险部分有关法律适用问题解释如下：

第一条 当事人订立以死亡为给付保险金条件的合同，根据保险法第三十四条的规定，“被保险人同意并认可保险金额”可以采取书面形式、口头形式或者其他形式；可以在合同订立时作出，也可以在合同订立后追认。

有下列情形之一的，应认定为被保险人同意投保人为其订立保险合同并认可保险金额：

（一）被保险人明知他人代其签名同意而未表示异议的；

（二）被保险人同意投保人指定的受益人的；

（三）有证据足以认定被保险人同意投保人为其投保的其他情形。

第二条 被保险人以书面形式通知保险人和投保人撤销其依据保险法第三十四条第一款规定所作出的同意意思表示的，可认定为保险合同解除。

第三条 人民法院审理人身保险合同纠纷案件时，应主动审查投保人订立保险合同时是否具有保险利益，以及以死亡为给付保险金条件的合同是否经过被保险人同意并认可保险金额。

第四条 保险合同订立后，因投保人丧失对被保险人的保险利益，当事人主张保险合同无效的，人民法院不予支持。

第五条 保险合同订立时，被保险人根据保险人的要求在指定医疗服务机构进行体检，当事人主张投保人如实告知义务免除的，人民法院不予支持。

保险人知道被保险人的体检结果，仍以投保人未就相关情况履行如实告知义务为由要求解除合同的，人民法院不予支持。

第六条 未成年人父母之外的其他履行监护职责的人为未成年人订立以死亡为给付保险金条件的合同，当事人主张参照保险法第三十三条第二款、第三十四条第三款的规定认定该合同有效的，人民法院不予支持，但经未成年人父母同意的除外。

第七条 当事人以被保险人、受益人或者他人已经代为支付保险费为由，主张投保人对应的交费义务已经履行的，人民法院应予支持。

第八条 保险合同效力依照保险法第三十六条规定中止，投保人提出恢复效力申请并同意补交保险费的，除被保险人的危险程度在中止期间显著增加外，保险人拒绝恢复效力的，人民法院不予支持。

保险人在收到恢复效力申请后，三十日内未明确拒绝的，应认定为同意恢复效力。

保险合同自投保人补交保险费之日恢复效力。保险人要求投保人补交相应利息的，人民法院应予支持。

第九条 投保人指定受益人未经被保险人同意的，人民法院应认定指定行为无效。

当事人对保险合同约定的受益人存在争议，除投保人、被保险人在保险合同之外另有约定外，按照以下情形分别处理：

（一）受益人约定为“法定”或者“法定继承人”的，以继承法规定的法定继承人为受益人；

（二）受益人仅约定为身份关系，投保人与被保险人为同一主体的，根据保险事故发生时与被保险人的身份关系确定受益人；投保人与被保险人为不同主体的，根据保险合同成立时与被保险人的身份关系确定受益人；

（三）受益人的约定包括姓名和身份关系，保险事故发生时身份关系发生变化的，认定为未指定受益人。

第十条 投保人或者被保险人变更受益人，当事人主张变更行为自变更意思表示发出时生效的，人民法院应予支持。

投保人或者被保险人变更受益人未通知保险人，保险人主张变更对其不发生效力的，人民法院应予支持。

投保人变更受益人未经被保险人同意的，人民法院应认定变更行为无效。

第十一条 投保人或者被保险人在保险事故发生后变更受益人，变更后的受益人请求保险人给付保险金的，人民法院不予支持。

第十二条 投保人或者被保险人指定数人为受益人，部分受益人在保险事故发生前死亡、放弃受益权或者依法丧失受益权的，该受益人应得的受益份额按照保险合同的约定处理；保险合同没有约定或者约定不明的，该受益人应得的受益份额按照以下情形分别处理：

（一）未约定受益顺序和受益份额的，由其他受益人平均享有；

（二）未约定受益顺序但约定受益份额的，由其他受益人按照相应比例享有；

（三）约定受益顺序但未约定受益份额的，由同顺序的其他受益人平均享有；同一顺序没有其他受益人的，由后一顺序的受益人平均享有；

（四）约定受益顺序和受益份额的，由同顺序的其他受益人按照相应比例享有；同一顺序没有其他受益人的，由后一顺序的受益人按照相应比例享有。

第十三条 保险事故发生后，受益人将与本次保险事故相对应的全部或者部分保险金请求权转让给第三人，当事人主张该转让行为有效的，人民法院应予支持，但根据合同性质、当事人约定或者法律规定不得转让的除外。

第十四条 保险金根据保险法第四十二条规定作为被保险人的遗产，被保险人的继承人要求保险人给付保险金，保险人以其已向持有保险单的被保险人的其他继承人给付保险金为由抗辩的，人民法院应予支持。

第十五条 受益人与被保险人存在继承关系，在同一事件中死亡且不能确定死亡先后顺序的，人民法院应根据保险法第四十二条第二款的规定推定受益人死亡在先，并按照保险法及本解释的相关规定确定保险金归属。

第十六条 保险合同解除时，投保人与被保险人、受益人为不同主体，被保险人或者受益人要求退还保险单的现金价值的，人民法院不予支持，但保险合同另有约定的除外。

投保人故意造成被保险人死亡、伤残或者疾病，保险人依照保险法第四十三条规定退还保险单的现金价值的，其他权利人按照被保险人、被保险人继承人的顺序确定。

第十七条 投保人解除保险合同，当事人以其解除合同未经被保险人或者受益人同意为由主张解除行为无效的，人民法院不予支持，但被保险人或者受益人已向投保人支付相当于保险单现金价值的款项并通知保险人的除外。

第十八条 保险人给付费用补偿型的医疗费用保险金时，主张扣减被保险人从公费医疗或者社会医疗保险取得的赔偿金额的，应当证明该保险产品在厘定医疗费用保险费率时已经将公费医疗或者社会医疗保险部分相应扣除，并按照扣减后的标准收取保险费。

第十九条 保险合同约定按照基本医疗保险的标准核定医疗费用，保险人以被保险人的医疗支出超出基本医疗保险范围为由拒绝给付保险金的，人民法院不予支持；保险人有证据证明被保险人支出的费用超过基本医疗保险同类医疗费用标准，要求对超出部分拒绝给付保险金的，人民法院应予支持。

第二十条 保险人以被保险人未在保险合同约定的医疗服务机构接受治疗为由拒绝给付保险金的，人民法院应予支持，但被保险人因情况紧急必须立即就医的除外。

第二十一条 保险人以被保险人自杀为由拒绝给付保险金的，由保险人承担举证责任。

受益人或者被保险人的继承人以被保险人自杀时无民事行为能力为由抗辩的，由其承担举证责任。

第二十二条 保险法第四十五条规定的“被保险人故意犯罪”的认定，应当以刑事侦查机关、检察机关和审判机关的生效法律文书或者其他结论性意见为依据。

第二十三条 保险人主张根据保险法第四十五条的规定不承担给付保险金责任的，应当证明被保险人的死亡、伤残结果与其实施的故意犯罪或者抗拒依法采取的刑事强制措施的行为之间存在因果关系。

被保险人在羁押、服刑期间因意外或者疾病造成伤残或者死亡，保险人主张根据保险法第四十五条的规定不承担给付保险金责任的，人民法院不予支持。

第二十四条 投保人为被保险人订立以死亡为给付保险金条件的保险合同，被保险人被宣告死亡后，当事人要求保险人按照保险合同约定给付保险金的，人民法院应予支持。

被保险人被宣告死亡之日在保险责任期间之外，但有证据证明下落不明之日在保险责任期间之内，当事人要求保险人按照保险合同约定给付保险金的，人民法院应予支持。

第二十五条 被保险人的损失系由承保事故或者非承保事故、免责事由造成难以确定，当事人请求保险人给付保险金的，人民法院可以按照相应比例予以支持。

第二十六条 本解释自 2015 年 12 月 1 日起施行。本解释施行后尚未终审的保险合同纠纷案件，适用本解释；本解释施行前已经终审，当事人申请再审或者按照审判监督程序决定再审的案件，不适用本解释。

最高人民法院
关于审理道路交通事故损害赔偿案件适用法律若干问题的解释

法释〔2012〕19号

(2012年9月17日最高人民法院审判委员会第1556次会议通过
2012年11月27日最高人民法院公告公布　自2012年12月21日起施行)

为正确审理道路交通事故损害赔偿案件，根据《中华人民共和国侵权责任法》《中华人民共和国合同法》《中华人民共和国道路交通安全法》《中华人民共和国保险法》《中华人民共和国民事诉讼法》等法律的规定，结合审判实践，制定本解释。

一、关于主体责任的认定

第一条　机动车发生交通事故造成损害，机动车所有人或者管理人有下列情形之一，人民法院应当认定其对损害的发生有过错，并适用侵权责任法第四十九条的规定确定其相应的赔偿责任：

(一)知道或者应当知道机动车存在缺陷，且该缺陷是交通事故发生原因之一的；

(二)知道或者应当知道驾驶人无驾驶资格或者未取得相应驾驶资格的；

(三)知道或者应当知道驾驶人因饮酒、服用国家管制的精神药品或者麻醉药品，或者患有妨碍安全驾驶机动车的疾病等依法不能驾驶机动车的；

(四)其他应当认定机动车所有人或者管理人有过错的。

第二条　未经允许驾驶他人机动车发生交通事故造成损害，当事人依照侵权责任法第四十九条的规定请求由机动车驾驶人承担赔偿责任的，人民法院应予支持。机动车所有人或者管理人有过错的，承担相应的赔偿责任，但具有侵权责任法第五十二条规定情形的除外。

第三条　以挂靠形式从事道路运输经营活动的机动车发生交通事故造成损害，属于该机动车一方责任，当事人请求由挂靠人和被挂靠人承担连带责任的，人民法院应予支持。

第四条　被多次转让但未办理转移登记的机动车发生交通事故造成损害，属于该机动车一方责任，当事人请求由最后一次转让并交付的受让人承担赔偿责任的，人民法院应予支持。

第五条　套牌机动车发生交通事故造成损害，属于该机动车一方责任，当事人请求由套牌机动车的所有人或者管理人承担赔偿责任的，人民法院应予支持；被套牌机动车所有人或者管理人同意套牌的，应当与套牌机动车的所有人或者管理人承担连带责任。

第六条　拼装车、已达到报废标准的机动车或者依法禁止行驶的其他机动车被多次转让，并发生交通事故造成损害，当事人请求由所有的转让人和受让人承担连带责任的，人民法院应予支持。

第七条 接受机动车驾驶培训的人员，在培训活动中驾驶机动车发生交通事故造成损害，属于该机动车一方责任，当事人请求驾驶培训单位承担赔偿责任的，人民法院应予支持。

第八条 机动车试乘过程中发生交通事故造成试乘人损害，当事人请求提供试乘服务者承担赔偿责任的，人民法院应予支持。试乘人有过错的，应当减轻提供试乘服务者的赔偿责任。

第九条 因道路管理维护缺陷导致机动车发生交通事故造成损害，当事人请求道路管理者承担相应赔偿责任的，人民法院应予支持，但道路管理者能够证明已按照法律、法规、规章、国家标准、行业标准或者地方标准尽到安全防护、警示等管理维护义务的除外。

依法不得进入高速公路的车辆、行人，进入高速公路发生交通事故造成自身损害，当事人请求高速公路管理者承担赔偿责任的，适用侵权责任法第七十六条的规定。

第十条 因在道路上堆放、倾倒、遗撒物品等妨碍通行的行为，导致交通事故造成损害，当事人请求行为人承担赔偿责任的，人民法院应予支持。道路管理者不能证明已按照法律、法规、规章、国家标准、行业标准或者地方标准尽到清理、防护、警示等义务的，应当承担相应的赔偿责任。

第十一条 未按照法律、法规、规章或者国家标准、行业标准、地方标准的强制性规定设计、施工，致使道路存在缺陷并造成交通事故，当事人请求建设单位与施工单位承担相应赔偿责任的，人民法院应予支持。

第十二条 机动车存在产品缺陷导致交通事故造成损害，当事人请求生产者或者销售者依照侵权责任法第五章的规定承担赔偿责任的，人民法院应予支持。

第十三条 多辆机动车发生交通事故造成第三人损害，当事人请求多个侵权人承担赔偿责任的，人民法院应当区分不同情况，依照侵权责任法第十条、第十一条或者第十二条的规定，确定侵权人承担连带责任或者按份责任。

二、关于赔偿范围的认定

第十四条 道路交通安全法第七十六条规定的“人身伤亡”，是指机动车发生交通事故侵害被侵权人的生命权、健康权等人身权益所造成的损害，包括侵权责任法第十六条和第二十二条规定的各项损害。

道路交通安全法第七十六条规定的“财产损失”，是指因机动车发生交通事故侵害被侵权人的财产权益所造成的损失。

第十五条 因道路交通事故造成下列财产损失，当事人请求侵权人赔偿的，人民法院应予支持：

（一）维修被损坏车辆所支出的费用、车辆所载物品的损失、车辆施救费用；

（二）因车辆灭失或者无法修复，为购买交通事故发生时与被损坏车辆价值相当的车辆重置费用；

(三)依法从事货物运输、旅客运输等经营性活动的车辆，因无法从事相应经营活动所产生的合理停运损失；

(四)非经营性车辆因无法继续使用，所产生的通常替代性交通工具的合理费用。

三、关于责任承担的认定

第十六条 同时投保机动车第三者责任强制保险(以下简称“交强险”)和第三者责任商业保险(以下简称“商业三者险”)的机动车发生交通事故造成损害，当事人同时起诉侵权人和保险公司的，人民法院应当按照下列规则确定赔偿责任：

(一)先由承保交强险的保险公司在责任限额范围内予以赔偿；

(二)不足部分，由承保商业三者险的保险公司根据保险合同予以赔偿；

(三)仍有不足的，依照道路交通安全法和侵权责任法的相关规定由侵权人予以赔偿。

被侵权人或者其近亲属请求承保交强险的保险公司优先赔偿精神损害的，人民法院应予支持。

第十七条 投保人允许的驾驶人驾驶机动车致使投保人遭受损害，当事人请求承保交强险的保险公司在责任限额范围内予以赔偿的，人民法院应予支持，但投保人为本车上人员的除外。

第十八条 有下列情形之一导致第三人人身损害，当事人请求保险公司在交强险责任限额范围内予以赔偿，人民法院应予支持：

(一)驾驶人未取得驾驶资格或者未取得相应驾驶资格的；

(二)醉酒、服用国家管制的精神药品或者麻醉药品后驾驶机动车发生交通事故的；

(三)驾驶人故意制造交通事故的。

保险公司在赔偿范围内向侵权人主张追偿权的，人民法院应予支持。追偿权的诉讼时效期间自保险公司实际赔偿之日起计算。

第十九条 未依法投保交强险的机动车发生交通事故造成损害，当事人请求投保义务人在交强险责任限额范围内予以赔偿的，人民法院应予支持。

投保义务人和侵权人不是同一人，当事人请求投保义务人和侵权人在交强险责任限额范围内承担连带责任的，人民法院应予支持。

第二十条 具有从事交强险业务资格的保险公司违法拒绝承保、拖延承保或者违法解除交强险合同，投保义务人在向第三人承担赔偿责任后，请求该保险公司在交强险责任限额范围内承担相应赔偿责任的，人民法院应予支持。

第二十一条 多辆机动车发生交通事故造成第三人损害，损失超出各机动车交强险责任限额之和的，由各保险公司在各自责任限额范围内承担赔偿责任；损失未超出各机动车交强险责任限额之和，当事人请求由各保险公司按照其责任限额与责任限额之和的比例承担赔偿责任的，人民法院应予支持。

依法分别投保交强险的牵引车和挂车连接使用时发生交通事故造成第三人损害，

当事人请求由各保险公司在各自的责任限额范围内平均赔偿的，人民法院应予支持。

多辆机动车发生交通事故造成第三人损害，其中部分机动车未投保交强险，当事人请求先由已承保交强险的保险公司在责任限额范围内予以赔偿的，人民法院应予支持。保险公司就超出其应承担的部分向未投保交强险的投保义务人或者侵权人行使追偿权的，人民法院应予支持。

第二十二条 同一交通事故的多个被侵权人同时起诉的，人民法院应当按照各被侵权人的损失比例确定交强险的赔偿数额。

第二十三条 机动车所有权在交强险合同有效期内发生变动，保险公司在交通事故发生后，以该机动车未办理交强险合同变更手续为由主张免除赔偿责任的，人民法院不予支持。

机动车在交强险合同有效期内发生改装、使用性质改变等导致危险程度增加的情形，发生交通事故后，当事人请求保险公司在责任限额范围内予以赔偿的，人民法院应予支持。

前款情形下，保险公司另行起诉请求投保义务人按照重新核定后的保险费标准补足当期保险费的，人民法院应予支持。

第二十四条 当事人主张交强险人身伤亡保险金请求权转让或者设定担保的行为无效的，人民法院应予支持。

四、关于诉讼程序的规定

第二十五条 人民法院审理道路交通事故损害赔偿案件，应当将承保交强险的保险公司列为共同被告。但该保险公司已经在交强险责任限额范围内予以赔偿且当事人无异议的除外。

人民法院审理道路交通事故损害赔偿案件，当事人请求将承保商业三者险的保险公司列为共同被告的，人民法院应予准许。

第二十六条 被侵权人因道路交通事故死亡，无近亲属或者近亲属不明，未经法律授权的机关或者有关组织向人民法院起诉主张死亡赔偿金的，人民法院不予受理。

侵权人以已向未经法律授权的机关或者有关组织支付死亡赔偿金为理由，请求保险公司在交强险责任限额范围内予以赔偿的，人民法院不予支持。

被侵权人因道路交通事故死亡，无近亲属或者近亲属不明，支付被侵权人医疗费、丧葬费等合理费用的单位或者个人，请求保险公司在交强险责任限额范围内予以赔偿的，人民法院应予支持。

第二十七条 公安机关交通管理部门制作的交通事故认定书，人民法院应依法审查并确认其相应的证明力，但有相反证据推翻的除外。

五、关于适用范围的规定

第二十八条 机动车在道路以外的地方通行时引发的损害赔偿案件，可以参照适用本解释的规定。

第二十九条 本解释施行后尚未终审的案件，适用本解释；本解释施行前已经终审，当事人申请再审或者按照审判监督程序决定再审的案件，不适用本解释。

最高人民法院
关于审理人身损害赔偿案件适用法律若干问题的解释

法释〔2003〕20号

(2003年12月4日最高人民法院审判委员会第1299次会议通过
2003年12月26日最高人民法院公告公布　自2004年5月1日起施行)

为正确审理人身损害赔偿案件，依法保护当事人的合法权益，根据《中华人民共和国民法通则》(以下简称民法通则)、《中华人民共和国民事诉讼法》(以下简称民事诉讼法)等有关法律规定，结合审判实践，就有关适用法律的问题作如下解释：

第一条　因生命、健康、身体遭受侵害，赔偿权利人起诉请求赔偿义务人赔偿财产损失和精神损害的，人民法院应予受理。

本条所称“赔偿权利人”，是指因侵权行为或者其他致害原因直接遭受人身损害的受害人、依法由受害人承担扶养义务的被扶养人以及死亡受害人的近亲属。

本条所称“赔偿义务人”，是指因自己或者他人的侵权行为以及其他致害原因依法应当承担民事责任的自然人、法人或者其他组织。

第二条　受害人对同一损害的发生或者扩大有故意、过失的，依照民法通则第一百三十一条的规定，可以减轻或者免除赔偿义务人的赔偿责任。但侵权人因故意或者重大过失致人损害，受害人只有一般过失的，不减轻赔偿义务人的赔偿责任。

适用民法通则第一百零六条第三款规定确定赔偿义务人的赔偿责任时，受害人有重大过失的，可以减轻赔偿义务人的赔偿责任。

第三条　二人以上共同故意或者共同过失致人损害，或者虽无共同故意、共同过失，但其侵害行为直接结合发生同一损害后果的，构成共同侵权，应当依照民法通则第一百三十条规定承担连带责任。

二人以上没有共同故意或者共同过失，但其分别实施的数个行为间接结合发生同一损害后果的，应当根据过失大小或者原因力比例各自承担相应的赔偿责任。

第四条　二人以上共同实施危及他人人身安全的行为并造成损害后果，不能确定实际侵害行为人的，应当依照民法通则第一百三十条规定承担连带责任。共同危险行为人能够证明损害后果不是由其行为造成的，不承担赔偿责任。

第五条　赔偿权利人起诉部分共同侵权人的，人民法院应当追加其他共同侵权人作为共同被告。赔偿权利人在诉讼中放弃对部分共同侵权人的诉讼请求的，其他共同侵权人对被放弃诉讼请求的被告应当承担的赔偿份额不承担连带责任。责任范围难以确定的，推定各共同侵权人承担同等责任。

人民法院应当将放弃诉讼请求的法律后果告知赔偿权利人，并将放弃诉讼请求的情况在法律文书中叙明。

第六条 从事住宿、餐饮、娱乐等经营活动或者其他社会活动的自然人、法人、其他组织，未尽合理限度范围内的安全保障义务致使他人遭受人身损害，赔偿权利人请求其承担相应赔偿责任的，人民法院应予支持。

因第三人侵权导致损害结果发生的，由实施侵权行为的第三人承担赔偿责任。安全保障义务人有过错的，应当在其能够防止或者制止损害的范围内承担相应的补充赔偿责任。安全保障义务人承担责任后，可以向第三人追偿。赔偿权利人起诉安全保障义务人的，应当将第三人作为共同被告，但第三人不能确定的除外。

第七条 对未成年人依法负有教育、管理、保护义务的学校、幼儿园或者其他教育机构，未尽职责范围内的相关义务致使未成年人遭受人身损害，或者未成年人致他人人身损害的，应当承担与其过错相应的赔偿责任。

第三人侵权致未成年人遭受人身损害的，应当承担赔偿责任。学校、幼儿园等教育机构有过错的，应当承担相应的补充赔偿责任。

第八条 法人或者其他组织的法定代表人、负责人以及工作人员，在执行职务中致人损害的，依照民法通则第一百二十一条的规定，由该法人或者其他组织承担民事责任。上述人员实施与职务无关的行为致人损害的，应当由行为人承担赔偿责任。

属于《国家赔偿法》赔偿事由的，依照《国家赔偿法》的规定处理。

第九条 雇员在从事雇佣活动中致人损害的，雇主应当承担赔偿责任；雇员因故意或者重大过失致人损害的，应当与雇主承担连带赔偿责任。雇主承担连带赔偿责任的，可以向雇员追偿。

前款所称“从事雇佣活动”，是指从事雇主授权或者指示范围内的生产经营活动或者其他劳务活动。雇员的行为超出授权范围，但其表现形式是履行职务或者与履行职务有内在联系的，应当认定为“从事雇佣活动”。

第十条 承揽人在完成工作过程中对第三人造成损害或者造成自身损害的，定作人不承担赔偿责任。但定作人对定作、指示或者选任有过失的，应当承担相应的赔偿责任。

第十一条 雇员在从事雇佣活动中遭受人身损害，雇主应当承担赔偿责任。雇佣关系以外的第三人造成雇员人身损害的，赔偿权利人可以请求第三人承担赔偿责任，也可以请求雇主承担赔偿责任。雇主承担赔偿责任后，可以向第三人追偿。

雇员在从事雇佣活动中因安全生产事故遭受人身损害，发包人、分包人知道或者应当知道接受发包或者分包业务的雇主没有相应资质或者安全生产条件的，应当与雇主承担连带赔偿责任。

属于《工伤保险条例》调整的劳动关系和工伤保险范围的，不适用本条规定。

第十二条 依法应当参加工伤保险统筹的用人单位的劳动者，因工伤事故遭受人身损害，劳动者或者其近亲属向人民法院起诉请求用人单位承担民事赔偿责任的，告知其按《工伤保险条例》的规定处理。

因用人单位以外的第三人侵权造成劳动者人身损害，赔偿权利人请求第三人承担民事赔偿责任的，人民法院应予支持。

第十三条 为他人无偿提供劳务的帮工人，在从事帮工活动中致人损害的，被帮工人应当承担赔偿责任。被帮工人明确拒绝帮工的，不承担赔偿责任。帮工人存在故意或者重大过失，赔偿权利人请求帮工人和被帮工人承担连带责任的，人民法院应予支持。

第十四条 帮工人因帮工活动遭受人身损害的，被帮工人应当承担赔偿责任。被帮工人明确拒绝帮工的，不承担赔偿责任；但可以在受益范围内予以适当补偿。

帮工人因第三人侵权遭受人身损害的，由第三人承担赔偿责任。第三人不能确定或者没有赔偿能力的，可以由被帮工人予以适当补偿。

第十五条 为维护国家、集体或者他人的合法权益而使自己受到人身损害，因没有侵权人、不能确定侵权人或者侵权人没有赔偿能力，赔偿权利人请求受益人在受益范围内予以适当补偿的，人民法院应予支持。

第十六条 下列情形，适用民法通则第一百二十六条的规定，由所有人或者管理人承担赔偿责任，但能够证明自己没有过错的除外：

(一)道路、桥梁、隧道等人工建造的构筑物因维护、管理瑕疵致人损害的；

(二)堆放物品滚落、滑落或者堆放物倒塌致人损害的；

(三)树木倾倒、折断或者果实坠落致人损害的。

前款第(一)项情形，因设计、施工缺陷造成损害的，由所有人、管理人与设计、施工者承担连带责任。

第十七条 受害人遭受人身损害，因就医治疗支出的各项费用以及因误工减少的收入，包括医疗费、误工费、护理费、交通费、住宿费、住院伙食补助费、必要的营养费，赔偿义务人应当予以赔偿。

受害人因伤致残的，其因增加生活上需要所支出的必要费用以及因丧失劳动能力导致的收入损失，包括残疾赔偿金、残疾辅助器具费、被扶养人生活费，以及因康复护理、继续治疗实际发生的必要的康复费、护理费、后续治疗费，赔偿义务人也应当予以赔偿。

受害人死亡的，赔偿义务人除应当根据抢救治疗情况赔偿本条第一款规定的相关费用外，还应当赔偿丧葬费、被扶养人生活费、死亡补偿费以及受害人亲属办理丧葬事宜支出的交通费、住宿费和误工损失等其他合理费用。

第十八条 受害人或者死者近亲属遭受精神损害，赔偿权利人向人民法院请求赔偿精神损害抚慰金的，适用《最高人民法院关于确定民事侵权精神损害赔偿责任若干问题的解释》予以确定。

精神损害抚慰金的请求权，不得让与或者继承。但赔偿义务人已经以书面方式承诺给予金钱赔偿，或者赔偿权利人已经向人民法院起诉的除外。

第十九条 医疗费根据医疗机构出具的医药费、住院费等收款凭证，结合病历和诊断证明等相关证据确定。赔偿义务人对治疗的必要性和合理性有异议的，应当承担相应的举证责任。

医疗费的赔偿数额，按照一审法庭辩论终结前实际发生的数额确定。器官功能恢复训练所必要的康复费、适当的整容费以及其他后续治疗费，赔偿权利人可以待实际发生后另行起诉。但根据医疗证明或者鉴定结论确定必然发生的费用，可以与已经发生的医疗费一并予以赔偿。

第二十条　误工费根据受害人的误工时间和收入状况确定。

误工时间根据受害人接受治疗的医疗机构出具的证明确定。受害人因伤致残持续误工的，误工时间可以计算至定残日前一天。

受害人有固定收入的，误工费按照实际减少的收入计算。受害人无固定收入的，按照其最近三年的平均收入计算；受害人不能举证证明其最近三年的平均收入状况的，可以参照受诉法院所在地相同或者相近行业上一年度职工的平均工资计算。

第二十一条　护理费根据护理人员的收入状况和护理人数、护理期限确定。

护理人员有收入的，参照误工费的规定计算；护理人员没有收入或者雇佣护工的，参照当地护工从事同等级别护理的劳务报酬标准计算。护理人员原则上为一人，但医疗机构或者鉴定机构有明确意见的，可以参照确定护理人员人数。

护理期限应计算至受害人恢复生活自理能力时止。受害人因残疾不能恢复生活自理能力的，可以根据其年龄、健康状况等因素确定合理的护理期限，但最长不超过二十年。

受害人定残后的护理，应当根据其护理依赖程度并结合配制残疾辅助器具的情况确定护理级别。

第二十二条　交通费根据受害人及其必要的陪护人员因就医或者转院治疗实际发生的费用计算。交通费应当以正式票据为凭；有关凭据应当与就医地点、时间、人数、次数相符合。

第二十三条　住院伙食补助费可以参照当地国家机关一般工作人员的出差伙食补助标准予以确定。

受害人确有必要到外地治疗，因客观原因不能住院，受害人本人及其陪护人员实际发生的住宿费和伙食费，其合理部分应予赔偿。

第二十四条　营养费根据受害人伤残情况参照医疗机构的意见确定。

第二十五条　残疾赔偿金根据受害人丧失劳动能力程度或者伤残等级，按照受诉法院所在地上一年度城镇居民人均可支配收入或者农村居民人均纯收入标准，自定残之日起按二十年计算。但六十周岁以上的，年龄每增加一岁减少一年；七十五周岁以上的，按五年计算。

受害人因伤致残但实际收入没有减少，或者伤残等级较轻但造成职业妨害严重影响其劳动就业的，可以对残疾赔偿金作相应调整。

第二十六条　残疾辅助器具费按照普通适用器具的合理费用标准计算。伤情有特殊需要的，可以参照辅助器具配制机构的意见确定相应的合理费用标准。

辅助器具的更换周期和赔偿期限参照配制机构的意见确定。

第二十七条　丧葬费按照受诉法院所在地上一年度职工月平均工资标准，以六个月总额计算。

第二十八条　被扶养人生活费根据扶养人丧失劳动能力程度，按照受诉法院所在地上一年度城镇居民人均消费性支出和农村居民人均年生活消费支出标准计算。被扶养人为未成年人的，计算至十八周岁；被扶养人无劳动能力又无其他生活来源的，计算二十年。但六十周岁以上的，年龄每增加一岁减少一年；七十五周岁以上的，按五年计算。

被扶养人是指受害人依法应当承担扶养义务的未成年人或者丧失劳动能力又无其他生活来源的成年近亲属。被扶养人还有其他扶养人的，赔偿义务人只赔偿受害人依法应当负担的部分。被扶养人有数人的，年赔偿总额累计不超过上一年度城镇居民人均消费性支出额或者农村居民人均年生活消费支出额。

第二十九条 死亡赔偿金按照受诉法院所在地上一年度城镇居民人均可支配收入或者农村居民人均纯收入标准，按二十年计算。但六十周岁以上的，年龄每增加一岁减少一年；七十五周岁以上的，按五年计算。

第三十条 赔偿权利人举证证明其住所地或者经常居住地城镇居民人均可支配收入或者农村居民人均纯收入高于受诉法院所在地标准的，残疾赔偿金或者死亡赔偿金可以按照其住所地或者经常居住地的相关标准计算。

被扶养人生活费的相关计算标准，依照前款原则确定。

第三十一条 人民法院应当按照民法通则第一百三十一条以及本解释第二条的规定，确定第十九条至第二十九条各项财产损失的实际赔偿金额。

前款确定的物质损害赔偿金与按照第十八条第一款规定确定的精神损害抚慰金，原则上应当一次性给付。

第三十二条 超过确定的护理期限、辅助器具费给付年限或者残疾赔偿金给付年限，赔偿权利人向人民法院起诉请求继续给付护理费、辅助器具费或者残疾赔偿金的，人民法院应予受理。赔偿权利人确需继续护理、配制辅助器具，或者没有劳动能力和生活来源的，人民法院应当判令赔偿义务人继续给付相关费用五至十年。

第三十三条 赔偿义务人请求以定期金方式给付残疾赔偿金、被扶养人生活费、残疾辅助器具费的，应当提供相应的担保。人民法院可以根据赔偿义务人的给付能力和提供担保的情况，确定以定期金方式给付相关费用。但一审法庭辩论终结前已经发生的费用、死亡赔偿金以及精神损害抚慰金，应当一次性给付。

第三十四条 人民法院应当在法律文书中明确定期金的给付时间、方式以及每期给付标准。执行期间有关统计数据发生变化的，给付金额应当适时进行相应调整。

定期金按照赔偿权利人的实际生存年限给付，不受本解释有关赔偿期限的限制。

第三十五条 本解释所称“城镇居民人均可支配收入”“农村居民人均纯收入”“城镇居民人均消费性支出”“农村居民人均年生活消费支出”“职工平均工资”，按照政府统计部门公布的各省、自治区、直辖市以及经济特区和计划单列市上一年度相关统计数据确定。

“上一年度”，是指一审法庭辩论终结时的上一统计年度。

第三十六条 本解释自2004年5月1日起施行。2004年5月1日后新受理的一审人身损害赔偿案件，适用本解释的规定。已经作出生效裁判的人身损害赔偿案件依法再审的，不适用本解释的规定。

在本解释公布施行之前已经生效施行的司法解释，其内容与本解释不一致的，以本解释为准。

最高人民法院
关于审理海上保险纠纷案件若干问题的规定

法释〔2006〕10号

（2006年11月13日最高人民法院审判委员会第1405次会议通过 2006年11月23日最高人民法院公告公布 自2007年1月1日起施行）

为正确审理海上保险纠纷案件，依照《中华人民共和国海商法》《中华人民共和国保险法》《中华人民共和国海事诉讼特别程序法》和《中华人民共和国民事诉讼法》的相关规定，制定本规定。

第一条 审理海上保险合同纠纷案件，适用海商法的规定；海商法没有规定的，适用保险法的有关规定；海商法、保险法均没有规定的，适用合同法等其他相关法律的规定。

第二条 审理非因海上事故引起的港口设施或者码头作为保险标的的保险合同纠纷案件，适用保险法等法律的规定。

第三条 审理保险人因发生船舶触碰港口设施或者码头等保险事故，行使代位请求赔偿权利向造成保险事故的第三人追偿的案件，适用海商法的规定。

第四条 保险人知道被保险人未如实告知海商法第二百二十二条第一款规定的重要情况，仍收取保险费或者支付保险赔偿，保险人又以被保险人未如实告知重要情况为由请求解除合同的，人民法院不予支持。

第五条 被保险人未按照海商法第二百三十四条的规定向保险人支付约定的保险费的，保险责任开始前，保险人有权解除保险合同，但保险人已经签发保险单证的除外；保险责任开始后，保险人以被保险人未支付保险费请求解除合同的，人民法院不予支持。

第六条 保险人以被保险人违反合同约定的保证条款未立即书面通知保险人为由，要求从违反保证条款之日起解除保险合同的，人民法院应予支持。

第七条 保险人收到被保险人违反合同约定的保证条款书面通知后仍支付保险赔偿，又以被保险人违反合同约定的保证条款为由请求解除合同的，人民法院不予支持。

第八条 保险人收到被保险人违反合同约定的保证条款的书面通知后，就修改承保条件、增加保险费等事项与被保险人协商未能达成一致的，保险合同于违反保证条款之日解除。

第九条 在航次之中发生船舶转让的，未经保险人同意转让的船舶保险合同至航次终了时解除。船舶转让时起至航次终了时止的船舶保险合同的权利、义务由船舶出让人享有、承担，也可以由船舶受让人继受。

船舶受让人根据前款规定向保险人请求赔偿时，应当提交有效的保险单证及船舶转让合同的证明。

第十条 保险人与被保险人在订立保险合同时均不知道保险标的已经发生保险事故而遭受损失，或者保险标的已经不可能因发生保险事故而遭受损失的，不影响保险合同的效力。

第十一条 海上货物运输中因承运人无正本提单交付货物造成的损失不属于保险人的保险责任范围。保险合同当事人另有约定的，依约定。

第十二条 发生保险事故后，被保险人为防止或者减少损失而采取的合理措施没有效果，要求保险人支付由此产生的合理费用的，人民法院应予支持。

第十三条 保险人在行使代位请求赔偿权利时，未依照海事诉讼特别程序法的规定，向人民法院提交其已经向被保险人实际支付保险赔偿凭证的，人民法院不予受理；已经受理的，裁定驳回起诉。

第十四条 受理保险人行使代位请求赔偿权利纠纷案件的人民法院应当仅就造成保险事故的第三人与被保险人之间的法律关系进行审理。

第十五条 保险人取得代位请求赔偿权利后，以被保险人向第三人提起诉讼、提交仲裁、申请扣押船舶或者第三人同意履行义务为由主张诉讼时效中断的，人民法院应予支持。

第十六条 保险人取得代位请求赔偿权利后，主张享有被保险人因申请扣押船舶取得的担保权利的，人民法院应予支持。

第十七条 本规定自 2007 年 1 月 1 日起施行。

最高人民法院研究室
关于对《保险法》第十七条规定的“明确说明”应如何理解的问题的答复

2000 年 1 月 24 日　　法研 [2000]5 号

甘肃省高级人民法院：

你院甘高法研〔1999〕06 号《关于金昌市旅游局诉中保财产保险公司金川区支公司保险赔偿一案的请示报告》收悉。经研究，答复如下：

《中华人民共和国保险法》第十七条规定：“保险合同中规定有保险责任免除条款的，保险人应当向投保人明确说明，未明确说明的，该条款不发生法律效力。”这里所规定的“明确说明”，是指保险人在与投保人签订保险合同之前或者签订保险合同之时，对于保险合同中所约定的免责条款，除了在保险单上提示投保人注意外，还应当对有关免责条款的概念、内容及其法律后果等，以书面或者口头形式向投保人或其代理人作出解释，以使投保人明了该条款的真实含义和法律后果。

最高人民法院
关于购买人使用分期付款购买的车辆从事运输因交通事故造成他人财产损失保留车辆所有权的出卖方不应承担民事责任的批复

法释〔2000〕38号

（2000年11月21日最高人民法院审判委员会第1143次会议通过
2000年12月1日最高人民法院公告公布 自2000年12月8日起施行）

四川省高级人民法院：

你院川高法〔1999〕2号《关于在实行分期付款、保留所有权的车辆买卖合同履行过程中购买方使用该车辆进行货物运输给他人造成损失的，出卖方是否应当承担民事责任的请示》收悉。经研究，答复如下：

采取分期付款方式购车，出卖方在购买方付清全部车款前保留车辆所有权的，购买方以自己名义与他人订立货物运输合同并使用该车运输时，因交通事故造成他人财产损失的，出卖方不承担民事责任。

此复。

最高人民法院
关于连环购车未办理过户手续，原车主是否对机动车发生交通事故致人损害承担责任的请示的批复

2001年12月31日 〔2001〕民一他字第32号

江苏省高级人民院：

你院“关于连环购车未办理过户手续，原车主是否承担对机动车发生交通事故致人损害承担责任的请示”收悉。经研究认为：

连环购车未办理过户手续，因车辆已经交付，原车主既不能支配该车的营运，也不能从该车的营运中获得利益，故原车主不应对机动车发生交通事故致人损害承担责任。但是，连环购车未办理过户手续的行为，违反有关行政管理法规的，应受其规定的调整。

最高人民法院
关于保险金能否作为被保险人遗产的批复

1988 年 3 月 24 日　　　　　　　　　　　　〔1987〕民他字第 52 号

河北省高级人民法院：

你院冀法民〔1987〕1 号请示报告收悉。据报告称：栾城县南焦村个体三轮摩托车司机孙文兴于 1986 年 5 月 26 日运送货主张新国及其货物(锡锭)时，在京广铁路窦妪道口与火车相撞，致孙文兴、张新国双亡，三轮摩托车毁损。这次事故应由孙文兴负责。孙文兴生前在本县保险公司除投保了车损险(保险金为 3500 元)外，还投保了人身意外伤害险(保险金为 5000 元)，并指定了受益人。现托运人张新国之妻梁聚芬向栾城县人民法院起诉，要求承运人孙文兴之妻郭香荣给予赔偿。

经征求有关部门的意见，现将你院请示关于人身保险金能否作为被保险人的遗产进行赔偿的问题，答复如下：

(一)根据我国保险法规有关条文规定的精神，人身保险金能否列入被保险人的遗产，取决于被保险人是否指定了受益人。指定了受益人的，被保险人死亡后，其人身保险金应付给受益人；未指定受益人的，被保险人死亡后，其人身保险金应作为遗产处理，可以用来清偿债务或者赔偿。

(二)财产保险与人身保险不同。财产保险不存在指定受益人的问题。因而，财产保险金属于被保险人的遗产。孙文兴投保的车损险是财产保险，属于他的遗产，可以用来清偿债务或者赔偿。

在处理本案时，应本着上述原则，适当注意保护债权人的利益，合情合理解决。

最高人民法院
关于审理出口信用保险合同纠纷案件适用相关法律问题的批复

法释〔2013〕13 号

（2013 年 4 月 15 日最高人民法院审判委员会第 1575 次会议通过
自 2000 年 12 月 8 日起施行）

广东省高级人民法院：

你院《关于出口信用保险合同法律适用问题的请示》(粤高法〔2012〕442 号）收

悉。经研究，批复如下：

对出口信用保险合同的法律适用问题，保险法没有作出明确规定。鉴于出口信用保险的特殊性，人民法院审理出口信用保险合同纠纷案件，可以参照适用保险法的相关规定；出口信用保险合同另有约定的，从其约定。